AS ORIGENS DO MAL

FUNDAÇÃO EDITORA DA UNESP

Presidente do Conselho Curador
Mário Sérgio Vasconcelos

Diretor-Presidente
Jézio Hernani Bomfim Gutierre

Superintendente Administrativo e Financeiro
William de Souza Agostinho

Conselho Editorial Acadêmico
Danilo Rothberg
Luis Fernando Ayerbe
Marcelo Takeshi Yamashita
Maria Cristina Pereira Lima
Milton Terumitsu Sogabe
Newton La Scala Júnior
Pedro Angelo Pagni
Renata Junqueira de Souza
Sandra Aparecida Ferreira
Valéria dos Santos Guimarães

Editores-Adjuntos
Anderson Nobara
Leandro Rodrigues

GEORGES MINOIS

AS ORIGENS DO MAL
UMA HISTÓRIA DO PECADO ORIGINAL

TRADUÇÃO
NÍCIA ADAN BONATTI

editora
unesp

Les Origines du mal: une histoire du péché originel
de Georges Minois
© 2002 Librairie Arthème Fayard

© 2021 Editora Unesp

Direitos de publicação reservados à:
Fundação Editora da Unesp (FEU)
Praça da Sé, 108
01001-900 – São Paulo – SP
Tel.: (0xx11) 3242-7171
Fax: (0xx11) 3242-7172
www.editoraunesp.com.br
www.livrariaunesp.com.br
atendimento.editora@unesp.br

Dados Internacionais de Catalogação na Publicação (CIP) de acordo com ISBD
Elaborado por Vagner Rodolfo da Silva – CRB-8/9410

M666o	Minois, Georges
	As origens do mal: uma história do pecado original / Georges Minois; traduzido por Nícia Adan Bonatti. – São Paulo: Editora Unesp, 2021.
	Tradução de: *Les origines du mal: Une histoire du péché originel* Inclui bibliografia. ISBN: 978-65-5711-062-1
	1. Religião. 2. Moral cristã. 3. Pecado original. I. Bonatti, Nícia Adan. II. Título.
2021-2284	CDD 200 CDU 2

Editora afiliada:

Asociación de Editoriales Universitarias de América Latina y el Caribe

Associação Brasileira de Editoras Universitárias

Para Yves e Marion

*"Did I request thee, Maker, from my clay
To mould me Man? Did I solicit thee
From darkness to promote me?"*

(Deus Criador, pedi-Te porventura
Que do barro que eu era me moldasses Homem?
Por acaso pedi-Te que da escuridão me resgatasses?)

John Milton, *Paraíso perdido*, cap.X.

SUMÁRIO

INTRODUÇÃO 1

1. DE QUEM É A FALTA? MITOS E ESCRITOS APÓCRIFOS
DIANTE DO PROBLEMA DO MAL 5
Os deuses que introduziram o mal; A mulher, a serpente e a árvore; "Não comereis da árvore do jardim" (Gênesis 2-3); O pecado original: uma ideia tardia; Adão, vítima do demiurgo; Uma história sombria

2. O PROCESSO DE ADÃO: DE PAULO A AGOSTINHO 37
Um ato de acusação suspeito; Os primeiros debates, de Ireneu a Mani; Os defensores de Adão; A quadratura do círculo; As torpezas de Adão e Eva; Um pecado esperado; As hesitações e as contradições dos Pais; Agostinho: o inventor do pecado original; Da concupiscência e do orgulho; As provas do pecado original; Agostinho e a batalha do pecado original

3. TEOLOGIA E SOCIEDADE: TEORIA E PRÁTICA
DO PECADO ORIGINAL NA IDADE MÉDIA 79
As especulações da alta Idade Média; Justiça original e danação; "O pecado original é a concupiscência"; Os esforços de racionalização filosófica; O destino das crianças mortas sem batismo; Tomás de Aquino e a sistematização do pecado original; Pecado original e incapacidade da razão entre os nominalistas; Pecado original e evolução do direito feudal; Pecado original e "natureza humana"; A revolta de Adão: o adamismo revolucionário (séculos XIII-XVI); A exploração antifeminista do pecado original

4. A QUEDA, POMO DE DISCÓRDIA TEOLÓGICA: SÉCULOS XVI-XVII 117

A revolta humanista; Erasmo: livre-arbítrio e imitação de Adão; Lutero e a experiência do pecado original; Da culpa de Adão à ascensão do capitalismo; Retomada do processo de Adão no Concílio de Trento; Flutuações e interpretações contraditórias; Bérulle e a espiritualidade francesa: os obcecados pelo pecado original; Os jansenistas e a natureza humana; Pascal: o pecado original, prova pelo absurdo da existência de Deus; Dominicanos e jesuítas: uma corrupção mitigada; As crianças mortas sem batismo: processo em novo julgamento; Bossuet e o renascimento da concupiscência

5. O PECADO ORIGINAL, FUNDAMENTO DA CULTURA CLÁSSICA 163

Catecismos, sermões e manuais de moral; A humilhante condição humana; Adão, a ordem e a subversão; Moral da suspeita e leis naturais; A moral voluntarista; As explicações de Jakob Böhme; Malebranche: um pecado indispensável à perfeição da criação; Leibniz: um incidente inevitável no melhor dos mundos possíveis; Os índios escaparam do pecado original?; O pecado original e os piolhos de Adão; Teologia e biologia; O Paraíso perdido (1667), uma versão ambígua da queda; A reconstituição do drama

6. ADÃO SOB O FOGO DAS LUZES: UM PECADO CONTESTADO E TRANSPOSTO 217

A querela do estado de natureza; Bayle: Creio porque é absurdo; Transposição do pecado original, de Deschamps a Rousseau; Queda original e emergência do espírito humano segundo Kant; A negação do pecado original: Voltaire, Diderot, La Mettrie; Sade: desde a origem, a natureza quer o mal; As abelhas de Mandeville: o mal é um bem; Luzes, Enlightenment *e* Aufklärung *contra o pecado original; As implicações antropológicas; A aurora do evolucionismo e do poligenismo*

7. ADÃO, DARWIN E HEGEL: O PECADO ORIGINAL DIANTE DA CIÊNCIA E DA FILOSOFIA 257

O pecado original a serviço da reação; Pecado original e progresso social: de Lamennais ao racismo moral de Lacordaire; Adão e o nascimento do racismo; A queda original sem Adão: neocatólicos, protestantes liberais, fourieristas e marxistas; Adão, a sociologia e a moral laica; Darwin, assassino de Adão; Da degenerescência ao novo Adão eugênico; Darwin e o pecado original: a busca do compromisso; Os defensores da maçã; Adão antirracista; Dogma, ciência e problemas de sociedade: o padre Monsabré; O pecado original: nascimento da liberdade espiritual (Hegel)? Do querer viver (Schopenhauer)?; O pecado original: nascimento da angústia existencial (Kierkegaard)? Da ilusão moral (Nietzsche)?

8. OS AVATARES DO PECADO ORIGINAL: ADÃO NO TESTE DAS CIÊNCIAS HUMANAS SÉCULO XX............ 311

Liberdade e angústia do Adão existencialista; Adão no divã de Freud e de Jung; Necessidade de remitificar o mito (Paul Ricœur); A revolta dos cristãos contra o pecado original: de Turmel a Drewermann; Exegese judaica e materialista; Uma necessária atualização do mito; Teilhard de Chardin: o pecado original como força de inércia; Adão e o retropecado original: o combate dos Adões; Novas hipóteses teológicas; A mudança na continuidade ou as falsas novidades teológicas

9. DO ADÃO BÍBLICO AO ADÃO EUGÊNICO: SÉCULO XX 363

A recusa da evolução; As interrogações dos fiéis; Humani generis: *Adão existiu mesmo; Paulo VI e João Paulo II: o pecado original, "verdade essencial da fé"; Hesitação dos bispos; Sermões e catecismos: na direção da morte do pecado original; O debate entre os católicos laicos; A bioética e a herança de Adão; A "ética indolor" pós-adâmica; O novo magistério moral: os comitês de ética; A eugenia ou o novo Adão*

CONCLUSÃO............ 419
REFERÊNCIAS BIBLIOGRÁFICAS............ 421
ÍNDICE ONOMÁSTICO............ 435

INTRODUÇÃO

Desde que se tornou capaz de refletir, o homem não cessou de se interrogar: por que há o mal? Para o sofrimento das crianças, as doenças, a velhice, a morte, os cataclismos, as carestias, guerras: há milênios, a humanidade vem buscando um culpado. De quem é a falta? De Deus ou do diabo? De um outro deus, dos anjos, dos homens? De onde vêm então os cavaleiros do Apocalipse? As religiões, convencidas de que o mundo, tal como é, não pode corresponder à vontade deliberada de um criador, imaginaram todos os tipos de soluções. Na concepção maniqueísta, que compreende inúmeras variantes, o mundo é o terreno de enfrentamento entre duas forças cósmicas de igual importância, o bem e o mal, sendo que este último é capaz de deixar em maus lençóis o deus bom. Para o pensamento judaico-cristão, ao contrário, o deus único não tem rival, e como, ao mesmo tempo, ele é infinitamente bom, não pode estar na origem do mal.

Porém, como pode esse deus infinitamente bom e infinitamente poderoso assistir à vitória cotidiana do mal no mundo? Essa questão foi um verdadeiro quebra-cabeça para os teólogos. Durante os primeiros séculos da era cristã, eles elaboraram engenhosas construções para responder a isso; em seguida, após inúmeras hesitações, foram buscar a explicação no velho mito bíblico de Adão e Eva, culpados por terem mordido a maçã da árvore do conhecimento do bem e do mal. Jesus, segundo os Evangelhos, jamais se pronunciou sobre o pecado original. Foram São Paulo e, sobretudo, Santo Agostinho – o primeiro a empregar a expressão – que fizeram desse pecado primordial o fundamento do cristianismo, o fato primevo do qual decorre a salvação. Tornado um dogma a partir de um decreto do Concílio de Trento, desde então, o pecado original foi apresentado como uma nódoa indelével, transmitida de geração a geração, que faz do homem um ser inclinado para o mal, portador de uma natureza corrompida ou ferida.

Assim começa um vasto empreendimento de culpabilização coletiva, sendo a doença, o sofrimento e a morte os castigos da falta do primeiro casal. Esse dogma, que inocenta Deus de qualquer responsabilidade pela existência do mal, é, ao mesmo tempo, uma espada de Dâmocles que permite dominar os fiéis. Todos os homens merecem o inferno; o batismo certamente lhes evita a danação, mas não apaga a concupiscência: aqueles que cedem a ela são escravos de Satã e irão ao encontro dele. Os cristãos devem então combater, por meio da penitência e da ascese, a sexualidade, que nada mais é senão a manifestação da desordem das paixões. Contudo, as consequências do pecado original vão muito além da moral e impregnam toda a cultura ocidental. A serpente, a bela Eva, ingênua e curiosa, o orgulhoso Adão, que cede à sua mulher por amor, a maçã, a acusação, a expulsão do paraíso, a descoberta da nudez, todos esses episódios fornecem argumentos para justificar tanto a superioridade do homem sobre a mulher quanto a resignação ao sofrimento ou o caráter penoso do trabalho.

Em poucos dias, os bispos do Concílio de Trento haviam resolvido a questão que era tão antiga quanto o mundo: "De onde vem o mal?", pois haviam buscado refutar as teses dos protestantes. Todavia, a imprecisão dos decretos permite interpretações que são, por vezes, divergentes. A partir do século XVII, o pecado original é objeto de controvérsias entre jansenistas e jesuítas, e Pascal vê nisso a prova pelo absurdo da existência de Deus. É no Século das Luzes que os filósofos, em nome da razão, começam a contestar o dogma. A ideia da diversidade das origens humanas rapidamente põe em causa o ancestral comum e, ao mesmo tempo, a falta original, e isso num momento em que uma exegese audaciosa contesta a autenticidade das narrativas bíblicas.

Por meio da existência de Adão, é uma visão global da humanidade que se encontra em jogo. Crer num Adão histórico é crer na impossibilidade de erradicar o mal em razão do pecado original. É também afirmar a unidade da espécie e a impossibilidade de modificá-la em razão de sua origem divina. O pecado original se viu então no âmago dos mal-entendidos entre a Igreja e a ciência a partir de Darwin. As autoridades católicas permaneceram por muito tempo contorcidas sobre uma leitura literal e histórica da narrativa da queda, buscando recusar tanto o evolucionismo quanto o poligenismo. Se Roma ainda é bastante ligada a ela, como mostra o *Catecismo da Igreja católica*, de 1997, os teólogos se esforçam para rejuvenescer as interpretações. Mas sua tarefa não é fácil, dado que Cristo veio sobre a terra para redimir o pecado original.

Adão e Eva, assim como a maçã, há muito foram adotados pelo mundo secularizado, com finalidades contraditórias: Adão fez o papel de porta-voz revolucionário nos movimentos milenaristas, enquanto na política o pecado original foi um argumento eficaz para os contrarrevolucionários e os pensadores tradicionalistas como Joseph de Maistre. De Kant a Sartre, os grandes filósofos adaptaram o mito da queda e da corrupção da espécie. Atualmente, os debates sobre a bioética, que gravitam em torno da natureza humana, voltam a lhe dar atualidade, no momento em que se considera o aparecimento de um novo Adão, que seria uma versão geneticamente modificada do primeiro: um homem revisto, corrigido e aprimorado por ele mesmo, curado das feridas infligidas pelo pecado original.

– 1 –

DE QUEM É A FALTA?
MITOS E ESCRITOS APÓCRIFOS
DIANTE DO PROBLEMA DO MAL

Mal o homem fez a si próprio a indagação: "Quem sou eu?", já emendou uma segunda: "Por que sou tão infeliz?", "Por que o mal é onipresente?". Desde o início do pensamento, o homem tenta respondê-las, oscilando entre duas explicações: seja porque ele é vítima de forças e de apostas que o ultrapassam – acaso, destino ou deus perverso –, seja porque ele é o responsável, em função de uma falta que causou sua queda definitiva. Em outros termos, seria o responsável o Grande Arquiteto, criador do universo, que superestimou suas forças, como diria Oscar Wilde, ou a criatura, que deliberadamente faz a má escolha?

A partir de Santo Agostinho, os cristãos advogam a culpa. Todos os infortúnios do homem são consequência do pecado de Adão, que conspurcou nossa natureza e perturbou nossa razão. É o que ainda afirma o oficialíssimo *Catecismo da Igreja católica* (1997):[1] "A partir de São Paulo, a Igreja sempre

---
1 *Catéchisme de l'Église catholique*, texto latino.

ensinou que a imensa miséria que oprime os homens e sua inclinação para o mal e para a morte não são compreensíveis sem seu laço com o pecado de Adão e com o fato de que ele nos transmitiu um pecado do qual todos nascemos afetados, que é 'morte da alma'" (art. 403). "Depois desse primeiro pecado, uma verdadeira 'invasão' do pecado inunda o mundo" (art. 401). "Ignorar que o homem tem uma natureza ferida, inclinada para o mal, dá lugar a graves erros no campo da educação, da política, da ação social e dos costumes" (art. 407).

Entretanto, como lembra o mesmo *Catecismo*, esse pecado de origem não teria sido cometido se Satã não estivesse envolvido: "O homem, tentado pelo diabo, deixou morrer em seu coração a confiança em seu Criador e, abusando de sua liberdade, desobedeceu ao comando de Deus. Foi nisso que consistiu o primeiro pecado do homem" (art.396). Quem é esse diabo? A tentação de erigi-lo em potência igual e rival de Deus é grande. A despeito de todos os seus esforços, o cristianismo não pôde evitar um maniqueísmo latente, dado que ficou preso na armadilha do famoso dilema: se Deus é todo-poderoso, ele não é bom. Ou, se ele é infinitamente bom, ele não é todo-poderoso, uma vez que permite que o mal subsista. Apesar de inúmeros teólogos terem tentado isentar Deus de qualquer suspeita, o problema do mal continua a ser a principal pedra na qual tropeça a doutrina cristã.

OS DEUSES QUE INTRODUZIRAM O MAL

As origens do mal já preocupavam os babilônios. Segundo o que conhecemos de seus mitos, elaborados em meados do século III sob a dinastia de Akkad, eles acreditavam que o homem havia sido fabricado a partir do sangue de um deus revoltado e decaído, Kingu, que então havia sido criado defeituoso. "Sem dúvida, em suas veias corre o sangue de um deus, mas de um deus culpado e condenado. [...] O homem, definitivamente, assume a punição de um crime que não cometeu. [...] Foi mesmo pelos deuses que o mal entrou no mundo".[2] Essa crença se encontra no poema babilônico da Criação: fez o homem juntando a terra e o sangue corrompido de um deus decaído; o

---

2 Garelli e Lebovici, La naissance du monde selon Akkad, in: *La Naissance du monde*, p.127.

homem, assim, foi 'corrompido' a partir de sua origem. Na epopeia de Gilgamesh, Siduri, a cabareteira divina, atribui os sofrimentos e a morte a um decreto arbitrário dos deuses ciumentos: "Quando os deuses criaram a humanidade, legaram a ela a morte e retiveram a vida entre suas mãos".[3]

Diferentemente do Gênesis, os textos da Babilônia não sugerem que o primeiro homem tenha cometido uma falta que teria implicado a degradação do homem. Conscientes de sua fraqueza, de sua ignorância, de sua crueldade, os babilônios se questionavam: "A falta que cometi, eu não a conheço: os homens são estúpidos e não sabem nada". Um hino babilônico atribui a responsabilidade do mal aos deuses, esses aprendizes de feiticeiros que fizeram o mundo à sua imagem, mais ou menos malvado e imperfeito:

> O rei dos deuses Narru, criador dos humanos,
> A magnífica Zulummaru que pinçou sua argila,
> A rainha que os moldou, a Dama Mami,
> Ofertaram à humanidade um discurso perverso,
> E lhe deram mentira e deslealdade para sempre.[4]

O mito mais elaborado dessa civilização, o de Gilgamesh, reconhece uma existência primordial do mal.[5] Recordemos a história: Gilgamesh, rei de Uruk, ficou amigo de Enkidu. Este encontrou uma mulher que lhe disse: "Você é como um deus". Enkidu então "desabrochou, mais vasto de inteligência".[6] Contudo, pouco a pouco, suas forças o abandonaram, ele envelheceu e morreu. Não desejando a mesma sorte, Gilgamesh decide encontrar Outanapishtim, o sábio que conhece o segredo da imortalidade. Este mora num "paraíso", no centro do mundo, perto da "embocadura dos rios". O caminho é longo e pontilhado de obstáculos. Gilgamesh, a quem cabia velar por seis dias e seis noites, não consegue superar essa prova. Resta-lhe, apesar de tudo, uma esperança, pois no fundo do oceano há uma "planta de vida",

---

3 Apud Grelot, Réflexions sur le problème du péché originel, *Nouvelle Revue Théologique*, v.89, n.4.
4 Apud Seux, La création du monde et de l'homme dans la littérature suméro-akkadienne, in: *La Création dans l'Orient ancien*, Actes du Congrès de l'Association catholique française pour l'étude de la Bible, p.69-70.
5 Porée, *Le Mal: homme coupable, homme souffrant*, p.36.
6 *Les Religions du Proche-Orient asiatique*, p.154.

que assegura a juventude eterna àquele que a comer. Gilgamesh consegue se apoderar dela, mas, no caminho de volta, enquanto se banha em uma fonte, uma serpente lhe rouba a planta, a engole e se torna imortal.

Gilgamesh deseja adquirir o saber que salva, escapar da morte e do mal. No mito babilônico, o mal não é resultado da queda de um homem. Pelo contrário, o homem parece estar sobre a terra para reparar uma falta na criação – no início da epopeia, quando Gilgamesh e Enkidu querem atacar o monstro Humbaba, que guarda a floresta dos cedros, lugar da vida eterna, eles exclamam: "Matemo-lo juntos, para destruir o mal sobre a Terra!". O mal existe antes do homem, que se esforça, sem sucesso, para eliminá-lo. O mito bíblico inverterá a perspectiva.[7]

O mundo grego e indo-europeu também tentou explicar a origem do mal, sugerindo, porém, uma falta original. Datando do século VI a.C., um fragmento de Anaximandro faz alusão a um crime primitivo, na sequência do qual a humanidade teria sido punida pela destruição da unidade. Zagreus-Dionísio é o filho de Zeus e de sua filha Perséfone. Hera, que odeia o filho bastardo e incestuoso de seu marido, manda matá-lo, despedaçá-lo e dá-lo como alimento aos Titãs. Zeus, furioso, aniquila estes últimos e ressuscita seu filho. Das cinzas dos Titãs, nascem os homens que têm em si uma faísca divina, dado que os Titãs absorveram Zagreus, mas que herdam uma tara original – a morte de um deus.[8] Essa ideia da transmissão da falta original a toda a humanidade se concilia com as noções de responsabilidade coletiva e de solidariedade entre as gerações, que caracterizam a civilização grega arcaica, na qual, escreve Gustave Glotz, "os descendentes são ligados ao ancestral por uma cadeia que nada pode quebrar".[9] É assim que "os gregos chegaram à doutrina do pecado original. Dado que todo homem, devido ao fato de seu nascimento, está exposto ao crime e à infelicidade, é preciso que o ato de geração, que cria um ser responsável a mais, seja, ao mesmo tempo,

---

[7] Reinach, Les mythes babyloniens et les premiers chapitres de la Genèse, L'Anthropologie, p.683-88.
[8] Reinach (La mort d'Orphée, Revue Archéologique, p.242-79; Zagreus, le serpent cornu, Revue Archéologique, p.210-17; o texto Une allusion à Zagreus dans un problème d'Aristote, Revue Archéologique, p.162-72) explicava que foi desenvolvendo esse elemento divino que o culto órfico prometia a divinização do homem.
[9] Glotz, La Solidarité de la famille dans le droit criminel en Grèce, livro II, cap.9.

uma mácula capaz de motivar essa nova responsabilidade".[10] Contudo, se há falta original no mito de Zagreus – aqui, um deicida –, ela remonta a um período anterior da humanidade, ideia que será retomada por alguns pensadores cristãos, como Orígenes.

A maior parte dos mitos gregos ilustra a desconfiança dos deuses em relação à humanidade. Nem livres, nem responsáveis, nem culpados, os homens sofrem a vingança dos deuses, ou são vítimas de seus acertos de contas. Essa concepção do mal transparece no mito de Prometeu, que retoma vários temas recorrentes nos mitos de origem: o conhecimento, a curiosidade, a mulher. Os deuses do Olimpo querem manter os homens na ignorância e na dependência: aqui, Zeus decide se vingar, porque Prometeu lhes deu o fogo, que lhes permitiu desenvolver a técnica com a qual poderiam um dia se tornar verdadeiros deuses. Sua vingança toma os traços da sedutora Pandora, que consegue se casar com Epimeteu, irmão de Prometeu, e encontra em sua casa a jarra que havia sido roubada de Zeus, contendo todos os males possíveis. "Há, no limiar do palácio de Zeus, duas jarras contendo todos os dons que ele nos oferece, uma de males, outra de bens",[11] informa a *Ilíada*. Evidentemente, essas duas jarras lembram a árvore bíblica "do conhecimento do bem e do mal". E Pandora, por simples curiosidade, levantando a tampa da jarra, não seria como Eva, que, mordendo a maçã, liberou todas as infelicidades da humanidade?

Várias tradições africanas ilustram os esforços dos homens para romper o mistério do mal e seu desejo de aceder a um saber proibido. Um mito de Ruanda[12] conta que, antigamente, um deus habitava próximo aos homens, numa grande cabana, mas que estes não tinham o direito de vê-lo. Assim, uma noite, a jovem que tinha o costume de lhe levar água e lenha, por curiosidade, se esconde para ver o braço do deus pegar a cabaça cheia de água. Ela vê, mas o deus sabe de tudo e imediatamente anuncia que vai embora, levando consigo a felicidade. Então, "a morte fez sua entrada, e [com ela] outras misérias". Muitas outras histórias tradicionais, oriundas de diversos lugares africanos, contam que a morte e o mal penetraram no mundo na

---

10 Ibid.
11 *Iliade*, XXIV, 520.
12 Cf. Lenoir e Tardan-Masquelier (Orgs.), *Encyclopédie des religions*, t.II, p.1645.

sequência de uma falta humana original. "Esses mitos, que atribuem a morte da espécie humana ao acaso ou à negligência, parecem feitos especialmente para desculpar um ou vários criadores, em geral apresentados como bem-intencionados em relação ao homem, que [...] é sua progenitura. Todavia, essa 'bondade' foi interrompida, em quase todos os lugares, em virtude de um erro ou uma transgressão, pela qual a humanidade seria responsável."[13]

A MULHER, A SERPENTE E A ÁRVORE

De Gilgamesh aos últimos mitos animistas, a maneira pela qual as sociedades tradicionais imaginaram a origem das infelicidades que acabrunham a humanidade apresenta inúmeras semelhanças. Quase sempre, no centro do drama, há uma mulher, isto é, o mistério da sexualidade, frequentemente posta como culpada. Inferior ao homem, a mulher foi criada depois dele, quase como um arrependimento, porque as tentativas de criação monossexuada fracassaram. A Bíblia não é exceção. De fato, Eva parece não fazer parte do plano inicial do Criador. Javé a chama de *Ishsha*, "mulher", termo derivado de *Ish*, "homem", pois ela vem de uma costela do homem (Gn 2, 23). Adão lhe dá seu nome, *Hawwah*, Eva (Gn 3,20), isto é, "a viva", assim como deu nome a todos os animais, sinal, segundo os exegetas, da superioridade do homem. O homem domina a natureza, os animais e a mulher. Essa dependência é novamente especificada depois da falta: "Ele a dominará", diz Javé a Eva (Gn 3, 16). Foi assim que a tradição cristã a compreendeu durante séculos, até que vários teólogos tentaram adaptar o sentido da Escritura à ética contemporânea.[14]

Apesar de fisicamente fraca, a mulher encontrou o meio de dominar o homem pela sedução sexual, estranho poder que basta para torná-la suspeita, quando se busca a causa do mal numa falta original. É aqui que a serpente entra em cena. Inúmeros mitos a associam à mulher: por exemplo, Alexandre, o Grande, Cipião, Augusto são fruto da união de sua mãe com um deus que tomou a forma de uma serpente. "Em todo o Oriente, acredita-se que as

---

13 Kesteloot, ibid., p.1647.
14 Ibid., p.1646.

mulheres têm seu primeiro contato sexual com uma serpente", escreve Mircea Eliade.[15] Na Índia, "desde a época do budismo, as serpentes foram vistas como distribuidoras da fertilidade universal".[16]

Ao mesmo tempo símbolo do falo, da penetração nos orifícios da Terra-mãe, da fecundidade, da regeneração e da longevidade pelas mudanças de pele, a serpente, assim como a mulher, fascina e inquieta.[17] Segundo Alain Marchadour, "o que a insinuação da serpente sugere é a possibilidade de expansão na natureza humana além dos limites que Deus lhe fixou, quando de sua criação – uma intensificação da vida, não somente no sentido de um enriquecimento intelectual, mas de uma penetração, de um domínio dos segredos que ultrapassam o homem".[18] Tocamos aqui num terceiro elemento frequentemente apresentado nos mitos sobre a origem do mal: o desejo do ser humano de ultrapassar sua condição ao querer dominar os segredos do universo reservados aos deuses.

Curiosidade e desejo de poder: não viriam daí nossas infelicidades? É o que a árvore do conhecimento do bem e do mal do livro do Gênesis sugere. A simbólica da árvore é de uma riqueza infinita. Nos mitos indiano e mesopotâmico, e mesmo no escandinavo, a árvore é uma imagem do cosmos. Centro e eixo do mundo, símbolo de criação, de vida, de longevidade, de força, de regeneração, ela pode ser um receptáculo de almas. Um texto mesopotâmico muito antigo, a inscrição de Gudea, menciona a presença de duas árvores na entrada oriental do céu: a árvore da vida e a árvore da verdade.[19]

A literatura hebraica contém uma rica simbólica da árvore: a árvore de Jessé, a árvore miraculosa de Abraão e, sobretudo, a árvore da vida e a árvore do conhecimento do bem e do mal, as do paraíso. Na narrativa bíblica, a "árvore da vida" é mencionada no início do episódio do jardim do Éden, no qual ela marca o centro e, depois, é substituída pela "árvore do conhecimento". Esta suscitou a imaginação dos teólogos dos séculos passados. Vejamos alguns exemplos citados por Louis Ligier em *Péché d'Adam et péché du monde* [Pecado de Adão e pecado do mundo]: para uma corrente rabínica, que

---

15 Eliade, *Traité d'histoire des religions*, p.149.
16 Ibid., p.148.
17 A esse respeito, ver Ligier, *Péché d'Adam et péché des hommes*, p.180.
18 Marchadour, *Genèse: commentaire pastoral*, p.74.
19 Dhorme, L'arbre de vérité et l'arbre de vie, *Revue Biblique*, v.4, n.2, p.271-4.

considerava Adão e Eva como crianças, a árvore do conhecimento era o símbolo da razão e do saber, propriedades de que o primeiro casal ainda não dispunha; em seguida, inúmeros pais da Igreja viram o símbolo da obediência; no século XVIII, para dom Calmet, a árvore representava a "ciência universal das coisas morais e naturais, e até mesmo sobrenaturais, cujo conhecimento convinha ao homem"; para o judaísmo alexandrino, prolongado até o século XX por H. Gunkel e H. Schmidt, ela simbolizava o conhecimento sexual (Adão e Eva vão comer juntos o fruto proibido); para P. Humbert, em 1940, ela designa a omnisciência; para J. Coppens, em 1948, ela significa a "ciência cumulativa do bem e do mal"; para outros, o fruto dessa árvore dá acesso à escolha moral ou ainda ao domínio do mundo, prerrogativas divinas. Para Louis Ligier, a árvore do conhecimento do bem e do mal simboliza "o discernimento do valor eleito por Deus", isto é, o poder de decidir sobre o valor das coisas.[20]

Os mitos de origem que evocamos apontam a intervenção de uma mulher, de uma serpente, de uma árvore. Alguns, como a narrativa bíblica, mencionam também uma desobediência, o que implica a transgressão de uma interdição. Para Salomon Reinach, a interdição fundamental, cuja violação implica a existência do mal, diz respeito ao "tabu". "O Eterno põe o homem no jardim do Éden e começa por lhe impor um tabu alimentar: 'Tu não comerás da árvore do conhecimento do bem e do mal, pois no dia em que o fizeres, morrerás de morte'". Essa interdição é um tabu caracterizado, pois o Eterno simplesmente anuncia o tabu com sua consequência: "Se comeres, morrerás".[21]

Observemos nessa passagem que a famosa maçã é uma adição apócrifa tardia. Em nenhuma parte da Bíblia se diz que o fruto proibido era uma maçã, sendo que, provavelmente, a macieira era desconhecida no Oriente nessa época. Na mitologia grega, a maçã já tem uma conotação sexual, dado que Dioniso a cria para oferecê-la a Afrodite, e que Gaia presenteia Hera com uma, como símbolo de fecundidade. Esta simbólica é vista em Atenas, onde os jovens compartilham uma delas antes de entrar no quarto nupcial. Mas a maçã também simboliza a juventude eterna, especialmente entre os celtas: nas Ilhas das Macieiras, que fazem parte das Ilhas Afortunadas, desfruta-se da imortalidade na companhia de belas mulheres, e Arthur, após sua

---

20 Ligier, op. cit., p.175-85.
21 Reinach, Quelques observations sur le tabou, *L'Anthropologie*, p.401-7.

morte, vai para a Ilha de Avalon (aportuguesamento do gaulês Ynis Afallah, o equivalente britânico de Ilha das Macieiras). Entre os escandinavos, a deusa Idunn distribui maçãs que asseguram a eterna juventude, assim como os pomos de ouro do jardim das Hespérides. Na mitologia grega, esse fruto também simboliza a discórdia, desde que a deusa Éris lançou uma maçã de ouro na assembleia dos deuses; ou então a vingança – por isso Nêmesis a oferece aos heróis. Os celtas a associam ao poder profético: os adivinhos celtas a comem antes de vaticinar, e Merlin ensina sob uma macieira. Por sua vez, Orígenes, num comentário sobre o Cântico dos cânticos, faz dela um símbolo de vida, de amor, de conhecimento, de imortalidade; e quando ele a divide, vê nela um alvéolo com cinco ramificações, símbolo do espírito contido na carne. A maçã do jardim do Éden talvez se deva, mais prosaicamente, a uma homonímia da língua latina, na qual *malum* designa, ao mesmo tempo, o mal e a maçã.

O agenciamento desses diferentes temas que encontramos nos mitos que tratam das origens do mal varia, conforme os examinadores veem o mal como resultante de uma força exterior, o que lhe imprime uma dimensão cósmica, ontológica, irremediável, ou como consequência de uma falta, de uma queda originária, que engaja a responsabilidade humana. De fato, a maior parte das religiões antigas tende a mesclar as duas teorias e, ao mesmo tempo, sobrecarregar as divindades. Na Mesopotâmia, principalmente, predomina a ideia de que os seres humanos nada têm a esperar, nem neste mundo, nem em outro. O mal está presente desde sempre, consubstancial à criação, numa visão maniqueísta *avant la lettre*. Diante dele, o homem é impotente.

"NÃO COMEREIS DA ÁRVORE DO JARDIM" (GÊNESIS 2-3)

A história de Adão e Eva e do pecado original é tão célebre que esquecemos que a narrativa do Gênesis não teve nenhum eco durante mais de meio milênio. Segundo a exegese atual, a narrativa teria sido lapidada entre os séculos VIII e VI a.C., e depois ainda foi modificada. Os redatores se inspiraram no patrimônio dos mitos do Oriente Próximo e nas tradições locais para fixar, pouco a pouco, uma história sobre a qual deram, na esteira de muitas outras, sua versão da origem do mal. O texto definitivo do Gênesis justapõe duas narrativas – a da criação e a do pecado – que nem sempre são fáceis de distinguir, dado que sua fusão foi operada durante um longo período.[22] E precisamente porque ele tem um caráter compósito, podemos nele encontrar argumentos para defender as teorias mais opostas.

Em *O problema do mal*, Étienne Borne evidenciou a oposição entre as duas tradições das quais se alimenta o princípio do Gênesis: de um lado, um deus bom, generoso, criador de um universo grandioso e esplêndido, inspirando confiança e otimismo; de outro, um deus ciumento, rancoroso, maquiavélico, que faz uma espécie de armadilha na qual ele sabe que o homem cairá, pois deseja puni-lo eternamente.[23] Esta visão, segundo o filósofo, seria engendrada por um sentimento inato de culpabilidade coletiva:

> A narrativa do Gênesis é um mito, mas que confessa sua natureza de mito: uma consciência – e ela poderia ser a consciência humana em geral – que se sabe culpada, e aí conta e dissimula sua culpabilidade, expressando um sentimento profundo do mistério do mal e um ressentimento contra esse mistério. [...] O mito é o apaziguamento imaginário de uma paixão, e mais particularmente dessa paixão inseparável do pensamento, que é a angústia do mal.[24]

Nem por isso o texto do Gênesis deixa de ser ambíguo, dado que, mesmo acusando o homem de ser o autor do mal, ele subentende que este lhe preexistiria, o que só faz empurrar para mais longe o problema de sua origem. Essa é a opinião de um filósofo. Ao teólogo, cabe a tarefa de livrar Deus de qualquer suspeita, sempre afastando a hipótese maniqueísta e gnóstica do mal como potência independente e rival. Empreitada difícil, admite Pierre Grelot,[25] para quem a narrativa bíblica da falta é mesmo um mito, mas um mito filosófico maduramente refletido antes de ser compilado: "Ele diz respeito à literatura erudita, profundamente marcada pelas preocupações, pela linguagem e pelos procedimentos literários de uma Sabedoria que precisamente se desenvolve em Israel a partir da época salomônica".[26] Indo mais

---

22 "Seus autores não somente utilizam materiais preexistentes, mas se movem no círculo de ideias da mitologia semítica" (Harrington, *Nouvelle introduction à la Bible*, p.281).
23 Borne, *Le Problème du mal*, p.50.
24 Ibid., p.50-1.
25 Grelot, op. cit., p.337.
26 Ibid., p.253.

adiante, Grelot afirma que "a narrativa toma uma densidade existencial que os psicólogos modernos não renegariam"; para ele, "o tato psicológico do escritor", a "firmeza de sua antropologia sexual", dão à história de Adão e Eva uma profundidade excepcional. Mas será que essa profundidade não se deveria menos à própria narrativa que aos inúmeros comentários que essas poucas linhas do Gênesis suscitaram?

Cada época propôs sua interpretação do pecado original em função de suas próprias ferramentas culturais e segundo as proposições das ciências humanas, da filosofia e da epistemologia. Um exemplo: em 1958, o dominicano André-Marie Dubarle publica *Le Péché originel dans l'Écriture* [O pecado original nas Escrituras]. A época é um século depois de Darwin, meio século depois de Freud, momento em que a arqueologia e a exegese conhecem progressos formidáveis. Entretanto, uma parte da instituição eclesiástica ainda tem dificuldades em se desfazer de uma leitura literal do Gênesis: oito anos antes, a encíclica *Humani generis* proibira formalmente qualquer pesquisa no sentido do poligenismo, e em 1957 os livros de Teillard de Chardin foram retirados das bibliotecas católicas. Nesse contexto, propor uma visão científica da narrativa bíblica é um exercício de alta voltagem. O teólogo esclarece, com destreza, explicando que a narrativa do Gênesis resulta da implementação de diversas tradições, elaboradas por um autor inspirado, que queria responder às interrogações do povo confrontado à existência do mal. Foi refletindo sobre a Lei e sobre suas prescrições meticulosas que os padres se convenceram de que estas só poderiam se explicar por meio da falta original, e teriam elaborado a ideia de uma responsabilidade coletiva, sob a forma de transmissão hereditária do pecado, responsabilidade que se inscrevia nas mentalidades hebraicas dessa época.

Excetuando-se um punhado de irredutíveis criacionistas, atualmente nenhum teólogo sustenta mais a historicidade do jardim do Éden e da maçã. Mas o caráter intocável conferido durante muito tempo ao mito de Adão e Eva paralisou os estudos do Gênesis. Em 1877, Louis Derousseaux ainda multiplicava as precauções:

> Se chamamos de mito uma narrativa que expressa as estruturas fundamentais da existência humana, poderíamos sustentar que o Gênesis 3-4 concerne a esse gênero mítico no sentido amplo; apesar disso, é melhor falar então de

reflexão sapiente [...]. A originalidade bíblica é brilhante: a existência humana é feita por uma história do "homem" (Adão), uma história humana primordial, e não por uma fatalidade ou por decisões divinas arbitrárias. É claro que há semelhanças entre Gilgamesh e Gênesis 2-3 na descrição do acontecimento do homem, mas a Bíblia tem mais profundidade: o homem se torna ele mesmo por meio do trabalho no jardim, pelo domínio sobre os animais e pela constituição do mundo humano, pela linguagem que oferece os nomes, pelo encontro da mulher, que é um ser outro e, no entanto, semelhante (que diferença entre isto e o encontro de Enkidu e da prostituta!).[27]

Atualmente, se a formulação do *Catecismo da Igreja católica* continua petrificada em concepções tradicionais, a pesquisa exegética é muito mais audaciosa. Dentre as hipóteses mais recentes e mais originais, assinalemos aquela de Jean-Marie Husser, publicada em 2000 na *Revue Biblique*.[28] O autor retoma a tese, doravante adquirida, da combinação de duas tradições fusionadas num único texto, pouco depois da volta do exílio do povo hebreu, portanto, no final do século VI a.C. Mas ele adiciona a sedutora hipótese de um último ajuste, sob a forma de interpolações, na época da literatura sapiencial – época influenciada pela filosofia grega de releitura e secularização dos mitos, que transparece particularmente em Jó ou no Eclesiastes. Esse remanejamento teria conferido à narrativa do pecado original um sentido filosófico e antropocentrista, em detrimento do sentido teológico e moral.

A ideia de uma alteração dos mitos pelos redatores da época dos livros sapienciais estava no ar nos anos 1990, mas os exegetas dão então interpretações diferentes. Para D. Carr, as modificações viriam de uma reação *contra* o espírito de sabedoria, marcado pelo ceticismo e pela intelectualização: reação de certo modo tradicionalista, voltando a centralizar em Deus e na moral.[29] Para E. Otto, por outro lado, a releitura dos velhos mitos num

---

27 Derousseaux, in: Guilluy (Org.), *La Culpabilité fondamentale: Péché originel et anthropologie moderne*, p.20.
28 Husser, Entre mythe et philosophie: La relecture sapientielle de Genèse 2-3, *Revue Biblique*, p.232-59.
29 Carr, The Politics of Textual Subversion: a Diachronic Perspective on the Garden of Eden Story, *JBL*, v.112, n.4.

espírito filosófico poderia inverter as perspectivas.[30] É nesta corrente que se situa Jean-Marie Husser, para quem a "queda original" seria, na verdade, uma narrativa simbólica do acesso do homem à sua verdadeira natureza e à sua dignidade, e o pecado, uma falta bem-vinda, uma *felix culpa*, mas compreendida num sentido humano, antropológico: "Esta linha de interpretação toma o contrapé da exegese tradicional e lê nos capítulos, mais que a queda da humanidade no pecado, a narrativa de seu amadurecimento, de sua emergência e de sua emancipação de uma tutela divina que a impedia de atingir seu pleno desenvolvimento".[31]

Lembremos que a narrativa do Gênesis 2-3 inicialmente descreve os seis dias da criação (capítulo 1) e, em seguida, volta ao homem. Depois de ter moldado um *adâm* soprando sobre a poeira do solo (*adâmâ*), Deus o instaura no jardim do Éden, no centro do qual está a árvore da vida e onde, num lugar indeterminado, há a árvore do conhecimento do bem e do mal (a tradução ecumênica da Bíblia diz "árvore do conhecimento da felicidade e da infelicidade"). Deus confere a Adão a missão de "cultivar o solo e tomar conta dele" – sem precisar contra quem – e o adverte: "Tu poderás comer de todas as árvores do jardim, mas não comerás da árvore do conhecimento da felicidade e da infelicidade, pois no dia em que comeres, deverás morrer". Depois, Deus faz os animais (no capítulo 1, ele os havia criado *antes* do homem) e os apresenta a Adão, que lhes dá seus nomes. Mas Adão não está satisfeito: "Por si só, o homem não encontra a ajuda que lhe possa ser dada". Então Deus o adormece e, de uma costela de Adão, cria a mulher, Eva. Adão fica maravilhado. "Ambos estavam nus, o homem e sua mulher, sem mutuamente sentirem vergonha."

No capítulo 3, chega a serpente, "o mais astuto de todos os bichos dos campos que Deus havia feito". A sequência é dramática, como sabemos. Eis aqui os termos, segundo a tradução ecumênica da Bíblia:

> Ela diz à mulher: "É verdade que Deus te disse: 'Vós não comereis de todas as árvores do jardim'?". A mulher responde à serpente: "Podemos comer do

---

30 Otto, Die Paradieserzählung Genesis 2-3, in: Diesel et al. (Orgs.), *Jedes Ding hat seine Zeit: Studien zur israelitischen und altorientalischen Weisheit.*
31 Husser, op. cit., p.234.

fruto das árvores do jardim, mas do fruto da árvore que está no meio do jardim, Deus disse: 'Vós não comereis dela nem nela tocareis, a fim de que não morrais'". A serpente diz à mulher: "Não, vós não morrereis, mas Deus sabe que, no dia em que comerdes dela, vossos olhos se abrirão e vós sereis como deuses, possuindo o conhecimento da felicidade e da infelicidade".

A mulher viu que a árvore era boa para comer, sedutora ao olhar, valiosa para poder agir com clarividência. Pegou um fruto, do qual comeu, e também o ofereceu ao seu marido, que estava com ela, e ele comeu. Os olhos de ambos se abriram, e eles souberam que estavam nus. Costuraram folhas de figueira e, com elas, fizeram tangas.

Ora, eles ouviram a voz do Senhor, que passeava pelo jardim ao amanhecer. Diante de Deus, o homem e a mulher se esconderam no meio das árvores do jardim. O Senhor Deus chama o homem e lhe diz: "Onde estás tu?". Ele responde: "Ouvi tua voz no jardim, fiquei temeroso por estar nu e me escondi". "Quem te revelou que estavas nu? Será que tu comeste da árvore da qual eu havia prescrito que não comesses?". O homem respondeu: "A mulher que puseste perto de mim me deu o fruto da árvore e eu comi". O Senhor Deus disse à mulher: "O que tu fizeste?". A mulher respondeu: "A serpente me enganou e eu comi".

O Senhor Deus disse à serpente: "Porque tu fizeste isso serás maldita entre todas as bestas e todos os bichos dos campos; andarás sobre teu ventre e comerás poeira todos os dias de tua vida. Porei hostilidade entre ti e a mulher, entre tua descendência e a descendência dela. Ela te matará na cabeça e tu a matarás no calcanhar".

Ele disse à mulher: "Farei com que, grávida, tenhas grande sofrimento; será penosamente que darás à luz teus filhos. Serás ávida de teu homem e ele te dominará".

Ele disse a Adão: "Porque ouviste a voz de tua mulher e comeste da árvore sobre a qual eu te havia formalmente proibido de comer, o solo será maldito por tua causa. Será penosamente que tu te alimentarás todos os dias de tua vida, ele germinará para ti o espinho do cardo e tu comerás a erva dos campos. Tu comerás o pão com o suor do teu rosto, até que voltes para o solo, pois foi dele que foste feito. Sim, tu és pó e ao pó retornarás".

O homem chama sua mulher de Eva – isto é, a Vivente –, pois foi ela a mãe de todos os vivos. O Senhor Deus fez para Adão e Eva túnicas de pele, com as quais os vestiu.

O Senhor Deus disse: "Eis que o homem se tornou como um de nós pelo conhecimento da felicidade e da infelicidade. Agora, que ele não estenda a mão para tomar também da árvore da vida, comer dela e viver para sempre!".

O Senhor Deus o expulsou do jardim do Éden para que cultivasse o solo do qual havia se originado. Tendo expulsado o homem, ele colocou os querubins no oriente do jardim do Éden, com o brilho da espada fulminante para guardar o caminho da árvore da vida.

O homem conheceu sua mulher, Eva. Ela ficou grávida, deu à luz Caim e disse: "Procriei um homem com o Senhor". Ela teve ainda Abel, um irmão do primogênito.

Então Eva desaparece de cena. Poderíamos supor que ainda viveu muito tempo, dado que, com 130 anos, Adão teve um terceiro filho, Seth, e depois ainda teve filhos e filhas durante oitocentos anos, antes de morrer com 930 anos. Teria ele concebido essa prole com Eva, que uma tradição diz ter morrido depois dele, ou com suas filhas e netas? O livro do Gênesis nada esclarece sobre isso.

Durante séculos, gerações de teólogos, de filósofos, de exegetas interpretaram essa curta narrativa para construir a teoria da falta: "A doutrina do pecado original, tal como a conhecemos, é mais um produto da leitura dessa narrativa", escreveu recentemente Louis Panier, para quem o mito da origem deve ser continuamente lido e reinterpretado, sendo sua "verdade", assim como toda verdade, ligada ao meio cultural que a elabora.[32] Ora, o homem sempre constrói em função de suas necessidades. O pecado original não escapa à regra: usado e adaptado há séculos, serviu a causas diversas – seu último avatar, nessa época em que as ciências humanas destronaram a teologia, foi sua assimilação pela filosofia e pela antropologia.

Jean-Marie Husser considera atualmente que a narrativa bíblica guarda seu valor simbólico na perspectiva da história de Israel, dado que inúmeros paralelos podem ser estabelecidos: paraíso/terra prometida, exílio de Adão e Eva/exílio do povo hebraico na Babilônia, jardim do Éden/templo de Jerusalém, interdito divino/pacto de aliança entre Javé e seu povo, desobediência de Adão/infidelidade do povo, sedução de Eva pela serpente/sedução dos

---

32 Panier, *Le Péché originel, naissance de l'homme sauvé*, p.77 e 145.

hebreus pelos cultos canaanitas, fraqueza de Eva/desconfiança em relação à mulher e às suas infidelidades. Contudo, diz ele, "a forma mítica da narrativa do paraíso é apenas uma ficção literária, um hábil procedimento estilístico a serviço de uma teologia narrativa". Propõe então substituir a velha interpretação de Santo Agostinho, segundo a qual o mundo está irremediavelmente condenado a ser um vale de lágrimas, por uma concepção ao mesmo tempo humanista e otimista, "pois o conhecimento subtraído no jardim do Éden é a aposta de um progresso que levará à civilização".[33]

A árvore do conhecimento do bem e do mal, dizem, é uma adição da época da literatura de sabedoria. Segundo a serpente, seu fruto permite aceder à vida eterna e se tornar deus; segundo Eva, ele permite adquirir o conhecimento universal. Na verdade, o redator nos faz compreender que aquilo que está em jogo aqui é o conhecimento de si mesmo, a consciência de si, que significa a descoberta da nudez; pelo pomo do conhecimento, o homem acede à maturidade psicológica, que é também a descoberta de sua fraqueza e de sua condição mortal. Assim, ele se torna verdadeiramente homem, autônomo. A perspectiva é então invertida: Deus havia criado uma espécie de tolo, ingênuo e cândido, mas, pelo pecado, este se afirma enquanto homem. O que instaura a questão do plano divino: "Por que Javé proibiu o acesso a esse conhecimento que o constitui verdadeiramente como ser humano? Sem o conselho ambíguo da serpente, e sem sua própria desobediência, o ser humano teria permanecido um ser inacabado. [...] A serpente aparece como aquela que finaliza a criação da humanidade".[34] Aqui, está em jogo toda uma antropologia da evolução.

O PECADO ORIGINAL: UMA IDEIA TARDIA

O pecado original, do qual o cristianismo fará tanto caso a ponto de ver nele, em certas épocas, o fundamento da história da salvação, está quase ausente dos escritos bíblicos depois do capítulo 3 do Gênesis e só reaparece no extremo final do Antigo Testamento. Os livros dos Profetas não dizem

---

33 Husser, op. cit., p.246.
34 Ibid., p.257.

uma só palavra sobre ele, assim como os livros históricos. O livro de Jó, que traz diretamente a questão do mal, permanece silencioso sobre o jardim do Éden, e a expressão "filhos de Adão" só designa a coletividade humana, sem fazer alusão ao pecado. Somente dois livros do Antigo Testamento, dentre os mais tardios, parecem se lembrar da falta original. O Sirácida, composto em torno de 180 a.C, lembra a responsabilidade de Eva: "A mulher está na origem do pecado e é por causa dela que morremos" (25, 24). Mas essa observação faz parte de um longo parágrafo contra as mulheres e sem dúvida nada tem a ver com a falta.[35] O livro da Sabedoria, datado dos anos -50 a -20, o que faz dele cronologicamente o último livro do Antigo Testamento, evoca de maneira vaga o pecado original, mas sem ver nele a responsabilidade dos males universais, sendo a alusão mais clara esta frase, suscetível de interpretações diversas: "Pelo ciúme do diabo, a morte entrou no mundo" (2, 24).

Os Evangelhos também se mostram igualmente discretos sobre um eventual pecado original. Mateus, Marcos, João e Lucas estão de acordo nesse ponto: nunca Cristo falou dele. Os exegetas atuais admitem isso, inclusive os mais ortodoxos, de André-Marie Dubarle a Henri Rondet, que constatam: "Por mais estranho que possa parecer, no Evangelho não há questão sobre o pecado de Adão".[36] Estranho, de fato, a ponto de desconcertar certos padres. Desde 1931, um deles havia escrito para a revista *L'Ami du Clergé*, perguntando o motivo dessa omissão, e a resposta foi: porque os contemporâneos não estavam prontos para ouvir essa verdade. Os Evangelhos apresentam o homem sob o domínio do mal, do qual Cristo vem salvá-lo, mas o responsável é Satã, e não uma falta qualquer cometida pelo primeiro homem. A única menção de Adão nos Evangelhos é neutra: ela se encontra na genealogia de Cristo, dada por Lucas (3, 38), que faz de Jesus o descendente direto do primeiro homem.

Até o início de nossa era, a ideia de pecado original não pertence à cultura hebraica. A história do Éden e do fruto proibido é conhecida, mas seu alcance é limitado e não engaja a espécie humana. Adão é simplesmente considerado o primeiro homem; ele viveu uma desventura incômoda, mas não é de forma alguma o personagem maldito que a tradição cristã fará dele. Quando seu nome reaparece, ele designa sempre o ancestral, e não o

---
35 Dubarle, *Le Péché originel dans l'Ecriture*, p.80.
36 Rondet, *Le Péché originel dans la tradition patristique et théologique*, p.27.

culpado. É visto por meio de sua descendência, "os filhos de Adão", como o mostram as *Tables pastorales de la Bible*. Nas mentalidades da época, o mal e a morte são explicados pelos pecados dos homens, que já causaram o dilúvio, o exílio e outras punições divinas.

É a partir do século II a.C. que a busca de uma causa exterior para o mal se desenvolve nas correntes filosóficas e religiosas. Essas reflexões foram esquecidas ou ocultadas durante muito tempo, pois não aparecem em nenhum texto canônico. Em contrapartida, são encontradas nos textos *apócrifos*, um enorme conjunto até recentemente desdenhado pelos teólogos, pois não haviam sido escolhidas para figurar nos escritos "inspirados", cuidadosamente selecionados pelos primeiros concílios. Essa massa de evangelhos, de atas, de epístolas atribuídas a personagens célebres do Antigo Testamento, que começa a ser publicada,[37] faz ressurgir um mundo perdido, um universo de ideias esquecidas pela literatura oficial, que dão testemunho dos ferozes debates que a doutrina sobre a origem do mal suscitou durante quatro a cinco séculos, de 200 a.C. até 300 d.C. De fato, esses evangelhos apócrifos revelam que um grande combate ocorreu entre os partidários de um dualismo maniqueísta de escala cósmica, fazendo do mal uma entidade independente igual ao bem, e os defensores de uma criação inteiramente boa, estragada por uma falta original. A primeira corrente parecia triunfar, mas a ideia de uma falta originária finalmente ganhou o embate.

Adão e Eva estão no centro desses debates esquecidos. Um conjunto de textos foi até mesmo posto sob o patrônimo do primeiro homem, os *Livros de Adão*. Compostos a partir do século I a.C., circularam amplamente nos meios sectários judaicos da Palestina e da diáspora. Aqueles que chegaram até nós são versões siríacas, armênias, eslavônias, etiópicas e arábicas. Dentre eles, assinalemos em particular o *Testamento de Adão*, que viria talvez de Qumran,[38] um *Apocalipse de Adão*, uma *Vida de Adão e Eva*, um *Apocalipse de Moisés*, constituindo um "livro de Adão", que relata a vida de Adão e Eva depois de sua expulsão do jardim do Éden. Essa literatura foi precedida, nos séculos II e I a.C., por inúmeras narrativas, tais como o *Livro dos Jubileus*, o *Livro de Enoch*, o *Apocalipse de Abraão*, todos centrados na origem do mal.

---

37 *Écrits apocryphes chrétiens*.
38 Denis, *Introduction aux pseudépigraphes grecs*.

Se a cronologia desses livros e suas relações permanecem confusas, as doutrinas que eles sustentam podem ser esquematicamente agrupadas em três categorias. Para uns, Adão é o único responsável: "Teria sido melhor que a terra não tivesse produzido Adão ou, tendo-o produzido, que tivesse tornado seu pecado impossível. Pois qual é a vantagem de viver aqui no infortúnio e de esperar pela expiação depois da morte?", questiona o *Apocalipse de Esdras* (ou segundo livro de Esdras). "Oh tu, Adão, o que fizeste? Pois foste tu que pecaste, mas a queda não é somente tua, é também a nossa, nós que somos teus descendentes. Pois de que nos serve a promessa de eternidade se fizemos as obras que trazem a morte?"[39]

Uma segunda tradição, vinda da literatura de Enoch (*Livro dos guardiães, Livro dos gigantes, Visão de Enoch, Livro de Enoch*), datando dos anos -210 a -60, influenciada pelos mitos babilônicos de combate, explica a existência do mal por uma revolta dos anjos, ou dos "filhos de Deus". Esses "anjos guardiães", encarregados de governar o mundo, infringiram a separação entre o divino e o humano: subjugados pela beleza das mulheres, uniram-se a elas e deram origem à raça maléfica dos gigantes, que espalharam o mal sobre a terra. Esses anjos rebeldes também ensinaram a metalurgia, a arte das joias e os cosméticos para a humanidade. Os livros de Enoch estabelecem um laço entre o sexo, o mal e o domínio do homem sobre a técnica que, como na história de Prometeu, lhe foi transmitida contra a vontade de Deus. Uma outra obra apócrifa, o *Livro dos jubileus*, composto entre -135 e -105 numa seita judaica, e também encontrada em Qumran, traz variantes sobre a história dos anjos rebeldes.

Já a tradição gnóstica afirma a existência eterna de dois princípios contrários, o bem e o mal. Durante muito tempo, o gnosticismo foi considerado uma heresia de origem cristã, mas a descoberta feita em 1945, perto de Nag Hammadi, no Egito, de uma biblioteca gnóstica anterior à era cristã, prova que se trata de uma corrente de pensamento independente, nascida, como o cristianismo, nas seitas judaicas. Ele desempenha um papel importante na história do pecado original. Como Henri-Charles Puech[40] mostrou, a gnose é uma atitude existencial, decorrente de uma relação contra a condi-

---
39 2 *Esdras* 7, 116-7.
40 Puech, *En quête de la gnose*.

ção humana, nossos limites, nossos sofrimentos, nossas angústias. Há entre os gnósticos um sentimento bem moderno do *mal de vivre*, que não deixa de lembrar Schopenhauer: "O mundo é mau e, assim, condenado, porque nele o homem tem dor, porque o mal, em primeiro lugar, é o de existir, e de existir no mundo".[41]

Aos olhos dos primeiros autores cristãos, essa consciência aguda do mal é a marca distintiva dos gnósticos. Obcecados pelo mal, diz Tertuliano a respeito deles que, de tanto se perguntar de onde vem o mal, acabam por cair dentro dele. Os gnósticos são fustigados da mesma forma por Irénée, em sua *Critique et réfutation de ce qu'on nomme faussement la gnose* [Crítica e refutação do que se chama falsamente de gnose], em torno de 185, por Hipólito em seu *Elenchos* e seu *Philosophumena*, em cerca de 225, por Epifânio do Chipre, em seu *Panarion* de 375, por Orígenes, por Clemente de Alexandria, e mesmo por não cristãos como Plotino, Porfírio ou ainda Celso.

De fato, o movimento gnóstico não pode ser reduzido a um pensamento único coerente.[42] Inicialmente, ele se desenvolveu nas seitas judaicas que utilizavam os dados bíblicos, mas reinterpretando-os num sentido antijudaico, segundo o qual Javé, criador deste mundo malsucedido ou imperfeito, só poderia ser um deus ruim, um demiurgo. Segundo uma corrente gnóstica, no início havia dois princípios eternos, o Pai e a Mãe. Por vezes, a Mãe é a Sabedoria, Sofia: vítima de uma queda na matéria logo no início dos tempos, foi mantida prisioneira por dois anjos ou arcontes, criadores deste mundo e do homem, e será salva pelo Pai. Outras vezes, a Mãe engendra o homem com o Pai, e então é o homem que fica prisioneiro na matéria até a vinda do salvador, o Cristo metafísico, de que Jesus é a encarnação. No cristianismo, como indica Henri-Charles Puech,

> o drama da salvação ocorre no tempo da história, um tempo que a aparição histórica de Jesus divide em dois. Ora, o drama da queda é, na concepção gnóstica, por assim dizer, interpretado por toda a eternidade. A decadência e as infelicidades de Sofia, a intervenção de Kristos, são coisas intemporais, fora do tempo

---

41 Ibid., p.200.
42 No final do século XIX, Kessler (*Gnosis und altbabylonische Religion*) e Anz (*Zur Frage nach dem Ursprung des Gnostizismus*) mostraram que o gnosticismo tinha laços com as religiões astrais da Babilônia.

ou no início do tempo. Aos espirituais, para quem a ressurreição já está completa, a predicação do deus desconhecido atribuído a Jesus se torna, uma vez feita, inútil. De resto, para a gnose, o Jesus histórico era apenas um fantasma: o essencial era o Salvador preexistente.[43]

Afinal, para Numênio de Apameia, no início do século II, o homem é um acidente; ele só pode ser resultado de uma catástrofe original, e apenas o acesso ao "conhecimento" – a "gnose" – de sua origem pode salvá-lo. O mal existe desde sempre, e a queda ocorreu no dia em que o demiurgo, o Javé da Bíblia, criou o mundo material e aprisionou os espíritos num corpo. Desde então, o bem e o mal, o espírito e a matéria, se entregam a um combate de escala cósmica. O deus bom, o Pai, totalmente independente da matéria e do tempo, enviará o "Iluminador", que revelará a gnose necessária à salvação. Nesse esquema geral, Adão e Eva ocupam um lugar de primeiro plano, mas na condição de instrumentos, e não como atores, dado que o verdadeiro drama se situa num cosmos intemporal.

Certamente os gnósticos foram os artesãos do retorno do velho mito do Éden, mais ou menos fadado ao esquecimento, mas lhe deram uma interpretação particular. Segundo alguns deles, os dois primeiros filhos de Eva, Caim e Abel, foram engendrados pelo deus mau, e seus descendentes formam a raça inferior da humanidade, os "hílicos" ou "psíquicos". O verdadeiro filho de Adão e Eva é Seth, ancestral dos "sethianos", raça superior pela qual se transmitem a luz e a verdade num mundo hostil. O papel de Adão é, no mínimo, obscuro; em algumas tradições, a serpente teria mantido relações sexuais com Eva e teria ensinado a Adão a homossexualidade (mas com quem?).[44]

No século II, alguns gnósticos elaboram sínteses mais estruturadas. Segundo Basilide, que ensinava em Alexandria sob o reino de Adriano, os dois princípios de origem são a luz e as trevas. A "queda" ocorreu quando um reflexo de luz caiu nas trevas; assim nasceu o mundo, onde nada é perfeito, onde até mesmo o bem é apenas uma ilusão, dado que foi um reflexo de luz que caiu, e não a própria luz. Para Valentin, que viveu em Roma nos

---

43 Puech, op. cit., t.I, p.175.
44 Ibid., p.287, n.2.

anos 135-165, os seres espirituais, os éons, se sucederiam até o trigésimo casal, o qual teria caído; essa queda dos éons deu o mundo, o homem, o mal, mas os seres inferiores, nascidos da queda, têm em si um germe espiritual. Marcion du Pont, enfim, opõe o deus do Antigo Testamento, ciumento e teimoso, responsável pelo mal que ele não soube prevenir e que mantém pela sua fraqueza, ao deus aparecido em Jesus Cristo, que revela a verdade. O mundo no qual vivemos é obra do demiurgo; ele criou Adão, mas, incapaz de protegê-lo contra Satã, expulsou-o injustamente do paraíso e arrependeu-se até mesmo de tê-lo criado. Adão conheceu esse demiurgo, mas seus descendentes o esqueceram.[45]

Em todas essas crenças de aparência variada, a queda inicial coincide com a criação. Queda radical, dado que é devida a uma vontade deliberada de um deus mau. "Ao apropriar-se do mito da queda, os gnósticos, em dois pontos essenciais, procedem à sua revisão: de um lado, a queda se confunde com a criação inteira; de outro, ela é o efeito não da liberdade humana, mas do poderio exterior do demiurgo."[46] O mal é o próprio mundo. Dele, somente uma pequena minoria que tenha acesso à gnose pode escapar.

ADÃO, VÍTIMA DO DEMIURGO

São então essas três tradições que encontramos confusamente mescladas na literatura apócrifa, nos livros de Adão e nos escritos apocalípticos redigidos do século II a.C. ao século II d.C. Os responsáveis são, dependendo dos casos, Adão e Eva, os anjos revoltados ou o deus mau, sendo possíveis todas as combinações. A confusão desses textos é proporcional às hesitações, mas também à gravidade da questão: o mundo é mau, de quem é a falta? Designar o culpado é também indicar um recurso; conhecer o autor do mal é, ao mesmo tempo, sugerir um possível salvador. Encontramo-nos diante de uma virada no pensamento religioso. A crise das religiões oficiais e a inquietude a respeito do além explicam a proliferação das religiões de salvação, que toda essa literatura se esforça por explicar num clima geralmente gnóstico.

---

45 Lebreton, *Histoire du dogme de la Trinité*, t.II, p.84-126.
46 Porée, op. cit., p.52.

Segundo Paul Ricœur, foi sob a influência dos gnósticos que os meios judaicos e cristãos afirmaram a existência de um princípio do mal: "São os gnósticos que tentam fazer desse tema uma questão especulativa e trazer uma resposta que seja ciência, saber, gnose. Foi por razões apologéticas – para combater a gnose – que a teologia cristã foi levada a alinhar-se no modo de pensar gnóstico. Fundamentalmente antiagnóstica, a teologia do mal se deixou levar sobre o próprio terreno da gnose e elaborou, assim, uma conceitualização comparável à sua".[47] O filósofo demonstra que foi a pressão gnóstica que conduziu os meios cristãos, por reação, a elaborar o conceito de um pecado original do qual Adão seria o único responsável: "O conceito de pecado original é antignóstico em seu fundo, mas quase gnóstico em seu enunciado [...]. Eu queria precisamente contribuir para o que chamo de uma hermenêutica do assim chamado dogma do pecado original".[48]

A hipótese filosófica se junta à análise dos textos e de sua cronologia, que mostra claramente a influência gnóstica nos debates sobre o mal. Atribuído até então a uma banal punição dos pecados do povo, o mal toma uma nova dimensão, que põe em jogo, desta vez, o próprio Ser: a criação é fundamentalmente boa ou ruim? Se ela é boa, como pretendem os cristãos, é preciso um culpado que inocente Deus, tendo uma estatura suficiente para representar a criação: Adão é designado, e é por isso que o velho mito do drama do Éden, um tanto esquecido, ressurge.

Mas isso não acontece sem ásperas discussões, pois os gnósticos estimam que Adão tenha sido mera vítima de forças que o ultrapassavam. Inúmeros escritos apócrifos o dizem, ou pelo menos o sugerem fortemente. Por exemplo, no *Apocalipse de Esdras*:

> O profeta diz: "Quem fez o primeiro homem, Adão, o protoplasta?".
> Deus diz: "Minhas mãos, que não estão maculadas. Depois eu o coloquei no paraíso para guardar o lugar da árvore da vida. Mas ele adquiriu a desobediência e agiu na transgressão".
> O profeta diz: "Ele não estava sendo cuidado por um anjo? E a vida não era, para toda a eternidade, guardada pelos querubins? Como então foi enganado,

---

[47] Ricœur, *Le Conflit des interprétations: essais d'herméneutique*, p.266-7.
[48] Ibid., p.267.

aquele que guardava os anjos? Em todo caso, tu ordenaste que isso acontecesse. Sê, então, atento às minhas palavras: se Tu não tivesses feito o dom de Eva pessoalmente, seguramente a serpente não o teria enganado. Mas se tu salvas quem tu queres, tu perdes também quem queres".[49]

Mais categórico, o *Apocalipse de Sedrach* afirma que Adão foi vítima de uma verdadeira maquinação. Diante desta acusação, Deus se defende inabilmente:

Sedrach lhe diz: "Tu, mestre, tu fizeste o homem. Tu sabes de onde provém sua vontade, de onde provém nosso conhecimento, e buscas pretextos para o castigo do homem... Foi porque tu o quiseste, Senhor, que ele pecou, o homem digno de piedade".
Deus disse: "Por que me atacas com palavras, Sedrach? Eu moldei Adão e sua mulher, e o sol, e disse: vejam, entre vós, quem é luminescente. O sol e Adão eram de um só caráter, mas a mulher de Adão é mais luminosa em beleza que a lua, e ele compartilhou sua vida".
Sedrach disse: "Qual é a utilidade das belas coisas se elas se consomem em poeira? Como dizes, Senhor, 'não faças o mal pelo mal'? Como, então, mestre? A palavra de tua divindade não mente jamais, então por que fazes isso com o homem? Não queres o mal pelo mal?... Tu tens os anjos. Mande-os tomar conta e, todas as vezes que o homem se mover para o pecado, apodere-se de seu pé, só de um, e ele seguramente não avançará para onde queria ir".
Deus lhe disse: "Se me apodero de seu pé, ele diz: 'Tu não me perdoas no mundo'. Mas deixei-o ir, conforme sua vontade, porque o amava".[50]

Inúmeras obras apócrifas se detêm no episódio do jardim do Éden, nas circunstâncias da falta de Adão e Eva e nas suas consequências, adicionando uma infinidade de detalhes pitorescos. No *Livro dos jubilados*, desde o século II a.C., aparece um cuidado de coerência: Adão entrou no paraíso quarenta dias depois da criação, e Eva no octogésimo; lá ficaram sete anos e seis meses, cultivando e guardando o jardim, conversando com os animais, que, naquele tempo, tinham a mesma linguagem que eles, o que explica a serpente poder

---

49 *Écrits apocryphes chrétiens*, op. cit., p.560.
50 Ibid., p.600.

falar. Uma das consequências da falta foi justamente a de lhes retirar a palavra: "E naquele dia em que ele [Adão] cobriu sua vergonha, foi fechada a boca de todos os animais, de modo que não puderam mais falar; porque antes haviam falado um com o outro em um só idioma". A criação inteira, portanto, sofreu a degradação. E se Adão morreu somente aos 930 anos, apesar de que Deus lhe havia dito: *no mesmo dia* em que comeres desse fruto morrerás, é porque para Deus, diz a Bíblia, "mil anos são como um dia"; a verdadeira queda é atribuída à desobediência dos anjos guardiães ou cuidadores, que se deitaram com as mulheres.

Nos escritos apócrifos, o pecado de Eva frequentemente é sexual. No livro etíope de *Enoch*, Gadreel, um dos anjos guardiães, a seduz; no *Apocalipse de Abraão*, é o anjo Azazel que se une a ela. No *Apocalipse de Moisés*, a fusão das duas tradições, da maçã e da sedução, está efetivada: Eva conta como, no momento em que estava só, cuidando de sua parte do jardim, Satã a persuadiu para que lhe abrisse a porta e a fez jurar que levaria Adão a comer a maçã, sobre a qual "ele derramou o veneno de sua maldade, que é o desejo carnal, raiz e princípio de todo pecado, e curvou o galho até o solo, e peguei um fruto e o comi".[51] O fruto proibido é aqui o ato sexual, e não o acesso ao conhecimento. Como escreve Neil Forsyth, "para um espírito filosófico, a ignorância não era uma situação conveniente para o primeiro casal humano. O desejo sexual [...], com sua significação convencional de oposição entre corpo e espírito, era uma explicação mais sedutora da queda em um contexto sectário, ascético e pró-gnóstico".[52] Caim se torna assim filho da união entre Satã e Eva, bem como os gigantes eram fruto da união dos anjos cuidadores e das filhas dos homens. Segundo o *Protoevangelho de Thiago*, "Adão estava na hora da prece, e a serpente veio, encontrou Eva sozinha, seduziu-a e conspurcou-a".[53] Segundo o *Evangelho de Eva*, de espírito bastante gnóstico, o réptil revela à primeira mulher a verdade sobre Deus e sobre o mundo.[54]

A literatura apócrifa adorna as relações entre Satã e Eva. Adão teria sido então o primeiro "corno" da história, apesar de ser o único homem sobre a terra, o que é o cúmulo. Ele será apenas um "testa de ferro", assim como

---

51 *Apocalypse de Moïse*, 19, 1-3.
52 Forsyth, *The Old Enemy: Satan and the Combat Myth*, p.234.
53 *Écrits apocryphes chrétiens*, op. cit., p.94.
54 Ibid., p.479-82.

o será José. Ambos são os instrumentos de manobras que os ultrapassam, tendo sido suas esposas engravidadas, uma pelo diabo, a outra por Deus. No *Evangelho de Tomás*, o pecado original é precisamente a primeira união sexual de Adão e Eva. Em outros textos apócrifos, Adão era andrógino no início, e a separação dos sexos foi uma consequência da queda.[55]

Em outros lugares, Eva é designada como a principal responsável, devido à sua fraqueza e ao seu poder de sedução. Nas *Atas de Felipe*, Deus diz: "Sabes que, desde a origem, a inimizade surgiu entre Eva e Adão. Foi o início da rebelião da serpente contra esse homem, e de sua amizade pela mulher; tanto que Adão foi abusado por sua mulher, Eva; e a muda da serpente, isto é, seu veneno, ele a revestiu para Eva; e por meio dessa pele trocada, o inimigo original conseguiu se alojar em Caim, o filho de Eva, para que matasse Abel, seu irmão".[56] Na *Vida de Adão e Eva*, esta mulher, depois da queda, não é sequer capaz de respeitar seu voto de jejuar durante quarenta dias. No *Apocalipse de Moisés*, ela se lamenta: "Será a desgraça para mim quando chegar o dia da ressurreição; todos os pecadores me amaldiçoarão dizendo: Eva não respeitou a ordem divina", enquanto Adão a acusa: "Que cólera tu atraíste sobre nós, levando a morte para o gênero humano!". A mesma obra faz com que ela viva mais que Adão, cuja morte lamenta: "Pequei, e todos os pecados vieram através de mim na criação".

UMA HISTÓRIA SOMBRIA

Qual é a extensão do desastre provocado pela queda? Os textos apócrifos hesitam. Para o *Livro dos jubileus*, a queda trouxe a desordem na natureza, causando, entre outras coisas, a perda da fala para os animais. Segundo o *Apocalipse de Moisés*, a morte é a punição que Deus infligiu a Adão depois da falta: "Não deves comer [do fruto da árvore da vida] a fim de que vivas eternamente". Também encontramos nos livros de Adão uma história curiosa, muito comum na Idade Média, que deixa uma esperança de redenção. Adão, então com 800 ou 900 anos, entravado por reumatismos, reúne seus filhos.

---

55 Ibid., Introduction.
56 Ibid., p.1265.

Ele pede a Eva e ao seu filho Seth, o "espiritual", o pai dos Justos, que procure a árvore da qual escorre o óleo da misericórdia. No caminho, Seth é atacado por uma fera selvagem, que se acalma ao ver nele a imagem de Deus. No fim da viagem, Seth se encontra com o arcanjo Miguel, que lhe recusa o óleo, em nome de Deus; mas este último promete dá-lo ao seu povo no fim dos tempos.

Outros livros ligam a morte, assim como o mal moral e físico, ao pecado de Adão e Eva. No *Livro dos segredos de Enoch* (início do século I a.C.), Enoch tem uma visão, no decorrer da qual faz a conexão entre a falta original e as misérias da multidão que se aglomera no inferno (*shéol*):

> E vi todos os ancestrais de todos os tempos com Adão e Eva, e soluçava e me desfiz em lágrimas, e falei sobre a ruína ocasionada pela sua queda: infeliz de mim, por causa de minha fraqueza e da fraqueza de meus pais. E pensei, em meu coração, e disse: feliz do homem que não nasceu, ou que, depois de seu nascimento, não pecou, a fim de que não venha aqui e não carregue o jugo desses lugares.[57]

O pecado original parece ter ocasionado uma fraqueza na natureza humana, o que explica a multiplicidade dos pecados pessoais. Mas a ideia de uma transmissão hereditária da culpabilidade ainda não aparece.

O *Apocalipse de Baruch* atribui ao pecado de Adão muitas outras consequências:

> Uma morte prematura chega, o luto foi nomeado e a tristeza foi preparada, e a dor foi criada, e o labor esmagador foi feito, e a jactância começa a se estabelecer, e o *shéol* demanda ser renovado pelo sangue, e a procriação das crianças sobrevém, e o ardor dos pais foi criado, e a majestade do homem decresce, e a bondade enlanguesce. [...] E dessas águas negras, o negro é derivado, e as trevas das trevas se produziram. O homem se tornou um perigo para sua própria alma; e se tornou um perigo até mesmo para os outros.[58]

Depois da expulsão do jardim do Éden, a duração da vida humana foi reduzida (ninguém atingirá mil anos, nem mesmo Matusalém). Homens e

---
57 *Livre des secrets d'Enoch*, XLI, 1 e ss.
58 *Apocalypse de Baruch*, LVI, 6, 7, 10.

mulheres, levados por maus instintos, se põem a copular e a lutar; eles devem trabalhar e sofrer, mas todos os seus pecados nada mais são que uma imitação dos pecados de Adão, e não uma herança.

Segundo o *Quarto livro de Esdras*, Adão decaiu porque já tinha o coração mau: "Um grão de semente ruim havia sido semeado, desde o início, no coração de Adão" (IV, 30). Essa interpretação remete para mais à montante a origem do mal e contradiz um pouco as consequências atribuídas ao episódio do jardim, o mal físico e a morte: "Foi para tu que fiz o mundo, disse Deus; mas quando Adão transgride minhas ordens, então o que ele fez foi julgado. E então os caminhos do mundo se tornaram estreitos, cheios de tristezas e de penas, cheios de perigos e de cansaços" (VII, 11-12).

Segundo alguns textos, a desobediência original tem uma outra consequência: Adão diminui em tamanho, talvez em aplicação do salmo 139: "Tu me comprimes e pões a mão sobre mim", como se ele tivesse tomado consciência do caráter esmagador de sua infração. Sua diminuição é espetacular: segundo o *Livro da ressurreição de Bartolomeu*, quando Jesus desce aos infernos, procurando Adão e Eva para a grande reconciliação, estes recuperam seu tamanho de origem, ou seja, ele com 40, ela com 25 metros de altura: "O Pai ordenou que Adão fosse levado a ele com Eva, sua mulher. E logo Miguel correu ao paraíso, levando Adão e Eva, e os fez ficar em pé na presença do Pai. Ora, Adão tinha 80 côvados de altura; Eva, 50 côvados".[59] Deus perdoa então o bom gigante: "Eu me reconciliei com a minha imagem", cuja face é resplandecente. Os comentários rabínicos, evidentemente, não mencionam essa cena, mas, segundo o rabino Jehuda, Adão, que antes da falta era tão alto que sua cabeça tocava o céu, foi reduzido ao tamanho do homem atual e se tornou muito frágil. O rabino Acha Bar Chanina se esforça para reconstituir a cronologia do caso: Adão recebeu uma alma na quarta hora do dia; Eva foi feita na sétima; na oitava, coito original, seguido imediatamente no nascimento de gêmeos, Caim e uma menina; mastigação da maçã na décima hora, julgamento na décima primeira, expulsão na décima segunda – tudo se desenrola numa sequência infernal, sob o olhar satisfeito de Satã.[60]

---

59 *Écrits apocryphes chrétiens*, op. cit., p.234.
60 Frey, L'état originel et la chute de l'homme d'après les conceptions juives au temps de Jésus, *Revue des Sciences Théologique et Philosophique*.

Segundo as *Questões de Bartolomeu*, entretanto, Adão conservou uma altura respeitável depois da falta, pois, quando Jesus vem buscá-lo no inferno, Bartolomeu lhe pergunta:

> "Quem era esse homem tão alto que os homens levavam nos braços? E o que lhe falaste para que em seguida ele tenha suspirado?"
> Jesus respondeu-lhe: "Esse homem era Adão, o primeiro concebido, por causa de quem desci dos céus sobre a terra. E eu falei para ele: 'É por tua causa e de teus filhos que fui pregado na cruz'. Então Adão, ao ouvir aquilo, gemeu e disse: "Assim quiseste, Senhor!".[61]

Além de sua altura, o grau de responsabilidade de Adão suscita muitas hesitações. Muito claramente influenciadas pelos gnósticos, as versões armênias e latinas do *Livro de Adão* atribuem a falta fundamental ao ciúme de Satã. Todo um cenário é montado: Adão e Eva, expulsos do paraíso, se separam. Porém Satã, disfarçado de anjo, persuade Eva a voltar para seu marido; ela é mal recebida: "Mais uma vez, tu te deixaste enganar", lhe diz Adão. Então Eva pergunta ao diabo por que ele os persegue assim. Satã conta que não havia aceitado que Deus criasse o homem e o intimasse a adorá-lo, então declarou guerra a Deus e ao homem.

Nesse texto, Satã é o equivalente do demiurgo gnóstico, o deus do Antigo Testamento, que mantém o homem prisioneiro neste mundo mortal. Adão, no *Apocalipse de Adão*, explica ao seu filho Seth a origem de todos os seus problemas:

> Escute, Seth, meu filho, quando Deus me criou a partir do barro, assim como sua mãe, Eva, eu caminhava com ela como na glória que ela havia visto no éon do qual vínhamos. Ela me ensinou o conhecimento de Deus eterno, e éramos semelhantes aos grandes anjos eternos, pois éramos maiores que o Deus que nos havia criado, e que seus poderes, que não conhecíamos. Depois Deus, senhor dos éons e dos poderes, nos separou num momento de raiva. Então, nós nos tornamos dois éons. E a glória abandonou nossos corações... Passados esses dias, o conhecimento do Deus eterno de verdade se retirou de mim e de sua mãe,

---

61 *Écrits apocryphes chrétiens*, op. cit., p.27.

Eva. A partir daquele tempo, conhecemos as coisas mortais, como os homens. A seguir, ficamos sabendo que Deus nos criou, pois não éramos estranhos aos seus poderes. E nós o servimos, no medo e na escravidão. E, depois disso, nossos corações se enegreceram.[62]

O demiurgo que, por ciúme, privou o homem do conhecimento, é então muito claramente responsável. Adão é uma vítima inocente. O mal vem de cima e mantém a humanidade no sofrimento pelo viés da ignorância. A redenção só pode vir da revelação da gnose. É pelo Cristo que Adão será salvo, e várias tradições gnósticas imaginam os laços materiais entre eles: segundo uma delas, Seth volta do paraíso com um ramo que, plantado, se tornará a árvore da qual será tirada a cruz; outra diz que essa cruz será feita da madeira da árvore do conhecimento; uma terceira afirma que o cadáver de Adão será levado pelo dilúvio até o Gólgota, e a cruz será plantada sobre seu crânio. São Paulo retomará a ideia de laços simbólicos entre Adão e Cristo.

Uma última corrente gnóstica se desenvolve no início de nossa era, reinterpretando os dados do Gênesis e inocentando Adão e Eva. Ela florescerá nas seitas dos cainitas, dos ofitas e dos naasenas (do grego *ophis* e do hebraico *nahas*, "serpente"). Encontramos esses elementos no *Apocalipse de João*. O demiurgo, portanto, criou Adão e Eva. Os arcontes, seduzidos pela beleza de Eva, deitaram-se com ela e lhe fizeram dois filhos, Caim e Abel, que se matarão entre si. Para outros, o diabo é o verdadeiro pai, e essa história lembra a tradição dos anjos cuidadores, cujos filhos, engendrados com as mulheres, são gigantes maus. Quanto a Seth, ele é, ao mesmo tempo, filho de Adão e imagem do deus bom. O demiurgo proíbe Adão de comer o fruto do conhecimento, enquanto que a serpente, que para alguns é o Cristo, o aconselha a comer, a experimentar. Segundo a *Epístola dos apóstolos*, Adão, longe de ser culpado, fez a boa escolha. Jesus diz a seu respeito: "A Adão foi dado o poder de escolher, entre as coisas, aquilo que desejava, e ele escolheu a luz, estendeu as mãos e a pegou. Ele abandonou as trevas e delas se afastou".[63] Adão e Eva, expulsos do paraíso, mas conservando uma parte espiritual prisioneira

---

62 *Apocalypse d'Adam*, 64, 1-19.
63 *Écrits apocryphes chrétiens*, op. cit., p.385.

da matéria, portam como castigo o instinto sexual, a concupiscência, que os leva a multiplicar essas prisões de matéria, que são os homens.

É desse conjunto confuso que, aos poucos, nascerá a ideia do pecado original. O sucesso desse mito está em parte ligado à proliferação de especulações judaicas, gnósticas, cristãs e pagãs, desde o século II a.C. até o século II d.C. O fim dos cultos cívicos, a crise dos politeísmos pagãos e a busca da salvação pessoal levam a questão do mal ao primeiro plano. Como explicar essa extraordinária desordem, esses sofrimentos, este mundo no qual a única certeza é a morte? O mundo judaico, depois judaico-cristão, se lembra então da velha história do jardim do Éden: "Uma maçã, duas peras e todos os problemas para nós", segundo a definição humorística contemporânea. Mas qual foi a divisão dos papéis? A tendência é mais desculpar Adão e, portanto, a humanidade, vítima de um acerto de contas entre forças divinas e cósmicas do bem e do mal. Em todas as narrativas, transparece uma sombria maquinação original, ou um plano que acabou mal, colocando em jogo o conhecimento, a vida, a morte, o sexo. As suspeitas recaem majoritariamente sobre Satã ou um deus mau. Adão e Eva desempenham um papel de instrumentos ou de vítimas. Ora, estes dois últimos acabarão sendo os acusados principais. Esse retorno se dá lentamente, no decorrer de ácidas controvérsias entre intelectuais cristãos que, do século II ao V, instruem o processo de Adão. A causa essencial dessa evolução reside na mudança de perspectiva: a partir de São Paulo, verdadeiro fundador do cristianismo, o ponto central do debate não é mais especulativo – de quem é a falta? –, mas prático: como desenrascar-se dele? O meio de sair dessa situação catastrófica é Jesus, porque Jesus é o "novo Adão", o que implica fazer com que recaia sobre o primeiro Adão a origem de todos os males. A ideia de pecado original está lançada.

– 2 –

O PROCESSO DE ADÃO: DE PAULO A AGOSTINHO

A ideia de uma queda original da qual todos os homens compartilhariam a culpabilidade está então ausente do Antigo Testamento e dos Evangelhos. É uma criação tardia dos teólogos, que queriam reforçar o edifício doutrinal, que estava ameaçado pelas heresias. Sua gestação foi extremamente lenta e difícil, dado que necessitou de quatro séculos de hesitações para implementar esse dogma essencial que, em seguida, será apresentado como uma evidência.

UM ATO DE ACUSAÇÃO SUSPEITO

As especulações sobre o pecado original se fundam sobre uma passagem da Epístola dos Romanos (5, 12-21), na qual Paulo estabelece um paralelo entre Cristo e Adão. Sabemos que a vida de Paulo de Tarso repousa sobre dados historiográficos incontestáveis e que suas cartas, perfeitamente autenticadas, são anteriores de vinte a trinta anos aos Evangelhos. Não tendo nunca encontrado Jesus, ele se torna o ardoroso propagador de uma doutrina que ele próprio elabora, a partir das lembranças transmitidas pelos antigos companheiros de Cristo no seio de pequenas comunidades sectárias. Ele inaugura a religião de Cristo, que, aos seus olhos, é o salvador universal. Se um único homem é capaz de salvar a humanidade, e por ter sido a humanidade perdida por um único homem, esse homem só pode ser Adão. Esse é o raciocínio que se encontra na origem de todas as especulações sobre o pecado original.

Lembremos o texto de Paulo, segundo a tradução ecumênica da Bíblia:

> Eis por que, assim como por um só homem o pecado entrou no mundo, e pelo pecado a morte, e que assim a morte atingiu a todos os homens, eis por que todos pecaram... Pois, até a lei, o pecado estava no mundo, apesar de o pecado não poder ser sancionado quando não há lei; não obstante isso, de Adão a Moisés, a morte reinou, mesmo sobre aqueles que não haviam pecado por uma transgressão idêntica àquela de Adão, imagem daquele que devia advir.
>
> Mas não ocorre com o dom da graça o mesmo que com o da falta: pois, se pela falta de um só a multidão sofre a morte, com mais forte razão a graça de Deus, graça concedida em um só homem, Jesus Cristo, se disseminou em abundância sobre a multidão. E como também não ocorre com o dom o mesmo que com as sequências do pecado de um só: de fato, a partir do pecado de um só, o julgamento chega à condenação, enquanto que, a partir de inúmeras faltas, o dom da graça chega à justificação. Pois se por um único homem, pela falta de um só, a morte reinou com mais forte razão, somente por Jesus Cristo reinarão na vida aqueles que recebem a abundância da graça e do dom da justiça.
>
> Em suma, como pela falta de um só aconteceu a condenação para todos os homens, da mesma forma pela obra de justiça de um só, é para todos os homens a justificação que dá a vida. Da mesma forma que, pela desobediência de um só homem, a multidão foi tornada pecadora, da mesma maneira também, pela obediência de um só, a multidão será tornada justa. A lei interviu para que prolifere a falta, mas onde o pecado proliferou, a graça superabundou a fim de que, assim como o pecado havia reinado pela morte, assim, pela justiça, a graça reine pela vida eterna por Jesus Cristo nosso Senhor (Romanos 5, 12-21).

A obscuridade desse texto lançou seus tradutores no mais completo desespero. Várias expressões são alusivas ou misteriosas, as frases se enfiam umas nas outras, algumas permanecem em suspense, os laços lógicos nos parecem caóticos, algumas palavras podem ser compreendidas como conjunções ou como pronomes relativos cujos antecedentes não são claros. A teologia do pecado original será construída sobre algumas linhas de Paulo, escritas num grego que permite todos os tipos de especulação.

No decorrer dos séculos, inúmeros teólogos postularam que o apóstolo havia enunciado de modo rigoroso uma verdade intangível. Os teólogos atuais não estão tão seguros disso. Desde 1966, o dominicano André-Marie Dubarle expressava, com todas as aprovações oficiais, as hesitações da exegese contemporânea a respeito de Romanos 5, 12-21: "Às vezes, supõe-se que o pensamento de Paulo é de uma coerência sistemática perfeita. E talvez essa suposição seja inexata. Sem atribuirmos ao apóstolo as contradições reais, podemos pensar, como muitos exegetas, que ele tateia um pouco, que propõe ideias, não falsas, mas secundárias em relação ao seu objetivo principal". O dominicano não hesitava em concluir que "subsiste, então, uma certa imprecisão no pensamento de Paulo".[1]

Essa reserva, prudente, mas clara, se junta àquela do jesuíta Henri Rondet, que, no mesmo ano, e com as mesmas aprovações, relativizava o pensamento de Paulo, apoiando-se num exegeta anglo-saxão, N. P. Williams, segundo o qual o apóstolo, "ditando sua carta, percebe, de repente, que se engaja imprudentemente numa explicação da qual não será fácil sair. A morte é o castigo do pecado, mas será ela diretamente a sanção do pecado de Adão, ou aquela dos pecados pessoais? Adão desencadeou uma potência de pecado universal? Paulo se encontraria, assim, na presença de explicações divergentes e, querendo escolher entre elas, se engajaria num labirinto".[2]

A exegese recente, portanto, encontrou no texto de Paulo mais questões que afirmações. Dão testemunho disso os inúmeros comentários em pé de página das Bíblias católicas e a imensa literatura construída em torno do sentido que se deve dar ao "porque" do versículo 12: "Assim a morte atingiu todos os homens *porque* todos pecaram". Duas traduções se opõem,

---
[1] Dubarle, op. cit., p.125.
[2] Rondet, op. cit., p.31.

expressando duas interpretações. Para uns, Paulo quer dizer, de modo elíptico, que todos os homens pecaram em Adão, e que a morte se estendeu a todos por causa do pecado de Adão. Para outros, a morte é o castigo dos pecados pessoais cometidos por cada um, e não resultado de uma falta original.[3] Há outro problema para o qual Paulo não fornece uma resposta clara: a morte é consequência do pecado de Adão ou consequência desse pecado sobre a natureza humana? E como explicar os pecados dos primeiros homens, dado que pecar é transgredir a lei divina, e que esta só foi revelada na época de Moisés?

Os comentaristas sublinharam que Paulo não se refere, em nenhum momento, ao Gênesis. Deste, ele extrai apenas Adão, erigindo-o como bode expiatório: aquele "por meio de quem o pecado entrou no mundo", mesmo que, como ele o precisa, "não tenha sido Adão quem foi seduzido, mas a mulher, que, seduzida, caiu na transgressão" (1 Timóteo 2, 14). De fato, durante muito tempo, os teólogos supuseram que Paulo havia tido uma concepção completa, estruturada, lógica, do pecado original, e que se poderia reconstituí-la a partir de elementos complementares contidos nas diversas epístolas. Essa bela construção faz Louis Ligier escrever: "Paulo percebe o drama do pecado segundo duas perspectivas escatológicas conexas. Uma, em tonalidade e própria à segunda epístola aos tessalonicenses, manifesta o pecado dos últimos tempos e prediz o advento do Adversário. A outra, num modo escatológico ainda aberto, abraça o pecado anterior a Cristo; é a carta aos romanos".[4]

Tal visão do pecado original nos parece confusa, mas não se pode esquecer que só nos chegaram catorze cartas de Paulo, escritas em doze anos, e que elas correspondem a um contexto, a leitores e a objetivos diferentes. Num momento em que a comunidade se encontra corroída por dissensões entre judaizantes e cristãos de origem pagã, explica Stanislas Lyonnet, o apóstolo deve, de fato, afirmar com força a unidade da espécie humana, a solidariedade dos homens, tanto no pecado quanto na salvação:

---

3 Stanislas Lyonnet fez o histórico desse debate em Le Péché originel et l'exégèse de Rom. 5, 12-14, *Revue des Sciences Religieuses*, XLIV, p.63-84.
4 Ligier, *Péché d'Adam et péché du monde*, t.II, p.211.

O peso da afirmação se concentra então, para Paulo, nas duas únicas passagens em que ele explicitamente faz alusão ao pecado de Adão, sobre a redenção universal de Cristo. Essa redenção universal supõe uma similar universalidade no pecado. Essa universalidade no pecado encontra sua explicação num pecado inicial, tal como Paulo lê a narrativa na Escritura. Nada sugere que Paulo tenha feito sua essa explicação num pecado inicial, tal como Paulo lê a narrativa na Escritura. Nada sugere que Paulo tenha feito sua essa explicação, mas ele só a menciona, ao que parece, para permitir que seus auditores admitam mais facilmente a universal causalidade de Cristo.[5]

Para sublinhar o papel redentor universal de Cristo, Paulo erige diante dele a estátua colossal de sua antítese, Adão, pai de todos os homens. Face a face, Cristo e Adão, cada um reunindo toda a humanidade, um para perdê-la por meio de um ato de desobediência, o outro para salvá-la por um ato de sacrifício. No entanto, como um homem pode reunir em si todos os outros? Como uma culpabilidade e seu castigo podem ser transmitidos fisicamente de geração em geração? É necessário ao menos admitir, como o faz o jesuíta Louis Renwart, que, "diante da diversidade de interpretações dadas pelos Pais e pelos teólogos, nenhuma maneira determinada de compreender o 'pecado' que herdamos, e a parte eventual de cada um de nós nessa herança, se impõe em nome da fé".[6]

Para a maior parte dos teólogos atuais, a tradição cristã interpretou mal as palavras de Paulo, fazendo com que o pecado original ficasse em primeiro plano, enquanto que, para o apóstolo, o acontecimento fundador do cristianismo era a morte-ressurreição de Cristo. É o que constata Paul Guilluy no artigo "Péché originel" [Pecado original] do dicionário *Catholicisme*: "A passagem à dimensão universal do pecado do mundo só se operou, sobretudo em Paulo e João, para que melhor se apreendesse a universalidade do apelo à salvação. Portanto, só se pode lamentar que tenha sido o itinerário inverso que foi percorrido a partir de certa época, como se a medida da superabundância da graça devesse ser compreendida não em primeiro lugar da generosidade do coração de Deus, mas, sim, da amplitude dos desgastes a serem

---

5 Lyonnet, *Etudes sur l'epître aux Romains*, p.184.
6 Renwart, Péché d'Adam, péché du monde, *Nouvelle Revue Théologique*, t.113, n.4, p.539.

reparados. Daí a tendência a exagerá-los para que a restauração aparecesse de modo mais notável".

Se a falta só pôde ser reparada pela morte do Filho de Deus, é porque, de fato, devia ser terrível além de qualquer expressão. Seria indesejável fazer uma injustiça aos teólogos de antigamente. No quadro do cristianismo, o pecado original é uma necessidade lógica: a partir do momento em que se admitem a Encarnação e a Redenção, a morte voluntária do Filho de Deus deve ser justificada. A despeito dos esforços de certos teólogos atuais, parece impossível justificar a crucificação sem a queda. Foi por essa razão que a ideia da responsabilidade do homem se impôs pouco a pouco. Se o mal era devido a uma potência cósmica rival, ou a um ser não humano, a morte de Cristo nada teria mudado. A hipótese freudiana do assassinato primitivo do pai como falta original pode parecer gratuita. Entretanto, ela ilustra a lógica que levou o cristianismo a erigir como dogma a existência de um pecado original.

Freud, retornando ao texto de Paulo, escreve em *Moisés e o monoteísmo*:

> Parece que um sentimento crescente de culpabilidade tomou conta do povo judeu e, talvez, mesmo de todo o mundo civilizado dessa época, sentimento que pressagiava o retorno daquilo que havia sido recalcado [...]. Paulo de Tarso, um judeu romano, apropriando-se desse sentimento de culpabilidade, o conduz precisamente à sua fonte pré-histórica, dando-lhe o nome de pecado original: um crime havia sido cometido contra Deus, e somente a morte poderia resgatá-lo. Pelo pecado original, a morte entrou no mundo. Na realidade, naquilo que concerne a esse crime que trouxe a morte, tratava-se do crime [assassinato] do Pai primitivo, ulteriormente deificado. Todavia, não se tratou desse assassinato, mas somente de sua expiação, e é por isso que esse fantasma pode ser saudado como uma mensagem de libertação. Um filho de Deus, inocente de qualquer falta, havia assumido a responsabilidade de todos. Era mesmo preciso que tivesse sido um filho, dado que o assassinato havia tido um pai como vítima.[7]

O caráter ao mesmo tempo pessoal e coletivo da falta exporá a uma rude prova a sagacidade dos teólogos, obrigando-os a recorrer ao conceito de "personalidade corporativa". Na época de Paulo, a ideia, sem dúvida, era

---

7 Freud, *Moïse et le monothéisme*, in: *L'Homme Moïse et la religion monothéiste: trois essais*, p.117.

mais concebível, pois a falta e o castigo coletivos fazem parte dos quadros do pensamento hebraico.

Em seus escritos, Paulo não fala de "pecado original", mas de "pecado de Adão", expressão que toma, por necessidade lógica, proporções universais. O apóstolo também é levado a essa constatação pelo espetáculo da degradação moral que observa em torno de si, como atesta a Epístola aos Romanos, em que faz uma descrição feroz dos costumes de sua época (1, 24-32). Tal caos não pode corresponder à finalidade do Criador: somente um pecado global pode explicá-lo.

OS PRIMEIROS DEBATES, DE IRENEU A MANI

Durante dois séculos, os intelectuais cristãos fazem pouco caso dos escritos de Paulo. Os primeiros Pais da Igreja não mencionam a queda original, ou se limitam a fazer uma breve alusão a ela. Justino considera que somos pecadores, à semelhança de Adão, o que causa nossa morte, tal como provocou a dele. Taciano, numa curta e obscura passagem do *Discurso aos gregos*, parece mesclar pecado dos anjos e pecado dos homens, sem mencionar Adão e Eva: "Quando os homens seguiram aquele que, na sua qualidade de primeiro nascido, tinha mais inteligência que os outros, quando fizeram um deus daquele que havia se revoltado contra a lei de Deus, então a potência do Logos exclui de seu comércio o iniciador dessa louca defecção e aqueles que o haviam seguido. Então, aquele que tinha sido feito à imagem de Deus, tendo o espírito mais poderoso se retirado dele, se tornou mortal. O primeiro nascido se fez demônio, e aqueles que o imitaram, ele e seus prodígios, formaram o exército dos demônios e, dado que haviam agido livremente, foram abandonados à sua estupidez"[8]. Bastante influenciado pelo gnosticismo, Taciano, em outra passagem, sugere que o diabo – que ele mais ou menos assimila à filha da Sabedoria, Sofia – insuflou em Eva o desejo sexual, o que a levou à primeira união e à difusão da corrupção. Ele será, aliás, rapidamente excomungado.

No século II, Teófilo de Antióquia estima que o verdadeiro culpado é Satã. Se Deus proibiu Adão e Eva de comer o fruto da árvore do

---
8 Taciano, *Discours aux Grecs*, p.117.

conhecimento, é porque eram crianças, e também porque ele desejava testar-lhes a obediência: "Adão não passava ainda de uma criança. Assim, não estava apto para receber a ciência [...]. Foi por isso que Deus, sem nenhum sentimento de ciúme, como alguns dizem, proibiu-lhe que comesse do fruto da árvore da ciência [...]. Ele queria prolongar em Adão o estado de inocência e de simplicidade [...]. Não convém às crianças terem mais ciência do que sua idade comporta".[9] Por ter furtado uma maçã, Adão foi condenado à morte, mas "isso foi um grande bem para o homem", pois a morte põe fim aos sofrimentos que o assaltam desde que foi expulso do paraíso: "Assim, o castigo devia permitir ao homem expiar a falta num tempo fixado e, uma vez castigado, retornar". Mas Teófilo não estabelece um laço entre o pecado de Adão e o pecado dos homens. O verdadeiro culpado, aos seus olhos, é Satã: como poderiam se tornar responsáveis duas crianças que nem sequer tinham a idade da razão?

Em dois séculos, a literatura cristã nada mais disse sobre a queda originária. Nenhum autor faz claramente referência ao capítulo 5 da Epístola aos Romanos, o que levará o abade Joseph Turmel, no começo dos anos 1930, a ver nesse capítulo uma interpolação gnóstica. Essa opinião, bastante contestada, lembra que, nessa época, Adão ainda não era considerado o verdadeiro culpado, e que o acusado era então o diabo.

Santo Ireneu foi o primeiro autor cristão que tentou investigar um pouco mais a misteriosa história do jardim. Esse bispo de Lyon quer reagir contra a heresia gnóstica, mas não escapa a um certo dualismo. Também aos seus olhos, Adão e Eva eram crianças inocentes, às quais Deus havia provisoriamente proibido a árvore do conhecimento, mas Ireneu sugere que esse "conhecimento" concernia à sexualidade: "Adão e Eva estavam nus no paraíso. E não sentiam confusão, porque, recentemente criados, nada compreendiam ainda sobre a geração das crianças. Era preciso que primeiramente atingissem a fase da puberdade para que, em seguida, procriassem".[10] Ireneu deixa adivinhar a falta que cometeram: Adão e Eva se amaram antes da idade. Sem dúvida, é a mesma ideia que Clemente de Alexandria retoma, ao lembrar que Adão escondeu sua nudez com folhas de figueira: "Ele fez essa vestimenta

---

9 Antióquia, *Trois livres à Autolycus*, col. Sources chrétiennes, II, 25.
10 Ireneu, *Contre les hérésies*, 3, 22, 4.

que sua desobediência merecia. Temia Deus e queria também reprimir o ardor da carne. Pois não estava mais no estado da infância: tinha o pensamento do mal. Então aplicou a si e à sua esposa o freio da continência".[11]

Porém, para Ireneu, essa falta era uma etapa indispensável no caminho da grande "recapitulação", quando, no final dos tempos, Adão e Eva ressuscitarão em sua integridade de adultos. Sobre esse ponto, Ireneu parece se contradizer. Por um lado, considera que o homem foi criado perfeito; por outro, ele o descreve como um ser perfectível, uma criança fraca e ignorante, entregue sem defesa à tentação.[12] Adão "foi facilmente enganado pelo Mentiroso", admite Ireneu, que não separa a queda de Adão da do diabo e estabelece um paralelo entre Eva e Maria: "Pois assim como Eva foi induzida pelo discurso de um anjo a se afastar de Deus, ao transgredir sua palavra, também Maria, pelo discurso de um anjo, recebeu as boas-novas que Deus portaria, obedecendo à sua palavra...".[13] Ele continua o paralelo, pondo a cruz no lugar da árvore do conhecimento.

Por sua vez, os meios heréticos, ou até mesmo não cristãos, se entregam a especulações sobre a queda original. Na esteira de Fílon de Alexandria, no século I, uma corrente judaica dá uma interpretação alegórica da queda, mas sem sugerir a ideia de transmissão de uma natureza corrompida: o paraíso é a alma do homem; o fruto da árvore da vida é a piedade, que assegura a imortalidade, e a árvore do conhecimento do bem e do mal é a sabedoria. A serpente, que representa a voluptuosidade, tentou primeiramente Eva, isto é, os sentidos, que, por sua vez, tentaram a razão, isto é, Adão. Seitas do século II, em oposição, tomam a narrativa do jardim num sentido bem material, em particular os adamitas. Considerando que a vinda de Cristo sobre a terra apagou a nódoa original e que o homem reencontrou sua inocência, os adamitas andam nus, sem vergonha, em suas assembleias, mesmo recusando a sexualidade, dado que Adão e Eva só copularam depois do pecado. Esses nudistas iluminados, que causam escândalo, contribuem para alimentar os sarcasmos dos pagãos contra o mito de Adão e Eva.

---
11 Ibid., 3, 23, 5.
12 Turmel, *Histoire des dogmes: Le Péché originel, la Rédemption*, t.I, p.42. Tem-se a impressão, escreve o abade Turmel, de que "Adão, que sente os ardores da carne antes de ter chegado à idade da puberdade, é uma criança depravada, nada além disso".
13 Ireneu, op. cit., 5, 19, 1.

A explicação dualista da origem do mal recebe um novo impulso com Mani (ou Manes, ou Maniqueu), nascido na Assíria em torno de 216 e criado num meio judaico-cristão-místico, os elcasaitas. O maniqueísmo repousa sobre um dualismo absoluto: desde as origens, o bem e o mal foram separados, assim como as luzes e as trevas. Um dia, sem que se soubesse a razão, os poderes das trevas perceberam a luz e, ciumentas, atacaram-na; pego desprevenido, o deus do bem produziu uma hipóstase divina, o Homem primal, Ormazd, para se proteger. Mas Satã, príncipe do mal, apoderou-se dele e devorou-o: Ormazd tornou-se, dessa maneira, uma mescla de trevas e luz. O deus do bem enviou então um espírito de luz, que salvou o Homem primal. Ao mesmo tempo, os satélites de Satã absorveram os assistentes de Ormazd, o que finalizou em outro amálgama, no qual *psyché*, a alma, protege *pneuma*, o espírito prisioneiro da matéria ruim. Foi nesse momento que o deus bom criou o cosmos, o universo, no intuito de separar a luz das trevas, uma tornando-se o espírito, as outras, a matéria. No entanto, o príncipe das trevas contra-atacou, recorrendo a um estratagema verdadeiramente diabólico: criou Adão e Eva, à sua imagem, para melhor aprisionar a luz, e dotou-os do instinto sexual, que, ao assegurar a multiplicação da espécie, dispersará o espírito em milhares de criaturas, tornando impossível a recuperação integral da luz. Então, o deus bom lança mão de sua última arma, Jesus, que ele envia com urgência para prevenir Adão sobre o perigo: em especial, que ele não toque em Eva; se eles se amam, será o início da multiplicação e, portanto, a catástrofe. Mas o deus mau adormece Adão, que não pôde ouvir o conselho. Quando este acorda, tem diante de si Eva, nua, e ele a abraça. O mal está feito, a máquina de reproduzir está em marcha. Jesus, sob a forma de uma serpente, só pode indicar a Adão a árvore do conhecimento do bem e do mal, único meio de assegurar a salvação da luz entre aqueles que a ela acederão. Em seguida, essa revelação será periodicamente lembrada pelos mensageiros do deus bom: Seth, Enoch, Noé, Buda, Zaratustra, Jesus e... Mani. Desde então, em cada homem, o bem e o mal se combatem, e assim será até o final dos tempos.

Segundo essa doutrina, que os discípulos de Mani enriquecerão com variados episódios, o mal é então uma entidade eterna, que faz parte do Ser, isto é, tanto do mundo quanto do homem. Este é uma criação das trevas, e sua multiplicação só faz perpetuar o mal. A queda se situa no momento da criação do homem, sendo que o psicodrama do jardim não passa do insucesso da primeira tentativa para salvar Adão e a humanidade. Encontramos aqui, sob outra forma, o mito grego dos homens nascidos das cinzas dos Titãs, maus por natureza, mas dotados de uma parcela de Dionísio. A salvação continua a ser possível, mas é puramente individual; ela reside no acesso ao conhecimento, como a serpente mostrou a Adão e Eva,[14] e começa pelo conhecimento de si, como escreve o maniqueísta Théodore Bar Konaï: "Então Adão examinou a si mesmo e soube quem ele era [...]. A alma do bem-aventurado tornou a ser inteligente e ressuscitou".

As consequências morais são consideráveis. Se o homem faz o mal, é porque seu ser é nocivo, dirigido pelas forças do mal, que o "possuem". Ninguém escolhe deliberadamente o mal. Já era esse o caso de Adão: "Adão pecou contra Deus porque recusou a hierarquia dos valores instaurados pelo Criador, para substituí-la por uma outra hierarquia dos valores", escreve André Vergez.[15]

OS DEFENSORES DE ADÃO

Para seus advogados, se Adão pecou, só pode ter sido por ignorância. O flagelo não é a malevolência, mas a estupidez. Os estoicos não cessavam de repeti-lo como, por exemplo, Epiteto: "Mostre-lhes o seu erro e verás como pararão de mal agir". "Nenhum maldoso é livre"; "Se atualmente não vejo o que é o bem e o mal, não será por que sou louco?" Sócrates e Platão são da mesma opinião, e Aristóteles o confirma de um modo indireto: para agir com responsabilidade pelos seus atos, o homem deve conhecer a verdadeira natureza das coisas e, nesse caso, só pode escolher o bem, o homem mau é um ignorante; a verdadeira liberdade exclui o pecado. O livre-arbítrio, a "liberdade de indiferença", é uma ilusão. Nessa perspectiva, Adão não "pecou", e a noção de pecado original se autodissolve, como estabelece Jules Lequier.[16]

---

14 Puech, *Le Manichéisme*. "Em certas versões, Adão vê o momento em que experimenta o fruto da árvore do bem e do mal. Essa árvore, que é também a do conhecimento, da gnose, é assimilada a Jesus, nas *Acta Archelai*, sendo que o paraíso é o mundo."
15 Vergez, *Faute et liberté*, p.41.
16 Lequier, *Œuvres complètes*, p.326. "Adão tinha uma visão clara e limpa das coisas e, no entanto, podia obscurecer essa luz natural e camuflá-la com as trevas. Esse poder incompreensível tem sua razão na asseidade humana, a qual é um milagre perpétuo. Se Adão

Os maniqueístas substituem a ideia de queda pela de falta, de erro. Se o homem faz o mal, é na sequência de uma decadência de ordem cósmica, resultado do grande combate entre a luz e as trevas. A essa visão dualista se opõe, na aparência, aquela do neoplatônico Plotino, que o acaso fez combater no Oriente, em 243, no exército do imperador Gordiano III, contra as tropas persas do rei Sapor, entre as quais estava Mani. Esses dois soldados filósofos, cidadãos do mundo, buscam elucidar o problema do mal, dão testemunho da desordem espiritual de sua época, diante do desmoronamento das estruturas políticas, sociais, culturais, e da ascensão do caos. Mani sugere que, se o mal está tão disseminado, enquanto as almas aspiram à harmonia e à perfeição, é porque um acontecimento de amplitude cósmica ocorreu, e ele situa no enfrentamento do bem e do mal.

Plotino estima, por sua vez, que as almas descobriram os corpos: "Felizes com sua independência, [elas desgastaram] a espontaneidade de seus movimentos para correr para o oposto de Deus".[17] Contrariamente a Mani, ele recusa ao mal qualquer existência substancial, qualquer estatuto ontológico. Para Henri-Charles Puech, "haverá nele, assim como em outros lugares, o sentimento vivo de uma decadência da alma, uma dualidade entre o mundo sensível e o mundo de 'lá' e, assim, um certo pessimismo territorial. Mas também haverá uma justificativa, pela necessidade da ordem racional, do papel de cada alma onde o acaso a colocou, tentativa de superar o dualismo por um monismo mais vasto e fundamentado sobre a lei da emanação contínua, exaltação otimista de um mundo que é belo, porque ele é o que é".[18] Em 244, Plotino abre uma escola em Roma, onde ensina até 270. Entre os seus discípulos, figuram cristãos, gnósticos, neoplatônicos, que discutem a natureza da falta ou da queda original. Essa fermentação dos espíritos pode chegar a sínteses como aquela de Joviniano, no século IV, que afirma que ninguém é maldoso voluntariamente, pois o batismo nos libera do espírito do mal.

---

não tivesse tido esse poder de fazer a noite em sua inteligência, não teria pecado, porque o homem se determina sempre por aquilo que acredita ser o melhor em relação a tudo. Simplesmente, ele é dado ao homem, e é o mistério de sua liberdade fazer predominar aquilo que é de menor razão, como se o que é em si de menor razão fosse de melhor razão."
17 Plotino, *Ennéades*, V, 1, 1.
18 Puech, *En quête de la gnose*, t.I, op. cit., p.66.

Outros prosseguem na via do dualismo, como um certo Audi, um sírio, fundador de uma seita gnóstica no século IV, que – segundo Théodore Bar Konaï, autor de um *Livro dos escolásticos*, de cerca de 791 – afirma que "o mal é a constituição natural dos homens, [...] o mal está fusionado à natureza, e o nosso corpo provém do Maldoso". Este último é o chefe dos "Dominadores", deuses inferiores maus. Esse "Maldoso", também chamado "Treva", criou o corpo de Adão. Essa é uma reminiscência da velha história dos anjos guardiães. Segundo Audi, todos os Dominadores tiveram relações sexuais com Eva, que engendrou uma raça má. Eva, a quem decididamente se atribuem muitos parceiros, também se deitou com o Pai da vida, seu criador, e dessa mulher fecunda, de pouca virtude, saiu uma outra raça.[19]

As especulações sobre o papel de Adão e Eva caminham rapidamente, no drama que ocorreu no jardim do Éden. Quando não são considerados como meros símbolos, passam por instrumentos, ou por vítimas manipuladas para as necessidades de uma luta entre o bem e o mal, que de longe os ultrapassa. Sem dúvida, o mal de que sofremos é resultado de uma queda, mas cujos responsáveis estão no mais alto nível, e da qual os homens sofrem as consequências. Nessa perspectiva, a ideia de transmissão de uma culpabilidade está ausente, dado que não há culpabilidade original. Qualquer que seja o modo pelo qual se tome o episódio do jardim, Adão não aparece como a origem do mal: "Notemos que Adão, escreve Vladimir Jankélévitch, é o terceiro nessa propagação do pecado, nessa responsabilidade em cadeia que começa com a colheita de um fruto atraente [...]. Não se pode negar [...] que a inspiração faltosa seja importada do exterior para o homem, que alguém tenha soprado na orelha do homem a ideia do delicioso pecado".[20]

A maioria dos Pais da Igreja considera que o homem tem o dever de lutar contra o mal, mas que esse mal que está nele vem de fora, do diabo ou

---

19 Cf. ibid., p.275. "Ele afirmava que havia vários deuses: o Pai da vida, a Mãe da vida, todo tipo de filhos, e inúmeros espíritos [...]. Ele acreditava que o Pai da vida tinha um adversário, e que o Pai da vida criara Eva, e que lhe disse em seguida: 'Conceba de mim, antes que os deuses que estão abaixo de mim a engravidem'. Ela concebeu dele, deu à luz, e a raça saída dela se multiplicou. Ele afirmava ainda que o corpo é feito de Matéria, e a alma, da substância do Pai da vida."
20 Jankélévitch, *Le Pur et l'impur*, p.41.

de um deus mau. O dualismo nunca está distante.[21] Apesar disso, a ideia de que Adão seria responsável, mas não culpado, é combatida por Pelágio, no final do século IV e no início do V. Esse bretão, que foi para Roma ensinar em torno de 390, é um asceta que pensa que o homem é capaz de extrair sua salvação contando somente com suas forças. Deus criou o homem bom, ele diz, e Adão só cometeu um pecado pessoal, que de forma alguma alterou a natureza humana. Se os homens pecam, é porque imitam a desobediência de Adão, e não por herdar uma natureza dedicada ao mal, por uma falta original. A tentação diabólica certamente é grande; mas o homem, cuja natureza está intacta, pode vencer o mal com sua vontade e seu livre-arbítrio. Pelágio não vê na graça nada mais que o conjunto de bons exemplos. Em sua opinião, os sacramentos e a prece têm uma importância limitada, sendo o batismo das crianças simplesmente um costume que permite apagar os pecados individuais. Cristo veio à Terra para mostrar o caminho aos homens, mas não para redimir a falta de Adão, dado que este só cometeu um pecado pessoal. Cada um é responsável por suas próprias faltas e pode ver o fim do túnel por si mesmo, pois desde o início Deus lhe deu os meios. Doutrina otimista e voluntarista, afirmando a existência de um livre-arbítrio absoluto, o pelagianismo é um humanismo de combate, próprio para seduzir tanto os crentes quanto os incrédulos, até a Jean-Paul Sartre – em suma, todos aqueles que pensam que o homem constrói a si mesmo, e que isso constitui sua dignidade.

A QUADRATURA DO CÍRCULO

Os Pais da Igreja tentam explicar como o mal pôde penetrar num mundo criado por um Deus infinitamente bom, mas ainda não conseguem construir uma doutrina coerente do pecado original. Nos diversos cenários que elaboram, as hesitações e as contradições são frequentes, dado que, de fato, são confrontados com um problema que diz respeito à quadratura do círculo.

---

21 Vergez, op. cit., p.22. "A ideia do pecado, tal como expressa no mito adâmico, não é, nesse caso, tão oposta, quanto se quis dizer, à queda gnóstica [...]. De fato, há uma lógica poderosa, própria ao pensamento dualista, à qual é difícil se subtrair, assim que se quer dar conta da origem do mal. O mito bíblico não consegue escapar dela."

1. Primeiramente, é preciso dar conta da existência do mal num mundo criado por um Deus bom, salvaguardando Sua reputação. "Para nós, dado que nos Evangelhos o mistério continua intacto, o que está por trás da doutrina do *peccatum originale* é a vontade de dominar a origem do mal", escreve Lytta Basset.[22] Para inocentar Deus, é preciso refutar todas as doutrinas que fariam da tendência ao mal um dado inelutável; para salvaguardar seu poderio, é preciso afastar qualquer dualismo que instituiria, diante dele, um poder rival. A única solução é, portanto, atribuir a falta à liberdade humana. "A mesma teoria que inocenta Deus acusa o homem", constata Paul Ricœur.
2. Os Pais da Igreja têm que seguir o conteúdo das Escrituras, isto é, a narrativa do Gênesis. Alguns, como Orígenes, propõem uma interpretação alegórica, mas durante muito tempo ela se choca com uma forte oposição. A maioria dos Pais aceita o sentido literal, adicionando a ele explicações de sua própria lavra.
3. Os Pais também precisam justificar a vinda de Cristo e seu sacrifício. O paralelo elaborado por São Paulo se torna o eixo fundamental da teologia: Cristo, como o segundo Adão, desceu à terra para reparar a falta do primeiro – o que, por antítese, dá a Adão uma estatura colossal. Se sua falta teve tal consequência, é porque ela só pode ser única, na escala da humanidade inteira. Otimistas insistirão no fato de que ela permitiu a Deus mostrar sua bondade, por enviar seu Filho; é uma *felix culpa*, explica Ireneu, que deve ser posta em perspectiva na história da salvação, uma etapa necessária na realização da humanidade.
4. Por fim, os Pais, confrontados com a prática do batismo das crianças, querem justificá-la, ao mesmo tempo que a usam como um argumento. Se os pequenos infantes são batizados, é a prova de que há uma falta original que pesa sobre cada homem ao nascer. Porém, em outro sentido, os Pais justificam o batismo pela falta original: dado que há um pecado original, é preciso batizar as crianças ao nascerem...

---

22 Basset, *Le Pardon originel: De l'abîme du mal au pouvoir de pardonner*, p.107.

AS TORPEZAS DE ADÃO E EVA

O ato de acusação contra Adão é composto por peças heteróclitas. A acusação de Tertuliano é certamente uma das mais virulentas. Para o ardente apologista africano no início do século III, Adão, que era livre, foi desobediente, e sua insubordinação levou à introdução da morte na criação, mas também a desordens de todo tipo que foram reagrupadas sob o nome de concupiscência: como seus sentidos não mais obedeciam à vontade, o homem cometeu o pecado da carne. Esse "crime de desobediência cometido pela instigação da serpente [...] se enraizou em seguida na alma e passou ao estado de natureza, pois aconteceu no início da natureza [...]. Foi o diabo que introduziu o pecado".[23] Adão foi castigado; nele, a natureza humana foi perturbada pela revolta das faculdades corporais. Esse estado se transmitiu a toda a humanidade, pois Adão era a "matriz" de todas as almas. Seus descendentes herdaram essa inclinação para o pecado, a concupiscência, que se concretiza quando chegam à idade da razão e ao uso da liberdade – eis, então, por que se pode procrastinar o batismo até esse momento.

Clemente de Alexandria, contemporâneo de Tertuliano, avança outra hipótese: a falta original é de ordem puramente sexual. Adão e Eva eram infantes, criados antes da puberdade, e não puderam esperar a idade desejada para ter relações sexuais, pois a serpente havia suscitado neles o desejo e lhes havia mostrado prematuramente para que o sexo podia servir. "Nosso primeiro pai antecipou o tempo, afirma Clemente sem ambiguidade. Ele desejou o benefício do casamento antes que a hora chegasse. Foi aí que pecou, pois 'aquele que olha uma mulher para cobiçá-la já praticou o adultério com ela', se ele antecipa o tempo fixado para essa cobiça. O que o Senhor condenou foi o desejo que se antecipa ao casamento."[24] Clemente desenvolve a mesma ideia na *Cohortatio*.[25] Em sua opinião, Deus havia então previsto a união sexual de Adão e Eva, mas a serpente levou-os a se unir, e "deve-se

---

23 Tertuliano, *De anima*, 16.
24 Clemente de Alexandria, 3 *Stromates*, 14, 94, 3.
25 Id., *Cohortatio*, 11. "O primeiro homem que habitava o Paraíso, onde era o pequeno filho de Deus, lá brincava sem entraves. Mas ele sucumbiu à voluptuosidade, pois a serpente que anda sobre o ventre é o símbolo da luxúria, vício terreno que se alimenta pela gula. A criança, cuja desobediência o havia tornado homem, foi seduzida pelas más paixões."

ter como justa a sentença dada por Deus contra aqueles que não esperaram o tempo fixado por sua vontade, mas a progenitura é santa".[26] No entanto, esse pecado não é transmitido aos outros homens.

Orígenes, também de Alexandria, apresenta uma explicação mais audaciosa. Mostrando a incoerência da narrativa da criação no Gênesis, explica que nenhum homem de bom senso pode acreditar ao pé da letra no episódio do jardim do Éden, com suas árvores fantásticas, sua macieira do conhecimento, seu primeiro homem de barro a sua serpente falante. Adão, diz ele em substância, é a figura dos homens pecadores; Eva, a figura da Igreja; e a serpente, o espírito do mal. Houve mesmo uma queda, mas ela aconteceu antes do nascimento deste mundo. Todos os espíritos se revoltaram contra Deus e foram precipitados para uma condição inferior, em função da gravidade de sua rebelião: aqueles que haviam pecado mais pesadamente se transformaram em demônios; outros, em anjos; e outros ainda, em arcanjos. Foi para as almas que haviam pecado moderadamente que Deus criou o mundo, enclausurando-as num corpo: "Deus então fez o mundo presente e ligou a alma ao corpo, a fim de puni-la".[27] Reconhecemos aí o platonismo.

Foi então na sequência da queda que a alma caiu num corpo. O nascimento é, por conseguinte, um evento trágico: "Há nisso uma coisa tão importante que nenhum dos santos jamais a pôs em dúvida; nenhum deles marcou com uma festa ou com um grande banquete o dia de seu aniversário, nenhum sentiu alegria no dia do nascimento de seu filho ou de sua filha. Os pecadores são os únicos a fazê-lo. Assim, vemos o faraó, no Velho Testamento, e Herodes, no Novo, celebrando com festas o dia de seu aniversário [...]. Já os santos não apenas não celebram o dia de seu aniversário, como o veem com horror".[28] O homem nasce culpado, por causa de sua alma que pecou, numa vida anterior à criação do mundo. Por esse motivo, as mulheres devem ser purificadas depois do parto, e as crianças, batizadas.

Para Orígenes, a história de Adão significa que os homens têm um corpo de pecado, advindo do primeiro homem, cuja expulsão do paraíso simboliza nossa decadência. Estávamos todos presentes em Adão: "Se pudemos dizer

---

26 Id., 3 *Stromates*, 17, 102, 1.
27 Orígenes, *De principiis*, 1, 6, 3.
28 Id., *In Leviticum*, VIII, 2, 3.

que Levi, descendente de Abraão na quarta geração, estava nos rins de seu ancestral, com mais forte razão todos os homens que nascem neste mundo estavam nos rins de Adão, quando ele habitava o paraíso. Quando Adão foi expulso do paraíso, todos os homens foram expulsos com ele e nele. A morte à qual ele foi condenado, depois de sua desobediência, foi então passada por Adão àqueles que estavam em seus rins. E o apóstolo diz, a justo título, que todos morrem em Adão".[29] Reencontraremos essa ideia no século XVIII, na teoria biológica da articulação dos germes. Mas já despontam os motivos de debate: criação individual das almas ou derivação de todas as almas a partir de uma única? Individualidade dos corpos ou hereditariedade a partir de um corpo primordial?

Entretanto, são poucos os teólogos cristãos a seguir as audácias de Orígenes. No século IV, por exemplo, o Metódio de Olímpia, embora platônico, prefere se ater a uma história de concupiscência: o demônio-serpente despertou em Adão e Eva o desejo que neles adormecia. Muitos outros teólogos, obcecados pelo pecado da carne, continuam persuadidos de que a falta original só pode ter sido sexual, e contam as torpezas de Adão e Eva, sob o olhar lúbrico da voluptuosa serpente. Para Zenão, bispo de Verona, por exemplo, nossos primeiros parentes tinham, é claro, um corpo etéreo, mas isso não os impediu de dar provas de lubricidade. Levados pelo diabo, fizeram amor, "esse amor que inflamou com suas labaredas o coração de Eva. Foi ele que, com seus traços, matou Adão". O santo bispo, numa imagem insólita, menciona o membro impressionantemente viril de Adão, ereto, batendo na maçã: "Foi com esse membro que Adão colheu o fruto proibido e, assim, submeteu o gênero humano ao direito de morte". Essa arma do crime, sempre segundo o prelado, é punida entre os judeus com a circuncisão.[30] A partir desse episódio, temos um corpo físico, que envelhece e morre. Aqui, ainda é preciso recolocar essas interpretações no contexto da literatura espiritual da época, em que inúmeros mitos gnósticos fazem de Eva uma mulher fácil, dotada de uma beleza de degenerar um anjo.

---

29 Id., *Commentaire de l'épître aux Romains*, 5, 1.
30 Apud Turmel, op. cit., p.62.

UM PECADO ESPERADO

Os Pais capadócios propõem explicações menos escabrosas da origem do mal. Em meados do século IV, Basílio de Cesareia (ou Basílio Magno) fala sobre a falta de Adão, mas sem chegar a uma conclusão clara sobre a condição do homem. Quanto à natureza da falta, sugere, mais que afirma: Adão "vivia na companhia dos anjos; protegido de Deus, desfrutava de todos os bens. Mas, como se estivesse cansado dessa felicidade, preferiu, às belezas espirituais, aquilo que seduzia seus olhos de carne, e às alegrias espirituais, o gosto de uma comida terrestre. Imediatamente, expulso do paraíso, foi privado dessa vida bem-aventurada e se tornou mau; afastando-se da vida, aproximou-se da morte, pois Deus é a vida, e a morte é a privação da vida".[31] O verdadeiro mal é de ordem moral, mas Basílio não fala da transmissão da falta.

O irmão de Basílio, Gregório de Nissa, elabora, ao contrário, uma teoria completa da falta original e de suas consequências, que ele apresenta como uma "hipótese", na qual mescla o platonismo, a alegoria, a um surpreendente realismo historicista. Essa visão complexa deu lugar a todo tipo de interpretação, dentre as quais reteremos a de Hans Urs von Balthasar, em 1942.[32]

Gregório afirma que o episódio bíblico do pecado de Adão é um acontecimento histórico real, mas dá a ele uma interpretação bastante livre. Afeta primeiramente o próprio Adão, em quem Gregório vê o germe da humanidade: "O primeiro homem, Adão, era a primeira estirpe. Mas com a chegada do pecado, que divide a natureza humana numa multiplicidade, perdemos a forma dessa estirpe primeira".[33] Esse sentimento muito forte da unidade da natureza humana, contido em Adão, parece corresponder ao espírito do Gênesis em que, em hebraico, "Adão" é um singular coletivo. Adão é aquele é retirado da terra, que ele trabalha e à qual retorna, isto é, todos nós. Esse Adão, fendido por ocasião do pecado, reencontrará sua unidade no fim dos tempos, no corpo místico de Cristo, quando toda a criação será restaurada em seu esplendor de origem, o que supõe a apocatástase: a reconciliação geral, que não excluirá ninguém, nem os maldosos, nem o diabo. O mal não existirá mais.

---

31 Basílio de Cesareia, *Homélie IX*, 7.
32 Von Balthasar, *Présence et pensée: Essai sur la philosophie religieuse de Grégoire de Nysse*.
33 Gregório de Nissa, *De an. et res.*, III, 157 AB.

Vejamos então o que aconteceu, segundo Gregório de Nissa. Deus, ao criar Adão como um ser absolutamente livre, previu que este usaria sua liberdade para afastar-se Dele, e é por essa razão que o dotou de um corpo, que é, ao mesmo tempo, sua punição antecipada e seu futuro meio de salvação. Desde a criação, o homem foi então dotado de paixões, de sentidos e de um sexo, dado que, como deveria pecar, não poderia mais se reproduzir à maneira dos anjos. Mas esse corpo material, com todas as suas necessidades, era, num primeiro tempo, inteiramente submetido à razão. Depois veio o diabo que, com ciúmes da beleza humana, levou Adão a desobedecer. Esse diabo, um anjo que tinha por missão governar a terra, decaiu por orgulho e ciúme: aí se encontra a primeira falta efetiva.

Ao desobedecer, Adão pecou pelo espírito, e não pelo corpo. Mas, a partir daí, o mal se introduziu nas esferas inferiores do homem e o contaminou. O belo ordenamento do início se desagregou, a desordem se introduziu, a razão perdeu o controle das paixões, e o espírito, o domínio da matéria. A natureza humana, atingida por um *páthos*, mergulhou no pecado. Doravante, "em todo lugar em que nasce um homem, o pecado nasce, por assim dizer, com ele, [pois] o mal é, pode-se dizer, um elemento constitutivo de nossa natureza".[34] Nosso corpo é um instrumento de punição: "A matéria é pesada e puxa para baixo, [...] toda paixão porta em si um desejo ardente e irresistível para sua satisfação, [...] é impossível elevar-se por completo, numa vida sensitiva, acima das paixões e da sensualidade".[35] A sensualidade, tornada um instinto todo-poderoso, é simultaneamente um pecado e a punição do pecado, com tudo "aquilo que recebemos com a túnica de pele: sexualidade, concepção, nascimento, mácula, aleitamento, alimentação, excreção, crescimento da criança até a idade madura, virilidade, velhice, doença, morte".[36] Levado por suas paixões tirânicas, o homem se desespera por seu estado presente: "Quem não passaria a vida inteira chorando e se lamentando se houvesse tomado consciência de si mesmo, daquilo que ele é, se percebesse pessoalmente aquilo que possuiu e que perdeu, em que condição a natureza se encontrava no início, e em quais ela se encontra agora?".[37]

---

34 Id., *Beatit. or.* 6; I, 1273 A.
35 Ibid., 2; I, 1216 A.
36 Id., *De an. et res.*, 148 C-149 A.
37 Id., *In Eccles.* h6; I, 708C.

No entanto, a teoria de Gregório de Nissa não escapa a uma objeção um tanto quanto embaraçosa: o pecado original apresentado como inevitável. Dado que Deus havia previsto a punição, infligindo-nos um corpo e paixões, seria ele verdadeiramente imputável a Adão? Sabendo o que iria acontecer, e os sofrimentos que daí decorreriam, Deus, apesar de tudo, criou o homem. Lançou-o sobre a terra e virá recuperar sua descendência no fim dos tempos. Nessa ótica, a história da humanidade aparece como uma grande prova iniciática, da qual nenhum ser humano pode escapar, e o mal parece uma necessidade, pela qual o homem não é verdadeiramente responsável. Certo, Deus enviou Cristo para salvar os homens. Mas por que haveria esperado tanto tempo? Gregório oferece uma resposta em seu *Discurso catecúmeno*[38]: Deus voluntariamente deixou o mal progredir para cuidar dele com maior eficácia, "como um bom médico", escreve ele. Mas um bom médico não trata o mal o mais rapidamente possível? Além disso, o grande sofrimento da vida terrena é mesmo necessário, dado que todos os homens serão salvos no fim? E o fato de sobrecarregar o homem com um corpo e com paixões desde o início não seria esmagá-lo com um peso tal que, necessariamente, ele deveria sucumbir ao pecado? Gregório parece ter vislumbrado o problema: as paixões, diz ele, não são causa do pecado, "pois o Criador seria o próprio autor dos pecados, se a imposição à transgressão emanasse delas. É o uso que o nosso livre-arbítrio faz delas".[39] Somos realmente livres? Somos livres para escolher entre o bem e o mal, mas ao mesmo tempo somos incapazes de escolher o bem sem uma ajuda especial de Deus, pois somos escravos do mal, desde o pecado original.

AS HESITAÇÕES E AS CONTRADIÇÕES DOS PAIS

Gregório de Nazianzo também teve sua ideia sobre Adão e o mal, mas atribui à história do jardim do Éden uma interpretação espiritual: Adão, explica ele, é o homem total; as plantas do Éden são os bons pensamentos; a árvore do conhecimento do bem e do mal é a contemplação, boa em si, mas

---

38 Id., *Discours catéchétique*, XV, 1-4.
39 Id., *De an. et res.*, III, 61 A.

nefasta para um espírito não preparado, como era o de Adão; as folhas com que se cobriram Adão e Eva na saída do Éden é a carne, grosseira e rebelde. A morte, punição do pecado, também é uma boa coisa, dado que encerra os nossos pecados. Por fim, o segundo Adão veio reparar os desgastes. Gregório de Nazianzo se recusa a definir o que poderia ser o paraíso terrestre.

Dentre os grandes nomes da patrologia, citemos ainda Jean Chrysostome, que apresenta uma visão global da história da salvação, em que Cristo desempenha o papel central e permite compreender o sentido do pecado de Adão. Multiplicando os paralelos (Adão/Cristo, Eva/Maria, árvore do conhecimento/árvore da cruz), ele desenvolve em suas *Homílias sobre o Gênesis* um trajeto majestoso para o fim dos tempos, mas não parece crer na transmissão do pecado de Adão; o que se transmite é a condição mortal e a inclinação para o pecado. Teólogos farão com que, na sequência, ele diga o contrário, a fim de reforçar o dogma do pecado original.[40]

São Jerônimo parece hesitar. Prudêncio aproxima-se de Orígenes: as almas são maculadas pelo contato com a carne, que introduz a sedução e a voluptuosidade; essa nódoa é à imagem daquela de Adão, mas não é por ele transmitida. São Atanásio contenta-se em dizer que o pecado de Adão desencadeou todas as catástrofes que se seguiram, mas sem aventurar-se a propor uma explicação. Lactâncio sugere uma teoria original em seu *De ira Dei*: o diabo, irmão caçula de Cristo, enciumado, tornou-se pernicioso e levou Adão e Eva ao mal; os anjos, criados mais tarde, se deixam seduzir pelas mulheres na época do dilúvio. As catástrofes que aconteceram então se revelaram positivas, pois "se o mal não existisse, não haveria perigo e, assim, não existiria nenhum fundamento para a sabedoria".[41]

Se crermos em Metódio, Deus não pôde criar o homem mortal; este se tornou finito pela falta de Adão; se os animais também são mortais, sem ter pecado, é porque não foram criados por Deus; a falta de Adão nos deixou uma inclinação para o pecado, e não o próprio pecado. Dídimo, o Cego, parece seguir Orígenes, enquanto São Epifânio adota, ao contrário, uma interpretação literal do Gênesis. Cirilo de Jerusalém considera o pecado de Adão como parte do pecado universal; Diodoro de Tarso menciona rapidamente a

---
40 Tendência ainda expressa por Rondet, op. cit., p.127.
41 Lactâncio, *De ira Dei*, 13.

morte como consequência da queda. Teodoro de Mopsuéstia (ou de Antióquia) parece negar a ideia de pecado original: nos fragmentos encontrados de sua obra, ele afirma que Adão era mortal antes mesmo da falta, por simples necessidade natural, que Deus não infligiria às crianças uma punição pela falta de seus pais, e que se o homem nascesse pecador, Cristo também o teria sido. Ele se declara oposto ao "inventor e defensor do pecado de natureza", isto é, a Santo Agostinho.

No início do século V no Oriente, a batalha em torno do pecado de Adão fez furor, com a chegada de um discípulo de Pelágio, Celestino, defensor de que as crianças nascem no estado em que estava Adão antes do pecado, o que implicaria que Adão fosse mortal – posição condenada pelo sínodo de Dióspolis em 415. Teodoro de Mopsuéstia, num primeiro momento, adota esse ponto de vista, apoiando Juliano de Éclano, mas depois se retrata. Seu discípulo, Nestorius, afirma que a falta de Adão compromete a humanidade inteira e que ela se traduz por uma punição quádrupla: a perda da semelhança divina, os sofrimentos da vida e a submissão a Satã, a danação para os não batizados e, por fim, a dupla morte, corporal e espiritual.

No Ocidente, Ambrosiastro declara que Adão pecou por idolatria, pois queria se tornar um igual de Deus, e que esse pecado da alma, em seguida, corrompeu o corpo. Adão se pôs assim sob o domínio de Satã, e desde então todos os homens pecam nele. A consequência de sua falta é a enfermidade da carne. Depois da morte, aqueles que só são responsáveis pelo pecado de Adão irão para o inferno superior; aqueles que adicionaram pecados pessoais irão para o inferno inferior.

Segundo as *Quaestiones Veteris et Novi testamenti*, a morte é consequência do pecado de Adão. Antes de sua falta, este era mortal, mas o fruto da árvore da vida o protegia; a velhice, assim como os sofrimentos e a morte, são consequências de sua falta. Segundo Efrém da Síria, doutor das Igrejas de língua siríaca no século IV, ela é mesmo o castigo por excelência do pecado original. Um de seus hinos dogmáticos, que eram cantados pelos fiéis, o proclama:

> Adão no paraíso era eternamente jovem e belo,
> mas seu desprezo da ordem fez dele um ancião,
> triste em sua decrepitude,
> carregando da velhice o miserável peso.

Por oposição, o paraíso é o lugar da juventude eterna, onde "ninguém envelhece, ninguém morre". A partir do pecado original, o homem é acossado pelo duplo mal da velhice e da doença", explica a *Vida dos pais do Jura*, uma obra do século IV, dedicada aos anacoretas da época dos burgúndios. Esse antigos pais, tais como Santo Lupicínio, Santo Oyend, São Romano, morreram em idade avançada e consideravam os males de sua longevidade uma punição divina.

As incertezas e incoerências do século IV a respeito do pecado original são também encontradas em Santo Ambrósio, a respeito de quem Joseph Turmel pôde dizer: "Faz desfilar diante de nós as divagações em que a inconsciência está à altura da incoerência. Ambrósio destrói com uma mão aquilo que construiu com a outra".[42] A opinião é confirmada por um autor mais ortodoxo, o jesuíta Henri Rondet, que, a propósito da doutrina ambrosiana do pecado original, escreve: "Um leitor racionalista só verá em tudo isso puerilidade e incoerência".[43] De fato, Ambrósio justapõe interpretações alegóricas e literais. Inspirando-se em Fílon, mas retificando-o para permanecer no quadro cristão, ele fala de um paraíso situado no Oriente, mas que também é a alma de um homem, que é a razão, da mulher, que é a sensibilidade, e de uma serpente, que é a voluptuosidade. Adão pecou por gula, diz ele, e esse pecado se transmite a cada um de nós, pois somos concebidos e nascidos na impureza:

> Cada um de nós é parido nos delitos por sua mãe. Aqui também Davi não diz se tem em vista os pecados da mãe ou se a criança já tem delitos quando vem ao mundo. Mas vejam se ambas as hipóteses não são verdadeiras. A concepção não está ao abrigo da iniquidade, porque os pais também conduzem sua tribo para a queda; e se uma criança de um dia de vida não tem pecado, nem por isso, e com mais forte razão, os dias de gravidez materna estão isentos de pecado. Somos então concebidos no pecado de nossos pais e nascemos de seus delitos. Mas o próprio nascimento tem sujidades, e a própria natureza só tem uma sujidade [...]. O lençol de uma mulher que tem suas regras é sujo, e durante esse tempo ela não pode oferecer o sacrifício de sua purificação. O dia em que uma

---

42 Turmel, op. cit., p.65.
43 Rondet, op. cit., p.132.

mulher dá à luz e vários dias depois são sem sacrifício, até que a parturiente tenha sido purificada.[44]

Ambrósio considera que a marca do pecado de Adão em nós é a concupiscência, essa revolta da carne contra o espírito, contra a razão, contra a vontade. Mas, ao mesmo tempo, pensa, como Orígenes, que as almas cometeram uma falta numa vida anterior. Todas essas especulações mostram que, no final do século IV, ainda não existe nenhuma doutrina definida do pecado original. Entre os movimentos gnósticos e maniqueístas que isentam Adão e acusam os poderes do mal – os pelagianistas, que reduzem o alcance do pecado de Adão a uma simples falta pessoal que não compromete nosso livre-arbítrio, e os pensadores cristãos "ortodoxos", que interpretam Adão, sem saber exatamente em que consistiu a falta e como ela pode ser transmitida –, todas as opções são possíveis.

AGOSTINHO: O INVENTOR DO PECADO ORIGINAL

A partir de Santo Agostinho e do Concílio de Cartago em 418, uma corrente majoritária se evidencia pouco a pouco na Igreja latina, ao sabor dos combates e das controvérsias. O prestígio do doutor de Hipona terá um grande peso na balança. Contudo, Agostinho, que é o primeiro a empregar a expressão "pecado original", se contradiz com frequência. O trabalho de várias gerações ulteriores lhe dará uma aparência estruturada e quase coerente, mas cada um o reivindicará para si, dado que cada um terá uma interpretação diferente, como acontece com toda obra de grande amplitude.

Muitos historiadores, principalmente protestantes, pensam[45] que Santo Agostinho inventou o pecado original, mas também filósofos o fazem, como Paul Ricœur: "Agostinho é o responsável pela elaboração clássica do conceito de pecado original e de sua introdução no depósito dogmático da Igreja, em pé de igualdade com a cristologia, como um capítulo da doutrina da graça".[46]

---

44 Ambrósio, *Apologia prophetae David*, 56, 57.
45 Williams, *The Ideas of the Fall and of Original Sin*.
46 Ricœur, op. cit., p.274.

A frase soa como uma acusação. Se é difícil apreciar a parte pessoal de Agostinho na elaboração do mito do pecado original, é porque sua obra, imensa, se encontra como que mergulhada sob uma massa de comentários e de interpretações. Ora, seu pensamento é amplamente tributário de sua história pessoal, de sua psicologia atormentada, dos acontecimentos políticos e das correntes espirituais da época tumultuada em que vivia.

Agostinho é obcecado pelo problema do mal: "Uma questão que, quando eu era adolescente, me assombrava com persistência e me lançou na heresia", confessa em seu tratado *Do livre-arbítrio*. No caso, a heresia é o maniqueísmo, que ele adota a partir de 19 anos, e por alguns anos – o que não o impede de ser perseguido por essas questões:

> Eu me dizia: quem me fez? Terá sido meu Deus, que não só é bom, mas que é a própria bondade? Como então me aconteceu de querer o mal, de não querer o bem, e de merecer, assim, justos castigos? Dado que todo meu ser provém de um Deus muito suave, por quem essa semente amarga foi semeada em mim? Se foi pelo diabo, como ocorre que ele seja o diabo? Se foi sua vontade perversa que, de anjo, o fez diabo, de onde lhe veio essa vontade perversa, sendo que seu ser havia sido feito completamente bom por um criador boníssimo? Esses pensamentos me esmagavam, me asfixiavam.[47]

Durante toda sua vida, Agostinho tentará encontrar uma resposta satisfatória para essas questões. Sua experiência da fraqueza humana durante uma juventude mais ou menos dissoluta; o choque de sua conversão, em 386, com o peso do remorso que ela deixa nele; a frequentação da literatura estoica, com seu ideal de ataraxia, de controle da razão sobre o corpo – tudo isso o conduziu a reexaminar as posições de seus predecessores cristãos e a elaborar uma teoria do pecado original. Uma teoria que evoluiu ao sabor das críticas e das polêmicas, e que parece definitiva apenas no espírito dos teólogos.

De fato, Agostinho reconhece seguidamente sua perplexidade. Refletindo, por exemplo, sobre o que pôde levar Adão para o mal, ele se questiona no tratado *Do livre-arbítrio*: "Se o primeiro homem foi criado sensato, por que foi seduzido? E se foi criado insensato, como Deus não é o autor

---

47 Agostinho, *Confessions*, 7, 3-7.

desses vícios?". "Será que já havia em Adão essa loucura que causou seu afastamento?" Ele admite francamente: "Para tal questão, se eu responder que não sei de nada, te entristecerei, talvez, porém só estarei respondendo a verdade, pois não se pode conhecer aquilo que não é".[48]

Lembrando a época em que era maniqueísta, Agostinho escreve: "Parecia-me que não era por nós que pecávamos, mas por sabe-se lá qual natureza estrangeira que peca em nós, e fazia bem ao meu orgulho estar fora do pecado e, quando eu praticava o mal, por não me reconhecer culpado diante de Vós. Eu apreciava desculpar-me, acusando não sei qual outro que estava em mim".[49] Agostinho considerava então o mal como uma substância, uma realidade. Mais tarde, após sua conversão, ele o toma como uma ausência, uma espécie de erro de julgamento: Adão, perfeitamente livre, escolheu o fruto como um bem diferente do bem sobrenatural proposto por Deus: "O mal só pode ser um tipo de bem", numa escala de valores diferente.

No entanto, continua Agostinho, "fazendo mau uso de seu livre-arbítrio, o homem se perdeu e o perdeu". Adão foi, de fato, o único homem livre. A partir da queda, a natureza humana é corrompida, e o homem só pode evitar o pecado pela graça. Não se trata aí de uma verdadeira liberdade, pois "é Deus que nos faz querer o bem". Não se pode mais então falar de livre-arbítrio: "Quando os homens não querem fazer uma obra justa, ou é porque não sabem se ela é justa, ou porque não encontram nela sua alegria, pois desejamos com ainda mais ardor uma coisa que sabemos melhor como ela é boa, e que o deleite que nela encontramos é maior. O papel da graça é o de nos fazer querer o bem, dando-nos a inteligência e fazendo-nos amá-lo".[50] E essa graça só depende da boa vontade de Deus.[51]

---

48 Id., *Traité du libre arbitre*, II, XX, 54.
49 Id., *De moribus manichaeorum*, VIII, 9. Sobre a moral da Igreja Católica e sobre a moral dos maniqueístas (*De moribus ecclesiae catholicae et de moribus Manichaeorum*).
50 Id., *De peccatorum meritis et remissione*, II, XVII, 26.
51 "Não é por sua liberdade que a vontade humana adquire a graça, mas, antes, pela graça que ela adquire sua liberdade. *De la correction et de la grâce*, VIII, 17. Para André Vergez, "de tudo isso resulta a conclusão de que o pecador não é autenticamente livre; a iniciativa gratuita de Adão era apenas uma deficiência ontológica, previamente inscrita na finitude da criatura; os pecados de sua infeliz posteridade só expressam a espontaneidade de uma vontade cega e corrompida. A verdadeira liberdade – que se incorpora àquilo que os gregos chamavam de liberdade dos sensatos – é aquela que a graça confere à criatura, aquela que reconcilia a espontaneidade da criatura com a busca de seu verdadeiro bem" (Vergez, op. cit., p.142).

Entretanto, Agostinho bem sabe: para que sejamos culpados e mereçamos o castigo, é preciso ter agido livremente. Já em 396, Agostinho escreve: "Desde que a nossa natureza pecou no paraíso, tornamo-nos uma massa única de lama, isto é, uma lama de pecado. Perdemos o mérito pelo pecado e, abstração feita da misericórdia de Deus, só resta a danação eterna para os pecadores que somos".[52] Essa opinião é confirmada muito mais tarde, em *A cidade de Deus*: "A raça humana inteira estava no primeiro homem e devia passar dele à sua progenitura por meio de sua mulher, quando a dupla casada recebeu a sentença divina de condenação. E não era o homem tal como havia sido criado, mas aquele que se tornara depois do pecado e da punição, que assim foi engendrado, naquilo que concerne à origem do pecado e da morte".[53]

Assim, a natureza humana de Adão e Eva era diferente antes do pecado original. Não somos mais, portanto, tais como o Criador nos havia previsto. Contudo, ainda aí, Agostinho se mostra hesitante. Em 389, em *Sobre o Gênesis, contra os maniqueus*, ele afirma que nossos primeiros parentes tinham um corpo etéreo. Depois, em 401, em *Dos bens do matrimônio*, já não se mostra tão seguro: "Talvez nossos primeiros parentes não tenham tido inicialmente um corpo espiritual, mas um corpo animal destinado a se tornar espiritual, como recompensa de sua obediência". Em 405, no livro VI do *Comentário literal ao Gênesis*, ele se pronuncia claramente por corpos materiais, pois como explicar de outra forma que Adão e Eva se alimentavam dos frutos do jardim do Éden? Ele retoma essa ideia no livro IX: se Deus criou dois seres de sexos diferentes, é justamente porque previa um contato físico entre eles.

Ao mesmo tempo, Agostinho desliza de uma interpretação alegórica para uma leitura literal e histórica da queda. Enquanto em *Sobre o Gênesis, contra os maniqueus* ele ainda oferece uma interpretação espiritual da narrativa bíblica, em 395 propõe uma leitura bem realista, confirmada em *Comentário literal ao Gênesis*, de título significativo: Adão "foi um homem no sentido literal do termo, um homem que viveu certo número de anos e que, tendo engendrado uma posteridade numerosa, morreu como os outros homens,

---

52 Agostinho, *De diversis questionibus*, 83, 68, 1.
53 Id., *La Cité de Dieu*, XIII, 3.

apesar de não ter nascido, como os outros, de pais, mas, sim, tirado da terra".[54] As duas árvores, os quatro rios do paraíso, tudo isso é mesmo real... e muito embaraçoso em nossos dias, confessa Henri Rondet: "Em Agostinho, o origenismo foi rapidamente superado [...] por um literalismo que, por não excluir as interpretações espirituais, atualmente nos incomoda bastante".[55]

Em suas últimas obras, Agostinho molda esta imagem de Adão antes da queda: "Seu corpo era animal, e não espiritual, como é demonstrado pelo fato de que deveria beber e comer para não padecer de sede e fome; estava preservado da morte e conservava a flor da juventude, graças não a uma imortalidade última, absoluta e indissolúvel, mas à árvore da vida. Esse homem certamente não seria morto se não houvesse, por sua falta, caído sob o jugo da sentença de Deus, que o havia advertido".[56] Sendo Deus a bondade perfeita, criou a natureza humana numa ordem perfeita; essa retidão, o estado de "justiça original", reside na subordinação do inferior ao superior, do corpo à alma, da carne à vontade, e da vontade a Deus. Todavia, isso instaura um pequeno problema técnico: Adão e Eva, no estado de natureza original, eram destinados a se reproduzir, antes mesmo do pecado, segundo a ordem divina: "Crescei e multiplicai-vos". Mas como obedecer sem cair nas desordens da carne? Agostinho dá a solução em *A cidade de Deus*:

> Os órgãos sexuais teriam sido ativados por uma ordem da vontade, como os outros órgãos. Então, sem ser excitado pelo aguilhão da paixão, o marido teria se deitado sobre o seio de sua mulher, perfeitamente calmo e sem alteração da integridade de seu corpo [sem ereção]. Apesar de não podermos prová-lo experimentalmente, não é incrível que essas partes do corpo, sem serem movidas pelo turbulento calor da paixão, mas ativadas por uma decisão deliberada no momento desejado, tivessem podido enviar a semente masculina para a matriz, sem atentar à integridade da mulher, assim como o fluxo menstrual pode agora sair da matriz de uma virgem sem perda da virgindade? Pois a semente poderia ter sido injetada pela mesma passagem tomada pelo fluxo. Assim como a matriz poderia ter se aberto para o parto por um impulso natural,

---

54 Id., *De Genesi ad litteram*, VIII, 1.
55 Rondet, op. cit., p.141.
56 Id., *La Cité de Dieu*, XIII, 23.

no tempo certo, mais que pelos gemidos do trabalho, os dois sexos poderiam ter se unido pela impregnação, e a concepção, por um ato da vontade, mais que por um desejo concupiscente.[57]

Essa incursão da teologia na biologia revela o horror doentio de Agostinho pela sexualidade. Perseguido pelo remorso de suas próprias experiências, o velho bispo está pronto para imaginar os compromissos mais inverossímeis para diabolizar essa repugnante realidade. Tendo assim reduzido o ato sexual de antes do pecado a uma simples aproximação dos corpos, a um ato de pura vontade racional, admite bem depressa que essa solução "não foi experimentada por aqueles a quem estava destinada, pois o pecado apareceu primeiramente, e eles foram exilados do paraíso mesmo antes de poder se unir para a reprodução num ato voluntário isento de paixão".

DA CONCUPISCÊNCIA E DO ORGULHO

A natureza da falta original está bem no âmago do problema. Em *Comentário literal ao Gênesis*, Agostinho zomba de seus predecessores, que imaginaram que a falta de Adão e Eva consistira em fazer amor antes do tempo prescrito,[58] mas ele próprio hesita constantemente entre pecado de orgulho e pecado de concupiscência. Em suas primeiras obras, ele menciona um pecado de orgulho, numa ótica semialegórica: Adão desviou-se de Deus, dando preferência a si mesmo e não a Ele, buscando se tornar sua própria plenitude. Por isso, desobedeceu e comeu o fruto da árvore do conhecimento do bem e do mal:

> A árvore do conhecimento do bem e do mal significa também o estado médio da alma em sua retidão integral, pois estava plantada no meio do paraíso. Ela é chamada de árvore do conhecimento do bem e do mal por este motivo: se uma alma que deveria se voltar para aquilo que está adiante – isto é, Deus – e esquecer o que está atrás – isto é, os prazeres do corpo – se desvia de Deus e se volta para si própria, desejando desfrutar de sua própria potência, sem Deus, ela se

---

57 Ibid., XIV, 26.
58 Id., *De Genesi ad litteram*, XI, 56-7.

incha de orgulho, que é o início de todo pecado. E quando chega o castigo desse pecado, ela faz a experiência da diferença entre o bem que ela perdeu e o mal no qual caiu.[59]

Nesta passagem do *Sobre o Gênesis, contra os maniqueus*, em que se inspira em Plotino e no neoplatonismo, Agostinho interpreta a serpente como uma insinuação do diabo no pensamento de Adão e Eva: "Será que ela lhes apareceu de modo visível, ou fisicamente, num lugar em que pudesse agir sobre eles? Não, de forma alguma, mas ela sugere ao pensamento deles tudo o que ela pode, de uma maneira maravilhosa".[60]

Vinte e cinco anos mais tarde, em *A cidade de Deus*, Agostinho retoma a questão e reafirma a gravidade da falta, apoiando-se sobre a enormidade do castigo. Essa falta foi materializada por uma desobediência, "e a obediência, de certa maneira, é a mãe e a guardiã de todas as outras virtudes numa criatura racional, dado que a criação racional foi feita de tal modo que esteja no interesse do homem ser submisso a Deus, e que seja catastrófico para ele agir segundo sua própria vontade, e de não obedecer àquela de seu Criador".[61] Apesar disso, teria sido tão fácil obedecer, pois o jardim transbordava de outros frutos! Mas Adão e Eva desobedeceram porque o mal já estava em seu espírito; sua vontade foi a primeira infectada, por sugestão do diabo, "pois jamais teriam cometido um ato ruim se um mal não o tivesse precedido. E qual outra coisa, senão o orgulho, poderia engendrar a vontade ruim? Pois o orgulho é a origem de todo pecado. E o que é o orgulho senão o desejo de uma exaltação de si mesmo perversa?".[62]

Se uma vontade criada por Deus pode assim falhar, é porque o homem foi criado do nada. Sempre suspenso entre o ser e o nada, ele só pode conservar a plenitude permanecendo voltado para Deus; se ele se volta para si mesmo, diminui seu ser. "Eis então o mal original: o homem se considera como sua própria luz, e se desvia dessa luz, que somente faria dele uma luz se ele quisesse fixar sobre ela seu coração. O mal veio primeiro, secretamente, e o resultado foi o outro mal, cometido abertamente".

---

59 Id., *De Genesi contra manicheos*, 2, 9.
60 Ibid., 2, 14.
61 Id., *La Cité de Dieu*, XIV, 12.
62 Ibid., XIV, 13.

Concretamente, Eva é que foi seduzida, pois sua vontade era mais frágil. Adão viu o perigo, mas quis proporcionar prazer à sua mulher. Ele pecou, não "porque acreditou que a mulher dizia a verdade; cedeu à sugestão dela porque eram estreitamente ligados e associados [...]; Adão recusa a se separar de sua única companhia, mesmo que isso significasse compartilhar de seu pecado".[63]

O pecado original seria então um pecado de orgulho. Mas a concupiscência surgiu instantaneamente, de modo que as coisas se embaralharam: um dos pontos mais discutidos da teologia seria precisamente o de saber se, para Agostinho, a concupiscência é o pecado original ou o castigo desse pecado. Para Alfred Vanneste, "é inegável que, na ótica agostiniana, pecado original e concupiscência estão estreitamente ligados".[64] O termo latino *concupiscientia*, que significa "desejo ardente", "avidez", designa na teologia uma desordem no ser humano, uma inversão de valores, decorrente do domínio dos sentidos sobre a vontade racional. Mas Agostinho reduz a concupiscência essencialmente ao todo-poderoso instinto sexual. De espírito ardente e temperamento dotado de grande vigor físico, ele ficou visivelmente traumatizado pelas lembranças eróticas de sua juventude. Segundo Eugen Drewermann, que estudou longamente a fobia do sexo que se apoderou da Igreja de então, essa fobia deve muito a Agostinho, que fez da sexualidade a "verdadeira fonte de todas as avidezes desordenadas".[65] Da mesma forma, o dominicano J.-B Kors escreve: "O pecado original, segundo Santo Agostinho, é, em primeiro lugar, a concupiscência, principalmente aquela que se manifesta no movimento dos membros genitais contra a ordem da razão".[66]

O ato sexual é a manifestação por excelência da incapacidade da nossa vontade de dominar a carne. Que ele é a própria marca de nossa decadência, Adão imediatamente o experimentou; daí ele ficar tão envergonhado de sua nudez, logo após o pecado, e buscar esconder seu sexo em ereção: Adão e Eva ficam "embaraçados pela insubordinação de suas carnes, punição que era como a prova de sua desobediência".[67] A partir do pecado original, o homem perdeu todo controle do exercício de sua virilidade. É exatamente o que

---

63 Ibid., XIV, 11.
64 Vanneste, *Le Dogme du péché originel*, p.69.
65 Drewermann, *Fonctionnaire de Dieu*, p.437.
66 Agostinho, *La Cité de Dieu*, XIV, 18.
67 Kors, *La justice primitive et le péché originel*, p.15.

diz Santo Agostinho, por exemplo, no *De nuptiis et concupiscientia*: "Quando se trata da semeadura dos filhos, os membros prepostos a essa função não obedecem à vontade. Eles só agem quando postos em movimento pela paixão, que, de certa forma, é adequada. E, por vezes, esta não os põe em movimento, contrariamente ao que se quer".[68] Ele é ainda mais explícito em *A cidade de Deus*: "Por vezes, a pulsão é uma intrusa inoportuna, por vezes ela abandona o amante zeloso, e o desejo se apaga no corpo, ao passo que ele ferve no espírito. Assim, de modo estranho, o desejo sexual se recusa a servir não somente à vontade, mas até mesmo à busca de um prazer lascivo; e, mesmo estando geralmente oposto ao controle do espírito, ele é frequentemente dividido contra si mesmo. Ele desperta o espírito, mas não é seguido pelo efeito físico".[69] Somos então punidos exatamente naquilo em que havíamos pecado, e essa ideia mantém a confusão entre a falta e a retribuição.[70]

O mais grave, aos olhos de Agostinho, é que essa desordem da sexualidade invade o ser inteiro e o domina, dado que o desejo sexual é muito mais poderoso que qualquer outro desejo. Compreende-se, lendo essa passagem de *A cidade de Deus*, na qual se amalgamam o fascínio e a repulsa, que a religião tenha visto na sexualidade sua maior rival para o domínio do espírito humano; como o êxtase místico, ela se apodera do ser e sufoca o sentimento, a razão e a vontade. O império dos sentidos é a manifestação extrema da inversão dos valores originais, é o pecado por excelência:

> Vemos bem que há uma variedade de maus desejos, mas, quando se fala do mau desejo sem especificar seu objeto, pensa-se imediatamente naquele que excita as partes indecentes do corpo. Esse mau desejo toma controle não somente de todo o corpo, e não somente do exterior, mas também do interior; ele perturba a pessoa inteira, a emoção mental se combina e se mistura com o desejo físico,

---

68 Agostinho, *De nuptiis et concupiscentia*, 1, 7.
69 Id., *La Cité de Dieu*, XIV, 16.
70 Ibid., XIV, 20. "Pois em sua desobediência, que submeteu os órgãos sexuais somente às suas pulsões e as subtraiu à autoridade da vontade, vemos a prova da retribuição imposta ao homem pela sua desobediência. E era absolutamente apropriado que essa retribuição se manifestasse nesse órgão que assegura a procriação da natureza alterada pelo primeiro pecado. Essa ofensa foi cometida a despeito do fato de que toda a humanidade existia em um só homem, e ela levou à ruína da humanidade inteira, e ninguém pode ser salvo das penas dessa ofensa, punida pela justiça de Deus, a menos que o pecado seja expiado em cada homem separadamente pela graça de Deus."

para chegar a um prazer que ultrapasse todos os outros prazeres físicos. Esse prazer é tão intenso que, quando atinge o clímax, a consciência fica quase que totalmente submersa, como se as sentinelas do intelecto estivessem aniquiladas.[71]

Visivelmente, os poderes da paixão assombram as lembranças de Agostinho. Que contraste entre o pacífico e o impassível acasalamento, controlado pela vontade e pela razão, que caracterizaria nossa natureza original! O pecado original é um "pecado de natureza", no sentido de que a natureza humana foi nele viciada, deformada, desfigurada. O ato sexual, tal como acontece desde então, é, ao mesmo tempo, "natural", porque não podemos fazê-lo de outra maneira, e "contra a natureza", se considerarmos o modo pelo qual as coisas teriam acontecido sem o pecado.

"A concupiscência é um mal que Deus permite que usemos para o bem."[72] Ela é mais que o castigo do pecado de Adão: é o seu meio de transmissão. Todo homem, por nascer da concupiscência de seus pais, se vê simultaneamente culpado e atingido pelo mal. Além disso, herdamos os pecados pessoais de nossos pais, que nos maculam ao menos até a quarta geração.[73] Na certa, o batismo apaga a culpabilidade herdada de Adão, mas não elimina o castigo, isto é, a concupiscência pela qual nós, de nossa parte, transmitimos o pecado original aos nossos filhos. Castigo de uma falta e, em paralelo, meio de transmissão dessa falta, a concupiscência é assimilável ao estado de pecado original: nascemos em estado de pecado original porque nascemos em estado de concupiscência.

AS PROVAS DO PECADO ORIGINAL

Que o pecado possa ser transmitido fisicamente de um corpo para outro, como um vírus, isso pode, no limite, ser concebido. Mas dificuldades não demorarão a surgir: de fato, os doutores da Idade Média irão questionar se um ser saído de outro por um processo não sexual seria contaminado pelo pecado original...

---

71 Ibid., XIV, 16.
72 Id., *Contra Julianum*, IV, 3.
73 Kors, op. cit., p.18.

O problema que Agostinho estabelece é de outra ordem: o da transmissão do pecado original para a alma. Uma vez mais, ele revela seu embaraço. Das duas, uma: ou as almas individuais, assim como os corpos, estavam todas contidas na alma de Adão e, portanto, pecaram com ela – o "traducianismo"; ou Deus cria uma nova alma para cada novo corpo e envia esta alma pura num corpo corrompido, e então Deus é o responsável pela corrupção da alma – o criacionismo. Agostinho é traducianista até cerca de 410, depois hesita, pede a opinião de São Jerônimo em 415, do bispo de Milão em 418, mas sem poder concluir. Em 426, no fim da vida, ele escreve: "No que diz respeito à origem da alma e como ela pode estar nos corpos, se vem unicamente do primeiro homem, quando este foi tornado carne viva, ou se cada alma foi criada para cada um dos homens, eu não o sabia naquele tempo, e hoje em dia não o sei mais que antes".[74]

A consequência do pecado original é a morte: "Desde o nosso nascimento, carregamos os germes da morte, ou melhor, de sua vitória, como resultado dessa primeira desobediência [...]. Estávamos todos dentro desse primeiro homem, éramos esse homem que caiu no pecado".[75] A morte da alma e do corpo, nós a sofremos em toda nossa vida, pelo dilúvio de males que nos prostram,

> esse aterrador abismo de ignorância [...], nas profundezas do qual todos os filhos de Adão são engolidos. Que outro sentido poderiam ter os males da humanidade? O amor das satisfações fúteis e nefastas, com seus resultados: as angústias mortais, as agitações do espírito, as decepções, os temores, as alegrias frenéticas, as querelas, as disputas, as guerras, as traições, os ódios, as inimizades, as artimanhas, a lisonja, a fraude, o roubo, a rapina, a perfídia, o orgulho, a ambição, o rancor, o assassinato, o parricídio, a crueldade, a selvageria, a malevolência, o desejo ruim, a promiscuidade, a indecência, o despudor, a fornicação, o adultério, o incesto, o vício contra a natureza dos homens e das mulheres (atos repugnantes, por demais nauseantes para serem nomeados), o sacrilégio, a conspiração, o falso testemunho, o julgamento injusto, a violência, o roubo e todos os outros males que não vêm imediatamente ao espírito, todos

---

74 Agostinho, *Rétractations*, I, 1, 3.
75 Id., *La Cité de Dieu*, XIII, 13-4.

esses males fazem parte da barbárie humana e vêm todos dessa fonte de erro e de enfermidade pervertida que todo filho de Adão traz consigo no nascimento.[76]

Essa desesperadora avalanche de males é mesmo a prova experimental do pecado original. Como se poderia explicar de outro modo a nossa miséria? Em particular, os sofrimentos suportados pelas criancinhas seriam incompreensíveis: "Os males aos quais os pequenos são submetidos não poderiam, sob um Deus justo e todo-poderoso, ser infligidos àqueles que são à sua imagem, e numa idade em que o sofrimento não pode ser uma ocasião de praticar a virtude, se as crianças não recebessem de seus pais um mau princípio pelo qual devam ser punidas".[77] Se as crianças sofrem, é porque são culpadas de alguma coisa – por isso é preciso batizá-las. Disso Agostinho tira a consequência: todas as crianças que morrem sem ter sido batizadas vão para o inferno. Ele afirma isso claramente em 419, no tratado *Sobre a natureza e a origem da alma*. À sua piedade pelos sofrimentos das criancinhas responde sua lógica impiedosa, que os envia às dores eternas do inferno. Os pequenos, enquanto não batizados, são criaturas do diabo: a liturgia batismal não comporta exorcismos? "O que, então, os mantém presos ao poder do diabo? [...] O que, senão o pecado? [...] Ora, os pequenos não cometeram nenhum pecado pessoal durante suas vidas. Resta então o pecado original, que os mantêm cativos sob o domínio do diabo, enquanto não forem redimidos pelo banho da regeneração e pelo sangue de Cristo."[78]

O sangue de Cristo, eis outra prova do pecado original. Pelo batismo, a culpabilidade é retirada, mas a concupiscência subsiste; nesse estado de natureza decaída, é-nos impossível fazer o bem, pois a vontade não tem mais controle sobre os sentidos. Só podemos ser pecadores, é nossa nova natureza, e nosso destino normal é o inferno. Todavia, Deus, em sua infinita bondade, decide ajudar alguns dentre nós, enviando-nos a graça devida à morte de Cristo. Mas essa graça só é concedida àqueles que Deus escolhe; os outros são abandonados à sua triste sorte – e não há nenhuma injustiça nisso, dado que eles pecaram irremediavelmente em Adão. A predestinação ao bem é um

---

76 Ibid., XXII, 22.
77 Id., *Contra Julianum*, 3, 9.
78 Id., *De nuptiis*, I, 22.

gesto de pura bondade de Deus para com alguns: é a doutrina do *De praedestinatione sanctorum*, de 429. Concretamente, a graça traz uma possibilidade de viver segundo o espírito, isto é, de usar nossas infelicidades para delas fazer uma causa de salvação. Ela não reduz o castigo nesta vida, não impede a morte, pois então não haveria mais nenhum mérito em crer.

Essa concepção profundamente pessimista do pecado original, Agostinho afirma ter recebido de São Paulo, em particular da famosa passagem da Epístola aos Romanos (5, 9), que ele traduz no sentido que lhe é favorável: "O pecado entrou no mundo por um único homem, e pelo pecado, a morte, e assim a morte passou para todos os homens (por aquele) em quem (*in quo*) todos pecaram". Traduzido dessa forma, de fato, tudo se torna claro: "Que precisão, que exatidão, que clareza nessas palavras *in quo omnes peccaverunt!*", maravilha-se Agostinho em *De peccatorum meritis*. No sermão 294, ele acusa de má-fé aqueles que fazem delas uma outra leitura: "Há um único homem que não compreenda essas palavras? Há um único que tenha necessidade de que lhe sejam explicadas? Apesar disso, o apóstolo teria simplesmente pretendido dizer que Adão foi o primeiro a pecar, e que aqueles que pecaram depois dele foram simplesmente imitadores. O que é isso senão envolver a luz com trevas?".

Para Agostinho, *in quo* é um relativo cujo antecedente só pode ser ou o pecado de Adão, ou o próprio Adão. Inicialmente, ele opta pela primeira solução; mais tarde, depois de 412, percebe que a sintaxe se opõe a isso: como "pecado" é feminino em grego, *in quo* designa, portanto, Adão. O fato de a frase encontrar-se apurada em afetação não perturba o bispo. Apesar disso, um de seus adversários, Juliano de Éclano, mostrava que a tradução mais lógica consistia em ver em *in quo* uma partícula causal, "porque", o que resulta: "A morte passou para todos os homens porque todos pecaram". Mas Agostinho retorque em *Contra Julianum*: "Tu inventaste uma interpretação que falseia o sentido. Tu pretendes que essas palavras sejam traduzidas assim: 'porque todos pecaram'". Neste caso, não é mais uma questão de pecado original, do qual a humanidade inteira seria culpada em Adão. Agostinho faz, assim, repousar sobre um problema de gramática grega a questão da falta que condena a humanidade inteira. No entanto, todas as traduções atuais da Bíblia consideram que ele errou e se congregam no "porque".

Agostinho alista sob sua bandeira São João (3, 5: "Quem não renascer na água e no Santo Espírito não entrará no reino dos céus") e o Deuteronômio

(5, 9: "Sou um Deus ciumento que faz recair a iniquidade dos pais sobre as crianças até a terceira e a quarta gerações"). Ele convoca também a contribuição dos Pais latinos e até mesmo, ao preço de algumas acomodações, dos Pais gregos. Retira de suas palavras uma segurança inabalável: "Dado que tantos testemunhos divinos concordam em ensinar que não há salvação nem vida eterna fora do batismo, assim como do sangue e do corpo do Senhor, é em vão que se promete essa vida eterna para as criancinhas. Ora, somente o pecado pode afastar o homem da salvação e da vida eterna. Segue-se, portanto, que esses sacramentos retiram dos pequenos uma mácula de pecado, uma mácula sobre a qual está escrito que 'ninguém é puro, nem mesmo aquele que só tem um dia'".[79]

AGOSTINHO E A BATALHA DO PECADO ORIGINAL

Apesar de tudo, os pelagianos se opõem ferozmente à ideia de pecado original. Contra eles, Agostinho fará apelo à autoridade política e reunirá um concílio que, pela primeira vez, toma uma decisão dogmática e impõe, de maneira irreversível, a crença numa falta original.

O enfrentamento, rico em reviravoltas, dura uma dezena de anos, de cerca de 409 a 419, e ilustra a maneira pela qual os dogmas resultam de uma relação de forças que põem em jogo ciúmes, rivalidades, ambições, manobras políticas, tudo sob a cobertura de argumentos teológicos. Rememoremos os episódios principais. O monge Pelágio e seu discípulo Celeste, que fugiram da Itália invadida pelos godos, chegam em 410 à província da África, onde pregam a seguinte doutrina: Deus criou Adão e Eva bons, livres e naturalmente mortais; por certo, o primeiro casal pecou, mas seu pecado era pessoal e de forma alguma afetou seus descendentes: as crianças que nascem se encontram na condição em que Adão estava antes de seu pecado. Se cometemos pecados, é por simples imitação da falta de Adão. Aliás, nosso livre-arbítrio está intacto e podemos ganhar nossa salvação por nossas próprias forças, sem a ajuda da graça.

---

79 Id., *De peccatorum meritis*, 1, 34.

Enquanto Pelágio passa rapidamente pela Palestina, Celeste difunde essas ideias na África do Norte. Denunciado, convocado diante de um concílio em Cartago, em 411, ele é excomungado e foge para Éfeso. O problema do pecado original se desloca então para o Oriente, onde Pelágio tem inúmeros apoios, em particular o de João, bispo de Jerusalém; ele se mostra até suficientemente flexível para fazer com que o Concílio de Dióspolis reconheça sua ortodoxia em 415.

Na África, Agostinho se cala, porque fica sabendo que as ideias de Pelágio se espalham até mesmo na Itália, onde o papa Inocêncio I não seria indiferente. A partir de 413, o bispo de Hipona defende o pecado original numa série de sermões e em seu tratado *Sobre a remissão dos pecados*. Em 416, faz com que sejam condenadas as doutrinas de Pelágio pelos Concílio de Cartago e de Mileve, e envia ao papa o texto dessas decisões. Inocêncio I lhe responde favoravelmente.

Em 417, Celeste retorna a Roma, para lá defender sua profissão de fé, na qual se lê: "Quando dizemos que as crianças devem ser batizadas para a remissão dos pecados, não queremos afirmar a existência de um pecado hereditário. De fato, o sentimento católico se opõe a tal crença. O pecado não nasce com o homem, mas é sua obra. Não há pecado de natureza; todo pecado é produzido pela vontade".[80] O novo papa, Zózimo, pensa que Celeste se equivoca ao dar tanta importância a tais especulações, porém, não vendo nada de sério a ser reprovado nele, escreve aos bispos da África, reprimindo-os por terem-no condenado, deixando-lhes dois meses para que defendam sua causa.

Por iniciativa de Agostinho, em novembro de 417, um concílio reunindo 214 bispos ocorre então em Cartago, reiterando a condenação de Pelágio e de Celeste, e o anúncio é feito a Roma no início de 418. Em substância, o papa responde que lhe cabe decidir, mas que deseja, por bondade, postergar seu julgamento. A bola está novamente no campo dos africanos. Agostinho recorre então aos grandes meios: faz apelo ao imperador Honório e provoca o acontecimento de um novo concílio em Cartago, desta vez reunindo os bispos de todas as províncias da África. A assembleia, que se abre em 1º de maio de 418, adota uma série de cânones, que, de certa forma, oficializa o

---

80 Relatado por Agostinho em *De peccato originali*, 5, 6, 26.

pecado original e suas consequências: Adão, antes do pecado, era imortal; os recém-nascidos devem ser batizados porque contraem o pecado original pela geração. Aqueles que morrem antes de ser batizados vão para o inferno; a graça é necessária à salvação; é impossível, mesmo para aqueles que são justificados, evitar o pecado.[81]

O poder secular entra em disputa: em 30 de abril de 418, o imperador expulsa de Roma Pelágio, Celeste e seus adeptos, e lhes confisca os bens. Nesse caso, o papa se diz convencido (certamente ele estima que não vale a pena arriscar sua posição por causa de uma questão do pecado original): ele anatematiza (excomunga) Pelágio e Celeste, e aprova os cânones de Cartago numa *Tractoria*, cujo texto foi perdido. Entretanto, o cânone que afirmava a imortalidade corporal de Adão antes da queda não é explicitamente especificado: a Igreja tem aí, então, uma porta de saída, que não hesitará em usar quando mudar de opinião sobre o assunto.

Eis então o pecado original tornado dogma, por um golpe de força do bispo de Hipona, com o apoio do poder secular, contra a opinião do papa, a quem se força a mão. Agostinho triunfa e o faz saber numa carta dirigida a Sixto. Contudo, há recalcitrantes: dezoito bispos, dos quais o mais virulento é Juliano de Éclano, que envia uma carta de protesto a Zózimo. Depostos pelo papa, expulsos da Itália pelo imperador, refugiam-se no Oriente, onde

---

[81] "Se alguém diz que Adão, o primeiro homem, foi criado mortal, de modo que, pecador ou não, seria morto corporalmente, de tal modo que sua saída do corpo tenha sido não o salário do pecado, mas uma necessidade da natureza, que ele seja anátema.
Se alguém disser que não se devem batizar os recém-nascidos, ou mesmo que, batizados para a remissão dos pecados, não contraíram de Adão, pelo pecado original, nada que deva ser purificado pelas águas regeneradoras, de modo que para eles a fórmula *para a remissão dos pecados* não seja verdadeira, mas falsa, que ele seja anátema! Pois o apóstolo diz: 'Para um homem, o pecado entrou no mundo, e pelo pecado, a morte, e assim a morte passou sobre todos os homens, todos tendo pecado (nele)'. E essas palavras não podem ser compreendidas de outra forma que não da maneira como sempre compreendeu a Igreja católica difundida por sobre toda a terra. É por causa dessa regra que as criancinhas, que ainda não puderam cometer nenhuma falta pessoal, são, na verdade, batizadas para a remissão dos pecados, a fim de que a regeneração nelas purifique aquilo que contraíram pela geração.
Se alguém disser que as palavras do Senhor 'Na casa de meu Pai, há muitas moradas' devem ser entendidas no sentido de que no reino dos céus, ou alhures, existe um local intermediário onde as crianças mortas sem batismo vivem felizes, ao passo que sem o batismo não podem entrar no reino dos céus, que é a vida eterna, que ele seja anátema! O Senhor de fato disse: 'Alguém que não renasça da água e do Espírito não entrará no reino dos céus'; ademais, qual católico hesitaria em chamar de herdeiro do demônio aquele que não mereceu ser herdeiro de Deus? Aquele que não estiver à direita estará inevitavelmente à esquerda."

Juliano escreve tratados contra a doutrina de Agostinho, acusando-o de contradizer opiniões que mantivera em suas próprias obras anteriores, tal como *Sobre o Gênesis, contra os maniqueus*. Agostinho fica vivamente irritado: "Tu afirmas que mudei de opinião e que antigamente pensava como tu. Tu enganas ou tu te enganas. Tu me imputas sentimentos que não tenho; ou então tu não compreendeste – talvez por não teres lido – o que escrevi no passado. Desde o início de minha conversão, sempre acreditei no que creio hoje; a saber: que, por um único homem, o pecado entrou no mundo, e pelo pecado, entrou a morte, e que dessa forma o pecado, no qual todos pecaram, passou para todos os homens".[82] Na verdade, o exame de suas obras anteriores mostra que o pensamento de Agostinho foi muito mais sinuoso e hesitante do que ele diz.

Os anos 418-420 marcam, com Santo Agostinho e o Concílio de Cartago, o nascimento oficial do conceito de pecado original. Depois de séculos de hesitação, Adão foi reconhecido como o grande culpado, mas estávamos todos nele quando caiu. Na linguagem de Agostinho, esse pecado original tem, assim, um duplo aspecto: ele é dito *originans* na qualidade de pecado de Adão, cometido no princípio, e *originatum* enquanto estado de pecado no qual nascem todas as crianças. Entregues à concupiscência, que instaura em nós a desordem, e pela qual o pecado se transmite, tornamo-nos uma "massa de pecado", destinada ao inferno, do qual escaparão apenas alguns eleitos, a quem Deus envia sua graça. Os outros continuam a ser escravos do diabo pela invencível concupiscência.

Segundo essa visão enervante, que busca isentar Deus de qualquer suspeita, Adão, isto é, a humanidade, é a única responsável pelo mal. Por uma estranha reviravolta, o homem, ao tomar para si o pecado, redime Deus da falta original, que é a criação, e o inocenta de todo mal. Ao inventar o pecado original, a pobre humanidade, sobrecarregada de males, se sacrifica para que seu Deus não tenha máculas. E Paul Ricœur se pergunta: no pecado original, "não será necessário denunciar a eterna teodiceia e seu louco projeto de justificar Deus – enquanto é ele que nos justifica? Não será o raciocínio insensato dos advogados de Deus que habita agora o grande Santo Agostinho?".[83]

---
82 Agostinho, *Contre Julianum*, 6, 39.
83 Ricœur, op. cit., p.277.

Se este último precisa esmagar o homem a tal ponto, aniquilá-lo, é pela busca do absoluto, de que só pode existir um Deus infinitamente poderoso – o que exclui a existência de uma potência do mal rival e independente – e infinitamente bom. Para responder a essas duas condições, é preciso fazer pesar todas as cargas sobre o homem: "O mito etiológico de Adão", escreve Paul Ricœur, "é a tentativa mais extrema para reduzir à metade a origem do mal e do bem; a intenção desse mito é dar consistência a uma origem radical do mal, distinta da origem mais originária do ser-bom das coisas. [...] [Esse mito] faz do homem um início do mal, no seio de uma criação que já tem seu começo absoluto no ato criador de Deus".[84]

Tendo sido estabelecida a culpabilidade de Adão, resta tirar disso as consequências. Várias gerações de teólogos medievais vão se empenhar em cumprir essa tarefa.

---

84 Id., *Finitude et culpabilité: La symbolique du mal*, v.II., p.219.

– 3 –

TEOLOGIA E SOCIEDADE: TEORIA E PRÁTICA DO PECADO ORIGINAL NA IDADE MÉDIA

AS ESPECULAÇÕES DA ALTA IDADE MÉDIA

A questão do pecado original parece ter sido regrada no início do século V, ao menos em seus grandes princípios. Durante a alta Idade Média, o debate se acalma, marcado apenas por escaramuças de franco-atiradores que os concílios e os papas reduzem facilmente ao silêncio. Em torno de 430, o papa Celestino I reafirma numa carta, seguida por nove *capitulae*, que desde o pecado de Adão os homens perderam a possibilidade de ganhar méritos somente por seu livre-arbítrio, e que os exorcismos do batismo são necessários para expulsar o demônio que está em nós desde o nascimento.

Foi inicialmente em torno do papel do livre-arbítrio que um núcleo de resistência ao agostinismo estrito surgiu, nos meios monásticos do sul da Gália, ligado à abadia de Lérins. Esses atletas da fé, que são os monges, afirmam que, se o homem não pode se livrar da concupiscência somente pela vontade, pode ao menos tomar a iniciativa de buscar a salvação. Esse semipelagianismo, como ficou sendo chamado, é professado por Cassien, Vincent de Lérins, Arnobe, Gennade de Marseille e, sobretudo, Fauste de Riez, em torno do ano 500. Ele é combatido por São Próspero (Próspero de Aquitânia), São Hilário, São Fulgêncio e, principalmente, São Cesário de Arles, que faz determinar a doutrina oficial da Igreja no II Concílio de Orange, em 529, no decorrer do qual é lembrado que o pecado de Adão provocou a morte do corpo e da alma, causando, desse modo, a transmissão, a todos os homens, da pena e da culpabilidade. "Aquele que afirma poder, só pelas forças da natureza e da ordem da salvação, pensar e escolher alguma coisa de bem está enganado por um espírito de heresia" (Cânone VII). A Igreja se orienta, assim, para a ideia de que a natureza humana é fundamentalmente má e corrompida, e que o homem perdeu toda a liberdade de fazer o bem sem a ajuda da graça divina. "Devemos crer que, pelo pecado do primeiro homem, todo o livre-arbítrio foi de tal forma dirigido para o mal e enfraquecido que, na sequência, ninguém pode amar a Deus como é devido, ou acreditar nele, ou fazer o bem por Deus, se a graça da misericórdia divina não o precede." Essa profissão de fé final, assinada pelos bispos do concílio e aprovada pelo papa, tem uma "autoridade definitiva", diz o *Dicionário de teologia católica*.

Em torno do ano 600, o papa Gregório, o Grande, cujas *Moralia* serão uma mina de citações para a Idade Média, afirma, na esteira de Santo Agostinho, que todos os recém-nascidos mortos sem batismo estão irremediavelmente condenados. O inferno eterno espera essas crianças, dado que estão possuídas por Satã, mas irão para o inferno superior, onde só sofrerão penas privativas, dado que só são culpadas por um pecado herdado. Essa crença é compartilhada por muitos intelectuais cristãos da alta Idade Média: Fulgêncio, Cesário de Arles, Isidoro de Sevilha, Ildefonso, Juliano de Toledo, Raban Maur, Amolo, bispo de Lyon etc.

Dois séculos e meio mais tarde, uma outra consequência da concepção agostiniana do pecado original, a predestinação, suscita uma controvérsia. Indo mais longe que Santo Agostinho, um antigo monge de Fulda, Gottschalk, difunde, em suas peregrinações, uma doutrina que consiste em acusar Deus de injustiça. Uma vez que o homem, pecador desde Adão, não pode se salvar sem a ajuda da graça e que Deus só a concede a alguns, Deus, ele conclui, não deseja salvar todos os homens; Cristo, portanto, só foi morto na cruz para salvar alguns indivíduos. É uma boa lógica, mas os bispos do século IX vêm nisso apenas a má teologia: a doutrina de Gottschalk é condenada por uma assembleia em Mainz, em 848. No ano seguinte, o Concílio de Quierzy determina que somente os eleitos são predestinados à salvação, por um efeito da bondade divina; quanto aos outros, serão abandonados à sorte, mas não são "predestinados" à danação:

> O Deus todo-poderoso criou o homem sem pecado, probo, e colocou-o no paraíso. Ele desejava que esse homem ali vivesse na santidade da justiça. Porém, por um mau uso de seu livre-arbítrio, o homem decaiu e o gênero humano tornou-se uma massa de perdição. Em sua presciência, o Deus bom e justo escolhe, dentre essa massa de perdição, aqueles que ele predestina à vida pela graça, e a estes predestina a vida eterna. Em sua justiça, ele deixa os outros na massa de perdição, prediz que se perderão, mas sem predestiná-los a perecer.[1]

Nessas épocas obscuras, somente Jean Scot Érigène eleva-se acima dessas querelas de palavras – alto demais, sem dúvida, o que não lhe será perdoado. Pela amplidão de suas visões, esse irlandês, que ensinava na escola palatina de Carlos, o Calvo, desconcerta e escandaliza, sob muitos aspectos, seus confrades teólogos. Adversário de Gottschalk, ele reinsere o pecado original num vasto esquema neoplatônico. Segundo a grandiosa epopeia cósmica que elabora, Deus criou as Ideias, que têm uma potência criadora; delas vieram o mundo e o homem, o Adão metafísico, espiritual e imortal, que conteria todos os homens. Por um ato de autossuficiência, por orgulho, esse Adão se afastou do Criador para se voltar a si próprio, e então se pulverizou numa multidão de seres humanos, sendo o corpo, com suas misérias, o agente da separação. Quando Cristo, o novo Adão, vier, toda a natureza humana será reunida pelo Amor e retornará em seu Criador. Mas esse mundo teofânico é panteísta demais para ser aceitável. Em especial, ele não dá lugar ao inferno. Os condenados serão também reunidos em Deus na recapitulação final? A Igreja não pode admitir que aqueles que não receberam a graça divina escapem à danação. Em 855, o sínodo de Valência condena o tratado *De praedestinatione*, de Jean Scot Érigène. O conjunto da obra, que inspirará muitos heréticos, será proibido por Honório III em 1225. A Igreja

---

[1] Concílio de Quierzy, cânone 1; Denzinger, n.316.

ocidental se encerra durante muito tempo numa concepção pessimista da natureza humana, viciada pelo pecado original.

No Oriente, a Igreja adotou há muito tempo uma atitude um pouco mais suave. Entretanto, os teólogos aceitam globalmente a ideia de pecado original, e suas discussões dizem respeito, sobretudo, às suas modalidades. No início do século VI, Severo, patriarca de Antióquia, declara "que não é verdade que o pecado seja uma realidade e que passe naturalmente dos pais para os filhos"; Adão carrega sozinho a culpa, mas seus descendentes sofrem a punição. No século VII, João Clímaco pensa que Adão cometeu um pecado de gula, o que em seguida implicou a necessidade da união sexual.[2] Lá pelo fim do mesmo século, Anastácio Sinaíta constata que uma leitura literal do Gênesis chega a absurdidades, de modo que é melhor considerar Adão e Eva como símbolos da natureza humana;[3] isso não o impede de pensar que Adão possuía um corpo terrestre antes da queda, mas que não tinha necessidade de comer. Na primeira metade do século VIII, João Damasceno supõe que Adão foi mesmo criado a partir da terra, mas que seu corpo era espiritual, incorruptível, imortal. Para ele, Adão também não precisava comer nem dormir, e não tinha necessidades sexuais. Se Deus criou a mulher, foi somente por prever o pecado original, para que o homem decaído pudesse se reproduzir.

Na sequência, a Igreja grega dá pouca importância ao pecado original: Fócio no século IX, Teofilacto de Ocrida (ou da Bulgária) no século XI, Gregório Palamas no XIV, Simeão de Tessalônica e Georges Scholarios no XV, abordam rapidamente a questão. Não se encontra neles nenhum debate comparável às violentas altercações ocidentais sobre o assunto. A ideia de que o pecado original se transmite pela concupiscência, sendo responsável pela corrupção da natureza humana, é uma especificidade cristã e, mais particularmente, ocidental.

O Islã, que no início se inspira fortemente no cristianismo oriental, empresta-lhe a história do jardim e de Adão e Eva, mas não faz desse pecado uma tara indelével. O episódio é retomado três vezes no Corão e acaba sempre pela promessa da redenção e da reabilitação para todos os crentes. Satã é

---

2 Clímaco, *Scola*, 14M 88, 880.
3 Sinaíta, *In Hexaemeron*, 10 e 12.

representado como o principal responsável: ele se recusa a prostrar-se diante de Adão e provoca a queda deste. Na surata 2 (32-38), Deus proíbe Adão e Eva de se aproximar de certa árvore, "mas Satã os leva para fora e foi a causa de seu banimento". Deus, então, expulsou Adão e Eva, mas sem esmagá-los com todos os males: "'Ide embora daqui e sede inimigos uns dos outros. A terra vos dará abrigo e comida.' Adão recebeu as ordens do Senhor, e o Senhor se acalmou, ele perdoa e está cheio de piedade". Em outra surata, está dito que "Satã os tentou, a fim de lhes revelar sua nudez, que eles ainda não tinham visto. Ele diz: 'Seu senhor os proibiu de se aproximarem desta árvore unicamente para impedi-los de se tornarem anjos ou imortais'. Então, ele lhes prometeu dar um conselho amical" (7, 17-29). A expulsão depois da falta foi acompanhada das mesmas palavras, mas a terra aparece como um refúgio, um asilo, mais do que como um lugar de sofrimentos. A terceira passagem (20, 115-125) insiste sobre a descoberta da nudez. Deus determina: "Saí daqui, e que vossos descendentes sejam inimigos uns dos outros. Quando meu caminho vos for revelado, aquele que o segue não conhecerá nem o erro, nem a aflição, mas aquele que rejeita minha advertência viverá na pena e comparecerá cego diante de mim no dia da ressurreição". O fiel pode então reencontrar sua posição inicial.[4]

JUSTIÇA ORIGINAL E DANAÇÃO

A partir do século XII, os teólogos filosóficos se esforçam para aprofundar os dogmas com a ajuda de uma nova ferramenta, a dialética, e tentam finalizar o edifício das crenças, cuidando da coerência do conjunto. Eles retomam a reflexão sobre o pecado original no ponto em que Agostinho o havia deixado, mas intelectualizando-o. Toda uma antropologia se põe então em marcha. O que é o homem? Ele é livre? É mau? A espécie pode ser melhorada ou, ao contrário, está destinada a uma corrupção crescente? Essas questões são substituídas por debates em que se expressam diversas sensibilidades. Os aspectos existenciais e morais dão lugar ao raciocínio, à análise minuciosa

---

4 Nanji, Islamic Ethics, in: Singer (Ed.), *A Companion to Ethics*, p.106-20; GRIC, *Péché et responsabilité éthique dans le monde contemporain*, p.171 e ss.

e impassível, ao inventário metódico, cada um deles examinando todas as consequências do pecado original. Apesar de decaído, o homem guarda confiança nas capacidades de sua razão – alguns teólogos, aliás, não deixarão de sublinhar esse paradoxo.

A dupla terrível formada por Abelardo e São Bernardo ilustra bem as divergências que então despontam. Bernardo escreveu pouco sobre o pecado original, que, para ele, é uma questão resolvida no sentido agostiniano. Mas Abelardo, como bom lógico, não saberia aceitar a ideia de que o homem é culpado de um ato que não cometeu pessoalmente. Aos seus olhos, o culpado é Adão: "O pecado original com o qual nascemos é a dívida de danação que devemos sofrer". Que nos caiba pagar a dívida de danação de nossos primeiros pais, o *debitum damnationis*, pode parecer injusto, mas a justiça divina não é a nossa. Somos condenados, mas sem ser culpados – opinião que São Bernardo faz condenar em 1141, no Concílio de Sens.

Para explicar nossas infelicidades, Anselmo, arcebispo de Cantuária, falecido em 1109, propõe outra via, diferente daquela traçada por Santo Agostinho.[5] Filósofo e dialético, ele percebe o problema sob um ângulo racional e reinsere Adão e Eva nas categorias do mundo feudal. O pecado original é assimilável à felonia do vassalo em relação ao suserano; Adão renegou sua fidelidade e, por esse ato, injuriou a honra de Deus, que lhe retirou os dons sobrenaturais os quais lhe haviam sido confiados, assim como o senhor retira as terras do vassalo desleal. Diferentemente de Agostinho, Anselmo pensa que Deus não tocou na natureza do homem, mas que o decaiu do estado de justiça original, isto é, da capacidade própria à vontade humana de dominar os sentidos. "Quando Deus fez Adão, colocou nele a natureza a ser propagada e a submeteu ao seu poder, para que a usasse à vontade, tanto tempo quanto desejasse submeter-se a Deus. Ele não a usaria por vontade bestial e irracional, mas por vontade humana e racional."[6] No entanto, depois do pecado, a natureza de Adão e Eva se viu, apesar de tudo, corrompida. E como toda a natureza humana estava em Adão e Eva, cada indivíduo, visto que participa dessa natureza, nasce em estado de pecado original:

---

5 Anselmo, La Conception virginale et le péché originel, in: *L'Œuvre de saint Anselme de Canterbury*, I.
6 Ibid., p.161.

Se Adão e Eva tivessem preservado a justiça original, aqueles que deles nascessem seriam, como eles, originalmente justos. Porém, uma vez que pecaram pessoalmente – conquanto fossem originalmente fortes, sem corrupção, tendo o poder de conservar a justiça, sempre e sem dificuldade –, tudo o que eram foi enfraquecido e corrompido. O corpo porque, depois do pecado, se tornou como os corpos dos brutos animais, submetidos à corrupção e aos apetites carnais; e a alma porque, a partir da corrupção do corpo, desses mesmos apetites e da ausência dos bens que perdera, foi infectada de desejos carnais. E porque toda a natureza humana estava neles, e nada dela havia fora deles, foi inteiramente enfraquecida e corrompida.[7]

O que pecou, em Adão e Eva, não foi o corpo, mas a vontade pela qual se propaga a espécie humana, sendo a união dos corpos apenas o meio dessa propagação. O estado de pecado original que se transmite não é assimilável à concupiscência, mesmo que esta seja ruim:

De maneira semelhante, podemos entender que o homem foi concebido de uma semente impura, na iniquidade e no pecado, não porque houvesse na semente impureza e pecado, iniquidade, mas porque, dessas mesmas semente e concepção a partir das quais começa a ser, o homem recebe a necessidade, desde que possua uma alma razoável, de ter a impureza do pecado, que nada mais é senão iniquidade e pecado. Pois até mesmo a criancinha é engendrada por uma luxúria viciosa, a falta não está mais na semente do que está no escarro ou no sangue, se alguém, por má vontade, cuspir ou derramar um pouco de sangue. O que está em causa não é nem o escarro, nem o sangue, mas a má vontade.[8]

O que se transmite não é um pecado original, mas a "necessidade de pecar". Nascemos necessariamente com uma natureza pecadora: "Por esse pecado, que chamo de original, não posso compreender outra coisa senão essa nudez e a ausência de justiça devida, causada pela desobediência de Adão, pela qual todos são 'filhos da cólera', uma vez que a natureza é acusada,

---

7 Ibid., p.139.
8 Ibid., p.155.

ao mesmo tempo, pelo abandono espontâneo da justiça que ela causou em Adão e pelas pessoas não perdoadas pela impotência de reconquistar".[9]

Somos todos pecadores. Mesmo as crianças que morrem sem batismo são condenadas, pois se não cometeram pecado pessoal, herdaram um pecado de natureza:

> Esse julgamento pelo qual as criancinhas são condenadas não é, tudo bem considerado, muito diferente do julgamento dos homens. Suponhamos que um homem e sua mulher, promovidos a alguma grande dignidade de posse, sem nenhum mérito de sua parte e somente por uma graça, cometam juntos, e de maneira imperdoável, um crime grave; que sejam justamente rejeitados por esse crime e reduzidos à escravidão: quem dirá que os filhos que engendrarem depois de sua condenação não devam ser submetidos à mesma escravidão e que lhes sejam restabelecidos graciosamente os bens que seus pais justamente perderam?[10]

Os pecados de nossos parentes mais próximos se adicionam ao pecado original? A questão se apresenta numa lei feudal, que leva em conta a solidariedade da linhagem. Aqui, Anselmo hesita e se contradiz. No capítulo III do tratado sobre *A concepção virginal e o pecado original*, ele escreve: "Adicionemos ainda os pecados dos parentes mais próximos, [cuja conta] é devida até a terceira e a quarta gerações. Em que pese o fato de podermos nos perguntar se tudo deve ser interpretado, ou não, no pecado original, presumirei, efetivamente, para não parecer aliviar esse pecado por causa daquilo que busco, que ele é assim a fim de que ninguém possa fazê-lo parecer mais pesado". Todavia, ele sustenta o contrário no capítulo XXIV: "Que os pecados dos parentes mais próximos pertencem ao pecado original, não o creio", e prossegue:

> Não nego que, em razão dos méritos dos pais, sejam concedidos aos filhos muitos benefícios do corpo e da alma, nem que, em razão do pecado dos pais, os filhos e netos, até a terceira e quarta gerações, e talvez até além disso, sejam assolados por diversas aflições e percam também, em sua alma, os bens que,

---

9 Ibid., p.197.
10 Ibid., p.199.

talvez, obteriam se seus pais fossem justos [...]. Não obstante, digo que o pecado original é igual em todas as crianças concebidas naturalmente, assim como o pecado de Adão, motivo pelo qual elas nascem nele, concerne igualmente a todos os homens.

Resumindo, somos todos condenados, não por causa do pecado de Adão, mas porque, tendo herdado a natureza de Adão, somos destinados a pecar. De cada homem, pode-se dizer que "não porta a iniquidade de Adão, mas a sua própria, embora, se for dito que ele a porta, é porque a iniquidade de Adão foi a causa de seu pecado".

Como o pecado original se transmite pela vontade geradora do homem, Cristo, que não saiu de uma vontade humana, não herdou esse pecado. Sua mãe também foi isentada do pecado original, por um milagre de outra ordem, diferente daquele que permitiu, por exemplo, aos pais de João Batista conceberem em idade avançada, pois, escreve Anselmo, "uma coisa é fazer algo extraordinário, inconcebível, desconhecido da natureza, outra é curar a natureza debilitada pela idade, ou por qualquer defeito, e fazê-la voltar à sua função". A Imaculada Conceição, aliás, não desfruta de unanimidade; São Bernardo e, em particular, São Tomás de Aquino continuam a fazer oposição a essa infração da regra de transmissão automática do pecado original. É bom lembrar que é preciso esperar 1854 para que Pio IX decida fazer disso um dogma.

Para São Anselmo, o pecado original é então uma privação da graça sobrenatural que Deus adicionou à nossa natureza por ocasião da criação. Segundo esse raciocínio, o estado de pecado original seria o estado "normal" do homem, enquanto que o estado anterior à queda seria excepcional, e a justiça original seria devida a uma ajuda sobrenatural. Assim, Anselmo relativiza consideravelmente a ideia de culpa. Para permanecer no vocabulário da monarquia feudal, o vassalo privado de suas terras conserva suas faculdades, voltando a ser um simples homem livre; ao contrário, na concepção agostiniana, o vassalo se vê mutilado, atingido em sua integridade e, portanto, incapaz de levar uma existência normal.

"O PECADO ORIGINAL É A CONCUPISCÊNCIA"

Pierre Lombard, que, depois de ter ensinado teologia, foi nomeado bispo de Paris em 1159, situa-se na continuidade de Santo Agostinho. É dele um célebre *Livro das sentenças*, no qual examina a questão do pecado original de um ponto de vista estritamente jurídico. Como todos os homens estavam materialmente em Adão, ele explica, o pecado pessoal de orgulho cometido por este corrompeu a natureza humana, que, desde então, é dominada pela concupiscência. "O pecado original é, como dissemos acima, a concupiscência, não enquanto ato, mas enquanto vício [...]. A carne concebida na concupiscência viciosa é maculada e corrompida; ao seu contato, a alma, quando introduzida, contrai uma mancha que a contamina e a torna culpada".[11] Eva, explica o autor, é mais culpada que Adão, pois ele só mordeu a maçã para agradar à sua mulher; se somente Eva houvesse pecado, a humanidade não teria conhecido o pecado original.

Num louvável esforço de esclarecimento, Pierre Lombard afasta as objeções do bom senso: se Deus permitiu que Adão fosse submetido a uma tentação da qual ele conhecia a saída fatal, é porque é mais glorioso combater a tentação do que não a sentir. "Por que Deus criou os seres que ele previa que cairiam no mal?" Resposta: porque ele sabia que isso finalizaria na glorificação dos justos e na punição dos maus. "Não deveria Deus ter feito o homem de tal forma que ele jamais desejasse pecar?" Resposta: se Deus não fez de forma que os maus fossem bons é porque preferiu deixá-los livres, para, em seguida, puni-los na proporção de sua falta, ou recompensá-los. "Mas, enfim, Deus, que é todo-poderoso, poderia, se quisesse, conduzir para o bem a vontade dos maus. Se não o fez, é porque não quis: por que ele não quis?"[12] A racionalidade teológica encontra aqui seus limites: "Isso é o segredo de Deus. Devemos cessar nossas investigações diante do mistério".

Sempre no século XII, Hugues de Saint-Victor também assimila o pecado original à concupiscência. "O pecado original é a corrupção, isto é, o vício que contraímos no nosso nascimento pela ignorância no espírito e pela

---
11 Lombard, *Sententiae*, 2, 31, 8.
12 Id., *Summa*, 2, 23, 1.

concupiscência na carne",[13] escreve em sua grande obra, *De sacramentis christianae fidei*, em que o teólogo introduz refinamentos formais muito característicos dessa era de raciocínio que foi o século XII. Nada querendo deixar na obscuridade, ele se esforça para responder a todas as questões: por que o diabo se disfarçou de serpente, por que primeiro ele tentou Eva, por que Eva é mais culpada, por que Adão cedeu etc.? Para ele, o homem primitivo era um ser mortal, mas que escapava à corrupção, graças à árvore da vida; livre, ele era capaz de dominar os apetites inferiores, graças a um dom divino que lhe permitia obedecer, ao mesmo tempo, ao preceito de natureza e ao preceito de disciplina. A partir da falta, essa ordem foi arruinada, pois herdamos simultaneamente a perversão dos sentidos, que leva à ignorância do espírito, e a perversão da sensualidade, que origina a concupiscência. Hugues de Saint-Victor não explica o modo de transmissão dessa dupla perversão, refugiando-se atrás do mistério.

No início do século XIII, o agostinismo continua a ser apoiado, em particular por Guilherme de Auxerre e Prevostin de Cremona. No entanto, os espíritos mais eminentes, notadamente os intelectuais das ordens mendicantes, se juntam às ideias de Anselmo, pois elas se adaptam à filosofia aristotélica, que começa a seduzir o Ocidente, e ao pensamento mais humanista e racional, propagado pelas universidades que emergiam. Desde o século XII, Honório de Autun havia retomado a ideia de privação da justiça desenvolvida por Anselmo:

> O que é o pecado original? – A injustiça. – Explique-se mais claramente. – Deus havia feito o homem justo. Ele deveria guardar essa justiça e transmiti-la aos seus descendentes. Todo homem deveria nascer no estado de justiça no qual Adão havia sido criado. Mas como Adão espontaneamente abandonou a justiça, todos os homens vêm ao mundo na injustiça. Essa injustiça é chamada de pecado original e ela merece a danação, a menos que seja submetida ao batismo, graças à morte do Redentor.[14]

---

13 Saint-Victor, *De sacramentis*, 1, 7, 28.
14 Honório de Autun, *Elucidarium*, I, n.185-203.

Os grandes teólogos do século XIII, em seu cuidado de exaustividade e de classificação, formalizam ainda mais as explicações. O franciscano Alexandre de Hales enumera, em sua *Suma teológica*, as provas experimentais do pecado original: se Deus nos inflige uma série de penas, tais como o medo que sentimos diante de certos animais, as dores do parto, os sofrimentos das criancinhas, é porque somos culpados de alguma coisa. Alexandre de Hales especifica que o pecado original se manifesta em nós de duas maneiras: a privação da justiça original e a concupiscência. "Quando se instaura o pecado original na concupiscência, descreve-se o lado material; quando se o instaura na mancha ou na deformidade contraída pela origem dos primeiros pais, descreve-se o lado formal."[15] Como Adão possuía em si a vontade da natureza universal, esta pecou por inteiro, e essa falta se transmite pela concupiscência.

Outro franciscano, São Boaventura, desenvolve o mesmo raciocínio. Evidentemente, ele escreve, Deus não pôde nos criar no triste estado em que nos encontramos. A experiência e a razão nos levam então à ideia de um pecado original. Curiosamente, Eva recebe uma reprovação que tem mais nobreza que aquela de Adão: ela quis se igualar a Deus, dominando a ciência universal. Adão simplesmente pretendeu agradar à sua esposa. Mas é a falta de Adão que nos valeu todas as nossas infelicidades:

> A razão pela qual Adão corrompeu toda a natureza, e a tornou culpada, implica três condições simultaneamente realizadas: a primeira é que Adão não era um mero indivíduo qualquer, mas o primeiro pai de toda a raça humana; a segunda é que o preceito não lhe foi dado como a uma pessoa singular, mas como ao chefe de toda a natureza humana; a terceira é que ele havia recebido a justiça para transmiti-la a todos os seus descendentes; Deus queria encontrá-la em todos os indivíduos da raça humana. Dado que ele perdeu essa justiça para si e para seus descendentes, estes são privados dela. E essa privação de uma justiça prescrita se torna culpada tanto neles quanto em Adão.[16]

---

15 Alexandre de Hales, *Summa theologica*, memb.II, C.1, ad.2, n.221.
16 Boaventura, *II Sent.*, dist.XXX, art.1, q.II.

OS ESFORÇOS DE RACIONALIZAÇÃO FILOSÓFICA

Os grandes progressos do pensamento filosófico no século XIII, sob a influência do aristotelismo, levam os teólogos a racionalizar os dados da Escritura e da tradição, a integrá-los numa visão global do homem e da natureza, dos quais o pecado original se torna progressivamente um dos componentes.

Entrementes, nuanças sobre o pecado original subsistem entre Boaventura, para quem a concupiscência permanece o elemento principal, e outros, como Alberto, o Grande ou Alexandre de Hales, para os quais o essencial é a perda da justiça original. A questão da culpabilidade de cada homem suscita as mesmas hesitações: Guilherme de Auxerre, por exemplo, afirma que somos culpados porque estávamos todos em Adão no momento em que ele fez a má escolha, enquanto que, para Alexandre de Hales, nossa culpa vem do fato de que o interdito divino se destinava a Adão, na condição de representante do gênero humano. Boaventura adiciona a ideia de que somos culpados de não mais estarmos em possessão da justiça original.

A respeito da espinhosa questão da transmissão do pecado, tudo repousa sobre a origem das almas individuais, que tanto embaraçava Santo Agostinho. O papa Gregório, o Grande, escreve nos anos 600:

> O problema da origem da alma levantou grandes controvérsias entre os Pais. Não se sabe ainda onde está a verdade, e considera-se a questão como insolúvel. Se a alma vem de Adão e é transmitida com a carne, ela deve, ao que parece, morrer ao mesmo tempo que esta última. Mas também, se ela não nasce com a carne, não se vê como ela pode contrair o pecado original. De um lado e de outro, encontramo-nos diante de dificuldades inextricáveis. Mas, se a origem das almas é incerta, é pelo menos certo que a criança que vem ao mundo é maculada pelo pecado original, até que seja purificada pelo batismo.[17]

Isidoro de Sevilha, no século VII, e Alcuíno, no IX, também confessam sua ignorância. A partir do século XI, triunfa a ideia de que as almas são criadas uma a uma a cada nova concepção. Os teólogos se esmeram em explicar

---

17 Gregório, o Grande, *Ep*.9, 52M 77, 990.

por que Deus envia almas imaculadas para corpos corrompidos pela concupiscência, já que as almas, por sua vez, se corrompem, e a vontade e a razão ficam submersas pelos sentidos. No século XIII, os mais prudentes ainda se refugiam por trás do mistério. Outros arriscam uma hipótese, tais como Guilherme de Auxerre e Alberto, o Grande. É provável, dizem eles, que Deus não queira mudar a ordem natural das coisas, segundo a qual o homem nasce do homem, como estava previsto no início. Esses corpos são certamente corrompidos, porém mais vale encontrar-se num estado corrompido do que não ser de forma alguma.[18]

O DESTINO DAS CRIANÇAS MORTAS SEM BATISMO

Santo Agostinho, para quem as crianças mortas sem batismo estavam irremediavelmente destinadas ao inferno, é seguido nesse ponto por Gregório, o Grande, Isidoro de Sevilha e, até mesmo, Anselmo, que escreve: "Sua impotência para recuperar a justiça não os desculpa, e essa impotência tem como consequência a privação da felicidade. Não tendo a justiça, não terão a alegria".[19]

Mas Abelardo imagina uma solução menos severa. Se ele não pode negar que as crianças mortas sem batismo vão para o inferno, pensa que a justiça divina não é a mesma que a nossa e que Deus decerto faz morrer sem batismo unicamente aqueles que seriam malévolos se houvessem sobrevivido. Por outro lado, sugere que a pena que cai sobre essas crianças é provavelmente moderada: "Estimo que essa pena não consista em nada mais que no fato de que elas sofram nas trevas, isto é, que sejam privadas da visão da majestade divina, sem nenhuma esperança de recuperar essa visão. É, se não me engano, esse tormento da consciência que o bem-aventurado Agostinho designou sob o nome de fogo perpétuo".[20]

Se há inferno e inferno, há fogo e fogo. Abelardo assim interpreta Agostinho ao pé da letra, mas alterando o espírito. As chamas de que fala o bispo

---

18 Guilherme de Auxerre, *Summa aurea II*, tract.27, C.4; Alberto, o Grande, *Summa theologica II*, tract.17, q.107, a.3, ad. obiect.10.
19 Anselmo, *De conceptu virginali*, 27.
20 Abelardo, *Comment. in Rom.*, M 178, p.870.

de Hipona são metafóricas, ele explica, e significam apenas que essas crianças serão privadas da visão de Deus. Os teólogos adotam com entusiasmo a ideia dessa pena privativa: "As criancinhas não sofrerão, de fato, com fogo material ou de verme da consciência, mas, sim, serão penalizadas e ficarão privadas para sempre da visão de Deus",[21] escreve Pierre Lombard. O mesmo ocorre com Guilherme de Auvergne: "Ao dizer que a pena do pecado original é o fogo eterno, Agostinho serviu-se da metáfora pela qual toda pena, toda atribulação, é designada sob o nome de fogo".[22] O papa Inocêncio III reforça: "A pena do pecado é a privação da visão de Deus".[23] Alexandre de Hales enfatiza que as crianças mortas sem batismo só sofrerão as penas das trevas exteriores, isto é, serão privadas da visão de Deus, mas não sofrerão, pois saberão que isso não é devido ao pecado pessoal.[24] Alberto, o Grande, introduz uma nuança: elas saberão o que lhes falta, mas não sofrerão por isso, pois também saberão que a pena não é em função do pecado pessoal.[25] São Boaventura se mostra mais pessimista: essas crianças não receberão o fogo, mas sofrerão por serem privadas da visão de Deus e, além disso, estarão num lugar penoso.[26] Quanto ao agostiniano Gregório de Rimini, no século XIV, permanece fiel à linha mais dura, o que lhe vale a alcunha de *Tortor infantium*. Protestantes, jansenistas e agostinianos integristas o acompanharão.

Essas doutas distinções levarão os teólogos a pormenorizar sua visão do além. Aos dois compartimentos de origem, inferno e paraíso, adicionou-se o limbo dos patriarcas, residência dos justos mortos antes da vinda de Cristo, onde estes se beneficiariam um pouco das luzes do céu. Não é para lá que vão as crianças mortas sem batismo, mas ao andar inferior, entre o inferno e o limbo dos patriarcas, no "limbo das crianças", ou *limbus puerorum*, expressão que designa esse lugar a partir de Alberto, o Grande. Não obstante, no século XIV, uma tradição perpetuada por Nicolas de Lyre afirma que, depois do julgamento final, as crianças mortas sem batismo viverão sobre a terra por toda a eternidade, sem os adultos, em condições melhores que hoje.

---

21 Lombard, *Sentent.*, 2, 33, 5.
22 Guilherme de Auvergne, *De vitiis et peccatis*, 7, 1.
23 Inocêncio III, carta 9, 205.
24 Hales, *In Sent.*, lib.IV, dist.33.
25 Alberto, o Grande, *In Sent.*, lib.IV, dist.4, art.8.
26 Boaventura, *In Sent.*, lib.II, dist.33, art.3.

Savonarola, no final do século XV, está convencido disso: "Creio que, depois da ressurreição, elas habitarão a terra purificada e glorificada, e louvarão a Deus eternamente".[27]

No período entre as duas guerras, o abade Turmel zombou dessas invenções dos teólogos que decidem sobre a estrutura do além – "puro jogo de palavras", "miragem metafísica", decorrente dos "ardis da apologética"[28] – e oriundas, paradoxalmente, da vontade de racionalizar as verdades de fé. Todas as sutilezas dos doutores da Idade Média podem, é claro, fazer sorrir, mas também mostram a força da crença no pecado original, num tempo em que a narrativa bíblica era lida num sentido literal. Poderíamos dizer a mesma coisa das tentativas de localização do jardim do Éden, sobre a qual Jean Delumeau recentemente retraçou a história.[29]

TOMÁS DE AQUINO E A SISTEMATIZAÇÃO DO PECADO ORIGINAL

Todas essas especulações encontram eco em Tomás de Aquino. A originalidade principal de sua obra, muito influenciada por Aristóteles, reside no naturalismo de que dá mostras a respeito da condição primeira de Adão.

Deus criou o homem em estado de "justiça original", que Tomás chama de "justiça natural", isto é, tal que nele as potências superiores – vontade e razão – dominam as potências inferiores – sensações e paixões. Adão tinha então um perfeito domínio da vontade e da razão. Seu modo de vida era próximo do nosso – ele devia comer para viver, conhecia a alegria, o amor, o desejo, a esperança –, mas as paixões, que implicavam um mal, como o medo e a dor, lhe eram desconhecidas. Adão e Eva teriam reproduzido pelo ato sexual sem sentir as desordens da concupiscência, pois tinham uma sensibilidade mais afinada e sentidos mais perfeitos. Seus filhos teriam crescido e progressivamente adquirido o saber; no decorrer das gerações, desigualdades sociais teriam sido introduzidas, teria havido ricos e pobres, com essa hierarquia funcionando sem choques, pois a razão teria falado mais alto em

---
27 Savonarola, *Triumphus Crucis*, 3, 9.
28 Turmel, op. cit., p.232 e 260.
29 Delumeau, *Une histoire du paradis: Le Jardin des délices*, t.I.

cada homem. Adão tinha um claro conhecimento de todas as obras inteligíveis de Deus. Sua razão não poderia se enganar, e sua vontade comandava "despoticamente" as paixões. Conhecendo as verdades sobrenaturais, ele contemplava Deus em suas obras; via também o progresso futuro da humanidade para a divinização. Sua ciência da natureza era imediata e completa, diferentemente daquela de seus filhos, que precisariam passar pela aprendizagem. Por fim, e sobretudo, ele era imortal. Essa situação de "justiça natural" se devia a um dom sobrenatural, a um privilégio que ia além das forças da natureza criada: a graça habitual.

Porém, como Adão, provido de graça, pôde pecar? São Tomás propõe uma explicação: assim como os maus anjos, Adão se desviou de Deus por orgulho, desejando atribuir apenas a si a beatitude que havia ganhado de seu criador; certamente o diabo se imiscuiu nisso, dado que o jardim do Éden era um lugar autêntico, e a árvore da vida, uma verdadeira árvore.

A ideia do pecado de orgulho é antiga. Hugues de Saint-Victor, no século XII, o havia retomado e atribuído a Eva, que "desejou se igualar a Deus no conhecimento do bem e do mal". Mas Adão era, segundo ele, clarividente demais para ter cedido a essa ilusão; ele simplesmente não teria desejado desagradar a Eva, pensando que Deus o perdoaria. Pierre Lombard, Alexandre de Hales, Boaventura e os franciscanos quase retomam essa interpretação. Os dominicanos, ao contrário, com exceção de Alberto, o Grande, pensam que Adão e Eva cometeram ambos um pecado de orgulho. São Tomás indica mesmo que Adão visava duas coisas: a ciência total, pelo conhecimento do bem o do mal, e o poder, pela obtenção de sua própria beatitude. Quanto ao pecado de Eva, parece-lhe mais grave, pois pecou primeiro e conduziu Adão a ele. Contudo, Tomás não diz como ela pôde iniciar uma conversa com uma serpente. Por outro lado, Pierre Lombard propõe uma explicação: Eva ainda era um pouco ingênua e acreditava que esses animais falavam.

Em todo caso, a consequência do pecado foi privar Adão e Eva do dom sobrenatural de justiça. Essa concepção do pecado original tem repercussões fundamentais sobre a visão do homem. Depois da irrupção da desordem no âmago do indivíduo e da natureza humana, o homem se tornou mortal. Doravante, é condenado a sofrer. Sua vontade e sua razão não mais dominam as forças inferiores, pois elas são entravadas pela imaginação. Seus sentidos só lhe permitem atingir um conhecimento imperfeito. A carne se revolta e reclama a satisfação de suas necessidades: é a concupiscência. O ato sexual é natural, pois necessário à geração. Mas se a concupiscência é natural no homem decaído, ela é contra a natureza, pois não corresponde à ordem sobrenatural à qual o homem estava destinado. Da mesma forma, morrer é natural em relação à matéria do homem, mas contra a natureza em relação à sua alma imortal. A noção de natureza se torna, portanto, ambígua: para São Tomás, é "a essência específica, na medida em que é o princípio de operação", isto é, ela é potência de ação ordenada para uma finalidade precisa. Essa ambiguidade sobre o que é "natural" e "contra natureza" tem pesadas consequências. Depois da queda, o "natural" é, ao mesmo tempo, "contra natureza"; ele é lícito, mas numa ordem inferior. O natural nos aproxima do animal, enquanto que o homem está, por natureza, acima do animal. Será preciso se conformar à natureza ou, ao contrário, buscar o domínio sobre sua natureza? Entrevemos aí inextricáveis problemas de ordem moral.

Ainda mais que o pecado original, por obscurecer a razão, torna o conhecimento do bem muito confuso. Claro, "a vontade não pode tender a nada mais do que aquilo que tem o aspecto do bem", e os germes da moral natural estão em todo homem, mas as fraquezas da razão fazem com que ninguém mais seja capaz de discernir o bem. Implicitamente, é reconhecer que ninguém faz o mal voluntariamente. "Como conceber que a vontade queira um bem particular, que sabe constituir um obstáculo ao fim que ela busca?"[30] Cada um, inclusive Adão, busca se realizar e não pode querer o mal. Se age mal, é porque se enganou. Para André Vergez, a visão do homem proposto por São Tomás chega a uma contradição no plano moral: formalmente, o homem, que age sempre segundo sua natureza (decaída), não é livre nem pecador, porque age no sentido daquilo que acredita ser o maior bem para ele: "O pecado material é possível, mesmo o mais grave, que é de odiar a Deus, desde que sob a condição de uma cegueira e de uma ignorância que enfraqueçam a realidade do pecado formal, até fazê-lo desaparecer".[31]

Outra grave questão: como o pecado de Adão é o pecado de toda a espécie humana, e como ele se transmite a cada um de nós? Tomás postula a unidade da espécie humana, cuja natureza está inteiramente contida em

---

30 Tomás de Aquino, *Somme théologique*, I, 2 a-e, q.9, art.3.
31 Vergez, op. cit., p.168.

Adão. Somos todos como os membros de um único corpo, do qual Adão é a cabeça. Tendo a vontade de Adão falhado, o corpo todo se tornou faltoso; cada membro participou do pecado de origem por sua natureza, mas não a título individual e voluntário. A *Suma teológica* é bem clara a esse respeito. Tomás rejeita categoricamente as teorias que faziam do pecado original uma tara hereditária:

> Alguns, considerando que o pecado tem sua sede na alma razoável, sustentaram que essa alma se transmite com a semente, de maneira que as almas infectadas parecem derivar de uma alma infectada. Outros, pelo contrário, rejeitando isso como um erro, se esforçaram para mostrar que uma falta, que afeta a alma dos pais, se transmite facilmente às crianças sem mesmo haver transmissão de alma, e é somente por isso que os defeitos do corpo são transmitidos pelos pais aos seus filhos: assim como um leproso engendra um leproso, e que um artrítico engendra um artrítico. [...]. Não é menos verdade que o próprio fato de haver um defeito de raça parece excluir toda ideia de falta, dado que é da essência de uma falta ser voluntária. Por conseguinte, supondo mesmo que tenha havido uma transmissão da alma razoável, a mácula, a partir do momento em que não estaria na vontade da criança, perderia o caráter específico de uma falta que compelisse a uma pena: ninguém, diz o Filósofo, censurará um recém-nascido cego; antes, sentirá compaixão por ele.[32]

Tomás propõe então uma outra solução:

> Todos os homens que nascem de Adão podem ser tidos como um único homem, harmonizados como são na comum natureza recebida do primeiro pai, da mesma forma que, na cidade, todos os membros de uma mesma comunidade são considerados um único corpo, e sua comunidade inteira, um único homem. O próprio Porfírio diz que, em razão de sua participação na espécie, vários homens fazem apenas um. Então, da mesma forma, os múltiplos humanos derivados de Adão são igualmente como membros de um único corpo. Ora, no corpo, se o ato de um membro – por exemplo, a mão – é voluntário, não é pela própria vontade da mão, mas por aquela da alma, da alma que é a primeira

---

32 Tomás de Aquino, *Somme théologique*, Ia, IIa-e, q.81, art.1.

a dar à mão um movimento. Por isso, o homicídio cometido por uma mão não lhe seria imputado como pecado, se só olhássemos para ela, tendo-a como separada do corpo, enquanto que lhe é imputado na medida em que ela é alguma coisa do homem, e que ela recebe o movimento daquilo que tem no homem o primeiro princípio motor. Então é assim que a desordem que se encontra em tal indivíduo, engendrada por Adão, é voluntária, não por sua vontade, dele, filho de Adão, mas por aquela de seu primeiro pai, o qual imprime o movimento, na ordem da geração, a todos aqueles de sua raça, como a vontade da alma faz a todos os membros na ordem da ação: também chamamos de original esse pecado que recai do primeiro pai sobre sua posteridade, assim como chamamos de atual o pecado que recai da alma sobre os membros do corpo. E assim como o pecado atual, que é cometido por um membro, não é o pecado de tal membro na medida em que esse membro é alguma coisa do próprio homem (e, por isso, o chamamos de pecado da pessoa humana), da mesma forma que o pecado original não é pecado de tal pessoa em particular, na medida em que ela recebe sua natureza do primeiro pai, e assim é chamado de pecado de natureza, no sentido em que o Apóstolo disse que éramos "por natureza filhos da cólera".[33]

Em virtude da solidariedade da espécie humana em Adão, somos todos culpados de um pecado de natureza; Adão, por seu pecado pessoal, corrompeu a natureza, e em cada um de nós a natureza corrompe a pessoa. É claro que podemos lutar contra essa desordem, mas somente a graça pode assegurar a retidão de nossas ações e nos poupar dos pecados pessoais: "A justiça original estava primeiramente na essência da alma; a graça era a raiz e o princípio de toda retidão, a primeira fonte da constante inclinação para Deus como seu fim último",[34] escreve o jesuíta W. A. Van Roo.

Cada um de nós é engendrado pela geração natural, um pouco da forma pela qual as células do mesmo corpo se renovam. A concupiscência é uma desordem que faz parte de nossa condição de pecadores. Ela é, diz São Tomás, "natural ao homem na medida em que é subordinada à razão; o que é contra natureza, é que ela exceda os limites postos pelo espírito".[35] A concupiscên-

---

33 Ibid.
34 Van Roo, *Grace and Original Justice according to Saint Thomas*, p.201.
35 Kors, op. cit., p.163.

cia, na qualidade de consequência direta do pecado original, é sua fração, de certa forma material, enquanto que a privação da justiça original é sua fração formal. Para os escolásticos, a transmissão do pecado original por geração natural não deixava dúvidas; essa ideia implicava que um homem que não teria sido engendrado pela semente de um pai escaparia ao pecado original. Tomás pensava aqui em Cristo; ele não podia imaginar que um dia o homem inventaria a clonagem. Ora, segundo a teologia escolástica, um ser clonado não se encontraria em estado de pecado original; ele deveria, então, ser imortal e não conhecer a dor. Da mesma forma, se apenas Eva houvesse pecado, não teríamos conhecido o pecado original, o que está em conformidade com as concepções médicas da Idade Média, segundo as quais a mulher não passa do receptáculo em que o feto se desenvolve; tudo está contido no esperma, a começar pela natureza humana decaída.

Retomando a distinção matéria/forma, Tomás propõe uma explicação para esclarecer o mistério da corrupção das almas, que havia embaraçado seus predecessores. A alma é a forma do corpo. Não é um ser independente, saído inocente das mãos de Deus, e que se macula com o contato de um corpo corrompido. Na natureza humana, a alma e o corpo são apenas um. A alma, que "informa" o corpo, é então criada em função desse corpo, sem a graça e a retidão primitivas. Baseando-se na mesma distinção, Tomás explica os efeitos do batismo: a graça batismal apaga a parte formal do pecado original, mas deixa subsistir a parte material; ela faz desaparecer a culpabilidade que acompanhava a perda da justiça original, mas não as desordens e imperfeições que aquela havia carregado consigo. Nenhuma diferença, então, na criança de antes e depois do batismo: tudo está no espírito. Por outro lado, Tomás concede às crianças mortas sem batismo uma situação que, no final, é bastante confortável: dado que o pecado original não havia sido nelas apagado, elas não se beneficiariam da união beatífica, mas seriam unidas a Deus pela participação nos bens naturais e, assim, estariam na bem-aventurança:

> Alguns dizem que as crianças não sentirão nenhuma dor, porque sua razão será obscurecida a ponto de não saber o que perderam: mas isso não é provável [...]. Para outros, elas têm a perfeita noção das coisas acessíveis ao conhecimento natural. Conhecem Deus, sabem que estão privadas de sua visão e sentem alguma pena que, entretanto, é mitigada [...]. Mas isso também não me

parece provável [...]. Por isso, outros dizem ainda que elas terão a noção perfeita das coisas acessíveis ao conhecimento natural; saberão que estão privadas da vida eterna, saberão o motivo e, todavia, não ficarão aflitas. Vejamos como isso pode ocorrer [...]. A vida eterna não era devida às crianças pelos princípios da natureza, dado que excede as faculdades da natureza [...]. Por isso, elas não sofrerão de forma alguma a privação da visão divina. Mais que isso, elas se alegrarão pelo fato de participar abundantemente da bondade divina nas perfeições naturais [...]. Apartadas de Deus quanto à união que oferece a glória, não estão, apesar de tudo, separadas dele. Pelo contrário, estão ligadas a ele pela participação nos bens naturais. E assim poderão se alegrar com ele pelo conhecimento e pelo amor naturais.[36]

Essa construção racional, que dá uma armadura intelectual a um dogma cujas bases escriturárias são das mais tênues, seduzirá gerações de teólogos. A teoria tomista do pecado original que, por suas sutilezas aristotélicas, continua sem dúvida hermética para os profanos, alimentará as reflexões dos teólogos profissionais e será por muito tempo considerada como expressão da verdade. Assim, portanto, durante séculos, essa concepção do pecado original triunfa, levando consigo uma antropologia fundada sobre a estreita solidariedade da espécie humana, concebida como um ser único, uma humanidade cujas diferentes pessoas seriam como os membros de um só corpo.

PECADO ORIGINAL E INCAPACIDADE DA RAZÃO ENTRE OS NOMINALISTAS

A ideia do pecado original como privação da justiça natural transmitida pela geração também teve consequências intelectuais e morais que um dos espíritos mais sutis da escolástica, o escocês Duns Scotus, desenvolve bem no final do século XIII.

Para esse professor de Oxford, o pecado original nada mais é que a privação da justiça primitiva, cuja propagação para cada um de nós foi bloqueada pela falta de Adão. E isso tem consequências funestas para nossas

---

36 Tomás de Aquino, *In Sent.*, 2, 33, 2, 2.

capacidades intelectuais. Como só podemos raciocinar por meio de "fantasmas", isto é, de imagens, a realidade inteligível nos escapa. "Foi estabelecido pelas leis da sabedoria divina que nosso intelecto só conceba, em seu estado presente, aquilo cujas espécies brilham no fantasma, e que isso se dê seja como punição do pecado original, seja por causa da solidariedade natural das faculdades da alma, quando elas operam, já que se vê a faculdade superior se ocupar da mesma coisa que a faculdade inferior, quando a operação de uma e de outra é perfeita".[37] O intelecto humano perdeu sua capacidade de ter intuições diretas e inteligíveis[38] e não mais nos permite atingir a Verdade.

Tomás de Aquino considera que a razão natural, com a ajuda da graça, é capaz de atingir ao menos as verdades essenciais. Paradoxalmente, seu racionalismo abriu uma brecha no poder da razão, na qual Duns Scotus mergulhou. A partir do momento em que se postula que o pecado original privou o homem do indispensável dom da justiça, o único que permitia à vontade e à razão se conduzirem, de fato parece legítimo dizer que somos desconectados de qualquer possibilidade de compreender a natureza das coisas. Duns Scotus conclui que a lei moral depende exclusivamente do livre-arbítrio divino, e não de uma correta razão, cujos princípios se tornaram inacessíveis para nós. Deus nos deu leis morais para atenuar a desordem de nossa natureza decaída, mas ele teria podido muito bem fazer leis diferentes.

Esse ponto de vista é levado ao extremo na primeira metade do século XIV por Guilherme de Ockham, que se encontra nos antípodas do racionalismo tomista. Segundo Tomás de Aquino, o pecado original deixou o homem num estado de desordem, mas uma desordem ordenada: sua natureza o leva a realizar um bem – bem particular, sob a forma de satisfação de uma necessidade, e bem geral, sob a forma de realização completa de sua natureza. Se o homem frequentemente age mal, é porque ele dá prioridade aos bens particulares sobre o bem geral. Todos os homens almejam ser em ato o que são em potência, pois há uma natureza humana, uma ontologia.[39] E se o homem

---

37 Scotus, *Opus Oxoniense*, I, d.3, q.3, a.4, n.24.
38 Etienne Gilson, *Jean Duns Scot: Introduction à ses positions fondamentales*, p.68. "Uma verdadeira insurreição da sensibilidade contra o intelecto ocorre e doravante priva o intelectual de conhecer sem fantasmas e o reduz apenas ao modo abstrativo de conhecimento, que é atualmente o seu nesta vida."
39 Vergez, op. cit., p.172.

é assim levado a se "realizar", é porque não é verdadeiramente livre; um mecanismo cego, a natureza, nos leva a isso: "Na concepção dos ontologistas, que nos apresentam a vontade como sendo movida por um apetite natural na direção do bem, não é mais possível dar um sentido ao mérito ou ao pecado", escreve André Vergez. "É preciso, para isso, que a vontade seja uma potência transcendente, que tenha a liberdade de dizer sim ou não, mesmo à beatitude suprema. Cabe a ela decidir amar ou não amar o soberano bem."[40]

Guilherme de Ockham passa, assim, a negar o mérito e a culpa, os quais supõem que o homem seja dotado de um livre-arbítrio absoluto. Não há moral natural, mas simplesmente o encontro de duas liberdades, a de Deus e a dos homens. Ser moral é obedecer à vontade de Deus. Nessas condições, no entanto, a diferença entre a situação de antes e de depois do pecado original não é mais muito clara. Adão desobedeceu e foi punido, mas nós permanecemos livres. Assim como para Pelágio, o pecado original não alterou em nada o livre-arbítrio. Para André Vergez, "ao desejarmos separar radicalmente a ética e a ontologia, revelamos a obrigação moral arbitrária e absurda. Do próprio Deus, fez-se um diabo louco".[41]

PECADO ORIGINAL E EVOLUÇÃO DO DIREITO FEUDAL

Essa concepção voluntarista da falta de Adão e da vida moral certamente não é estrangeira à evolução política que a Europa medieval conhece na virada dos séculos XIII-XIV. A teoria clássica do pecado original carrega a marca do mundo feudal no qual ela se implementou: vimos isso com São Anselmo. Ora, a ascensão do poder real não deixa de influenciar as perspectivas. A imagem que se faz de Deus inspira-se fortemente naquela de Felipe, o Belo, cuja arbitrariedade crescente dá à justiça ares cada vez mais formais: "Os servidores do rei da França esforçavam-se para estabelecer que não havia direitos particulares contra o direito real; as autonomias feudais deviam desaparecer diante do poder central [...]. Duns Scotus é o legista de Deus. Assim como, no reino, só haverá um chefe a comandar, também só existirá

---

40 Ibid., p.174.
41 Ibid., p.189.

um Ser capaz de comunicar, por um ato absolutamente livre, indiscutível e imprevisível, o caráter sagrado que constitui essencialmente a moralidade. O que o príncipe deseja será a lei civil. O que Deus deseja será a lei moral".[42]

Guilherme de Ockham é precisamente o campeão do poder real diante do papado. Tomou partido de Felipe, o Belo, contra Bonifácio VIII. Depois, quando João XXII se opõe a Luís da Baviera, o franciscano defende o princípio da separação dos poderes temporal e espiritual, e da independência dos soberanos em relação ao papa, segundo a doutrina recentemente enunciada por Marsílio de Pádua em *O defensor da paz*. Na sequência, de 1328 até sua morte (entre 1347 e 1350), Guilherme não cessa de combater o poder pontifical, como em *De dogmatibus Johannis XXII papae*, por exemplo, em que acusa até mesmo o papa de heresia. Antes de morrer, ele assiste ao início da Guerra de Cem Anos e à devastação causada pela peste negra. Profundamente engajado nas lutas de sua época, transpõe em suas obras teológicas, filosóficas e científicas aquilo que foi o combate de sua vida: a separação entre o espiritual e o temporal. Assim como a autoridade religiosa e a autoridade civil devem se limitar ao seu próprio campo, a fé e a razão nada têm em comum e devem respeitar sua recíproca autonomia. Tais ideias arruínam o grande projeto tomista de unificação. Ora, foi o primeiro inimigo de Guilherme de Ockham, João XXII, que canonizou Tomás de Aquino em 1323, no mesmo momento em que o franciscano implicitamente tratava o papa de herético. O pensamento de Guilherme de Ockham se forma na polêmica e carrega essa marca.

A corrente anselmiana e tomista se situa em pleno acordo com o direito feudal clássico, como lembra André-Marie Dubarle: "Os teólogos da Idade Média definiram o pecado original pela perda de um dom gratuito, oferecido por Deus à humanidade na pessoa de seu primeiro pai, Adão. O dom tinha sido perdido na origem e, naturalmente, a privação se perpetuou na humanidade por ocasião da geração. A analogia era emprestada aos privilégios nobiliários hereditários, concedidos pelo soberano, e que podiam ser perdidos por causa de uma falta: a instituição parecia toda natural na sociedade feudal".[43]

Outro dominicano, um pouco à margem de sua ordem, Durand de Saint--Pourçain, explica a solidariedade humana no pecado original por outro traço

---
42 Landry, *Duns Scot*, apud Vergez, op. cit., p.187, n.1.
43 Dubarle, op. cit., p.209-10.

feudal: a solidariedade da linhagem. Adão é como um chefe de guerra que abandonou seu posto; a desonra atinge toda a sua família. Essa teoria é chamada de "voluntário interpretativo". Durand de Saint-Pourçain, aliás, está no centro de uma vivíssima polêmica sobre o pecado original no início do século XIV. Nascido em torno de 1270, mestre em teologia em Paris em 1312, *lector sacri palatii* na corte papal de Avignon de 1313 a 1317, bispo de Puy em 1318 e de Meaux em 1326, ele defende em 1310, em *Quaestio de peccato originali in secunda redactione lecture super sententias*, que Adão é o único culpado desse pecado, do qual suportamos as consequências somente como uma punição. Os recém-nascidos não se encontram em estado de pecado, e o batismo não é remissão de culpa, mas uma simples não imputação do castigo. Diversas proposições de Durand são condenadas em 1313 por uma comissão de dominicanos, que o acusa principalmente de pelagianismo. Então ele se defende nas *Excusationes*, o que leva o mestre geral dos dominicanos, o bretão Hervé de Nédellec, a intervir pessoalmente.

Bom conhecedor do pecado original, Hervé de Nédellec escreveu em 1307 um tratado sobre o assunto, a *Questio de peccato originali*, em reação à posição do cônego de Tournai, Henri de Gand, que havia exposto seu desacordo com São Tomás entre 1276 e 1292, em seus exercícios universitários, os *Quodlibeta*. Para ele, o pecado original, afecção mórbida contraída na união da alma e do corpo, é transmitido seja por geração normal, seja por geração miraculosa, a partir de qualquer parte do corpo. Em total desacordo, Hervé de Nédellec lembra que São Tomás distinguia entre o aspecto formal do pecado original (privação da justiça) e seu aspecto material (concupiscência), sendo que o batismo apagava a culpabilidade. Nessa controvérsia, ele recebe o apoio de Robert de Colletorto (ou de Hereford), dos dominicanos Pierre de La Palu, Jacques de Metz, Jacques de Lausanne, mas também de inúmeros professores de direito. O pecado original se torna, assim, cada vez mais uma questão jurídica, além de se fazer sentir a influência crescente dos juristas na vida política. Em 1316-1317, o dominicano João de Nápoles faz uma lista de 235 proposições extraídas de Durant de Saint-Pourçain a respeito do pecado original; e, em 1320, em suas *Correctiones super dicta Durandi in precedenti quodlibet*, Hervé de Nédellec defende novamente a linha tomista.[44]

---

44 Sobre esses episódios, ver Martin, *La Controverse sur le péché originel au début du XIVe siècle*.

O pecado original também está no centro das discussões dos franciscanos, mas estes permanecem fiéis à linha agostiniana: Matteo d'Acquasparta, ministro geral da ordem franciscana de 1287 a 1302, desenvolve a ideia de que nossas misérias são prova experimental da queda, e assimila o pecado original à concupiscência. Os franciscanos de Oxford vão no mesmo sentido, mas aceitam isentar a Virgem Maria dessa mácula – o franciscano Pierre Auriol até redige, em 1314, um tratado, *De conceptione immaculata Virginis*, em Toulouse.

PECADO ORIGINAL E "NATUREZA HUMANA"

Se o pecado original está no primeiro plano dos debates teológicos da Idade Média, é porque as teorias desenvolvidas a seu respeito têm repercussões profundas na vida material e na cultura dos homens e mulheres da época.

Muitos teólogos, principalmente entre os franciscanos, baseiam suas crenças sobre as "provas experimentais" do pecado original. Tudo o que não dá certo aqui encontra nele uma explicação fácil. E todas as atitudes que se desejaria eliminar são apresentadas como consequências da famosa queda, a começar pelo riso, que os Pais condenam vigorosamente.[45] Todos concordam em dizer que Adão e Eva não riam antes da queda. Perfeitos, eternamente belos, moviam-se num jardim de delícias onde tudo era pura harmonia. O riso apareceu depois do pecado, ligado à imperfeição, à corrupção e à decadência das criaturas, que não coincidem mais com sua essência ideal; é a revanche do diabo, que revela ao homem que ele não passa de um ser grotesco, num universo grotesco. No século XII, Hildegarda de Bingen se atém a essa "louca alegria", que atribui à falta original: o riso, como o sexo, é fruto do pecado, afirma em *Curae et causae*, pois no paraíso não havia nem riso, nem risinhos, mas somente a "voz das alegrias supremas".

No mesmo tratado, Hildegarda explica que o pecado original é também a causa da tristeza, da melancolia e do desespero: "No momento em que Adão desobedeceu à ordem divina, no mesmo instante, a melancolia se coagulou no sangue, assim como a claridade fica abolida quando a luz se apaga,

---

45 Ver Minois, *Histoire du rire et de la dérision*.

enquanto que a estopa ainda quente produz uma fumaça malcheirosa. Assim aconteceu com Adão, pois enquanto a luz nele se apagava, a melancolia coagulou-se em seu sangue, do qual se produziram sua tristeza e desespero. De fato, na queda de Adão, o diabo insuflou nele a melancolia, que torna o homem frouxo e incrédulo".[46]

O pecado original também apresenta a embaraçosa questão dos limites entre natureza e contra natureza. As Escrituras não servem aqui de amparo, dado que em parte alguma evocam a "natureza" em geral; no máximo, São Paulo menciona a natureza de tal ou tal coisa, isto é, a finalidade que se pretende que ela busque. "Para que um ato seja sem pecado, ele não deve violar a natureza, o costume ou a lei."[47] Mas o que significa "violar a natureza", uma vez que Deus criou tudo o que existe, e que toda a criação foi adulterada pelo pecado original? Agostinho é o primeiro a dizer, no capítulo de *A cidade de Deus* consagrado aos monstros, que tudo o que existe faz parte da natureza; nesse caso, a própria ideia de um ato contra natureza é absurda. O conceito de natureza muda ao sabor das sociedades e das culturas. Na Idade Média, o debate é centrado sobre a sexualidade, a concupiscência carnal. A "natureza" da atividade sexual é a procriação: masturbação e homossexualidade são "contra natureza", mas a continência voluntária e o celibato eclesiástico, não. Por quê? Porque, a partir do pecado original, a atividade sexual não se completa mais na ordem desejada por Deus: são os sentidos em revolta que comandam, e não mais a vontade e a razão. O sexo era destinado a ser um instrumento racional de propagação da espécie, mas tornou-se uma necessidade física. Os clérigos devem se abster porque, depois da queda, a união sexual não se efetua mais dentro das regras. O pecado original serve aqui de argumento contra um instinto considerado como o único capaz de desviar o ser humano para a criatura. Os teólogos, que são homens, sentem em sua carne o desesperante chamado de sua fraqueza e fazem disso a própria prova de nossa condição decaída. Orígenes chega a castrar-se, enquanto que Abelardo cede à tentação.

Natureza, contra natureza: essas palavras teriam ainda um sentido depois do pecado original? John Boswell, em seu estudo sobre a homossexualidade

---

46 Bingen, *Causae et curae*, p.143.
47 Agostinho, *De bone conjugali*, 25.

na Idade Média, mostrou o embaraço dos teólogos a esse respeito,[48] começando pelo mais prestigioso deles, São Tomás. O modelo da conduta natural é o animal, e a natureza do homem é a de ser uma criatura razoável, isto é, capaz de dominar a natureza. Visto que há condutas homossexuais entre os animais, estas são então naturais; mas são contra natureza no homem, porque não correspondem à natureza da sexualidade, que é a procriação. Todas as formas da sexualidade estão na "natureza", mas a "natureza da" sexualidade exclui, contudo, todos os atos que não visam a procriação. Há, então, atos "naturais", que não correspondem à "natureza de" certos atos. Somente o recurso ao pecado original pode dar a ilusão de resolver essa contradição.

A REVOLTA DE ADÃO: O ADAMISMO REVOLUCIONÁRIO (SÉCULOS XIII-XVI)

Inversamente, esse pecado serve para justificar os movimentos de contestação radical das desigualdades no final da Idade Média. Na atmosfera perturbada dos séculos XIV e XV, no meio de catástrofes que desestabilizam os espíritos, florescem os movimentos milenaristas e iluminados, que se baseiam no mito de Adão para reclamar a restauração da igualdade ideal, que existia antes do pecado original: dado que este falseou tudo, dizem, em suma, o sistema político-social é essencialmente ruim.

Os "adamitas" tomam os teólogos ao pé da letra. Já que estes explicam que desde a queda tudo vai mal, mas que antes era tudo perfeito, querem imitar o modo como se vivia antes. E, em primeiro lugar, se despir: Adão e Eva estavam nus e não tinham vergonha. Durante toda a Idade Média, pequenos grupos de nudistas são assinalados aqui e ali. Essa forma benigna de adamismo jamais terá muitos adeptos, pois também é preciso contar com o esfriamento do clima desde o pecado original...

Muito mais perigoso para a ordem pública é o slogan de John Ball: "Quando Adão cavava a terra e Eva fiava, onde estavam os fidalgos?". Ball

---

48 Boswell, *Christianity, Social Tolerance and Homosexuality: Gay People in Western Europe from the Beginning of the Christian Era to the Fourteenth Century*. Ver em particular o capítulo 11, "Men, Beasts, and 'Nature'", p.303-32.

reivindica uma sociedade perfeitamente igualitária em nome de Adão, a quem confere o estatuto de líder revolucionário, de libertador dos povos, de símbolo da justiça social. Para esse padre, assim como para os *lollards*, é preciso matar os nobres e as pessoas da lei, a fim de restaurar a situação anterior ao pecado original. Essa utopia anima a revolta de 1381 na Inglaterra.

Encontramos a mesma inspiração no continente, em diferentes ramos dos frades leigos do Livre Espírito. No mesmo ano de 1381, um adepto em Eichstätt, na Alemanha, proclama-se o segundo Adão, que teria vindo para estabelecer a Terceira Idade da humanidade, um paraíso terrestre que, um dia, será elevado até o céu. Na Europa central, outras sublevações ocorrerão em nome de Adão e, no século XVI ainda, Calvino fala de grupos que pretendem ter reencontrado o estado de inocência de antes do pecado. Alguns, os *Homines intelligentiae*, afirmam praticar a união sexual à maneira de Adão e Eva no paraíso. Gerson, no século XV, menciona assim os Turlupins, que andam nus, como Adão e Eva. Nunca Adão parece ter sido tão popular, a ponto de o historiador Norman Cohn, em seu grande estudo sobre os milenaristas, falar em "culto de Adão": "No culto de Adão, o paraíso era recriado e, ao mesmo tempo, se afirmava o advento do milênio. A inocência e a santidade primitivas eram restituídas ao mundo por deuses vivos, nos quais a criação deveria atingir sua perfeição e ser transcendida".[49] Os fiéis do Livre Espírito fazem juramento de obediência aos seus "deuses vivos", o que os livra de quaisquer outros juramentos, inclusive dos laços de casamento; doravante, o que quer que façam, eles não pecam mais.

Nos anos 1419-1421, um pequeno grupo extremista de adamitas se destaca na Boêmia, no seio do movimento taborita. Segundo a *Chronique hussite* do praguense Laurent de Brezova, eles teriam vindo do norte da França, de onde haviam sido expulsos devido às suas crenças extravagantes, e receberam a alcunha de "Picards". Adeptos de uma forma de comunismo libertário e do amor livre, eles reivindicam ser diretamente advindos de Adão – aliás, seu chefe messiânico se atribui o nome de Adão-Moisés – e veem em Cristo apenas um simples homem que morreu na cruz. O futuro papa Pio II, o humanista Aenea Silvio Piccolomini, num capítulo intitulado *De adamitis hereticis*, fala deles como abomináveis fanáticos, guiados por um Picard que

---

49 Cohn, *The Pursuit of the Millenium*, p.181.

havia reunido "em pouco tempo um número não negligenciável de mulheres e homens, aos quais ordena que vivam nus e que ele chama de adamitas".⁵⁰ Expulsos do movimento taborita, são exterminados: o chefe taborita Jan Zizka captura e queima 75 deles em abril de 1421; os outros se refugiam numa ilha do rio Nezarka, de onde fazem expedições contra os habitantes da região. Zizka ataca novamente esses iluminados que, convencidos de que seus inimigos seriam cegados por Deus, se lançam furiosamente à batalha. É um massacre. Sozinho, Adão-Moisés é levado a Praga para ser interrogado, antes de ser queimado.

Meio século mais tarde, perto de Wurtzbourg, um jovem pastor, Hans Böhm, manipulado por um eremita, relança os temas adamitas que atraem multidões consideráveis no burgo de Niklashausen, a "nova Jerusalém". Ele também promete o retorno à igualdade do mundo edênico, quando todos os bens dos nobres e do clero forem tomados. Ele foi preso na noite de 12 de julho de 1476, quando pregava, nu, numa taberna.

Esse tema do estado de natureza de antes do pecado original reaparece no início do século XVI, no curioso *Livre des cent chapitres*, contendo profecias milenaristas. Em 1547, João Calvino, em seu tratado *Contra a seita fantástica e furiosa dos libertinos*, estigmatiza assim os descendentes dos *bégards*, esses frades do Livre Espírito que, desde o século XIII, se proclamam libertos de todo pecado: "Eis o princípio que eles tomam: de que a regeneração é voltar ao estado de inocência em que estava Adão antes de ter pecado. Mortificar o velho Adão é não mais discernir como se houvesse conhecimento do mal, mas se deixar levar por seu senso natural como uma criancinha [...]. Quanto à inocência perfeita que eles imaginam, fazendo crer que o homem regenerado é isento e puro de qualquer pecado, para quem a regeneração é como um estado angelical: se assim for, o que se tornará a oração que Nosso Senhor nos demandou que fizéssemos?".⁵¹

Esses movimentos milenaristas afirmam então que é possível se libertar nesta terra das consequências do pecado original e reencontrar a inocência do jardim do Éden. E essa libertação toma a forma de contestação social, como se bastasse estabelecer a igualdade para apagar os traços da queda.

---

50 Piccolomini, *Opera geographica et historica*, p.62.
51 Calvino, *Contre la secte phantastique et furieuse des libertins*, p.44.

Assim, o pecado original reveste-se de um sentido inesperado: a queda de Adão teria ocasionado a desigualdade e a exploração dos pobres pelo clero e pelos nobres. Esse ponto de vista só pode constranger os grandes da época, que repetem que a hierarquia social é desejada por Deus. Se se afirma que a falta original perturbou tudo, não se pode dizer, ao contrário, que as desigualdades são também um mal, de origem diabólica? O pecado original é uma faca de dois gumes. A ordem moral e social seria resultado do pecado original ou um meio de limitar seus efeitos?

O problema da queda começa também a transbordar sobre outro terreno, aquele da antropologia. Enquanto a maior parte dos teólogos está convencida da estrita unidade da espécie humana, única maneira de dar conta da universalidade da decadência, surge a ideia de que o pecado original só teria atingido certos grupos humanos, em particular os judeus.

Durante muito tempo, acreditou-se que o antissemitismo medieval se baseava na acusação de deicídio e que era, então, puramente religioso. Ora, estudos recentes mostram que bem precocemente o aspecto racial se adicionou a ele,[52] dado que a conversão dos judeus ao cristianismo passou longe de pôr fim à segregação. Na Espanha, os descendentes dos judeus convertidos à força em 613 são mantidos afastados em 711. Em 1130, a oposição ao antipapa Inocêncio II é parcialmente fundada no fato de que ele teve ancestrais judeus, o que, na ótica de São Bernardo, é um insulto a Deus. No século XV, na Espanha e em Portugal, os *conversos*, judeus convertidos, devem viver separados e são vítimas de pogroms (em Toledo, em 1449 e 1467; em Córdoba, em 1474; e, em Lisboa, em 1506), enquanto as autoridades definem um novo estatuto, claramente racista, o "estatuto de pureza do sangue", que permite excluir esses convertidos de inúmeros empregos. Em 1547, o arcebispo de Toledo, Juan Martinez Siliceo, proíbe-lhes o acesso aos benefícios da catedral, medida aprovada pelo papa Paulo IV, em 1555, e pelo rei Felipe II, em 1556.

Os indícios se acumulam. Em 1604, Prudentio de Sandoval escreve: "Quem pode negar que entre os descendentes dos judeus persiste e se perpetua a má propensão de sua ingratidão e de sua cegueira [...]?".[53] Trata-se de

---

52 Yerushalmi resumiu essas observações no artigo L'antisémitisme social est-il apparu au XXe siècle?, *Esprit*, n.190.
53 Ibid., p.21.

uma tara genética, transmitida à maneira do pecado original, repetem ainda em 1611 Sebastián de Covarrubias, e em 1637 Juan Escobar del Corro. Em 1673, Francisco de Torrejoncillo declara abertamente: "Para que seja assim, geração após geração, é como se fosse um pecado original ser inimigo dos cristãos e de Cristo".[54]

Portanto, a ideia é sugerida a respeito de uma ruptura da humanidade em duas, sendo que o pecado original atingiria somente a raça maldita dos descendentes de Adão, enquanto que o resto dos homens teria saído de uma fonte diferente. É a ideia dos pré-adamitas, hipótese que Isaac de La Peyrère defende no século XVII, e que se baseia, em particular, na passagem do Gênesis na qual Caim, errando depois de seu crime, tem medo de ser morto se for encontrado (4, 14). Encontrado por quem? Oficialmente, só havia ainda sobre a terra Adão, Eva, Caim e Abel, recentemente assassinado. Ora, é dito que Caim não somente se casou, mas que ainda construiu uma cidade! Então deveriam existir homens para nela se abrigar. De onde vinham? Não haveria uma humanidade já presente sobre a terra antes de Adão, o qual não passaria então do primeiro dos judeus, sendo que estes seriam os únicos a portar o peso do pecado original? Se crermos em Fócio, a ideia já havia sido sugerida por Clemente de Alexandria. Apesar de maciçamente rejeitada, nem por isso deixa de mostrar que a queda pode facilmente se tornar um instrumento ideológico.

A EXPLORAÇÃO ANTIFEMINISTA DO PECADO ORIGINAL

Em que pese o fato de os moralistas da Idade Média falarem constantemente do pecado de Adão, na verdade eles fazem recair toda a responsabilidade sobre Eva. Criada secundariamente, como uma simples auxiliar, ela se deixa enganar (e talvez algo mais) por uma serpente bem-falante e depois leva seu marido a cometer uma falta; por essa razão, foi condenada por Deus a se submeter à lei do macho concupiscente. Que sorte para os predicadores criados na desconfiança do sexo e guardiães de uma Igreja misógina, na qual os homens monopolizam todos os poderes!

---
54 Torrejoncillo, *Sentinelle contre les Juifs*, p.62.

Dentre os predicadores parisienses do século XIII, citemos Nicolas de Gorran, que ataca Eva, "a reles", "a fraca". Sucumbindo ao orgulho, ele explica, Eva fez cair seu primeiro senhor, Cristo, crucificado por causa dela, e seu segundo senhor, Adão, que por causa dela perdeu toda a herança.[55] O que a fez se perder, além de seu orgulho, sua ambição, sua estupidez, sua vaidade, adiciona o dominicano, foi seu gosto imoderado pela tagarelice. Desde então, todas as mulheres são portadoras desse vício. É o que também diz, em seu sermão, Guillaume de Bois-Landon:

> Fomos condenados por causa do pecado da língua, porque a mulher tolamente falou com a serpente, que era o diabo, respondendo sobre aquilo que não lhe dizia respeito. Como diz Chrysostome, a mulher ensinou uma única vez no paraíso, e tudo se viu transtornado. Ela se envolveu na fala, sem ter licença para ensinar e sem ser autorizada a isso por seu marido, e levou à vergonha e à morte o mundo, a si mesma, a seu marido e a todos aqueles que deveriam vir depois deles. Esse pecado não deveria permanecer impune: foi por isso que nossa língua se tornou indomável. Qualquer animal, leão, tigre ou pássaro, se deixa mais facilmente domar que a língua do homem e da mulher. E como o crime da mulher nesse ponto levou a melhor sobre aquele do homem, sua língua se tornou então ainda mais indomável. Elas devem se dedicar com maior intensidade para eliminar esse opróbio.[56]

São Bernardo submete Eva com injúrias por não ter sabido se calar quando era preciso.[57] Jacques de Vitry deplora abertamente a presença de Eva no paraíso terrestre e não fica muito longe de reprovar Deus por ter inventado essa criatura que perturbou a vida de Adão.[58] Em contrapartida, Adão é muito bem considerado nos sermões medievais, sendo uma tendência, acima de tudo, fazer dele uma vítima – a ponto de, num de seus *exempla*, Jacques de Vitry contar como um ermitão foi punido por haver se indignado com a fraqueza do primeiro homem.[59]

---

55 Bériou, *L'Avènement des maîtres de la parole: La prédication à Paris au XIIIe siècle*, t.I, p.304.
56 Ibid., p.434. Sobre o pecado de tagarelice e suas relações com o pecado original, ver Casagrande e Vecchio, *Les Péchés de la langue: Discipline et éthique de la parole dans la culture médiévale*.
57 Bernardo, De laudibus Virginis matris homeliae, in: *Sancti Bernardi Opera, Sermones*, I, v.IV, p.22-4.
58 Vitry, BN, Ms. lat.17509, fol.139.
59 Horowitz e Menache, *L'Humour en chaire: Le rire dans l'Eglise médiévale*, p.107.

Certamente os predicadores tiram outras lições da narrativa do pecado original. Em particular, veem nele a origem da obrigação de trabalhar, da vergonha que se sente ao estar nu, e de todas as catástrofes. Eva é responsável por tudo isso. De resto, seu crime não é tanto de ter cedido ao diabo, mas de ter ocasionado a queda de Adão, seu senhor e mestre. Para os teólogos, não há dúvidas: como o germe da humanidade estava em Adão, se somente Eva tivesse comido a maçã, o pecado jamais seria transmitido. Apenas Eva teria sido expulsa do paraíso, e o incidente seria esquecido. São Anselmo se questiona por que o pecado foi imputado a Adão, já que era devido a Eva:

> Penso que é assim, ou porque o casal inteiro está subentendido no nome de sua parte principal, como frequentemente o todo costumeiramente é significado pela parte, ou porque a costela de Adão, apesar de ter sido edificada como uma mulher, podia ser chamada de "Adão" [...], ou bem por este motivo, que não era necessário – se Adão não tivesse pecado, mas apenas Eva – que todo o gênero humano perecesse, mas, sim, somente Eva. Pois Deus poderia, a partir de Adão, fazer outra mulher, para o que seu intento sobre Adão fosse perfeito.[60]

Lembremos que, para toda uma corrente saída da gnose, a paternidade de Adão em relação a Caim e Abel é duvidosa, pois Eva tinha se deitado com todos os anjos decaídos, o que poderia fazer de uma parte da humanidade filhos de Satã. Eva é a encarnação de todos os perigos. Ainda no século XV, lê-se no célebre manual de repressão da bruxaria, o *Martelo das bruxas*:

> Penso que a mulher é mais amarga que a morte [...], pois mesmo que o diabo tenha levado Eva ao pecado, foi Eva quem seduziu Adão. E dado que o pecado de Eva não nos teria levado à morte da alma e do corpo se não tivesse sido seguido pela falta de Adão, que fora estimulada por Eva, e não pelo diabo, podemos então chamá-la de mais amarga que a morte. Mais amarga que a morte ainda, pois esta é natural, e mata somente o corpo; mas o pecado que começou pela mulher mata a alma, privando-a da graça, e arrasta, assim, o corpo na pena do pecado.

---

60 Anselmo, op. cit., IX.

A exploração misógina do pecado original também se encontra no teatro religioso. Adão e Eva são personagens frequentes dessas peças populares e, na cena do jardim, Eva sempre desempenha o papel ruim. Por exemplo, *Le Jeu d'Adam*, que data do século XII, com ares de drama humano, no qual uma psicologia rudimentar faz dos personagens as encarnações dos dois sexos. Adão, o homem, é forte, obstinado, e Satã, que primeiramente tenta persuadi-lo a comer a maçã, é vigorosamente repelido, com palavras que lembram as de Cristo: "Fora daqui! Tu és Satã, e teus conselhos são ruins!". O diabo então se dirige a Eva, adulando-a: ela é bela, ponderada, inteligente, e esse campônio de Adão não é digno dela: "O Criador não foi feliz ao fazer esse casal; tu és sensível, ele é duro; no entanto, tu és a mais ajuizada, tu tens coragem e bom senso [...]; conviria à tua beleza, e com tua silhueta, que fosses a senhora do mundo, tanto do superior quanto do inferior, que soubesses tudo e que reinasses sobre todos". Eva é fraca, vaidosa, ingênua. Conhecemos o que vem depois. Expulsos do paraíso, Adão maldiz a mulher: "Maldita mulher, cheia de traição, tu causaste minha perda e me fizeste perder a razão; eu me arrependo, mas não posso obter meu perdão".

Assim, o pecado original no mundo cristão é um dos principais argumentos do antifeminismo. O episódio de Adão e Eva é um dos mais solidamente ancorados nas mentalidades medievais. Indefinidamente retomado nos sermões, representado nos mistérios, ele é esculpido nos capitéis das igrejas. A cultura popular assimila a narrativa da queda e faz dela um dos fundamentos intangíveis da fé, da mesma maneira que os episódios evangélicos, mas retém, sobretudo, os aspectos anedóticos, e sem dúvida não mede o alcance escatológico. As tentativas milenaristas para reinstalar o estado pré-pecaminoso sobre a terra é a prova disso: esses iluminados não compreenderam o caráter irremediável da decadência e, portanto, a impossibilidade absoluta de apagar os males e a corrupção da natureza humana nesta vida.

O rompimento com a cultura erudita é evidente. No decorrer dos séculos, os escolásticos da Idade Média exploraram todos os aspectos do pecado original, consideraram todas as hipóteses, tiraram todas as consequências. Para além de quaisquer divergências, estão convencidos de que a natureza humana está irremediavelmente ferida, até o fim do mundo. Individualmente, o homem, privado da justiça original, é incapaz de fazer o bem; mas, com a ajuda da graça, ainda pode esperar por sua salvação pessoal depois da morte. No que concerne a esta vida e ao futuro da humanidade neste mundo, a coisa está clara: nenhum progresso será possível, pois nossa inteligência está viciada. Os males de que sofremos são inelutáveis e jamais desaparecerão, pois a natureza perdeu definitivamente a perfeição que tinha na origem. A espécie humana é una – a teoria dos pré-adamitas jamais conseguirá se desenvolver –, mas nenhuma melhoria deve ser esperada, nem biológica, nem moral, nem socialmente.

A doutrina do pecado original, tal como foi elaborada depois de Agostinho, tem então consequências sociais e antropológicas determinantes. Por um lado, ela estabelece a igualdade em dignidade – ou em indignidade – de todos os homens, todos filhos de Adão, e todos pecadores. Por outro, confirma o caráter inevitável das injustiças entre os homens, irremediavelmente maus. Para manter uma aparência de ordem no mundo, as autoridades políticas e morais devem fazer uso da violência. A concepção de uma queda com consequências universais e irremediáveis, sem dúvida, foi o mais potente agente de imobilismo sociopolítico na Europa até o Século das Luzes. Para contestar as desigualdades e as injustiças, para afirmar a possibilidade de um progresso, será primeiramente necessário questionar o pecado original, essa maldição que pesa sobre a humanidade. A melhor justificativa da monarquia absoluta é o pecado de Adão. Teólogos e filósofos se porão em acordo para demonstrar isso.

– 4 –

A QUEDA, POMO DE DISCÓRDIA TEOLÓGICA: SÉCULOS XVI-XVII

O mito da queda original conhece seu apogeu nos séculos XVI e XVII. Extrapolando amplamente o campo religioso, invade então a arte, a literatura, a filosofia, a moral, a ciência e, até mesmo, a política. "Não é exagerado afirmar", escreve Jean Delumeau, "que o debate sobre o pecado original, com seus diversos subprodutos – problemas da graça, do servo ou do livre-arbítrio, da predestinação –, se torna, então, uma das preocupações principais da civilização ocidental, e que ele finalmente concernirá todo mundo, dos teólogos aos mais modestos camponeses. Estes se veem presos no turbilhão das guerras de religião. Atingia até os índios da América, que o clero se apressava a batizar, para que, quando morressem, não fossem encontrar seus ancestrais no inferno."[1]

Na Idade Média, o pecado original era essencialmente um problema de teologia, discutido em latim entre especialistas. No século XVII, continua-se

---

1 Delumeau, *Le Péché et la peur: La culpabilisation en Occident, XIIIe-XVIIIe siècle*, p.277.

a falar dele nos sermões e nos tratados teológicos, mas também na filosofia, tanto nas obras dos moralistas quanto naquelas dos teóricos da economia e da política.

É com o humanismo e a Reforma que o pecado original se transforma, se não na explicação universal, pelo menos na hipótese obrigatória em todo debate intelectual. Durante dois séculos, a maçã de Adão é o pomo da discórdia entre luteranos, erasmianos, jansenistas, jesuítas, latitudinários, berulianos, zwinglianos e muitos outros. Curiosamente, as respostas não coincidem com as confissões religiosas, sendo a diferença decorrente, em especial, do grau de confiança que uns e outros têm no homem: para os teocentristas absolutos, este é corrompido e irrecuperável; para os humanistas, é possível que dele se espere uma melhoria por meio da razão e da educação, esclarecidos pela graça.

A REVOLTA HUMANISTA

Os humanistas, que afirmam a dignidade do homem e reabilitam suas paixões, glorificando o poder de sua razão e de sua vontade, são os primeiros a se revoltar contra a ideia de que o homem está sob o único jugo da graça de Deus. Eles não negam o poderio divino, nem a queda, mas relativizam os efeitos do pecado original, chegando mesmo a inverter as perspectivas, falando de uma "falta bem-aventurada", que não nos corrompeu inteiramente e que, sobretudo, foi a causa da Redenção. O humanismo cristão, escreve o abade Brémond, "não acredita que o dogma central seja o pecado original, mas a Redenção. Quem diz Redenção, diz falta, mas falta bem-aventurada, dado que ela nos valeu um tal, e tão grande, e tão amável Redentor: *O felix culpa!* [...]. O homem que ele exalta não é única nem principalmente, embora também o seja, o homem natural, com os dons simplesmente humanos que este teria tido no estado de pura natureza e que ainda conserva até hoje, mais ou menos ferido depois dessa queda, mas que não é viciado, corrompido em suas profundezas e incapaz de qualquer bem".[2] É o que declara, por exemplo, o oratoriano Saint-Pé, em *Le Nouvel Adam*, que comenta o texto do Exultet: "Oh, feliz pecador que mereceu ter um tão excelente e tão poderoso Redentor [...].

---

2 Bremond, *Histoire littéraire du sentiment religieux en France*, t.II, p.12.

Essas palavras contêm um resumo [...], o princípio da religião cristã, e, sem diminuir em nada a malícia do pecado, compreendem as vantagens inestimáveis do estado dos cristãos sob Jesus Cristo, acima da condição que deviam ter os homens sob Adão, mesmo considerando que ele estava revestido de todos os ornamentos e de todos os privilégios do estado de inocência".[3]

Adão continua então no ápice da criação, a despeito de sua falta. Em 1487, Pico della Mirandola exalta a posição do homem no universo, atribuindo a Deus estas palavras: "Tu, que não és cerceado por nenhum limite, tu fixarás os limites de tua natureza, por teu livre-arbítrio, que pus em tuas mãos. Eu te pus no centro do mundo, para que possas de lá observar mais facilmente o universo". Louca reivindicação, aos olhos de muitos intelectuais daquela época, mas que incita ao debate, no qual intervirão os filósofos antigos, ao mesmo título que o cristianismo. As Sumas escolásticas já haviam analisado as relações entre a natureza humana, o bem, as virtudes, as paixões, a razão, mas sob um ângulo puramente teológico. O Renascimento dedica-se a reexaminar tudo, com métodos diferentes. Desde o início, a discussão é viva: diante dos defensores da razão, posicionam-se as testemunhas da loucura humana, de Brant a Bosch; diante dos defensores do livre-arbítrio, os advogados do destino, como Pomponazzi, do Acaso, como Maquiavel, da astrologia, como Nostradamus; diante da razão, a paixão, e diante da paixão, a *virtù*. Começa um grande trabalho de introspecção, que supõe que o homem tenha confiança em suas capacidades intelectuais e morais para fitar o mundo com seus próprios olhos, e não mais se baseando apenas na teologia, como faziam os doutores da Idade Média. Os humanistas, e em particular Erasmo, vão assim minimizar os efeitos do pecado original, condição necessária para que suas investigações pudessem ser devidamente levadas a cabo.

ERASMO: LIVRE-ARBÍTRIO E IMITAÇÃO DE ADÃO

Em suas *Anotações* sobre o Novo Testamento, Erasmo se detém longamente sobre a expressão tão controversa da Epístola aos Romanos (5, 12): "Porque todos pecaram". Ele se posiciona contra a ideia segundo a qual todos

---
3 Apud ibid., p.4.

pecamos em Adão, sugerindo várias objeções. Objeção linguística: "Não sei se a língua grega admite esse sentido, que consiste em dizer que todos pecaram em Adão, como se estivessem nele em estado latente".[4] Objeção tirada da patrística: muitos Pais – Jerônimo, por exemplo, mas também Orígenes e Ambrósio – pensaram que isso queria dizer que pecamos *como* Adão. Objeção de ordem histórica: certamente, vários concílios no passado interpretaram as palavras de Paulo nesse sentido, mas de que vale a autoridade desses concílios? "Não creio estar a esse ponto encadeado aos sínodos desse gênero", escreve Erasmo. "Além disso, se sustentarmos que é preciso respeitar todas as decisões deles, eu citaria alguns de seus decretos que hoje são condenados como heréticos pela Igreja; eu citaria doutrinas que atualmente não são, em nenhuma parte, conservadas pela Igreja."[5]

Erasmo pede que seus adversários relativizem os escritos de Santo Agostinho, lembrando-os de que o bispo de Hipona endureceu os argumentos para refutar uma heresia. Além disso, quantas vezes Agostinho se contradisse? Quantas vezes ele esteve em desacordo com outros Pais? Quantas de suas posições a Igreja abandonou? De fato, por pecado original, é preciso compreender que nossos pecados imitam aquele de Adão. Acusado de pelagianismo, Erasmo se defende vigorosamente: "Não digo isso a fim de pôr em dúvida que exista um pecado original, mas para ver claramente a mentira daqueles que dizem que sou o único a ter feito menção a essa interpretação, e que essa invenção me é particular, assim como a Pelágio".[6] Entretanto, o vigor de suas negativas atesta a importância dada à questão, que será levada diante do Concílio de Trento, no ano de sua morte.

É verdade que Erasmo tira de sua interpretação uma consequência filosófica essencial: o pecado original não altera em nós a liberdade. Em seu *Tratado do livre-arbítrio* (1534), investe contra aqueles que negam a capacidade do homem de fazer o bem e que têm dificuldades para justificar as penas do inferno e as recompensas do paraíso.

> Para sustentar esse paradoxo, eles precisam de muitos paradoxos auxiliares, de forma que sua linha de batalha esteja em segurança sobre outra frente. Eles

---

4 Erasmo, *Annotations, dans Œuvres choisies*, p.508.
5 Ibid., p.516.
6 Ibid., p.513, 515, 519.

aumentam ao infinito o pecado original que, segundo eles, teria corrompido até mesmo as mais eminentes forças da natureza humana; a tal ponto que, por ela mesma, só pode ignorar e detestar Deus. Mesmo aquele que é justificado pela fé não pode executar nenhuma obra que não seja um pecado. E essa própria inclinação ao pecado, deixada em nós na sequência do pecado de nossos primeiros pais, eles querem que seja um pecado, e, além disso, a tal ponto invencível que não haja nenhum preceito de Deus que o homem, mesmo justificado pela fé, possa observar. E que tantos preceitos divinos só visem engrandecer a graça divina, que concede a salvação independentemente dos méritos. [...] Eles fazem um Deus quase cruel, que puniria a totalidade do gênero humano por um pecado que lhe é estrangeiro, sobretudo porque os culpados se arrependeram e porque sofreram um castigo tão pesado durante toda a duração de suas vidas.[7]

Erasmo admite que há uma "extraordinária diversidade de pensamento" a respeito da "força do livre-arbítrio depois do pecado e antes da graça": Pelágio, ele explica, acredita que, "com as forças do livre-arbítrio, podemos chegar à salvação eterna", e os scotistas, que "o homem, sem ainda ter recebido a graça que abole o pecado, pode, com as forças da natureza, executar obras moralmente boas". Visivelmente, ele mesmo adere a essa direção. O pecado corrompeu ao mesmo tempo a vontade e a razão, mas se continua a subsistir uma inclinação para o mal, o homem, pela graça divina, é capaz de reencontrar o caminho do bem: "Assim como o pecado dos primeiros pais passou para seus descendentes, da mesma forma a inclinação para o pecado foi transmitida a todos; a graça, que abole o pecado, enfraquece essa inclinação a ponto de ela poder ser vencida, mas não extirpada".[8] Com Erasmo, o homem retoma então seu poder de fazer o bem e o mal, a sua responsabilidade plena e inteira.

LUTERO E A EXPERIÊNCIA DO PECADO ORIGINAL

Contemporâneo de Erasmo, Lutero, por sua vez, está convencido de que não podemos apagar a culpabilidade fundamental que se encontra em nós desde a desventura de Adão. Nossas obras, sejam boas ou más, são inúteis,

---

7 Erasmo, *Traité du libre arbitre*, p.868.
8 Ibid., p.844-5.

pois se não vamos todos para o inferno, o mérito só cabe a Deus. Abandonados à própria sorte, só podemos fazer o mal. Lutero combate violentamente Erasmo a respeito do livre-arbítrio, mas, apesar de tudo, lhe rende homenagem: "Tu, ao menos, não me cansas com chicanas sobre o papado, o purgatório, as indulgências e outras alienações [...]. Tu és o único a apreender o nó da questão, tu mordeste na garganta. Obrigado, Erasmo".[9] Essa questão se encontra precisamente no âmago da controvérsia entre protestantes e católicos. Os protagonistas mais lúcidos bem o viram, como o cardeal Belarmino: "Toda a controvérsia entre católicos e luteranos é saber se a corrupção da natureza, e principalmente a concupiscência em si, tal como acontece nos batizados e nos justos, é propriamente o pecado original".[10] À pergunta "O que é o pecado original", Lutero responde:

> Segundo as sutilezas dos teólogos, é a privação da justiça original, porém, segundo o Apóstolo e o sentido ingênuo de Cristo Jesus, não é somente a privação de uma qualidade na vontade, nem da luz na inteligência, do vigor da memória, mas uma privação de todas as retidões em todas as potências, tanto do corpo quanto da alma, em todo o homem, interior e exterior. É a prontidão para fazer o mal, a náusea do bem, o desgosto com a luz e a sabedoria, o amor pelo erro e palas trevas, a fuga e o desprezo soberano das boas obras, a corrida desenfreada para o mal. Os santos Pais disseram: o pecado original é a concupiscência, a lei da carne, a lei dos membros, um langor da natureza, um tirano, uma doença congênita. É como um doente cuja enfermidade não está em tal ou tal membro, mas vem da privação da saúde em todos os membros, da fraqueza de todos os sentidos e de todos os poderes.[11]

Para Lutero, então, a natureza humana é totalmente corrompida, e essa convicção engendra nele uma verdadeira angústia existencial, que vemos nos *Artigos de Smalkalde*:

> Os frutos desse pecado são as obras más, proibidas no Decálogo, tais como a incredulidade, a falsa fé, a idolatria, ser desprovido de temor a Deus, presunção,

---
9 Lutero, *Du serf arbitre*, in: *Œuvres*, t.V, p.235.
10 Belarmino, *De amissione gratiae et statu peccati*, V, 5.
11 Lutero, *Commentaire de l'Épître aux Romains*, t.II, p.144.

desespero, cegueira e, em suma, não conhecer ou não temer a Deus. Além disso, é mentir, jurar em nome de Deus, não rezar, não invocar, desprezar a palavra de Deus, desobedecer aos pais, cometer um assassinato, levar uma vida de devassidão, roubar, enganar etc. Esse pecado original é uma corrupção tão perniciosa e tão profunda da natureza humana que nenhuma razão pode compreendê-lo.[12]

Lutero ressente o pecado original em sua carne. Trata-se de uma realidade psicológica que cada um pode sentir em sua consciência. Aí está, precisamente, segundo Paul Guilluy, o que distingue a antropologia luterana da antropologia católica: a primeira considera que a natureza humana se limita à parte consciente em cada indivíduo, enquanto que a segunda também leva em conta o inconsciente, o que lhe permite afirmar, por exemplo, que o batismo nos é, de fato, transformador interiormente. Para Lutero, só o que aflora na consciência é real: o batismo não muda nossa natureza, que permanece incapaz de atingir o bem; significa que Deus não nos imputa mais o pecado de Adão, mas nos deixa num estado de corrupção, cuja manifestação mais clara é a concupiscência.

Ainda aqui, Lutero faz apelo à convicção íntima. Ninguém, diz ele, pode afirmar com certeza que age em conformidade com a vontade de Deus; ora, a dúvida é um pecado. Essa concepção eminentemente subjetiva e individualista corresponde às aspirações dos homens do Renascimento por uma fé pessoal, por uma relação direta com Deus, relaxando os laços com uma comunidade eclesiástica repressora:

> Interrogue então todos aqueles que se esforçam em virtude do livre-arbítrio e trate de me mostrar um só que possa dizer seriamente, e do fundo do coração, pensando em seu zelo e em seus esforços: "Sei que isso agrada a Deus". Se conseguir, eu lhe dou a palma do vencedor. Mas sei que não encontrará um único.
> Se então essa glória falha, de modo que a consciência não ouse afirmar com certeza que tal coisa agrada a Deus, é certo que ela não agrada a Deus. Pois a consciência tem aquilo em que ela crê. Ora, ela não crê com certeza que agrada a Deus, o que, apesar de tudo, é necessário; pois o crime de incredulidade é duvidar do favor de Deus, que deseja que se acredite com uma fé certeira em

---

12 Lutero, *De amissione gratiae et statu peccati*, V, 5.

sua graça. Assim, podemos demonstrar, pelo testemunho de sua própria consciência, que o livre-arbítrio, quando privado da glória de Deus, é perpetuamente culpado do crime de incredulidade, a despeito de todo seu zelo e de todos os seus esforços.[13]

Aos olhos de Lutero, o pecado original se transmite pela geração carnal, que propaga uma natureza corrompida:

> Pois quem não é ímpio? Dado que somos todos saídos de uma semente ímpia, assim como é dito no salmo 51: "Eis aqui, nasci na iniquidade". E Jó: "Como, de um ser maculado, sairá um homem puro?". Pois se Deus não fez o pecado, não deixa de fazer crescer e multiplicar a natureza viciada pelo pecado, a quem o Espírito foi retirado, da mesma forma que um artesão faz estátuas com a madeira roída pelos vermes. Tal é a natureza, tais são também os homens, Deus os criando e os formando segundo essa natureza.[14]

Essa natureza irremediavelmente corrompida, "infectada, contaminada pelo veneno do pecado", como dirá a *Fórmula de concórdia* de 1580, não deixa, portanto, nenhum espaço para o livre-arbítrio:

> Se, pela falta de um só homem, Adão, nos tornamos pecadores e incorremos na condenação, como podemos fazer uma obra qualquer que não seja um pecado e não incorra na condenação? Quando Paulo diz "todos", não excetua ninguém, nem a força do livre-arbítrio, nem homem nenhum, faça ele obras ou não, ele se esforce ou não. E não pecaríamos ou não seríamos condenados por essa única falta de Adão se ela não fosse também *nossa* falta. Quem, de fato, seria condenado pela falta de um outro, e sobretudo diante de Deus? Ela se torna nossa não por imitação ou por ação (do contrário, não seria mais essa falta única de Adão, já que seríamos nós a cometê-la, e não ele); ela se torna nossa pelo nascimento. [...] Portanto, o pecado original não deixa ao livre-arbítrio outra possibilidade senão a de pecar e de ser condenado.[15]

---

13 Lutero, *Du serf arbitre*, op. cit., p.211.
14 Ibid., p.139.
15 Ibid., p.216.

Somos, de certo modo, programados para pecar; desde Adão, a natureza humana é deformada por um vírus que desregula todas as suas funções. Essa é a ideia que Melanchthon retoma: "O pecado original é uma propensão de natureza e uma certa força inata e energia que nos leva a pecar. Ele foi propagado por Adão a toda posteridade. Da mesma forma que há, no fogo, uma força natural que o leva para o alto e, no ímã, uma força natural que atrai o ferro para si, também há no homem uma força inata que o conduz ao pecado. A Escritura não fala, por um lado, de um pecado 'original', e de outro, de um pecado atual', pois está claro que o pecado original já é um certo desejo depravado em ato".[16]

A concupiscência continua a ser a manifestação do pecado original em nós. O batismo não põe fim a ele, e então também não põe fim ao pecado, mas simplesmente anula a culpa. Enquanto aos olhos da Igreja católica o batismo apaga o pecado em nós, fazendo-nos entrar na comunidade dos cristãos, para os luteranos ele nos deixa sós e pecadores diante de Deus.

DA CULPA DE ADÃO À ASCENSÃO DO CAPITALISMO

As consequências morais da concepção luterana do pecado original são evidentemente fundamentais. Tendo a queda obscurecido no homem o conhecimento dos princípios morais naturais, Deus promulgou suas leis novamente, às claras, no Decálogo e no ensinamento de Cristo. Precisamos obedecer cegamente à lei de Deus. Lutero, que se refere implicitamente à sua própria experiência psicológica, oferece duas justificativas para a lei. Ela deve primeiramente pôr "rédeas nos maléficos", todos esses temperamentos excessivos que, deixados à própria sorte, matariam, violariam, roubariam, se não fossem retidos pelo temor "da prisão, da espada e do carrasco". A Lei do Decálogo também deve convencer-nos de que somos pecadores; diante dela, só podemos constatar nossa impotência, pois somos incapazes de respeitá-la. Devemos obedecer à lei divina, apesar do pecado original nos impedir de compreender seus fundamentos.

---

16 Melanchthon, *Loci communes theologici*, art. Peccatum, §1.

Evidentemente, a doutrina luterana do pecado original deve muito à personalidade do monge agostiniano, ao seu temperamento violento, dado aos extremos e fechado a qualquer compromisso. Tal homem só poderia ser habitado por um imenso sentimento de culpa. Para ele, a corrupção é universal e definitiva. A espécie humana está perdida. Deus dá a fé a alguns, estendendo-lhes a mão para retirá-los do oceano de iniquidade que é a humanidade: cabe a eles segurá-la. Os outros irão irremediavelmente para o inferno. Lutero tinha à sua disposição todos os materiais necessários para justificar essas conclusões; guiado por seu temperamento, ele levou ao extremo a lógica dos textos.

Calvino chega mais ou menos às mesmas conclusões, mas pela razão. O homem, corrompido em sua natureza, nada pode fazer de bom. A definição de pecado original que ele dá em *Instituição cristã* não pode ser mais clara:

> O pecado original é uma corrupção e uma perversidade hereditária de nossa natureza, a qual nos faz culpados, primeiramente pela ira de Deus, e depois ao produzir em nós as obras, que a Escritura chama de obras da carne, sendo propriamente aquela que São Paulo chama de pecado, sem acrescentar original. As obras que dele advêm, em se tratando de adultérios, obscenidades, roubos, ódios, assassinatos e gulas, ele as chama, por essa razão, de frutos do pecado. Somos tão corrompidos, em todas as partes de nossa natureza, que por essa corrupção somos de justa causa condenados diante de Deus, a quem nada é agradável, senão justiça, inocência e pureza.[17]

Devido a essa corrupção integral, pecamos ao mesmo tempo voluntária e necessariamente: "O homem, depois de ter sido corrompido por sua queda, peca voluntariamente, e não apesar de seu coração, nem por coação: ele peca, eu afirmo, por uma afecção muito inclinada, e não por estar coagido por violência [...]; no entanto, sua natureza é tão perversa, que ele não pode ser comovido, guiado ou levado, senão ao mal".[18]

De que serve, então, a lei moral se não podemos nos impedir de violá-la? Assim como Lutero, Calvino lhe confere por finalidade persuadir-nos de

---

17 Calvino, *Institution chrétienne*, livro II, cap.1, 8.
18 Ibid., 1541, p.73.

nossa malevolência, dando-nos uma lista de mandamentos que somos incapazes de respeitar. Ao mesmo tempo, a lei nos serve de proteção, pelas ameaças que a acompanham, contra os transgressores e esclarece os eleitos sobre seus deveres. Aqueles que são eleitos devem isso não aos seus méritos, mas a uma pura graça divina.

A moral calvinista, assim como a luterana, é puramente voluntarista. No entanto, mais que Lutero, Calvino pensa que permanece em nosso espírito uma vaga ideia do bem, tal como ele existia antes da queda. Quanto ao livre-arbítrio, evidentemente ele o exclui: só serão salvos aqueles que Deus decidir salvar.

Que um ponto de vista tão extremo possa ter conduzido tantos homens a se despedaçarem mutuamente mostra a que ponto o clero católico tinha podido suscitar o ódio. Definitivamente, os primeiros protestantes se revoltaram contra um clero que se arrogava o poder intermediário entre Deus e os fiéis, um clero que detinha as chaves do paraíso e o poder, pelos sacramentos, de fazer a triagem entre os condenados e os eleitos, dado que pretendia neutralizar os efeitos do pecado original pelo batismo e pela penitência. Contudo, uma vez eliminado o clero, o fiel ficava sozinho diante de sua irremediável culpabilidade. Desde então, ele não tinha mais outra esperança senão aquela de uma intervenção direta de Deus: primeiramente por Cristo, cuja encarnação retoma então todo seu vigor, e em seguida por uma graça especial. Em tal perspectiva, nenhum homem pode garantir a salvação dos outros nem assegurar o perdão divino.

Essa reafirmação da ideia de que a natureza está definitivamente corrompida acompanha uma profunda aspiração à igualdade de parte de intelectuais revoltados com a tutela clerical. Somos todos culpados, e os padres nada podem fazer, declara em 1530 a Confissão de Augsburgo: "Desde a queda de Adão, todos os homens procriados segundo a natureza nascem com o pecado, isto é, sem temor a Deus, sem fé/confiança para com Deus, e com a concupiscência; e essa doença ou vício de origem é verdadeiramente um pecado que condena e traz, também para cá, a morte eterna àqueles que não renascem pelo batismo e pelo Espírito Santo".

Basta, para se persuadir de que o pecado original é o ponto central da disputa entre católicos e protestantes, considerar seus escritos e tomadas de posição oficiais. Do lado protestante, Lutero manifestou-se sobre o assunto em seus *Cursos sobre a epístola aos romanos* (1515-1516) e em seu *De servo arbitrio* (1525), enquanto que Melanchthon realça seu pensamento em *Loci communes* (1526). Para este último, o pecado original reduziu nosso saber intelectual àquilo que nossos sentidos nos entregam; é a partir desses dados cambaleantes que tentamos construir uma filosofia. Não obstante, Melanchthon conserva uma certa confiança em nossa capacidade de discernir o bem e o mal.

O *Grande* e o *Pequeno catecismo* de Lutero, a Confissão de Augsburgo e a *Apologia* por Melanchthon (1536), os Artigos de Smalkalde (1537), apresentam de modo dogmático a fé protestante sobre o pecado capital. Muito mais tarde, em 1580, a Fórmula de concórdia tentará realizar a síntese entre as correntes reformadas. Zuínglio, todavia, fica à parte. O zuriquês, retomado e prolongado nisso pelo italiano Fausto Socin, nega a realidade do pecado original. Para eles, Adão cometeu um pecado, mas este não nos é transmitido. Se pecamos, é por imitação, e livremente. Somos inclinados ao mal, mas isso se deve, em particular, ao fato de vivermos em sociedade, cercados de maus exemplos e de tentações – vemos germinar aqui a ideia rousseauísta da responsabilidade da organização social na existência do mal. Nessa perspectiva, o batismo se torna um simples engajamento diante de Deus, e a confissão nada mais é que um reconhecimento íntimo de nossa falta.

Zuínglio, no entanto, é uma exceção. O espírito da reforma protestante é marcado pelo sentimento de uma profunda indignidade e pela consciência da irremediável corrupção do homem. Nesse contexto, os crentes buscam com ansiedade os sinais de sua salvação pela eleição divina, sinais que podem se manifestar sob a forma de sucesso material. Segundo a tese bem conhecida de Max Weber, a ética protestante teria, assim, desempenhado um papel determinante na ascensão do capitalismo. Por um lado, porque a consciência de nossa indignidade leva a valorizar o trabalho como meio ascético: "A versão pia característica quer que o zelo na profissão que nos foi imposto, como punição pelo pecado original, sirva para mortificar a vontade particular";[19] então, é preciso trabalhar muito e com empenho. Por outro lado, porque

---

19 Weber, *L'Éthique protestante et l'esprit du capitalisme*, p.195, n.3.

a exortação do Apóstolo em se "manter firme" em sua vocação pessoal é interpretada aqui como o dever de conquistar, na luta cotidiana, a certeza subjetiva de sua própria eleição e de sua justificativa. [...] O trabalho sem tréguas numa profissão é expressamente recomendado como sendo o melhor meio para chegar a essa confiança em si. Isso, e somente isso, dissipa a dúvida religiosa e dá a certeza da graça. [...] A comunidade dos eleitos com Deus não podia se realizar e não podia ser percebida por eles senão na medida em que Deus agisse por meio deles e onde eles estivessem conscientes disso. Assim, sua ação nascia da fé, sendo esta devida à graça divina e, em retorno, legitimada pela qualidade da ação deles. [...] Como, na leitura de Calvino, os sentimentos, as emoções puras e simples, por sublimes que pareçam, são enganadoras, é preciso que a fé seja atestada por resultados objetivos a fim de constituir o seguro fundamento da *certitude salutis*.[20]

O pecado original é uma noção maleável e fecunda, que, na Idade Média, pôde ser explicada como o equivalente da retirada feudal do benefício concedido ao vassalo, e que forneceu à Renascença uma justificativa do enriquecimento da burguesia de negócios. A classe mercantil, que, na Idade Média, acalmava sua consciência financiando fundações caridosas, encontra nesse momento, no calvinismo, uma honorabilidade aos próprios olhos da religião, e isso graças à queda original e à corrupção da natureza humana: ela trabalha duro e vive na austeridade para expiar a falta; ela enriquece e se enche de lucros, que toma como sinais visíveis da eleição divina. O pecado de Adão é decididamente a *felix culpa*, e o capitalismo nascente se concilia muito bem a isso.

RETOMADA DO PROCESSO DE ADÃO NO CONCÍLIO DE TRENTO

Por sua vez, os católicos não podem aceitar a ideia de que a natureza humana seja totalmente corrompida, pois isso arruinaria o papel da Igreja e do clero. A partir da Confissão de Augsburgo em 1530, várias tentativas de compromisso ocorreram na Alemanha. Na assembleia de Worms, em 1541, Eck, o católico, e Melanchthon, o protestante, argumentam durante

---

20 Ibid., p.139-40.

três dias. Mas o protestante mantém-se firme: o batismo não apaga toda a culpa, e a concupiscência é um verdadeiro pecado. O cardeal Granvelle, que dirige a assembleia, ordena que uma comissão de teólogos redija uma definição aceitável para todos, a qual realça a concupiscência; o batismo, seguindo a fórmula medieval, retira o elemento formal e deixa subsistir o elemento material. No entanto, em breve esse texto é abandonado, pois sua ambiguidade permite que cada um o interprete como quiser. No mesmo ano, outra reunião, desta vez em Ratisbonne, tenta uma conciliação, mais claramente católica: nela é dito que se o cristão não tolera em si a concupiscência, não há pecado, e que somente as faltas a serem perdoadas serão os pecados reais; mas o texto é, por fim, rejeitado.[21] O acordo é impossível.

Na ausência de dogma preciso, a Igreja católica se vê embaraçada diante da posição protestante, tanto mais que há divergências importantes entre escolas teológicas. Ela decide então definir de uma vez por todas o que é o pecado original e quais são seus efeitos e os modos de transmissão. Essa será a tarefa do Concílio de Trento que, sobre esse e muitos outros pontos, se tornará a referência dogmática.

Urge terminar o processo de Adão, que se arrasta há muito tempo. A aposta é essencial: trata-se de julgar nosso primeiro pai e, com ele, a humanidade inteira – portanto, cada um de nós. Somos culpados, e de quê? Qual pena sofreremos?

Os pais do Concílio de Trento devem então responder a uma questão velha como o mundo: de onde vem o mal? Eles irão fazê-lo com urgência, pois, em seus espíritos, trata-se, antes de tudo, de arrostar os protestantes. Certamente vários deles não dominam muito bem os dados do problema: "Nessa matéria, é preciso reconhecer, os pais nem sempre viam com clareza",[22] escrevia nos anos 1970 um teólogo especialista do pecado original, Alfred Van Neste, lembrando que vários participantes do concílio, até então, defendiam efetivamente posições quase luteranas, como Seripando, o prior geral dos agostinhos, e Bonuci, o prior geral dos servitas, enquanto que o cardeal Pole insistia sobre as provas experimentais do pecado original.

---

21 Ver Vanneste, *La Préhistoire du décret du concile de Trente sur le péché originel*, *Nouvelle Revue Théologique*, t.86.
22 Id., *Le Décret du concile de Trente sur le péché originel*, *Nouvelle Revue Théologique*, t.87, p.692.

Os núncios, numa carta de 4 de fevereiro de 1546, expressam o desejo de que o concílio resolva primeiramente esse problema crucial – prova, se fosse necessário, da importância que lhe era dada. Foi finalmente em 28 de maio que o cardeal Monte, primeiro presidente, assumiu a Congregação geral; os trabalhos preparatórios terminaram em 5 de junho, e o texto definitivo veio à luz entre 7 e 17 de junho. Para maior agilidade, retomam-se as decisões dos concílios de Cartago e de Orange, que foram adaptadas às novas circunstâncias, tentando acomodar os diversos pontos de vista católicos: "Os Pais", anota Van Neste, "evitaram cuidadosamente tomar posição nas questões controversas e parecem ter buscado fórmulas inofensivas ou mesmo vagas".[23] Essa já é a opinião expressa por Sarpi, o primeiro historiador do concílio, no início do século XVII. Tais são as condições nas quais o dogma do pecado original foi elaborado. Só podemos concordar com a conclusão de Van Neste: "Diante de tudo isso, a apresentação clássica do dogma do pecado original parece uma fábula infantil, que o mundo moderno não pode levar a sério".[24]

As insuficiências dos decretos trentinos sobre o pecado original se dão, em grande parte, em função das restrições impostas pelos núncios, que fixaram a lista de questões a serem resolvidas: essencialmente, o batismo e a concupiscência, que constituem os principais pontos de desacordo com os protestantes. Para o restante, eles escrevem ao cardeal Farnese em 28 de maio, será preciso evitar discutir "sobre a essência e a definição busílis do pecado original, visto que os doutores são, sobre esse assunto, de opiniões muito diversas".[25] Nem determinar demais, nem se fechar em posições que correriam o risco de se tornar fontes de embaraço. É o que Paul Guilluy chama de "regra de ouro da Igreja, que é de formular a fé numa linguagem universal, situada além e fora de todas as tendências em presença, por mais legítimas que elas sejam".[26]

É preciso reconhecer que o fim é atingido. As múltiplas interpretações que serão dadas dos decretos do concílio nos séculos seguintes provam que, a despeito de sua forma peremptória, é possível, com um mínimo de sutileza

---

23 Ibid., p.711.
24 Ibid., p.715.
25 *Concilium Tridentinum: diariorum, actorum, epistolarum, tractatuum nova collectio*, t.X, p.503.
26 Guilluy, op. cit., p.77.

teológica, fazê-los dizer o que se deseja. Tomemos o primeiro cânon, que parece fixar a sorte de Adão:

> Se alguém não confessa que o primeiro homem, Adão, quando transgrediu o preceito de Deus no paraíso, perdeu imediatamente a santidade e a justiça na qual havia sido estabelecido, e ficou sujeito, pela ofensa dessa prevaricação, à cólera e à indignação de Deus, e em seguida à morte, com a qual Deus havia precedentemente ameaçado e, com a morte, a escravidão sob o poder "daquele que desde então teve o império da morte", isto é, o diabo, e que, pela ofensa dessa prevaricação, "Adão inteiro, segundo o corpo e segundo a alma, foi mudado para um estado pior", que ele seja anátema.

Em relação ao cânone de Orange, que deslizava rapidamente de Adão para a humanidade, a ênfase é aqui muito claramente posta sobre o caráter histórico do personagem e do acontecimento. O pecado original é, primeiramente, o pecado pessoal do primeiro homem. É assim que o entende no século XX o dominicano Labourdette, num livro publicado em 1953 e devidamente aprovado pelas autoridades católicas: "Parece-nos claro que uma interpretação simbólica é aqui absolutamente impossível: se Adão não é um personagem histórico, mas um símbolo, se seu pecado não é um acontecimento real que aconteceu na origem da humanidade, em que esse primeiro cânone nos impõe acreditar? Qual é seu objeto?".[27] Não se trata nem de um "tipo literário", nem de um "personagem mítico", mas de "um personagem bem real, que se viu no meio de acontecimentos singulares, cuja verdade só pode ser histórica".

Alguns anos mais tarde, Alfred Van Neste relativiza: "Atualmente, é possível formular a doutrina do pecado original de uma forma coerente, sem recorrer à hipótese de um Adão histórico, cujo pecado nos teria maculado a todos".[28] Se os Pais "afirmaram essa historicidade", ele adiciona, "é porque não dispunham de outras formas de expressão; portanto, é desprovido de sentido fazer disso o objeto formal de suas definições dogmáticas". Em 1975, Paul Guilluy, que ensina na faculdade católica de Lille, se opõe enfaticamente

---

27 Labourdette, *Le Péché originel et les origines de l'homme*, p.34.
28 Vanneste, *Le Dogme du péché originel*, op. cit., p.112.

à interpretação de Labourdette: "Nada obriga um católico a crer que a retomada, pelo concílio, da historicidade da falta original, tal como o povo cristão a compreendia então, interpretando literalmente o Gênesis, implica um engajamento formal do magistério no que concerne à existência de um personagem histórico chamado Adão, na origem do pecado no mundo".[29]

Em 1996, Louis Panier, numa obra sobre *Le Péché originel*, que reflete a principal tendência da teologia atual, constata simplesmente: "Com Adão, encontra-se posto não somente um começo da humanidade, um início, mas também um ponto em que a origem oferece dúvida, um ponto em que se encontra em questão aquilo que funda a humanidade dos humanos, e aquilo que faz a referência dessa humanidade, assim que exista o humano, e a cada vez que haja o humano".[30] A propósito do decreto de Trento sobre o pecado original, esse autor nota: "O discurso agencia figuras que, certamente, poderiam dar lugar a expansões narrativas e descritivas, que de fato podem aparecer como citações de construções teológicas às quais elas remetem, mas dizendo assim o que ele diz, criando uma rede figurativa particular, produz um universo semântico original, desenha um horizonte próprio para a interpretação, se oferece à leitura".[31] Ora, indica Panier, "é a partir dessa expressão do magistério da Igreja que se fala em geral do 'dogma' do pecado original".[32]

FLUTUAÇÕES E INTERPRETAÇÕES CONTRADITÓRIAS

O segundo cânone, retomando o Concílio de Orange, lembra que Adão, por sua falta, transmitiu a todos os seus descendentes não somente a morte e as penas corporais, mas também o pecado:

> Se alguém afirma "que a prevaricação de Adão aniquilou somente ele, e não sua descendência", que perdeu somente para si, e não também para nós, a justiça e a santidade recebidas de Deus; ou que, maculado pelo pecado da desobediência, ele "só transmitiu a todo o gênero humano a morte e outras penas

---

29 Guilluy, op. cit., p.95.
30 Panier, op. cit., p.63.
31 Ibid., p.73.
32 Ibid., p.53.

corporais, porém não o pecado, que é a morte da alma", que ele seja anátema. Pois ele contradiz o Apóstolo, que afirma: "Por um único homem, o pecado entrou no mundo, e pelo pecado, a morte, e assim a morte atingiu todos os homens, todos tendo pecado nele".

O terceiro cânone indica que o pecado original, transmitido verdadeiramente por descendência, e não por imitação, só pode ser apagado pelo batismo, e que a natureza humana, sozinha, nada pode contra ele:

> Se alguém afirma que esse pecado de Adão, por sua origem, transmitido a todos por propagação, e não por imitação, encontrando-se em cada um, como lhe sendo próprio, é retirado pelas forças da natureza humana ou por outro remédio que não o mérito do único mediador, N. S. J. C., que nos reconciliou com Deus por seu sangue, "tornando-se para nós justiça, santificação e redenção", ou nega que esse mérito de Jesus Cristo é aplicado tanto às crianças quanto aos adultos pelo sacramento do batismo devidamente conferido na forma da Igreja, que ele seja anátema. Pois "não há outro nome sob o céu, dado aos homens, pelo qual deveríamos ser salvos". Daí esta palavra: "Eis aqui o cordeiro de Deus, eis aqui aquele que retira os pecados do mundo", e esta: "Vós todos que são batizados, vós vos revestistes de Cristo".

O quarto cânone, retomando o Concílio de Cartago, insiste na necessidade de batizar as crianças, que herdam um verdadeiro pecado:

> Se alguém nega que as crianças recém-nascidas devem ser batizadas, mesmo que tenham nascido de pais batizados para a remissão dos pecados, mas sem tirar de Adão nada que seja pecado original e que seja preciso expiar pelo banho da regeneração para obter a vida eterna, de onde se segue que, para eles, a forma do batismo dado para a remissão dos pecados não tem um sentido verdadeiro, mas um sentido falso, que ele seja anátema. Pois as palavras do Apóstolo: "Por um único homem o pecado entrou no mundo, e pelo pecado, a morte, e assim a morte atingiu todos os homens, todos tendo pecado nele", não devem ser de outra forma compreendidas senão da maneira pela qual a Igreja católica, disseminada em todos os lugares, sempre as compreendeu. De fato, é por causa dessa regra de fé que, segundo a tradição dos apóstolos, mesmo as criancinhas,

que ainda não puderam cometer nenhuma falta pessoal, são batizadas em toda a verdade para a remissão dos pecados, a fim de que a regeneração nelas purifique aquilo que a geração as fez contrair. Se, de fato, alguém não renasce da água e do Espírito, não pode entrar no reino de Deus.

O quinto cânone visa expressamente Lutero, explicando que o batismo elimina verdadeiramente a falta do pecado original, sendo que este fica apagado na qualidade de pecado. Quanto à concupiscência, ela "provém do pecado e inclina ao pecado", mas não é, em si mesma, um pecado; "ela é deixada para o combate", isto é, para permitir àqueles que lhe resistem de ganhar méritos.

Se alguém nega que, pela graça de Jesus Cristo Nosso Senhor, conferida ao batismo, a falta do pecado original seja remida, ou mesmo se afirma que tudo o que tem verdadeira e propriamente caráter de pecado não é retirado, mas somente demolido ou não imputado, que ele seja anátema. De fato, Deus não odeia nada naqueles que são renascidos, "pois não há mais nenhuma condenação para aqueles que foram verdadeiramente enterrados com Cristo na morte", que "não andam sob o império da carne", mas, despindo o velho homem e revestindo o homem novo criado segundo Deus, tornaram-se inocentes, imaculados, puros, sem reprovações e amados por Deus, "herdeiros de Deus e co-herdeiros de Cristo", de tal modo que absolutamente nada mais retarde sua entrada no céu. Que a concupiscência ou o foco (de pecado) permaneça nos batizados, o santo concílio o reconhece e o pensa. Mas essa concupiscência, que nos é deixada para o combate, não pode aniquilar aqueles que nela não consentem, mas resistem corajosamente, ajudados pela graça do Cristo Jesus. Mais ainda, aquele que terá combatido será coroado. Essa concupiscência, que por vezes o Apóstolo chama de "pecado", o santo concílio declara que a Igreja católica jamais compreendeu que se chamasse de pecado num sentido verdadeiro e próprio nos batizados. Ela é chamada pecado porque provém do pecado e a ele inclina.

Um sexto cânone lembra que a Virgem Maria não é concernida pelo pecado original. Por fim, o decreto de 15 de janeiro de 1547, sobre a justificação, explica que, apesar de o pecado original ter enfraquecido o livre-arbítrio, inclinando ao mal, ele não foi destruído.

Assim é o único documento oficial, "magisterial", dedicado ao pecado original. Esses cânones suscitaram muitos comentários, por exemplo, sobre a natureza da concupiscência, sequela do pecado, que inclina ao pecado, mas que, em si mesma, não é um pecado. Embora alguns Pais do concílio, como Seripando, observassem que Santo Agostinho e mesmo São Tomás iam exatamente nesse sentido, o fato de Lutero ter adotado essa posição basta para rejeitá-la. O concílio afirma, por três vezes, que o pecado original se transmite por "propagação", por "geração", a partir da semente de Adão. No espírito dos pais, isso significava certamente por geração carnal.

A ideia de que uma falta de ordem espiritual possa ser transmitida fisicamente pela hereditariedade parece hoje em dia inconcebível. De fato, os decretos de Trento sobre o pecado original há muito tempo constrangeram os teólogos. O padre Dubarle, dominicano, escreveu em 1967 que a doutrina do concílio era a de afirmar a transmissão do pecado pela geração física:

> Em geral, não pode haver dúvida sobre um sentido. Porém, é preciso notar que ela jamais é proposta na parte propriamente definitória de um cânone, mas numa proposição relativa incisa, ou numa explicação posta depois do anátema, ou num capítulo de exposição doutrinal, e isso numa comparação destinada a esclarecer o objeto principal do ensino, que é a justificativa. Além disso, não há precisão muito clara; isso nada mais é que uma fórmula enunciada de relance, em paralelo com a fórmula negativa *non imitatione*. É, portanto, legítimo pensar que não existe aí uma definição dogmática que se impõe estritamente à fé, mas que certa latitude de interpretação teológica permanece possível.[33]

Fica muito evidente que os pais do Concílio de Trento não o entendiam dessa forma. Essa interpretação ilustra as reviravoltas doutrinais da Igreja, qualificadas de "desenvolvimentos do dogma". O padre Dubarle sugere, assim, em seu livro revestido de *imprimatur*, do *nihil obstat* e da *imprimi potest*, que se poderia ver, "ao lado da hereditariedade física que já transmite algumas taras e certas desordens, fatores psicológicos para explicar a propagação universal de um estado de pecado em todos os homens: é fatal que haja contatos lesivos e deformantes na imensidão das relações humanas que se

---

33 Dubarle, op. cit., p.205.

oferecem a uma criança e para os quais ela tem uma necessidade absoluta de formação".[34] Tal interpretação, evidentemente, faz pensar na tese erasmiana da transmissão por imitação e por influência da sociedade, tese condenada com ferocidade pela Igreja no século XVI.

Será que basta, para mudar a doutrina sem mudar a formulação, explicar que as palavras não tinham outrora o mesmo sentido que atualmente? É o que faz o padre jesuíta Neusch: "Muitas das dificuldades que o conceito de pecado original suscita provêm de uma formulação herdada do Concílio de Trento. É, portanto, normal fazer uma breve releitura daquilo que esse concílio realmente postulou. Para além das fórmulas que ele utiliza, trata-se de, em seguida, redizer o que ele quis dizer".[35] "Fica claro que, mais que pretender explicitar o modo positivo de transmissão do pecado original, [o concílio] está preocupado em afastar um modo inadequado, a 'imitação'. Cada um seria pecador à maneira de Adão, mas não 'por' Adão, que é o que visa a posição pelagiana, posição inaceitável, porque limita a culpabilidade aos pecados pessoais e impede pensar a solidariedade no pecado. Dito de outra forma, o concílio exclui, mais que afirma. [...] Sobretudo, falando de *propagatio*, o concílio recusa-se a tomar posição sobre o modo de transmissão, sublinhando unicamente o laço do pecado original com o pecado de Adão."[36]

Apesar disso, os teólogos concordam em admitir que os pais de Trento estabeleceram a transmissão no processo de geração sexual. O próprio padre Neusch escreve a seguir que "a tese traducianista (transmissão hereditária, sexual, do pecado original) estava presente no espírito de muitos Pais conciliares". Ele constata também que o Concílio de Trento operou com razão a distinção entre o pecado de Adão e o pecado dos homens, ou pecado original. "O pecado original guarda um sentido puro, se relido na unidade da história da salvação. Dessa história, Cristo vindo em carne é a pedra angular. O pecado original é seu lado de sombra. Ora, a sombra só se torna visível a partir da luz."[37]

---

34 Ibid., p.208.
35 Neusch, Le Péché originel: Son irréductible vérité, *Nouvelle Revue Théologique*, t.118, n.2, p.246-7.
36 Ibid., p.248.
37 Ibid., p.255.

Que as declarações do Concílio de Trento sobre o pecado original constituam atualmente uma fonte de embaraço para os teólogos, Alfred Van Neste o diz com todas as letras: "Estimamos que é bem desagradável que o Concílio de Trento tenha adotado essa distinção teologicamente tão discutível num texto oficial do magistério. Foi, aliás, pelo fato de os polemistas católicos não ousarem recusar essa distinção que conheceram tão grandes dificuldades".[38]

BÉRULLE E A ESPIRITUALIDADE FRANCESA: OS OBCECADOS PELO PECADO ORIGINAL

Poderíamos crer que tudo havia sido dito entre Santo Agostinho e o Concílio de Trento. De modo algum. Jansenistas, calvinistas, pensadores da reforma católica, todos decepcionados com o humanismo, têm uma visão muito sombria sobre o destino da espécie humana e parecem obcecados pelo pecado original. Ignácio de Loyola, em seus *Exercícios*, se concentra para "aplicar as três faculdades ao pecado de Adão e Eva. Rememorar como, por esse pecado, eles fizeram tão longa penitência e que a grande corrupção entrou no gênero humano, com tantos povos indo para o inferno".[39] Líder da espiritualidade francesa, o cardeal Bérulle (1575-1629) não pode se desfazer da ideia da mácula original:

> O estado ao qual fomos reduzidos, pelo pecado de nosso primeiro pai, é tão deplorável que precisa mais de nossas lágrimas que de nossas palavras, e mais de um abaixamento contínuo de nossas almas diante de Deus que de nossos discursos e pensamentos profanos, fracos demais para representá-lo. Pois esse estado, nós o devemos diretamente ao nada e ao inferno, e nada podemos senão pecar, e nada mais somos que um nada oposto a Deus, dignos de sua cólera e de sua ira eterna [...]. Eis o nosso fundo e a nossa herança, eis o nosso poder: inimigos de Deus, cativos do diabo, escravos do pecado, herdeiros do inferno, hóstias imoladas à morte, e à morte eterna.[40]

---

38 Vanneste, *Le Dogme du péché originel*, op. cit., p.120.
39 Loyola, *Écrits*.
40 Bérulle, *Œuvres (1665)*, p.523.

Antes da queda, pensa Bérulle, não éramos grande coisa. Claro, Adão era santo, mas sempre suspenso entre o ser e o nada: "Essa espécie de santidade é fraca, fácil de se perder, porque, como ela é mais proporcionada à natureza, também é mais próxima de nulidade e mais afastada de Deus".[41] O pecado fez com que o homem perdesse o pouco que tinha: o conhecimento e o amor, e ele se tornou escravo do pecado.

> O homem, estabelecido por Deus na terra e constituído senhor desta, se esquece de seus deveres e arruína toda a sua posteridade. Ele desconhece aquele do qual depende e mantém tudo em feudo. Ele se mostra rebelde para seu soberano, em vez de lhe render a fé e a homenagem. Ele se subtrai da obediência ao seu criador e o ofende mortalmente; e, por seu crime e infidelidade, nos priva da graça. Nascendo, ele nos engelha com uma marca de ignomínia, fazendo de nós os filhos da ira; vivendo, condena-nos à morte, por sua iniquidade, que ele nos comunica; e morrendo, torna-nos culpados de danação eterna. E a terra, que deveria ser para Deus um templo sagrado para louvá-lo, e para o homem um paraíso de delícias para nele viver em repouso, está coberta de manchas e espinhos, é uma cloaca de sujeiras e de abominação, e um vale de lágrimas, de morte, de miséria, e só traz ao mundo pecadores e inimigos de Deus.[42]

A vida humana tornou-se um perpétuo combate, no qual somos incapacitados por todas as espécies de obstáculos. Nossa inteligência tornou-se fraca demais, tanto que até os filósofos são incapazes de encontrar a verdade: "Eles não sabem o que perdemos em Adão" [...], e jamais devemos buscar em nós aquilo que perdemos em Adão";[43] "eis o estado miserável da natureza inteligente depois de sua perda, pois ela é incapaz de amor e eternamente incapaz em sua danação e em sua vida sobre a terra".[44]

O pecado original submeteu o homem ao poder do tempo. Ora, não somente a duração da vida humana foi reduzida, mas durante os seus primeiros anos o homem se encontra numa humilhante situação de debilidade. E quando ele enfim atinge a idade da razão, ainda precisa desperdiçar tempo

---
41 Id., *Œuvres de piété*, 115.
42 Id., *Préambule de la vie de Jésus*, 9.
43 Id., *Œuvres de piété*, 126.
44 Ibid.

para dormir, para comer, para repousar, pois sua natureza "tem necessidade de relaxamento e de interrupção; e isso nos traz muito vazio, nesse pouco de sólido que temos, e nos rouba muito tempo, nesse pouco tempo que temos para viver sobre a terra".[45]

Numa comovedora página de suas *Obras de piedade*, Bérulle expõe sua mórbida concepção da existência, verdadeira transposição literária do *Triunfo da morte*, de Bruegel:

> O ser, a vida e a glória que recebemos de Adão são somente *morte*: ele só nos engendra na *morte*, e para a *morte* [...]. O mundo é o cadafalso de nosso suplício, somos não só obrigados à *morte*, mas condenados à *morte*. Vivemos na terra como entre nossa sentença e nossa execução: nossos pensamentos, nossos conselhos, nossas palavras estão na impotência, na inutilidade, na deformidade da *morte*. Não basta reconhecermos nosso estado de *morte* em tudo isso; pois o diabo reconhece que ele está *morto*, ele não é melhor nem mais virtuoso. Mas é preciso que entremos no instinto que Deus tem de tratar tudo isso como *morte*, e devemos nos tratar em tudo isso como *mortos* [...]. Deus fará Adão morrer e todas as suas obras pelo fogo no último dia [...]. O que acabamos de dizer é a *morte* que a natureza carrega pelo pecado: mas há a *morte* que recebemos pela graça, que é quando entramos na inclinação de Deus, querendo fazer a natureza *morrer*: e há a *morte* mesmo nas luzes e nos sentimentos da graça, em honra da *morte* de Jesus, à sua vida que estava divinamente humana.
>
> A verdade e a justiça de Deus querem [...] que nos conduzamos como *mortos* no mundo; e, enfim, ele nos reduzirá, por sua potência, nessa *morte*, sem levar em conta a nossa vontade.
>
> A graça que o Filho de Deus veio estabelecer no mundo é a de *morte*, e não de vida [...], e ele próprio quis *morrer*, ele, que é a vida, para nos tirar e consumir nessa *morte*.
>
> Em Jesus, há a *morte* e a vida, mas a *morte* é manifesta, e a vida, escondida.[46]

---

45 Ibid., 125.
46 Bérulle, *Œuvres de piété*, in: *Œuvres*, éd.1665, cap.139, p.662-3. Em francês arcaico no texto. Sobre a espiritualidade bérulliana, ver Dagens, *Bérulle et les origines de la restauration catholique (1575-1611)*.

Os discípulos de Bérulle fazem do pecado original o centro de gravidade da vida cristã. Se os menos pessimistas conseguem contrabalançar a tendência ao mal pelo recurso à ajuda divina, a maior parte não vê saída, e alguns tombam na obsessão mórbida. Este é o caso de Charles de Condren, superior do Oratório. "Homem pouco equilibrado é vítima das tentações de impureza e de alucinações, a ponto de se entregar a mortificações extremas",[47] escreve Yves Krumenacker. Para Condren, a própria ideia de criação *ex nihilo* está em causa: tirado do nada, o homem é naturalmente levado a retornar ao nada. O pecado original só faz acentuar essa tendência: "Para ele, aderir a Jesus graças à ação do Espírito é aniquilar-se: destruir totalmente o 'velho Adão' que está no homem e cessar totalmente de ser si mesmo para se tornar um puro instrumento do espírito divino".[48] Confessor de Gastão de Orléans, um dos maiores devassos do reino, o padre de Condren sabe que a natureza humana é depravada e aconselha o cristão a se retirar do mundo. Partidário do exame de consciência geral, em vez do exame casuístico do caso por caso, que lhe parece por demais indulgente, não hesita em se opor à absolvição dos penitentes principescos. De fato, sua obra espiritual dá a impressão de que ele tem mais cisma com a criação que com o pecado original.

O padre Jean-Jacques Olier também é obcecado pelo pecado original. Ele se entrega a fatigantes mortificações e, de 1639 a 1641, praticamente para de se alimentar. O caráter irremediável da falta original leva o padre jesuíta Surin (1600-1663) a se jogar pela janela; Condren é perseguido pela tentação de se imolar, assim como o padre Jean Chrysostome (1594-1646), fundador de uma "Sociedade da Santa Abjeção".[49] Louise de Marillac está convencida de que a falta de Adão aniquilou a criação; ela escreve: "Sendo o homem a principal obra de Deus em sua criação, parece-me que o pecado o havia de alguma forma aniquilado, tornando-o incapaz do desfrute de Deus".[50]

---

[47] Krumenacker, *L'École française de spiritualité: Des mystiques, des fondateurs, des courants et leurs interprètes*, p.264.
[48] Ibid., p.267.
[49] Minois, *Histoire du suicide*, op. cit., p.193-8.
[50] Apud Krumenacker, op. cit., p.379.

OS JANSENISTAS E A NATUREZA HUMANA

O estado de pura natureza, isto é, aquele do homem antes da queda, incluía o dom da integridade, a justiça original, pela qual os sentidos ficam inteiramente submetidos à razão, ou esse dom foi adicionado como uma espécie de presente outorgado por Deus? A questão que divide jansenistas e jesuítas não é simplesmente acadêmica. No primeiro caso, significa que a perda desse dom pelo pecado original alterou nossa própria natureza e que nada mais nos resta senão confiar à misericórdia divina a nossa salvação. No segundo, a situação é menos desesperadora, pois o homem pode seguir o bom caminho se aceitar os conselhos do divino navegador.

A questão é posta desde os anos 1560 por um teólogo de Louvain, Michel de Bay, dito Baïus (1513-1589), que havia participado do Concílio de Trento. Para lutar contra os protestantes, ele se insere sobre seu próprio terreno e afirma, com Santo Agostinho, que o homem atual não pode, em caso nenhum, se encontrar no estado em que Deus o criou. O Adão de antes da queda era um ser imortal e perfeito. Baïus tem uma ideia muito elevada do que deveria ser o homem; ele "naturaliza o sobrenatural", diz Henri de Lubac.[51] Se o homem se tornou uma criatura pecadora, é porque o pecado original o fez perder sua verdadeira natureza; ele se encontra em estado de pecado permanente, tanto pela concupiscência em seus atos quanto em sua disposição de espírito habitual, e não tem mais o livre-arbítrio para se livrar disso, o que exclui qualquer ideia de moral natural: "Todas as obras dos infiéis são pecados", conclui Baïus, que, desejando combater Lutero, acaba por defender o mesmo ponto de vista que ele.

Essa posição está longe de constituir uma unanimidade na Igreja. Em 1567, Pio V condena 79 proposições, das quais quatro são tiradas diretamente de Baïus:

Pr. 21: A elevação da natureza humana à participação da natureza divina era devida à integridade da condição primitiva; ela deve então ser considerada como natural, e não como sobrenatural.

---

51 Lubac, *Deux augustiniens fourvoyés: Baïus et Jansénius*, *Recherches de Sciences Religieuses*, p.430.

Pr. 26: A integridade do estado primitivo não foi uma elevação gratuita da natureza humana, mas sua condição natural.

Pr. 55: Deus não teria podido criar o homem na origem tal como ele nasce agora.

Pr. 78: A imortalidade do primeiro homem não era um benefício da graça, mas sua condição natural.

Dois anos mais tarde, Gregório XIII obtém a condenação de Baïus. Este se curva, mas suas ideias são retomadas por outros. Elas serão maciçamente desenvolvidas em 1640, em *Augustinus*, de Cornelius Jansen, bispo de Ypres, que morrera dois anos antes, sendo mais conhecido pelo seu nome latinizado de Jansenius. A ignorância da verdadeira natureza humana, ele escreve, conduz os estoicos e os céticos a dois erros opostos:

> O estado do homem presentemente difere daquele de sua criação, de modo que um [Epiteto], notando alguns traços de sua primeira grandeza e ignorando sua corrupção, tratou a natureza humana como sã e sem necessidade de reparação, o que o leva ao cúmulo da soberba; ao passo que o outro [Montaigne], sentindo a miséria presente e ignorando a primeira dignidade, trata a natureza humana como necessariamente enferma e irreparável, o que o precipita no desespero de chegar a um verdadeiro bem e, daí, numa extrema covardia.[52]

Para Jansenius, assim como para Baïus, o estado "normal" do homem é aquele que precedeu a queda. O homem aspira a reencontrar sua natureza de origem, porém, corrompido pela concupiscência, só pode arrastar sua infelicidade. O jansenista, desesperado por não poder atingir o absoluto, se afasta do mundo, rejeitando qualquer compromisso. Aos seus olhos, a graça habitual não permite ao homem fazer o bem; para isso, precisa de uma graça excepcional, uma graça eficaz. O livre-arbítrio é uma ilusão: tanto no bem quanto no mal, não somos livres.

A querela jansenista preencheu milhares de volumes. Tomando proporções desmedidas, ela vai desviar as energias intelectuais católicas de um problema que nos parece atualmente mais grave: a ascensão do ateísmo. Teólogos e moralistas não pararão de se afrontar sobre a extensão das

---

[52] Jansenius, *Œuvres complètes*, III, p.152.

consequências do pecado. Depois da condenação das cinco proposições de Jansenius em 1653, e a bula *Unigenitus* (1713), que condena o jansenismo, o debate continua: em 28 de agosto de 1794, enquanto a Europa está em chamas, em Roma, Pio VI se preocupa em saber em qual estado se encontrava Adão antes do pecado original. Em sua bula *Auctorem fidei*, o papa condena a orientação jansenista do sínodo de Pistoia, que havia falado de "fábula pelagiana" a respeito da crença isentando do fogo do inferno as crianças mortas sem batismo. Dominando o ruído do cânone, Pio VI declara "falsa, temerária, injuriosa aos ouvidos católicos a proposição segundo a qual deve ser rejeitada como uma fábula pelagiana o lugar dos infernos vulgarmente chamado de 'limbo das crianças', no qual as almas daquelas que morrem só com o pecado original são punidas com a pena da danação, sem o castigo do fogo, como se o ato de afastar dessas almas a pena do fogo honrasse a fábula pelagiana, segundo a qual haveria um lugar e um estado intermediário, isentos da falta e da pena, entre o reino dos céus e a danação eterna".

Todo o movimento jansenista foi dominado pelo pecado original. Pierre Nicole acredita que não somos mais capazes de contemplação, pois esta "tem alguma coisa do estado de Adão antes do pecado" e diz respeito mais "ao estado de inocência".[53] A um amigo que lhe vangloria a "oração de simples olhar", ele responde: "Você é um pouco adepto da religião do estado de inocência e um pouco de menos daquela dos homens pecadores".[54] Por sua vez, o jansenismo de Quesnel "aparece muito próximo do bérullismo", explica Yves Krumenacker, "mas com uma insistência muito pesada sobre a natureza humana decaída, sobre a impotência do homem no estado presente, sobre a oposição ao mundo e às suas distrações".[55] Os jansenistas exaltam o esplendor de Adão antes do pecado, fazendo dele um ser quase semelhante aos anjos. Mas o homem se tornou fundamentalmente ruim. Mesmo quando ele se comporta bem, age em seu próprio interesse. Se ele se faz de virtuoso, é para que seja amado, afirma Nicole, filiando-se às observações desabusadas de seu contemporâneo La Rochefoucauld. Em suma, a sociedade se compõe

---

53 Nicole, *Lettres*, II, p.8.
54 Id., *Traité de l'oraison*, p.190. O abade Bremond, que cita essa passagem, fustiga a religião miserabilista dos jansenistas. "É mesmo sempre a concepção amarga, curta, egoísta e quase sórdida que eles têm da religião" (op. cit., t.IV, p.190).
55 Krumenacker, op. cit., p.475.

de desonestos e de hipócritas, e somente uma graça especial permite a alguns orientar sua vontade para o bem.

PASCAL: O PECADO ORIGINAL, PROVA PELO ABSURDO DA EXISTÊNCIA DE DEUS

É na queda de Adão que Pascal encontra a inspiração que lhe ditou suas mais belas páginas sobre o caniço pensante. Nelas expressa, com um vigor literário inimitável, o essencial da concepção trágica que o jansenismo tem da existência. Sem a ideia do pecado original, Pascal só teria sido um gênio da matemática. Para Denise Leduc-Fayette, "o pecado original é o 'princípio' na tripla acepção do termo: lógico (o alcance explicativo), cronológico (falta primeira, mas que, como ela, precede sempre a si própria, por isso remete ao pecado do anjo), ontológico (mesmo se o mal não for substancial): o pecado diz o fundo sem fundo, o pavoroso surgimento do insondável, a liberdade".[56]

O pecado original é a única chave que permite explicar as contradições e os sofrimentos do homem, este ser aturdido que não cessa de agir contra seus próprios princípios: "Para mim, confesso que assim que a religião cristã descobre esse princípio, que a natureza dos homens é corrompida e decaída de Deus, isso abre os olhos para se enxergar em tudo o caráter dessa verdade; pois a natureza é tal que marca em tudo um Deus perdido, e no homem, e fora do homem, uma natureza corrompida".[57] O pecado original se torna a prova da verdade do cristianismo, pois a razão humana deve se dar conta de que a única explicação reside no mistério. O pecado original é inaceitável para a razão e, apesar disso, a razão a ele conduz inevitavelmente. É sobre esse paradoxo que repousa a condição humana:

> O que seria de vós, então, oh homens que buscais qual é a vossa verdadeira condição, por vossa razão natural? Vós não podereis evitar uma dessas seitas, nem subsistir em nenhuma.

---

56 Leduc-Fayette, *Pascal et le mystère du mal*, p.217.
57 Pascal, *Pensées*, p.1201-2.

Conheceis, então, magnífico, qual paradoxo sois para si mesmos. Humilhai--vos, razão impotente, calai-vos, natureza imbecil; aprendeis que o homem é o problema do homem, e ouvi de vosso senhor vossa condição verdadeira, que ignorais. Escutai a Deus.

Pois enfim, se o homem nunca houvesse sido corrompido, ele desfrutaria, em sua inocência, da verdade e da felicidade com segurança; e se o homem jamais tivesse sido corrompido, não teria nenhuma ideia nem da verdade, nem da beatitude. Contudo, infelizes que somos, e mais do que se não houvesse grandeza em nossa condição, temos uma ideia da felicidade, e não podemos chegar a ela; sentimos uma imagem da verdade e só possuímos a mentira: incapazes de ignorar absolutamente e de saber certamente, tudo manifesta que estivemos num grau de perfeição do qual infelizmente decaímos!

O que é surpreendente, todavia, é que o mistério mais afastado de nosso conhecimento, que é aquele da transmissão do pecado, seja uma coisa sem a qual não podemos ter nenhum conhecimento de nós mesmos. Pois não há dúvida de que nada choca mais nossa razão do que dizer que o pecado do primeiro homem tenha tornado culpados aqueles que, estando tão afastados dessa fonte, parecem incapazes de dela participar. Esse fluxo não nos parece somente impossível, mas mesmo muito injusto; pois o que há de mais contrário às regras de nossa miserável justiça que condenar eternamente uma criança incapaz de ter vontade, para um pecado ao qual parece ter tão pouca parte, cometido 6 mil anos antes que ela fosse um ser? Certamente nada nos choca mais rudemente que essa doutrina; e, no entanto, sem esse mistério, o mais incompreensível de todos, somos incompreensíveis para nós mesmos. O nó de nossa condição toma seus recuos e retornos nesse abismo; de modo que o homem é mais inconcebível sem esse mistério do que esse mistério é inconcebível para o homem.[58]

Pascal não cessa de voltar a essa ideia de que é "incompreensível [...] que o pecado original seja e que não seja".[59] Prova pelo absurdo, esse raciocínio

---

58 Ibid., p.1206-8.
59 Pascal, *Œuvres*, p.816. Ele escreve ainda: "O pecado original é loucura diante dos homens, mas é dado como tal [...]. Essa loucura é mais sábia que toda a sabedoria dos homens, pois, sem isso, que diremos ser o homem? Todo seu estado depende desse ponto imperceptível. E como ele se apercebeu disso por sua razão, dado que é algo contra sua razão, e que sua razão, longe de inventá-lo por suas vias, se afasta quando isso lhe é apresentado?" (Ibid., p.786). O abade Bremond, sempre em desacordo com os jansenistas, comenta: "Quanto

que desafia a razão incorpora-se às provas existenciais do pecado original apresentadas na Idade Média pelos franciscanos. Assim, "Pascal quer ancorar no espírito de seus interlocutores a ideia da falta primeira, como princípio explicativo dessa "realidade do mal" experimentada, a título privilegiado, por Jó".[60] Tomando o contrapé da lógica racional, que busca explicar o desconhecido pelo conhecido, ele explica o conhecido, isto é, nossa miséria, pelo desconhecido, isto é, o pecado original.

Uma das consequências do pecado original é que só podemos representar Deus para nós mesmos por meio dessa falta, há entre ele e nós essa tela da queda, que nos impede de concebê-lo em sua onipotência. O pecado original também é a única causa da Encarnação. Em desacordo aqui tanto com Duns Scotus quanto com Bérulle, Pascal pensa que Cristo só veio à terra para redimir o homem da falta original. Por fim, nos *Escritos sobre a graça*, ele afirma que nossa natureza, inteiramente corrompida, é doravante vítima impotente da miragem do mal, e que a liberdade, portanto, não passa de uma ilusão:

> Tendo esse pecado passado de Adão a toda a sua posteridade, que nele foi corrompida como um fruto nascido de uma má semente, todos os homens vindos de Adão nascem na ignorância, na concupiscência, culpados do pecado de Adão e dignos da morte eterna.
>
> O livre-arbítrio ficou flexível ao bem e ao mal; mas com uma diferença: em Adão, não havia nenhum prurido ao mal e lhe bastava conhecer o bem para nele poder se portar. Inversamente, agora ele tem uma suavidade e um deleite tão poderoso no mal, pela concupiscência, que infalivelmente se porta como se fosse para seu bem, e que o escolhe voluntária e livremente, e com alegria, como o objeto em que sente sua beatitude.[61]

Pascal confirma que ninguém é voluntariamente malvado: o homem age mal porque acredita agir bem. Somente uma graça especial pode lhe revelar

---

à prova da religião que Pascal pensa poder tirar desse mesmo pecado original e da miséria que a ele se seguiu, confesso não a sentir. Para mim, é a revelação que me faz crer no pecado original, e não o pecado original que me persuade da verdade do cristianismo" (op. cit., t.IV, p.391).
60 Leduc-Fayette, op. cit., p.111. Ver também, a esse respeito, Ernst, *Approches pascaliennes*, p.389.
61 Pascal, Écrits sur la grâce, in: *Œuvres*, p.965-6.

onde está o verdadeiro bem e inclina-lo para ele infalivelmente. Pascal fala ainda de livre-arbítrio, mas esse termo não tem mais um sentido grandioso.

DOMINICANOS E JESUÍTAS: UMA CORRUPÇÃO MITIGADA

Os jesuítas não compartilham dessa visão radicalmente trágica das consequências do pecado original. Retomando parcialmente a herança humanista, concedem ao homem decaído uma estreita margem de manobra, que pode lhe permitir a conquista, *in extremis*, de sua salvação, com a condição de que ele utilize a graça que Deus distribui a todos os homens. Esse otimismo relativo se deve ao fato de que, para os jesuítas, o estado de perfeição do qual Adão desfrutava antes da queda era um dom sobreposto à natureza humana, que agora se vê trazida de volta às suas próprias forças. Deus teria podido criar o homem tal como ele é no momento atual, o que implica que este dispõe de certo livre-arbítrio; mesmo que ele não tenha conhecimento da verdadeira religião, o infiel pode atingir certo grau de bondade. É a corrente do humanismo cristão que leva esse otimismo mais longe, com Salmeron, Sadolet, o cardeal Pole ou François de Sales, para quem, "apesar de o estado de nossa natureza humana não ser agora dotado da santidade e da retidão originais, e que, ao contrário, sejamos enormemente depravados pelo pecado, talvez a santa inclinação de amar a Deus sobre todas as coisas tenha permanecido, como também a luz natural pela qual conhecemos que a soberana bondade é amável em todas as coisas [...]. Não é à toa que essa inclinação permanece em nossos corações, pois, quanto a Deus, ele se serve disso como de uma alça para poder mais suavemente nos prender e refluir para si".

Os jesuítas claramente se ligam à corrente anselmiana, isto é, à concepção do pecado original como perda do estado de justiça inicial sobrenatural. O cardeal Belarmino, por exemplo, busca mostrar que o próprio Agostinho não era tão radical como foi apresentado. Para ele, o homem em estado original de pura natureza estava exposto às mesmas paixões e às mesmas misérias que atualmente.

Essa ideia pode ser encontrada em Francisco Suárez (1548-1617). Esse jesuíta, cuja influência ultrapassa os limites da Companhia de Jesus, dedica longos desenvolvimentos de seu *De opere sex dierum* ao exame do estado de natureza e ao modo pelo qual os homens teriam vivido no paraíso terrestre, caso não tivesse ocorrido o pecado original. O quadro que sobressai dessa obra é surpreendente. Os homens teriam se reproduzido da mesma maneira; teriam conhecido a infância, a vida adulta, a velhice e a morte, em torno dos cem anos de idade; teriam se casado e vivido em sociedade organizada em total liberdade individual, sem escravidão nem domesticidade, cada um sendo conduzido por sua razão. Os homens não teriam sido isentos de pecados, mas esses pecados, puramente individuais, teriam sido punidos com um exílio temporário fora do paraíso terrestre, e os culpados teriam sido reintegrados após penitência. Suárez pensa que a maior parte dos exilados jamais teria voltado, por recusa em fazer penitência – a densidade da população do jardim teria sido, assim, suportável. Ele acrescenta, aliás, que os habitantes do Éden jamais teriam estado ao mesmo tempo no paraíso: grandes viajantes, eles teriam visitado a terra.[62]

O fato de que um dos mais eminentes teólogos do século XVI pudesse amalgamar tais fábulas às mais altas especulações ilustra a força da ideia do pecado original naquela época. Essa utopia mostra a que ponto está então solidamente ancorada a crença na realidade histórica do jardim e na história de Adão e Eva. A questão do pecado original está longe de ser um simples debate teórico, e cada obstáculo da existência lembra aos contemporâneos, de modo bem realista, as consequências da queda fatal. O próprio Suárez não duvida da realidade da ardilosa serpente falante.

Ainda no início do século XVI, o dominicano italiano Cajetan considera que "o pecado original é uma doença da natureza considerada em si mesma, pois consiste numa disposição contrária não somente à justiça original, mas à saúde natural do homem, enquanto um ser razoável [...]. Assim como a doença é uma maneira de ser que consiste na corrupção dos humores, também o pecado original é uma maneira de ser que consiste na corrupção das partes da alma".[63] Essa doença da alma, assim como as doenças do corpo, é uma verdadeira corrupção: "Também é assim com o pecado original, que é uma doença da natureza". Da mesma forma, Estius compartilha a concepção agostiniana da concupiscência como parte integrante do pecado original:

---

62 Suárez, *De opere sex dierum*, 3, 6, 24.
63 Cajetan, *In Summam*, 1, 2, 82, 7.

Em diversos lugares, de fato, Agostinho dá à concupiscência o nome de pecado original, e diz que ela é absolvida no batismo [...]. Certamente não devemos negar que o pecado original seja a ausência de justiça ou da retidão que cada um deveria ter ao nascer. Apesar disso, parece que a palavra concupiscência expressa mais plenamente sua natureza que a palavra privação [...]. Em que pese o fato de os pais do Concílio de Trento não terem desejado definir onde está o elemento constitutivo do pecado original, e se é necessário estabelecê-lo na privação da justiça ou na concupiscência, ensinando então que a concupiscência não é um pecado nos batizados, eles parecem ter pretendido nos deixar entender que é um pecado nos não batizados.[64]

Em meados do século XVI, entretanto, essa opinião tornou-se minoritária. A concepção de pecado original como privação triunfa amplamente. Privação da graça habitual, escreve um dos grandes teólogos do Concílio de Trento, o dominicano Dominique Soto, em seu tratado *De natura et gratia*. Isto é, aquele dom que estava na base da justiça natural e que permitia controlar a concupiscência. A ideia é retomada pelos teólogos de Salamanca.

Outro dominicano, Ambroise Catharin, propõe em 1542 uma ideia original em seu *De casu hominis et peccato originali*. Esse teólogo não conformista, que rejeita ao mesmo tempo as teorias agostiniana e anselmiana, define assim o pecado original: "Esse ato nada mais é que a prevaricação cometida por nosso primeiro pai, isto é, a mastigação do fruto proibido [...]. Esse até é nosso pecado, é ele que está em nós pelo motivo que, aos olhos de Deus, estávamos, de alguma forma, contidos em nosso primeiro pai". Formamos com Adão uma unidade física e moral, que faz com que seu ato possa nos ser juridicamente imputados, mesmo que não sejamos pessoalmente responsáveis. Essa doutrina seduzirá muitos teólogos, tais como Pighi, Salmeron, Lugo ou Tolet, mas Roberto Belarmino a julgará herética.

Quaisquer que sejam suas divergências, os jesuítas estão convencidos de que, pelo livre-arbítrio e pela graça, cada um pode se salvar. É o que afirma em 1587 o jovem jesuíta belga Lessius, em teses controversas, que acentuam a parte da vontade humana. Contradiz, assim, seu compatriota Baïus, mais velho, verdadeiro atleta do agostinismo, que assegurava ter lido nove

---

64 Estius, *In Sent*. 2, 30, 9.

vezes as obras completas de Santo Agostinho e setenta vezes seus escritos sobre a graça. Lessius é endossado no ano seguinte por outro jesuíta, Luís de Molina, cujo *De concordia liberi arbitrii cum divinae gratiae donis*, publicado em Lisboa em 1588, provocará uma violenta controvérsia. Molina é o teórico da "graça suficiente", "que traz ao homem tudo o que é necessário para fazer o bem, mas que pode produzir seu efeito unicamente pela decisão do livre--arbítrio", escreve Louis Cognet.[65] Deus, que nos conhece intimamente, nos dá uma graça proporcional às nossas capacidades, mas que não é coagida. Por nosso livre-arbítrio, podemos a ela aderir e, assim, fazer o bem e ser salvos. O molinismo é um humanismo; ele guarda uma certa confiança no homem, a despeito do pecado original. Inicialmente combatido pelos dominicanos, ele se tornará o alvo dos jansenistas, que não podem tolerar que o homem tenha qualquer parte na obra da salvação.

AS CRIANÇAS MORTAS SEM BATISMO: PROCESSO EM NOVO JULGAMENTO

Debatida a partir de Santo Agostinho, a questão das crianças mortas sem batismo é novamente objeto de acres controvérsias nos séculos XVI e XVII. Os teólogos devem escolher entre a rigorosa lógica da justiça divina, tais como eles a imaginam, e o sentimento humano de uma elementar piedade. Agostinho havia asseverado que os pequenos pagãos seriam condenados, e o Concílio de Florença tinha reafirmado: "As almas daqueles que morrem em estado de pecado mortal ou apenas com o pecado original descem para o inferno, para lá, todavia, serem punidas com penas desiguais". Quais penas? São Tomás, como lembramos, enviava essas crianças para os limbos, onde sofriam a pena da danação, que é a privação da visão divina, mas escapavam da pena dos sentidos, isto é, do fogo.

No entanto, muitos jesuítas tendem a pensar uma sorte menos severa. Lessius escreve assim:

---

65 Cognet, *Le Jansénisme*, p.13.

> As crianças que morrem sem batismo, apesar de privadas da visão de Deus e do reino do céu, terão uma condição conforme à dignidade de sua natureza. Contentes e alegres, louvarão a Deus por toda a eternidade [...]. De fato, por que não receberiam em abundância todas as vantagens naturais (com a exclusão das outras, é claro)? Por que não poderiam conhecer, amar e louvar a Deus eternamente? [...] Quanto ao lugar de sua estadia, sem nada querer afirmar, inclino-me fortemente a crer que não serão aprisionadas numa caverna profunda e tenebrosa [...]. Deus poderá facilmente providenciar-lhes – mesmo sob a terra, se for preciso – um lugar em que não faltará nem luz, nem amenidades, nem espaço [...]. Assim, ainda que condenadas, dado que serão eternamente privadas da glória do céu à qual estavam destinadas, desfrutarão de uma felicidade superior àquela de qualquer homem entre nós.[66]

Cajetan vai mais longe, afirmando que as crianças mortas sem batismo são salvas pela fé de seus pais. Teria ele se esquecido do pecado original? O dominicano Catharin denuncia seu confrade Cajetan diante do Concílio de Trento, que lança o anátema contra aqueles que "negam a necessidade de batizar as criancinhas recentemente saídas do útero materno" sob o pretexto de que os pais são batizados. Meio século depois, Roberto Belarmino, que teme um retorno poderoso dos pelagianos, se mostra igualmente severo: os pequenos pagãos certamente escaparão das chamas, mas serão confinados nos "limbos tenebrosos" e privados da vista de Deus.

Um século mais tarde, em 1698, o cardeal Sfondrate volta a propor uma tese otimista. Para ele, os pequenos pagãos mortos certamente são felizes:

> Deus, apesar de não os admitir na glória do céu, lhes dará um outro benefício muito maior, que eles teriam preferido ao céu, e que nós mesmos, se pudéssemos escolher, também preferiríamos ao céu. Esse benefício consiste no fato de que, tendo-os levado por uma morte prematura, assegurou-lhes sua inocência pessoal e os preservou de inúmeros pecados [...] que decerto cometeriam no decorrer de suas vidas e que os teriam condenado às chamas eternas do inferno [...]. Portanto, eles não têm nenhum motivo para reclamar [...]. Ao contrário, têm um poderoso motivo para louvar a Deus e de lhe dar graças.[67]

---

66 Lessius, *De perfectionibus divinis*, 13, 145.
67 Sfondrate, *Nodus praedestinationis solutus*, 1, 1, 23.

Desta vez, é Bossuet que rege, recusando-se a conferir nem mesmo a menor felicidade a essas crianças que são, para ele, escravos do demônio. E assim como Agostinho havia denunciado Pelágio, como Catharin denunciara Cajetan, Bossuet denuncia Sfondrate ao papa Inocêncio XII, a quem encaminha os textos incriminados, pedindo-lhe que puna o culpado. Inocêncio XII se contenta em agradecer a Bossuet sua solicitude.

Quanto aos pobres fiéis, o que podem esperar? As massas rurais do Antigo Regime certamente não leram Suárez ou Belarmino, mas a pastoral do medo pregada por seus curas não se importa com as nuanças. Os rituais e manuais de casuística mantêm a angústia: o *Dictionnaire des cas de conscience*, de Pontas, elaborado em 1715, considera assim uma pluralidade de circunstâncias que ameaçam invalidar o batismo e privar a criança da beatitude. Exemplos:

> Caso VIII: Oldrade, jovem estudante, desejando batizar seu irmão que estava morrendo, acreditou fazer melhor que os outros dizendo: *Ego te baptiso in nominibus Patris, et Filii, et Spiritu Sancti*. Esse batismo é válido? Resposta: "Esse batismo é nulo, porque a mudança da palavra *nomine* para *nominibus* é essencial, pois destrói o sentido das palavras da fórmula e não significa a unidade de essência nas três pessoas divinas, cuja expressão não é menos necessária para a validade do batismo que a invocação das três pessoas da Santa Trindade". [...]
>
> Caso X: Clotilde, parteira mal instruída, batizou uma criança, dizendo, por ignorância: *In nomine Matris*, em vez de: *In nomine Patris* etc. Esse batismo é válido? Resposta: "Esse batismo é nulo, porque essa mudança destrói absolutamente o sentido católico da fórmula desse sacramento. [...]".
>
> Caso XIV: Justin e André, vendo que uma criança estava prestes a expirar, batizaram-na, ambos, dizendo cada um em particular as palavras da fórmula e, ao mesmo tempo, derramando água sobre seu corpo. Esse batismo é válido? Resposta: "Esse batismo seria ilícito, mas dado que os dois ministros não quiseram que a ação de um dependesse da ação do outro, seria válido, porque não faltariam nem matéria, nem fórmula, nem intenção de fazer o que a Igreja faz [...]. De resto, se um dos dois acabasse a fórmula antes do outro, este deveria parar imediatamente".[68]

---

68 *Rituel de Blois*, p.15.

Tal formalismo não pode tranquilizar. Sobretudo porque a ele se adicionam condições estritas concernentes a circunstâncias materiais. Basta que um membro do bebê saia do corpo da mãe e que não seja batizado para que seja condenado; por outro lado, se nem começou a sair e a mãe e a criança morrem, o bebê está salvo, como explica o *Rituel de Blois* em 1730:

> Não é permitido abrir uma mulher antes de sua morte para salvar seu fruto e lhe dar o batismo. Se ela morrer antes de dar à luz, é preciso manter sua boca aberta por temor de que a criança seja sufocada, e prontamente recorrer a um cirurgião ou outro para abrir o peito da mãe, tirar a criança corretamente e batizá-la se der o menor sinal de vida. Se for tirada morta, sem poder ter sido batizada, não se deve inumá-la em terra santa, mas num lugar não benzido e destinado ao enterro de crianças mortas sem batismo. Se ficar dentro da mãe, deve-se inumá-la com ela, sem temor de que o lugar santo fique poluído, porque nesse estado ela é como uma parte de sua mãe.[69]

Essas crenças se perpetuaram até em pleno século XIX no oeste da França, onde se assinalam casos de histerectomias (secção do músculo uterino) operadas por religiosas, ou até mesmo por curas, para soltar o crânio da criança em caso de dificuldades, a fim de lhe administrar o batismo. Em 1831, em Ille-et-Vilaine, o subprefeito declara que tais operações são "frequentes no distrito". O bispo de Rennes recusa-se a proibi-las, porque, como argumenta, ele "se tornaria responsável pela perda de uma criança morta assim, sem socorro". Em sua obra *Solis presbyteris et diaconibus*, o bispo de Mans, Jean-Baptiste Bouvier, recomendava que, em casos de partos difíceis, se abrisse a mãe, morta ou viva, servindo-se preferencialmente de uma lâmina, mas que se guardasse o fato em segredo. Em 1847, no Grand-Oisseau, em Mayenne, uma parteira recusou-se a fazer uma cesariana, então o padre encarregou duas religiosas para batizarem o feto. As irmãs foram condenadas a uma multa, o que suscitou protestos do bispo. Nessas condições, o uso criado por médicos belgas de uma sonda que permitisse batismos intrauterinos foi um grande progresso, pois a necessidade de batizar o embrião era reafirmada por Pio IX em 1857 e 1860.[70]

---

69 Pontas, *Abrégé du Dictionnaire des cas de conscience de M. Pontas*, ed. Collet, p.130-1.
70 Exemplos extraídos da tese de Léonard, *Les Médecins de l'Ouest au XIX siècle*, 3v.

Durante muito tempo, a Igreja ensinou aos pais que seu bebê era uma "criança de Satã" – é por esse motivo que, lembra o *Rituel de Toul* em 1760, as comemorações antes do batismo estavam proscritas: "Os curas devem absolutamente impedir que as crianças sejam conduzidas ao batismo com violinos ou outros instrumentos. É preciso lembrar que elas são criminosas e crianças de cólera, que se vão apresentar à misericórdia de Deus; que, nesse estado, são cativas do demônio; que, assim, nada convém menos à sua condição que essas loucas comemorações".[71] As peças populares não se mostram mais otimistas sobre a sorte das crianças mortas sem batismo: em *Mystère des Rameaux*, encenado em Embrun em 1529, afirma-se que elas "não descem ao grande abismo, onde estão os outros condenados. Mas são privadas do verdadeiro Deus e de sua divina essência"; igualmente inquietante, se os pais forem julgados responsáveis por essa sorte, seus filhos virão testemunhar contra eles no dia do julgamento final.[72]

Alguns temem que as pequenas almas infelizes retornem para atormentar os vivos. Para evitar sua errância, por vezes se prendem os pequenos corpos na terra com uma estaca no peito, nesses lugares – situados fora dos cemitérios consagrados – em que se enterravam os excomungados e as pessoas mortas sem batismo. Desde o século XV, igualmente, muitos pais cujo recém-nascido morrera antes de receber o batismo levam-no a um "santuário de suspensão", frequentemente uma capela, onde a criança é colocada no coro ou no altar, na esperança do menor sinal miraculoso de um curto retorno à vida que lhe permita receber o batismo antes que recaia na morte. Ora, sinal revelador da ascensão da obsessão do pecado original, essa prática supersticiosa, condenada pela Igreja, se desenvolve no século XVII, como mostrou o belo estudo de Jacques Gélis.[73]

Em 1700, o protestante Gabriel d'Émiliane conta o que viu em Dijon:

> Em torno das dez horas da manhã, fomos a essa igreja onde estava a miraculosa imagem da Virgem, chamada comumente de pequena Notre-Dame de Saint-Bénigne, e vimos duas crianças, mortas no nascimento, que havia dois

---

71 *Rituel de Tours*, p.25.
72 Ver Delumeau, *Le Péché et la peur*, op. cit., p.309.
73 Gélis, *L'Arbre et le fruit: La Naissance dans l'Occident moderne, XVIe-XIXe siècle*.

dias jaziam lívidas e negras, e quase em decomposição. Os pais, que eram das melhores famílias de Dijon, durante esses dois dias tinham mandado celebrar nessa igreja mais de duzentas missas por um escudo cada, para obter de Deus, pela intercessão dessa estátua, e pelas preces desses religiosos, um pouco de vida que seria necessária para que essas pobres crianças pudessem receber o santo batismo.[74]

Ele conta como o clérigo deixou os dois cadáveres o mais longo tempo possível, para aumentar as oferendas, até o momento em que o odor se tornou insuportável. Então, um monge sacudiu discretamente o altar, o que fez os corpos se moverem, sinal de um retorno à vida, para quem sabe ver. Foram então batizados e enterrados.

No século XVIII, o papa Bento XIV, espírito esclarecido, denuncia em vão esses abusos e superstições:

> Os sinais pelos quais se pretende declarar a ressurreição dessas crianças são muito ambíguos, e [...] as testemunhas, em sua maioria, são pouco críveis e têm pouca autoridade. Pois elas têm por sinais certos da revivescência ou a mudança da cor pálida para vermelho, ou bem a flexibilidade dos membros, que antes estavam rígidos, ou o sangue que corre das narinas, ou ainda qualquer gota de suor que apareça sobre a fronte ou sobre o ventre [...]. Os ditos efeitos físicos podem ser facilmente atribuídos ao calor que provêm dos archotes acesos ao lado dos cadáveres das crianças e de outras luzes acesas para aquecer esses santuários.[75]

Na ausência de doutrina precisa sobre a sorte das crianças mortas em estado de pecado original, a posição agostiniana rigorosa teve, durante muito tempo, ferozes defensores, mesmo entre os jesuítas, como Denis Petau, que escreve em meados do século XVII: "A pena do inferno é a mesma para aqueles que morrem apenas com o pecado original e aqueles que morrem com os pecados atuais. Essa pena é, como diz Agostinho, aquela do fogo. Então, embora a pena não seja idêntica para os primeiros e para os últimos, ela é

---

74 D'Emiliane, *Histoire des tromperies*, p.25.
75 Benedito XIV, *Operum editio*, XI, p.204.

sempre a pena torturante da chama".[76] O mais ilustre desses teólogos é Bossuet, para quem a prática do batismo é uma prova do pecado original,[77] e que declara aprovar a posição de Petau, "condenando a falsa piedade daqueles que, para testemunhar às crianças mortas uma afeição que não lhes serve para nada, se opõem às Escrituras, aos concílios e aos Pais".[78]

BOSSUET E O RENASCIMENTO DA CONCUPISCÊNCIA

Na obra *Défense de la tradition et des saints Pères*, Bossuet dedica dezenas de páginas a promover a tradição agostiniana da queda contra Richard Simon, que ele acusa de ressuscitar o pelagianismo. "É preciso saber", ele escreve, "que se dissemina uma opinião entre os críticos modernos de que o pecado original não é o que se pensa; que Santo Agostinho, e depois dele os ocidentais, o levou longe demais."[79] É um erro, afirma Aigle de Meaux (cognome de Bossuet), e "essa nova doutrina sobre o pecado original tem como principal autor neste século Grotius, que a recebeu dos socinianos, e como principal defensor, mesmo em nossos dias, M. Simon". Recapitulando então todas as decisões dos concílios, dos papas e dos Pais, criticando vigorosamente as opiniões, os erros e as heresias sobre o tema, chega a esta conclusão: é Santo Agostinho quem tem razão, em particular quando estabelece o pecado original na concupiscência.

Bossuet dedica um tratado à concupiscência, distinguindo aquela da carne e dos sentidos, aquela dos olhos e da curiosidade, e aquela do orgulho. A revolta da carne, ele explica, é a prova da queda original, a origem de todos os nossos males. Como, de outra forma, poderíamos explicar esse vergonhoso desejo sexual?

> Por ora, basta que noteis que todos nós nascemos, para nossa infelicidade, dessas paixões vergonhosas que, sendo suscitadas pelo pecado, se elevam na carne, até à confusão dos espíritos [...]. Oh vós, homens miseráveis, que nasceis

---

76 Petau, *De Deo*, l. IX, c.X, §12, c.XI, §5.
77 Bossuet, *Défense de la tradition et des saints pères*, 1a parte, cap.XI.
78 Ibid., 2ª parte, cap.II.
79 Ibid., livro VII, cap.X.

dessa revolta, vós nasceis, por conseguinte, rebeldes contra Deus e seus inimigos [...], e dado que a massa da qual fostes formados já está infectada em sua fonte, o pecado se liga e se incorpora à vossa natureza. Vem daí essa profunda ignorância, vêm daí as quedas contínuas, vêm daí essas cupidezes desenfreadas que constituem toda a perturbação e todas as tempestades da vida humana.[80]

A vergonhosa concupiscência da carne nasceu desde que Adão comeu a maçã. E desde então ela é nosso pecado:

> Vós sabeis, fiéis, que Adão, nosso primeiro pai, ao se elevar contra Deus, perdeu imediatamente o império natural que tinha sobre seus apetites. A desobediência foi vingada por outra desobediência. Ele sentiu uma rebelião a qual não esperava; e tendo a parte inferior inopinadamente levantada contra a razão, ele ficou confuso pelo fato de não poder reduzi-la. Contudo, o mais deplorável é que essas avidezes brutais, que se erguem em nossos sentidos, até à confusão do espírito, se devam em tão grande parte ao nosso nascimento. Daí decorre de ela ter algo de que se envergonhar, porque viemos todos desses apetites desregulados que fizeram corar nosso primeiro pai. Por favor, compreendam essas verdades e poupem-me o pudor de repassar uma vez mais coisas tão cheias de ignomínia, sem as quais, contudo, é impossível que compreendais o que é o pecado de origem: pois é por esses canais que o veneno e a peste fluem em nossa natureza. Que nos engendram, que nos matam.[81]

Em sua correspondência, Bossuet recomenda então aos seus protegidos que desconfiem da concupiscência. Em 1691, escreve à sua irmã Cornuau de Saint-Bénigne: "Nós nos tornamos uma raça maldita, crianças infelizes, e culpadas, de um pai infeliz, de quem Deus retirou a graça que queria transmitir a todos os homens [...]. Maculados desde o nosso nascimento, e concebidos na iniquidade, concebidos dentre os ardores de uma concupiscência brutal, na revolta dos sentidos, e na extinção da razão, devemos combater até a morte o mal que contraímos ao nascer".[82] Apesar disso, teria sido tão fácil para Adão resistir à tentação: "O que havia de mais suave, em tão grande abundância de

---

80 Id., Premier sermon pour le jour de Pâques, in: *Œuvres complètes*, t.I, p.565.
81 Id., *Premier sermon pour la fête de la Conception de la sainte Vierge*, ibid., t.II, p.98.
82 Ibid., *Correspondance*, t.XII, p.39.

todos os tipos de frutas, que se privar de uma apenas?".[83] É bem por isso que "os espíritos soberbos, que desdenham da simplicidade da Escritura e se perdem em sua profundidade, tratam essa história como vã e quase como pueril. Uma serpente que fala; uma árvore da qual se espera a ciência do bem e do mal; de repente os olhos se abrindo ao comer seu fruto; a perda do gênero humano ligada a uma ação tão pouco importante. Que fábula menos crível se encontra entre os poetas? É assim que falam os ímpios".[84]

Bossuet retoma então toda a história da queda em *Élévations sur les mystères de la religion christienne*, em que permanece numa interpretação literal do Gênesis – o que não o impede de preencher as lacunas a fim de lhe dar um ar rigorosamente lógico. Como explicar essa serpente que fala? Naquele tempo, diz Bossuet, "os animais, submetidos ao império dos homens, nada tinham de espantoso", e "Eva não ficou surpresa por ouvir uma serpente falar". Também é lógico que o diabo tenha escolhido tentar a mulher, pois esta é o elemento fraco do casal: "A primeira mulher [...] tinha o corpo formado a partir de uma porção de Adão, e era uma espécie de diminutivo. Proporcionalmente, também o mesmo ocorria com o espírito".[85] Desde a origem, Adão era o patrão: "Cabia ao homem uma primazia que ele só podia perder por sua falta e por um excesso de indulgência. Ele havia dado o nome para Eva, assim como o havia dado para todos os animais, e a natureza quis que ela lhe fosse, de algum modo, assujeitada". E a inteligência desse belo animal de companhia, que é a mulher, evidentemente não estava à altura de resistir ao demônio. "O diabo, atacando Eva, preparava na mulher um dos instrumentos mais perigosos para pôr a perder o gênero humano."[86]

Bossuet nos adverte: o método de Satã consiste em fazer nascer em nós o desejo de conhecer a razão das coisas: "Por que o Senhor o proibiu?". Todos os erros começam por "esse infeliz *por que*". A partir do momento em que o desejo de saber aparece em nós, é preciso então fugir: "Fujamos, fujamos, e desde o primeiro *por que*, desde a primeira dúvida que começa a se formar em nosso espírito, tapemos o ouvido; pois por pouco que vacilemos, morreremos".[87]

---

83 Id., *Traité de la concupiscence*, ibid., t.III, p.489.
84 Ibid.
85 Id., *Élévations sur les mystères*, ibid., t.III, p.41.
86 Ibid., p.41-2.
87 Ibid., p.42.

Eva cedeu então ao orgulho e imediatamente sentiu "entrar até a medula dos ossos o amor pelo prazer dos sentidos". Quanto a Adão, "cedeu a Eva mais por indulgência do que por estar convencido de suas razões". A sequência da história embaraça ainda mais Bossuet, que recorre a uma série de perífrases para pudicamente dar conta da primeira ereção e do primeiro coito da história: "Começa a nos aparecer alguma coisa que uma boca pudica não pode exprimir e que castas orelhas não podem escutar. A própria Escritura se fecha aqui e só nos diz, por meias palavras, o que nossos primeiros pais sentiram neles próprios".[88] Mal havia engolido a maçã, Adão fita Eva de uma maneira estranha: "Quem sabe se então, já corrompida, Eva não começa a lhe parecer agradável demais? [...] Até então, sua mudez inocente não lhes causava incômodo. Quereis saber o que lhes aconteceu? [...] Em suma, seu espírito, que se alçou contra Deus, não pôde mais conter o corpo que devia comandar". Eles procuraram folhas para se cobrir, e "não foi contra as injúrias do ar que se cobriram [...]; só precisam de folhas e escolhem as mais largas e mais espessas [...]. Encerremos, para não voltarmos a essa desordem vergonhosa. Todos nascemos disso, e é por isso que nosso nascimento e nossa concepção, isto é, a própria fonte de nosso ser, são infectadas pelo pecado original. Oh, Deus! Onde estamos, e de qual estado decaímos!".[89]

Para encerrar, Bossuet evoca a "enormidade do pecado de Adão", "um crime tão grande que compreende em si todos os crimes que disseminam na raça humana a concupiscência, produzida a todos". Adão "degolou sua própria mulher, dado que, em vez de levá-la à penitência que a teria salvado, ele acaba de matá-la por sua indulgência". Não é por acaso, adiciona Bossuet, que, mais tarde, é decidido entre o povo hebraico mutilar em todos os meninos esse membro responsável pelo mal: "Foi a circuncisão; e não foi em vão que essa marca foi impressa onde sabemos, em testemunho imortal da maldição das gerações humanas e do entrincheiramento que se precisou fazer das paixões sensuais que o pecado tinha introduzido, e das quais nós deveríamos nascer".[90]

Bossuet enumera, então, todas as consequências de nossa decadência: obrigação do trabalho, hostilidade da natureza, que torna as colheitas

---

88 Ibid., p.44.
89 Ibid.
90 Ibid., p.55.

aleatórias, necessidade de nos abrigarmos nas casas e cobrirmos os corpos com roupas – e o bispo aproveita para fustigar seu luxo, com inflexões pré--rousseauístas: "Oh homem, volta à tua origem! Por que se orgulhar de tuas roupas? Deus te dá, primeiramente, nada além de peles para vestir".[91] Em seguida, tendo o homem se tornado fraco, deve "aliviar o trabalho com o sono; todos os dias é preciso ir morrer e passar nesse nada uma tão grande parte de nossa vida". A condição humana é, em todos os pontos, lamentável: "Nossas misérias começam com a vida e duram até a morte; ninguém está isento".

Somos todos iguais na corrupção, pois "Deus quis que, na medida em que somos homens espalhados por toda a terra, tanto nas ilhas como nos continentes, sejamos advindos todos de um só casamento, e uma vez que nele o homem é o chefe, por conseguinte, um só homem é a fonte de todo o gênero humano".[92] A insistência sobre o pecado original desemboca inevitavelmente numa antropologia da unidade humana, num sentimento de solidariedade e de igualdade, mas esse sentimento de igualdade, claro, é bem teórico e parece servir, sobretudo, para justificar a desigualdade social. Somos todos maus, mas a ordem social hierarquizada permite evitar o caos.

Os grandes debates teológicos dos séculos XVI e XVII não incitam o otimismo. Poderíamos resumi-los numa frase: o homem é incapaz de fazer o menor bem se não receber a ajuda de Deus. Certamente os teólogos divergem sobre a gravidade de nosso estado, sendo que os jesuítas nos agraciam com um pouco mais de iniciativa e liberdade que os jansenistas. No entanto, evidentemente, a espécie humana passa por ser incapaz de progredir. O homem é o lobo do homem: eis a opinião dos moralistas do século XVII. O *Leviatã* traduz o pensamento político de uma sociedade marcada pelo pecado original. O fato de a teoria ter sido feita por um quase ateu, Hobbes, em nada muda o caso: em meados do século XVIII, a ideia de pecado original começa a invadir a filosofia que, sob uma forma secularizada, chegará ao mesmo moralismo rigoroso.

---

91 Ibid., p.47.
92 Ibid., p.49.

– 5 –

O PECADO ORIGINAL, FUNDAMENTO DA CULTURA CLÁSSICA

A natureza humana é boa ou má? Para a Europa clássica, a resposta não tem ambiguidade: o homem é sempre inclinado ao mal por descender de Adão, o ancestral comum, por quem a criação foi adulterada. Essa desesperante certeza marca toda a civilização clássica. O homem deve desconfiar de suas paixões, e as pessoas devem se deixar guiar pelo clero e pelo Estado.

CATECISMOS, SERMÕES E MANUAIS DE MORAL

Desde sua mais tenra idade, as crianças aprendem pelo catecismo, cujas fórmulas indeléveis programam os espíritos, que elas nascem "más e pecadoras". É o que lhes ensina, por exemplo, o *Cathéchisme de Meaux*, composto por Bossuet:

– Como então nascemos pecadores?
– Pelo pecado de nosso primeiro pai.
– Como somos pecadores pelo pecado de nosso pai?
– Não é preciso perguntar como, basta que Deus o tenha revelado.
– Como vocês chamam esse pecado que trazemos ao nascer?
– Nós o chamamos de pecado original, isto é, o pecado que trazemos desde nossa origem ou desde nosso nascimento.
– Qual foi o pecado de Adão?
– Foi o de ter comido o fruto proibido.
[...]
– Quais efeitos sentimos do pecado de Adão?
– Efeitos muito infelizes, no corpo e na alma.
– Que efeitos sentimos no corpo?
– A morte e todas as suas consequências, como o são as doenças e todos os incômodos da vida.
– Que efeitos do pecado sentimos em nossas almas?
– Dois infelizes efeitos, a ignorância e a cobiça ou a concupiscência.
– O que vocês chamam de concupiscência ou cobiça?
– É a inclinação ao mal.
– Somos inclinados ao mal?
– Sim, somos inclinados ao mal.
– Como?
– Devido ao fato de que somos levados a nos ligar aos prazeres sensíveis e a amar a nós mesmos mais que a Deus.[1]

O *Catéchisme de Bourges*, obra de La Chétardie, cura de Saint-Sulpice, é muito mais explícito. A respeito da proibição feita a Adão, ele apresenta a questão:

– Qual foi esse preceito?
– De não comer o fruto de uma única árvore, sob pena de morte.
– Por que essa ordem?
– 1) Para lhe fazer sentir sua dependência e lhe ensinar que ele tinha um mestre. 2) Para testar e coroar sua obediência, e lhe ensinar a rejeitar o excesso.

---

1 Bossuet, Catéchisme de Meaux, in: *Œuvres complètes*, t.V, p.407-8.

– Por que uma só ordem?
– Não tendo a compreensão obscurecida pela ignorância, nem a cobiça, não era preciso lhe ordenar ou lhe proibir muitas coisas.
– Por que uma ordem assim tão fácil?
– Ele queria tornar sua vida cômoda, enquanto ela fosse inocente.[2]

Chega o demônio-serpente, que fala a Eva:

– O que ela faz?
– Ela escuta demais o tentador, que a lisonjeia por uma grandeza imaginária, ela raciocina sobre o preceito, duvida, se enche de orgulho, se deixa levar pela vaidade, pela curiosidade, pela sensualidade; ela desobedece, come dessa maçã, ou melhor, desse veneno funesto, e o oferece ao seu marido, que o come para lhe agradar.

A aproximação da maçã e do veneno era, por vezes, levada até à assimilação. A famosa maçã de Adão teria mesmo sido envenenada, como aquela da Branca de Neve, defende em 1617 o doutor Robert Fludd, em seu *Tractatus theologo-philosophicus*.

Mas retomemos a lição de catecismo para ouvir a lista das consequências da desobediência de Adão:

– O que essa transgressão causou?
– Subitamente, tudo mudou para eles. 1) Perderam a inocência e a justiça original e, com ela, sua felicidade e o império que detinham sobre si mesmos e sobre os animais, que se revoltaram ou fugiram [...]. 2) Foram despojados da graça, expulsos vergonhosamente do paraíso, mandados para o lugar triste, inculto, agreste, de sua baixa origem. 3) E aterrados por este decreto fulgurante: "Comereis o pão com o suor de vosso rosto, até que retorneis à terra da qual viestes" [...]. Desse modo, nossos primeiros pais, cegos por não se terem mantido na glória de sua primeira formação, se tornaram semelhantes aos brutos privados de razão. 4) E condenados às mesmas misérias, e a mais misérias, ao

---

2 La Chétardie, *Catéchisme ou abregez de la doctrine chrétienne cy-devant intitulez catéchisme de Bourges par Monsieur de la Chétardie, curé de Saint-Sulpice de Paris*, p.65.

trabalho, à pobreza, à fome, à sede, ao calor, ao frio, às doenças, à velhice e, por fim, à morte temporal, figura da morte espiritual e eterna a que haviam ficado sujeitos. 5) A luz de seu espírito obscureceu-se, sua vontade se dirigiu ao mal, sua liberdade se enfraqueceu, suas paixões se revoltaram, e eles perderam o direito que tinham à vida eterna.

Consequência do pecado de Adão: "Viemos todos a este mundo degradados, criminosos, filhos da ira e da maldição, inimigos de Deus, escravos do diabo que os havia seduzido, condenados à morte e infectados pelo pecado original, assim como as serpentes do veneno de seu pai: cada homem que nasce nada mais é que um Adão reproduzido ou uma extensão do Adão criminoso".[3]

Adulto, o fiel não cessa de ouvir a repetição contínua dos predicadores de que é um miserável, que a concupiscência está em todos os lugares. Como o jesuíta Vincent Houdry, no sermão *Sobre a intemperança no comer e no beber*, pouco antes de 1700:

> Senhores, é uma verdade constante, e que faz um dos primeiros princípios de nossa religião, que o pecado do primeiro homem não somente engajou todos os homens em sua infelicidade, mas ainda que esse pecado desregulou de tal forma a natureza do próprio homem, que essa desordem se espraiou por todas as partes que o compõem, em seu espírito e em seu corpo, e geralmente em todas as suas potências, que ele corrompeu, enfraqueceu e desregulou. É por isso que a compreensão, que antes era esclarecida com tão vivas luzes, ficou obscurecida e cega, e que sua vontade, em vez dessa retidão que lhe era natural, seja agora uma tendência estranha para os bens sensíveis, aquilo a que chamamos de concupiscência.[4]

O pecado de Adão é responsável para explicar tudo o que não funciona no mundo. É da gula que vem todo o mal, afirma Vincent Houdry: "Esse pecado foi a intemperança, ao comer o fruto proibido [...], o que me leva a afirmar que esse pecado, considerado em sua natureza e em seus efeitos, é o

---

3 Ibid., p.66-7.
4 Houdry, *Sermons sur tous les sujets de la morale chrétienne*, t.II, p.36-7.

mais vergonhoso e o mais indigno de um homem, quando só teríamos por regra de nossa conduta a lei natural, e somente as luzes da razão".[5]

O homem deve desconfiar de tudo, pois o diabo está em toda parte. Mais que qualquer um, o padre deve se lembrar disso, pois é o modelo do homem regenerado. Em seus *Exames particulares*, Louis Tronson, superior do seminário de Saint-Sulpice, lembra aos seus seminaristas: Adão e Eva, depois da desobediência, descobriram com horror sua nudez; como eles, devemos ter vergonha de nosso corpo e nunca o olhar, sobretudo as "partes vergonhosas" – a modéstia "desejaria mesmo que jamais dormíssemos sem cueca, para prevenir as surpresas que poderiam ferir durante a noite". Convém dissimular o melhor possível seu corpo e buscar seu controle: com a concupiscência, ele escapa muito facilmente ao domínio do espírito. Tronson dedica então longas passagens sobre como se portar, olhar, sorrir, andar. "Isso supõe, é claro, uma antropologia que desvaloriza radicalmente o que pode haver de demasiado humano no homem", escreve Yves Krumenacker, que nota o quanto o "nascimento do homem moderno" é, de certa maneira, uma tentativa de camuflar sua miséria, depois que ele tomou consciência dos efeitos devastadores do pecado original.[6]

Certamente é preciso fazer concessões à nossa fraqueza, admite o cura Jean-Baptiste Thiers, para quem "o homem não teria tido necessidade de jogos nem de divertimento, se tivesse se mantido no bem-aventurado estado de inocência em que Deus o criara. Pois qualquer que tenha sido seu dever de trabalhar no paraíso terrestre, seu labor lhe teria sido agradável". Aqui, a punição do pecado original não é o trabalho, mas a diversão. Idealmente, o homem deveria poder trabalhar de forma contínua, sem precisar de repouso nem riso. Mas sua fraqueza "é tão grande a partir do pecado que, não podendo se ocupar sem tréguas de coisas sérias, ele é obrigado, de vez em quando, a ter alguma diversão". O riso só é útil, portanto, para "capacitar-se a ocupações sérias".[7] Todas essas "farsas" são também consequência do pecado original.

---

5 Ibid., p.37.
6 Krumenacker, op. cit., p.443.
7 Thiers, Prefácio, in: *Traité des jeux et des divertissements*.

A HUMILHANTE CONDIÇÃO HUMANA

A literatura grotesca e o picaresco espanhol expressam, de modo mais corrosivo, o despeito do homem orgulhoso, que se vê reduzido a um estado humilhante pelo pecado original. Assim mostra *A vida de Lázaro*, em 1554, farsa ascética, quase mística, na qual o homem é um ridículo fantoche. De *Guzmán de Alfarache* (1599), de Mateo Alemán, ao *Buscón* (1626), de Quevedo, o *pícaro* desce no imundo e no repugnante. Guzmán come ovos podres e tainha dilacerada; um porco o faz cair no estrume; ele é trancado uma noite com carniça. Quanto ao herói de *Buscón*, é coberto por excrementos, cuspidas e babas. Os autores picarescos rebaixam o homem ao estado de "autômato fisiológico, defecador e cuspidor", escreve Maurice Molho. Inversão das alturas sublimes da mística espanhola? Digamos, antes, que são mais complementos: para Teresa de Ávila e Juan de la Cruz, o homem não vale mais que para Alemán e Quevedo. Para todos eles, o homem é irremediavelmente maldito, e cada um exprime, a seu modo, o desejo de acabar com a condição humana, perdendo sua identidade na fusão com o divino ou esmagando-a na infâmia, sob um riso diabólico.[8]

Em primeiro lugar, o que há de mais humilhante que ser uma criança? Essa etapa degradante, nós a devemos, é claro, ao pecado original. São Tomás pensava que, mesmo sem a queda, o homem nasceria naturalmente no estado de infância, mas essa opinião é amplamente contestada nos séculos XVI e XVII, de tanto que a imagem da criança é negativa. Todos estão de acordo com Bérulle, para quem, como vimos, a infância é "o estado mais vil e mais abjeto da natureza humana, depois daquela da morte". O padre de Condren aquiesce: a infância "é um estado em que o espírito está enclausurado na fraqueza e no qual os sentidos da natureza corrompida reinam sobre a razão. Nesse estado, a própria graça de nossa adoção divina e o espírito de Jesus são cativos da impotência e reduzidos a um aniquilamento".[9] Para François de Sales, "nascemos no mundo na maior miséria que se possa imaginar, pois não somente em nosso nascimento, mas ainda durante nossa infância, somos como animais privados da razão, de discurso

---

8 *Romans picaresques espagnols*, p.LXXXIX.
9 Condren, *Discours et lettres*, p.312.

e de julgamento".[10] Para Claude de Sainte-Marthe, quando somos crianças, "a corrupção natural de nosso coração o liga a todos os vícios que podem nos perder e nos faz odiar todas as virtudes".[11] Bossuet vai mais longe: as crianças são criminosas.

Nessas condições, concebe-se que a profissão de ensino desencoraja as melhores vontades. Essa profissão ingrata, da qual se encarregam os membros mais jovens da congregação, é também consequência do pecado original, assegura em 1693 o padre jesuíta Jouvency:

> Não ignoro que é penoso e cansativo passar o melhor tempo da juventude e, por vezes, comprometer a saúde na poeira das aulas; girar essa mó durante muito tempo em certas circunstâncias; suportar as besteiras e as malevolências das crianças. Mas todo mundo também compreende que nascemos para trabalhar e que estamos condenados não tanto por causa de nossas faltas, mas por causa da falta de nossos primeiros pais. O trabalho é o que há de mais útil para nós; devemos mesmo demandá-lo. Esse trabalho é penoso, de fato. Porém, por mais penoso que seja, considere a recompensa eterna que vos espera: não compensa, por isso, engolir um monte de aborrecimentos?[12]

Consequência mais inesperada do pecado original: a retórica. Desde a falta de Adão, a inteligência, a compreensão, passam pelos sentidos; para convencer, a razão pura é doravante insuficiente, e precisamos recorrer aos ornamentos da linguagem, aos artifícios que sustentam o raciocínio, explica George Wither, em meados do século XVII. Outro inglês, Robert Burton, mostra, em sua *Anatomia da melancolia*, que o pecado original nos torna sujeitos a esse humor sombrio, a todos os tipos de temores e à neurastenia.

A necessidade de dormir é outra dessas fraquezas vergonhosas que nos invalidam desde a queda. Em 1644, em *Homem criminal*, o perorador Senault escreve: "O sono não é mais vergonhoso que a doença, pois ele iguala a condição dos vivos à dos mortos, e para nos conservar a vida, ele nos sequestra o uso da razão. Em meu entendimento, não acho que o sono nos fez essa injúria antes do pecado".

---

10 Sales, *Œuvres complètes*, t.IV, p.504.
11 Sainte-Marthe, *Lettres sur divers sujets de piété et de morale*, t.I, p.391.
12 Jouvency, *Christianis litterarum magistris, de ratione discendi et docendi*, III, 3, 3.

ADÃO, A ORDEM E A SUBVERSÃO

Evidentemente, as heresias são uma consequência do pecado original, dado que este embaralhou nossa razão e nos inclinou ao mal. Não seria Adão o primeiro herético, uma vez que preferiu acreditar em sua mulher a acreditar em Deus? É o que afirma em 1597 um predicador, Simon Vigor: quando Eva lhe apresentou a maçã, "Adão se deixou ludibriar por sua mulher e comeu o fruto: tanto que o primeiro pecado do mundo foi a heresia (digo isso depois de Tertuliano), na medida em que o homem preferiu confiar em sua mulher e no diabo que lhe diziam mentira, a confiar em Deus, que lhe havia dito a verdade".[13] Essa opinião é confirmada um século mais tarde pelo protestante Jacques Basnage, em 1699: Adão "deveria ter mantido a sucessão da doutrina [...]. Mas embora tenha tido no paraíso terrestre uma luz pura e uma santidade suficiente para se conduzir, não deixou de mudar a religião que lhe havia sido confiada".[14]

Mas o pecado original também é a causa de todas as revoltas. Do assassinato de Henrique IV àquele dos irmãos Witt, da Fronda à revolução inglesa de 1649, das insurreições antifiscais do reino de Luís XIII à segunda revolução inglesa de 1688, o século XVII foi obcecado pelo culto da ordem e viu na desobediência de Adão o princípio da subversão: "A desobediência do primeiro homem instaurou a desordem e a morte no mundo", explica Robert Mentet de Salmonet em 1649. "Todas as criaturas se revoltaram então contra ele e não o reconheceram mais. Ele sentiu ainda uma revolta mais perigosa em si mesmo [...]; os elementos dos quais seu corpo é composto, e que em seu favor haviam esquecido sua inimizade natural, retomaram seu rancor primeiro e não cessaram de se guerrear, até que esse edifício admirável fosse reduzido a pó. É devido a essa revolta intestina que os homens se tornaram como lobos que comem uns aos outros."[15]

Para Vicente de Paula, o pecado original impõe uma estrita hierarquia social que compreende, convém dizer, aspectos despóticos. Se Adão não houvesse pecado, certamente haveria uma hierarquia, com superiores e inferiores, mas não abuso de poder. "O homem só atraiu esse nome [de servidor]

---

13 Vigor, *Sermons catholiques sur les dimanches et fêtes*, p.28.
14 Basnage, *Histoire de l'Église*, t.I, cap.1.
15 Salmonet, *Histoire des troubles en Grande-Bretagne*, p.292.

por sua falta. De modo que se o homem não houvesse pecado, vós não teríeis autoridade sobre ele [...]. Por conseguinte, se vós comandais esse servidor, é o pecado em vós que vos dá o direito. 'Vossos servidores são homens como vós, e vós sois pecadores como eles.'"[16]

A herança do pecado original serve então para justificar os poderes absolutos. A natureza humana é corrompida, repetem os teóricos do absolutismo: para organizar uma vida coletiva estável entre homens essencialmente maus, são necessários uma estrita hierarquia social e um governo autoritário que não tolere nenhuma crítica. No plano econômico e social, a depravação universal exige a propriedade privada, agente de responsabilização, de seleção dos eleitos, e prova salutar diante da atração pelos bens materiais.

O argumento é desenvolvido de forma bastante ambígua por ocasião das guerras civis inglesas. Os anglicanos, assim como os calvinistas clássicos, por vezes invertem a perspectiva, explicando que a propriedade privada prova a corrupção e, portanto, a queda original, pois ela desencadeia o desejo e o orgulho, os quais não existiriam se os bens fossem coletivizados. Assim, a propriedade privada mantém a tentação, que permite provar a existência do pecado original, enquanto o pecado original mantém a necessidade da propriedade privada e a hierarquia das classes.

O chefe revolucionário dos *Diggers*, Gerald Winstanley, percebeu bem o sofisma. Em 1649, em *The New Law of Righteousness*, ele rejeita o mito de Adão e da maçã, no qual vê uma simples alegoria: "Nunca mais diga ao povo que houve um homem de nome Adão, que, desobedecendo há cerca de 6 mil anos, foi um homem que preencheu todos os outros de pecado e de aviltamentos por comer uma maçã [...]. Estejam seguros, é em cada homem e em cada mulher que esse Adão existe. Quanto à maçã, não é apenas um simples fruto com esse nome, [...] ela representa os objetos da criação [...], tais como riqueza, honras, prazeres [...]. Por isso, quando um homem cai, que não vá acusar um homem que morreu há 6 mil anos, mas que ele se acuse a si mesmo".[17] De fato, Winstanley prefigura aqui Rousseau, transferindo o mito bíblico sobre o plano econômico e social: a queda, a falta original, é o aparecimento da propriedade privada. É isso, ele escreve, que "desonra a obra da

---
16 Apud Delumeau, *Le Péché et la peur*, op. cit., p.274-5.
17 Winstanley, *The Works of Gerrard Winstanley*, p.177.

criação", a "maldição". Pela coletivização, "a escravidão será abolida, todas as lágrimas serão enxugadas, todos os homens serão socorridos e libertados da pobreza e do sofrimento".

As ideias de Winstanley vão, assim, na contracorrente. "Sem uma doutrina do pecado e da depravação humana, é evidente que o cristianismo não teria tido nenhum sentido para os homens e as mulheres que pensavam no século XVII", escreve W. M. Spellman, autor de um estudo recente sobre as colusões entre religião, economia e política na Inglaterra do século XVII.[18] "As duras provas dos anos 1640, quando radicais, tais como Gerald Winstanley, repudiaram a ideia de pecado original e se aproveitaram do desmoronamento da censura para contestar o predestinianismo dos calvinistas 'respeitáveis', chocaram os eleitos. As perigosas implicações sociais de tal pensamento surgiram rapidamente [...]. Se a propriedade não era coletivizada, então a queda de Adão deveria ser associada com a cobiça e o orgulho".[19] O pecado original, que torna necessárias leis divinas e humanas fortes, a fim de manter a ordem, é "o legado de Adão ao século XVII", escreve Spellman, e isso explica o grande retorno da ideia de queda e de corrupção universal, com a restauração monárquica inglesa de 1660, e com a Restauração francesa de 1814. A monarquia de direito divino precisa de uma humanidade decaída para poder justificar seu papel providencial.[20]

MORAL DA SUSPEITA E LEIS NATURAIS

Os pensadores do século de Luís XIV não esperaram a "era da suspeita" para levantar, por trás de todas as nossas ações, motivos interessados. Protestantismo e jansenismo mostraram que não há uma boa ação que não possa ser suspeita de ser viciada na raiz. Os moralistas mundanos, de La Bruyère a La Rochefoucauld, derrapam no cinismo desabusado que explode em cada uma das *Maximes* de 1678: "O que torna a vaidade dos outros insuportável é que ela fere a nossa"; "Prefere-se dizer mal de si mesmo a não falar

---

[18] Spellman, *The Latitudinarians and the Church of England: 1660-1700*, p.161.
[19] Ibid., p.69.
[20] Ibid., p.69-70.

nada". Amarga lucidez, que traduz a escuridão indelével da alma humana, incapaz de atingir o bem por causa do pecado original.

Entre os moralistas eclesiásticos, a constatação é acompanhada por uma rede de observações e de medidas paliativas, sob a forma de manuais de casuística, destinados aos confessores. As súmulas e manuais de confessores aparecem no século XIII: mais de seiscentos títulos foram recenseados entre 1564 e 1663. Cada vez mais técnicos e jurídicos, eles se pretendem exaustivos, imaginando até mesmo os casos mais inverossímeis, na busca de encontrar o mal sob seus aspectos mais anódinos. Esses catálogos de casos artificiais, de caráter cada vez mais formal, respondem à preocupação ostentada de fornecer ao cristão o guia indispensável de que seu espírito, cegado pelo pecado original, necessita. Um único exemplo, retirado do clássico *Dicionário dos casos de consciência*, de Pontas:

> Godart, estalajadeiro, hospeda várias pessoas que desejam que ele lhes prepare uma ceia nos dias de jejum; ele as atende, embora seja moralmente assegurado que elas só se isentem do jejum devido à sua pouca religião. Os motivos que o fazem acreditar que ele não peca por isso são: 1) Que se ele se recusar a fazê-lo, as pessoas irão se hospedar em outro lugar, e ele não terá mais os meios de subsistir com sua família. 2) Que os outros estalajadeiros não impõem nenhuma dificuldade para fazer isso. 3) Que frequentemente se encontram à mesma mesa várias pessoas que não estão obrigadas ao jejum, e que como ele só serve uma mesa, não está em seu poder impedir que ceiem aqueles que estão obrigados a dela abrir mão e que, aliás, lhe dirão que não se encontram em estado de observar o jejum. Essas razões bastam para isentá-lo de pecado?
>
> Resposta: a decisão desse caso é fácil, supondo, com São Raimundo, que eles pecam, que vendem coisas aos que as compram para pecar. Ora, Godart bem sabe que essas pessoas só lhe demandam cear contra a proibição da Igreja, à qual são obrigadas a obedecer, sob pena de pecado mortal. Assim, ele não pode lhes dar a cear naqueles dias sem participar de seu pecado [...], e os motivos que apresenta não bastam para desculpar o pecado. Pois ele não pode, em consciência, prover a sua subsistência pelo pecado, nem seguir o mau exemplo daqueles de sua profissão, que nisso violam a lei da Igreja.[21]

---

21 Pontas, op. cit., p.912.

Assim, os atos mais ordinários da vida cotidiana se tornam casos de consciência, cujas consequências podem ser catastróficas para a salvação eterna. Cada um é levado a desconfiar de si mesmo em permanência e a se denunciar no tribunal da confissão. Esse retorno da agressividade contra si engendra uma neurose de culpabilidade, que Freud definiu como "desvio religioso e patológico de um cristianismo que focaliza sua mensagem na lembrança do pecado e que se estreita em dispositivo de luta contra ele".[22] Essa culpabilização multissecular, na escala do continente europeu, magnificamente estudada por Jean Delumeau,[23] é o resultado mais devastador da obsessão do pecado original sobre a massa de fiéis.

A elite intelectual não escapa disso. Desde o século XVI, muitos se questionam sobre a capacidade do homem de conhecer os princípios do bem e do mal. Todos admitem o axioma de base – o pecado original obscureceu nossa razão e senso moral –, mas se alguns creem que a única solução é obedecer à lei imposta pelas autoridades religiosas e políticas, já que o pecado original apagou em nós o conhecimento do bem e do mal, outros pensam que o pecado original deixa subsistir em nós os grandes princípios de distinção do bem e do mal, que permitem até mesmo aos pagãos ter uma moral natural.

Montaigne, que não faz alusão a nenhum pecado original, evidentemente está ao lado destes últimos. A lei divina é uma lei de pura obediência, sobre a qual não temos que conhecer as razões. O que chamamos de lei natural não é, de fato, nada além do costume, e o mais seguro é segui-la; o sábio se inspira nela e faz suas próprias máximas, aceitando sua condição sem ceder ao desespero ou ao arrependimento.

Hugo Grotius, que também não faz menção ao pecado, leva a secularização mais longe. O objeto da moral é assegurar a paz social, afirma o jurista holandês, que se esforça para pôr Deus e a religião entre parênteses. Constatando que a natureza humana, inclinada à querela, é também sociável, ele estima que basta seguir a lei da natureza e, em caso de dúvida, usar a razão. Essa atitude individualista rompe com a visão comunitária religiosa: há uma natureza humana fundada no instinto de conservação; e há também leis naturais – Grotius é muito influenciado pelas descobertas de Galileu – em

---

22 Apud Delumeau, *Le Péché et la peur*, op. cit., p.332.
23 Ibid.

cada campo, tanto físico quanto moral. É nisso que é preciso se basear para fundar o direito.

Muito menos moderno, seu contemporâneo Francis Bacon continua convencido de que toda moral se enraíza em Deus, precisamente porque o pecado original consistiu para o homem buscar fora de Deus o princípio do bem e do mal. É dessa forma que se faz necessário compreender a interdição de comer do fruto da árvore do conhecimento. Bacon acredita, ele escreve,

> Que Deus criou o homem à sua imagem, que lhe deu uma lei e um mandamento, que o homem se afastou de Deus, imaginando que os mandamentos e as interdições de Deus não eram as leis do bem e do mal, mas que estes tinham seus próprios princípios e seus próprios mandamentos, e ele buscou o saber dessas origens imaginárias, a fim de não depender mais da vontade revelada de Deus, mas unicamente de si próprio e de suas luzes, como um Deus. Não poderia haver pecado mais oposto à lei divina.[24]

Para Spinoza, o mal também vem de um mal-entendido entre a lei e a verdade. Quando Deus proibiu Adão e Eva de comer a maçã porque esta causaria a morte, tomaram essa proibição como uma lei, um mandamento com o castigo que seria imposto em caso de desobediência, mas deixando a esperança de que poderia haver uma vantagem nessa desobediência. De fato, trata-se de uma verdade:

> As afirmações e as negações de Deus sempre envolvem uma necessidade. Se Deus, por exemplo, diz a Adão: não quero que comas o fruto da árvore do conhecimento do bem e do mal, isso implicaria uma contradição de que Adão poderia comê-lo, e em seguida seria impossível que Adão fizesse isso: esse decreto divino, efetivamente, deveria implicar uma verdade e uma necessidade eternas. No entanto, dado que a Escritura conta que Deus o proibiu a Adão e que, apesar disso, este comeu, deveríamos necessariamente dizer que Deus revelou a Adão o mal que seria para ele a consequência obrigatória dessa ação, mas não a necessidade da consequência desse mal. Assim, Adão percebeu essa revelação [...] como uma lei, isto é, como uma regra instituindo que certa vantagem

---

24 Bacon, A Confession of Faith, in: *Works*, II, III, 150.

ou certo dano será a consequência de determinada ação, não pela necessidade inerente à própria natureza da ação, mas em virtude do bom prazer e do mandamento absoluto de um princípio. Assim, para Adão, apenas e tão somente na sequência de sua carência de conhecimento, essa revelação se torna uma lei, e Deus se põe como legislador e soberano.[25]

A história da maçã, explica Spinoza, é um mito que associa o mal a uma questão de erro. Visto que não se pode desobedecer à vontade divina, que é inelutável, só pode haver falta a partir do momento em que há lei: "No estado de natureza, nenhuma ação poderia ser qualificada como falta. Pelo menos, ninguém saberia cometer falta, a não ser contra si mesmo, e jamais contra um outro [...]. A falta se define como qualquer ação que a lei proíba cometer. [...] O direito de natureza não pode obrigar o homem desprovido de inteligência e de caráter a regular sua vida com sabedoria, da mesma forma que não pode obrigar o doente a estar em boa saúde".[26] O mesmo ocorre com as leis do Decálogo: enquanto tais, são intangíveis; se desobedecermos, é porque não compreendemos que são, de fato, verdades, e, acreditando desobedecer, caímos no erro, no não ser, na contradição – não podemos desobedecer a uma verdade. "O homem pode, no máximo, agir em sentido oposto às vontades divinas, sob o aspecto que elas tomam em nosso espírito e naquele dos profetas, isto é, sob os termos de uma legislação. Mas não saberia, em nenhum caso, agir em sentido oposto ao querer eterno de Deus, já que, inscrito no universo natural, ele expressa o ordenamento da natureza inteira."[27]

Os partidários da lei natural estão convencidos de que esta precisa ser reforçada pela lei divina do Decálogo, pois o pecado original obscureceu o conhecimento das leis naturais no espírito da maior parte dos homens. Assim, Suárez, para quem os dez mandamentos são leis da natureza, pensa que foi preciso promulgá-las novamente para a multidão, ligando-as explicitamente à vontade divina. É aproximadamente também a explicação do bispo anglicano de Peterborough, Richard Cumberland, que, em *De legibus naturae* (1672), relativiza os desgastes causados pelo pecado original. Todos agimos

---

25 Spinoza, *Tractatus theologico-politicus*, p.673.
26 Ibid., p.931.
27 Ibid., p.933.

em função do bem maior, mas nem sempre conseguimos discernir onde se encontra esse bem, e foi por isso que Deus nos deu esse Decálogo. As leis da natureza não bastam, dado que nosso egoísmo nos inclina a negligenciá-las; são necessárias, então, leis positivas específicas para sustentá-las.

Mais otimista, James Harrington pensa que a razão é capaz de corrigir os efeitos perversos do pecado original. Em 1656, na utopia *Oceana*, ele explica que, desde a queda, a paixão conduz ao vício, enquanto que a razão leva à virtude, e que uma comunidade dotada de leis razoáveis pode subsistir de maneira aceitável, eliminando a corrupção. Ele não é o único a acreditar que a similaridade entre o espírito divino e o espírito humano deve permitir ao homem encontrar os princípios da moral. Em 1584, o bispo francês Guillaume du Vair, em *Sainte Philosophie*, e o humanista belga Justus Lipsius, em *De constantia*, expressam essa crença num possível progresso. Lorde Herbert de Cherbury leva ainda mais longe esse perfeccionismo, ao preço de um quase aniquilamento do pecado original. Considerado um precursor do deísmo, ele pensa que a razão permite ao homem melhorar seu senso moral.

O grupo dos platônicos de Cambridge – Smith, More, Whichcote, Cudworth e alguns outros – também se inclina a minimizar o pecado original. Os eclesiásticos anglicanos explicam que o sentimento de culpa que nutrimos é devido à queda, que engendra em nós uma inquietude difusa. Contudo, eles explicam, todos seríamos capazes de ver onde se encontra o bem, mesmo se Deus não nos tivesse dado os mandamentos. Estes têm uma utilidade "medicinal"; eles nos ajudam a suportar o sentimento de falta, fornecendo-nos certezas. Pois a moral é uma ciência exata: "Em moral, temos tanta certeza quanto na matemática", declara Benjamin Whichcote, e Henry More enuncia 23 "axiomas e noemas morais", que "se impõem assim que os ouvimos", como axiomas matemáticos.

Os platônicos de Cambridge também refletem sobre o livre-arbítrio e sobre o que dele se mantém desde o pecado original. A verdadeira liberdade não é poder escolher entre o bem e o mal, mas sempre escolher o que é o melhor, de acordo com sua própria natureza. O pecado de Adão destruiu em nós essa liberdade suprema e a substituiu pela liberdade de indiferença, o equilíbrio entre o bem e o mal, que nos torna capazes de escolher até mesmo o que é ruim para nós. Essa falsa liberdade é o que chamamos de livre--arbítrio, que aqui é visto, então, como um elemento negativo.

Um grupo de eclesiásticos anglicanos, os latitudinários, também tem uma visão menos severa do pecado original e de suas consequências sobre a vida moral. O arcebispo de Cantuária, John Tillotson, na segunda metade do século XVII, é representativo dessa posição equilibrada, razoável, moderada, de uma Igreja do Estado. Manter as exigências morais, sem desesperar os indivíduos, é a tarefa que a Igreja anglicana se impõe; para esta, o dever de Estado, o dever civil e as obrigações de cristão são uma única coisa. Tillotson, nos 250 sermões que chegaram até nós, se mostra consciente de nossa "inclinação para o mal e impotência em relação ao bem". A causa é o pecado de Adão e Eva, que transgrediram um mandamento "simples e fácil"; eles só precisavam lutar contra uma tentação exterior, enquanto nós também devemos lutar contra más propensões internas, e "há em nós uma grande degenerescência e corrupção da natureza humana, em relação ao que ela era quando saiu das mãos de Deus".[28] O mesmo ocorre com o predicador moderado Isaac Barrow, para quem todos os homens são "maus pecadores, desprovidos de qualquer valor e de qualquer mérito, caídos num estado miserável, ao mesmo tempo impotentes, abandonados, carentes de qualquer capacidade de se reerguer e de se redimir".[29] Entretanto, a educação, fundamentada na razão, permite apagar uma parte dos danos causados em nós pelo pecado original. Tillotson, que é amigo de Locke, dá provas de um otimismo moderado sobre a possibilidade de melhorar a natureza humana, mas ao preço de uma disciplina de ferro: as *public schools* inglesas dão testemunho desse esforço sobre-humano para formar uma elite capaz de dominar as fraquezas da natureza corrompida pelo pecado.

Todas essas correntes afirmam mais ou menos que o pecado original deixa subsistir em nós uma moral natural e que essas boas disposições viriam de nossa natureza original. Esses traços são mais ou menos conscientes, segundo nosso grau de ignorância, e por isso Deus precisou pormenorizar suas exigências pela lei dos dez mandamentos, que são uma mera explicitação da lei natural.

---

[28] Apud Spellman, op. cit., p.60. A apreciação de R. Buick Knox, segundo a qual Tillotson "não deixava nenhum lugar para o pecado original e evitava toda insistência sobre uma má herança transmitida desde Adão", parece então excessiva (Bishops in the Pulpit in the XVIIth Century: Continuity and Change, in: *Reformation, Conformity and Dissent*, p.101).

[29] Apud Spellman, op. cit., p.59.

A MORAL VOLUNTARISTA

Muito menos confiantes nas capacidades humanas para encontrar, pela razão, os princípios do bem e do mal, alguns pensam que a lei deve ser seguida simplesmente por ser a lei. A vontade divina é arbitrária, pois Deus é a justificativa última. Reconhecemos aí a posição dos nominalistas medievais, mas tal atitude, de forma alguma, necessita de uma referência a Deus ou ao pecado original. Assim, para Thomas Hobbes, não há moral natural. O que é natural é a busca do prazer e o desejo de fugir da dor. Os homens são como os átomos da física: movidos por forças de atração e de repulsão; no estado de natureza, é "a guerra de todos contra todos". O homem não é um ser sociável; ele se põe em sociedade porque nela encontra seu interesse, alienando sua liberdade em proveito do grande ser social, o Leviatã, que lhe garante a segurança e lhe impõe as leis. São apenas essas leis positivas que determinam o bem e o mal.

Hobbes não fala do pecado original, mas sua visão pessimista do homem vai ao encontro daquela dos protestantes e dos jansenistas. Será que ele crê implicitamente na ideia de uma queda original? Só podemos constatar perturbadoras semelhanças. Seu ponto de partida parece muito influenciado pela ideia geral de uma corrupção da humanidade, como nota justamente J. B. Schneewind: "As leis da natureza, para Hobbes, assim como para Grotius, mostram como escapar ou, mais exatamente, como evitar essa terrível condição. É chocante constatar que, a despeito de uma imagem da natureza e de seus efeitos sociais de um pessimismo tão flagrante quanto as imagens de Santo Agostinho, de Lutero e de Calvino, seu diagnóstico difere do deles. Para Hobbes, nosso mundo não é aquele da queda. Ele se recusa a dizer que nossa natureza é pecadora. Ele simplesmente relata, cientificamente, os fatores que causam o problema que nós devemos resolver. É o problema de Grotius, levado ao limite do resolúvel",[30] isto é, o problema de fazer viver juntos indivíduos movidos por seu interesse pessoal.

Outro atomista, Pierre Gassendi (1592-1655), que, aliás, frequentou bastante Hobbes, se alinha no mesmo campo. Se o homem é mau e se deixa governar por suas paixões, é porque seu intelecto é incapaz de discernir o verdadeiro. "Isso nos leva a nos perguntar por que Deus nos deu faculdades

---

30 Schneewind, *The Invention of Autonomy: a History of Modern Moral Philosophy*, p.87.

incertas, confusas, inadequadas mesmo para as tarefas deixadas ao nosso discernimento." Gassendi não faz apelo a um pecado original, mas tudo em sua maneira de pensar o implica. Já que o mundo é incompreensível, é preciso obedecer à lei.

Descartes também não se refere ao pecado original. Sua posição, no que concerne à lei moral, é de um extremo voluntarismo. Há verdades eternas, mas só porque Deus assim o quis – e teria podido muito bem desejar de outra forma, por exemplo, exigindo que o odiássemos, como já havia dito Guilherme de Ockham. Prudente, Descartes não se aventura no terreno dos teólogos. No entanto, seu estrito dualismo permite pensar que houve uma queda original que afetou o corpo, e não o espírito. A alma guarda todas as suas capacidades; se muitas vezes ela parece impotente, é porque seu instrumento, o corpo, é desnaturado. As doenças da alma são, na realidade, doenças do corpo. A loucura, por exemplo, é um acidente físico que ocorreu no nível do cérebro, e não uma afecção do espírito. As paixões, fenômenos físicos, perturbam a alma, e se fazemos o mal, é porque nossas capacidades físicas informam mal nossa alma sobre a verdade e o bem: "De fato, os pecados geralmente resultam da ignorância, pois ninguém pode desejar o mal enquanto mal". Não somos verdadeiramente livres. Pois o livre-arbítrio exige o conhecimento da verdade: "Se eu soubesse sempre às claras o que é verdadeiro e o que é bom, jamais me inquietaria ao deliberar qual julgamento e qual escolha deveria fazer; e, assim, seria inteiramente livre, sem jamais ser indiferente". Dessa forma, as capacidades da alma permanecem intactas, mas alguma coisa não funciona mais na máquina do corpo.

Explícita ou implicitamente, os filósofos moralistas do século XVII partem da constatação de uma desregulagem inicial que nos torna incapazes de conhecer a verdade e de atingir a perfeição moral. Cada um busca acomodar-se com a situação fazendo apelo à razão, com mais ou menos esperança. O homem que talvez melhor resuma a filosofia moral daquele século sobre o pecado original é Samuel Pufendorf (1632-1694), professor de direito, alemão e protestante. "Sua teoria", escreve J. B. Schneewind, "exerceu uma influência tão vasta e tão duradoura sobre o pensamento europeu do direito natural que podemos considerá-la como o modelo da versão moderna desse tipo de doutrina."[31]

---

31 Ibid., p.119.

Em 1672, Pufendorf publica seu volumoso *De jure naturae et gentium*. A moral não vem de princípios eternos do bem e do mal que se imporiam ao próprio Deus, mas da vontade divina. Deus fez o homem com uma natureza sociável e criou normas, entidades e leis morais, a fim de guiar sua ação em vista da sociabilidade. No início, o homem estava perfeitamente adaptado para esse fim, mas o pecado original perturbou tudo, e ele perdeu o conhecimento claro das leis morais. Não obstante, Pufendorf, apesar de ser luterano, não pensa que nossa natureza seja totalmente corrompida, pois conservamos uma "retidão natural, a qual permite que não nos enganemos nas questões morais". Nenhum homem de média capacidade é "estúpido em demasia para compreender ao menos os preceitos gerais da lei natural".[32] Como bom representante de uma época aristocrática, Pufendorf estima que somente uma elite é capaz de encontrar as leis morais precisas sem a ajuda da revelação: "Isso pode ser estudado e devidamente provado, mesmo sem tal ajuda, pelo poder da razão".[33] Já as pessoas comuns só podem conceber os grandes princípios – os detalhes, as leis precisas, devem ser-lhes impostos.

Toda a moral do Grande Século se baseia, assim, sobre a ideia de uma queda original, com consequências mais ou menos catastróficas, que tornam muito difícil a vida em sociedade. O fim da moral é, portanto, duplo: de um lado, limitar as fricções entre os indivíduos conduzidos por suas más tendências; de outro, reencontrar os princípios de partida que deveriam guiar a natureza humana. Moral do esforço, concebida como um conjunto de regras absolutas que devem coagir nossa natureza pervertida. Fazer o bem é penoso, pois isso implica uma restrição em relação aos nossos sentidos em revolta. O pecado original pôs tudo ao contrário, tanto que todos os prazeres terrenos são doravante ilusões diabólicas, como é mostrado em *O jardim das delícias*, de Hieronymus Bosch. Moral da austeridade: fazer o bem é necessariamente sofrer, com vistas ao bem eterno, e isso por causa do pecado original.

---

32 Pufendorf, *De jure naturae*, I, 3, 3.
33 Ibid.

AS EXPLICAÇÕES DE JAKOB BÖHME

Para aceder à verdade, apesar do pecado original, são abertas três vias, cheias de emboscadas: a revelação direta, a razão e a experiência. A primeira, evidentemente a mais rápida e a mais eficaz, é reservada a alguns espíritos privilegiados e abre a porta para todas as espécies de divagações místicas e esotéricas. No século XVI, certo número de iluminados ou de espíritos exaltados pelos conflitos religiosos pretendeu, assim, reconciliar-se com o saber adâmico do jardim do Éden antes da falta.

Para Jakob Böhme (1575-1624), de quem Hegel fez "o primeiro filósofo alemão" e cujo pensamento recentemente foi resgatado por Basarab Nicolescu,[34] a queda original obscureceu o conhecimento de Deus e do mundo: "Dado que, no tempo em que Deus criou o céu e a terra, não havia ainda nenhum homem que tivesse sido testemunha, somos levados a concluir que Adão, antes de sua queda, quando ainda se encontrava no profundo conhecimento de Deus, apreendeu-o em espírito. Porém, quando decaiu e foi estabelecido no engendramento mais exterior, não mais o identificou e só conservou dele uma lembrança obscura, como uma história velada, e transmitiu isso aos seus descendentes".[35] A falta original reside na busca vaidosa do saber: "Por isso que tanto as crianças das trevas quanto as crianças deste mundo são mais astutas que aquelas da luz, assim como diz a Escritura. E se disser: por quê? É porque se manifestou nelas a raiz da origem de todos os seres. Foi exatamente o que também Adão desejou; tendo o diabo persuadido ambos de que se tornariam mais sábios, seus olhos se abririam e seriam semelhantes ao próprio Deus".[36]

Num estilo para nós muito obscuro, Boehme se esforça para explicar o que, segundo ele, aconteceu. O Adão primitivo era constituído de dois elementos: "Dois seres imutáveis e permanentes constituíam Adão, a saber, o corpo espiritual, saído da essência de amor do céu interior, que era o templo de Deus; e o corpo exterior, matéria da terra, que era a moradia e o receptáculo do corpo interior espiritual, e que não se revelava de nenhuma forma segundo a vaidade da terra, pois era barro, um extrato da boa parte da terra que,

---

34 Nicolescu, *La Science, le sens et l'évolution: Essai sur Jakob Boehme*.
35 Boehme, *L'Aurore naissante*, XVIII, 2.
36 Id., *Mysterium magnum*, IX, 16.

na terra, deve ser separada do julgamento final da vaidade, da maldição e da corrupção do demônio".[37] Todavia, segundo o que se pode compreender – pois o pensamento de Böhme é um desafio a qualquer racionalidade –, o diabo já estaria no barro do qual o homem foi feito, o que imediatamente corrompeu o conjunto e finalizou no julgamento divino. Houve então um pecado original, e o homem não teve mais acesso à verdade. Mas Böhme se beneficiou de revelações e busca nos contar a respeito. Apesar de tudo, a verdade permanece inacessível para nós, por causa da pluralidade das línguas. No início, "a inteligência se expressava por um som único". Com o pecado original, "a roda da inteligência estava virada e, em cada forma da natureza, apareceram as dez formas do fogo nas quais residem o tempo e a eternidade, isto é, que sete vezes dez é igual a setenta, ao que se adiciona o princípio central, com as sete formas invariáveis da natureza eterna, o que perfaz um total de 77 partes".[38] Böhme clama àqueles que ele não pode "instruir mais", pois estão "revestidos com a túnica das línguas discordantes": "Vós ainda sois prisioneiros de Babel e querelais pelo espírito da letra, e por essa razão não têm inteligência e, apesar disso, quereis ser doutores e sábios, mas ignorando vossa língua materna".[39]

Nesse ponto, Böhme toca num problema que muito intrigou os intelectuais dos séculos XVI e XVII: a língua falada no paraíso terrestre. Quase todos pendem para o hebraico, inclusive o bastante erudito Joseph Justus Scaliger, contemporâneo de Böhme, que expressa a opinião geral ao afirmar que o hebraico, "a mais velha de todas as línguas, é aquela na qual foram escritos os livros sagrados". A *Enciclopédia* retomará essa opinião. Contudo, alguns espíritos chauvinistas afirmam que Adão e Eva se expressavam em outra língua: o alemão, segundo Goropius, o sueco, segundo Rudebeck, o dinamarquês, segundo Kempe, o qual subentende que Eva compreenderia o francês, pois a serpente teria se expressado na língua de Molière.[40]

Mais seriamente, vários teólogos, sobretudo protestantes, pensam que antes do pecado original havia uma correspondência estreita entre as

---
37 Ibid., XVIII, 7.
38 Ibid., XXXI, 64.
39 Ibid., XXXI, 65.
40 Kempe, *Die schwedische Standarte erhöhet*. Sobre as línguas do paraíso, ver Delumeau, *Une histoire du paradis*, op. cit., p.262-4.

palavras e as coisas, da qual se permitia obter um conhecimento imediato da natureza delas. Adão, que segundo a Bíblia deu um nome para cada espécie viva, também tinha um conhecimento íntimo e, ao mesmo tempo, um poder sobre ela. A queda provocou um esquecimento dessa linguagem, que inúmeros humanistas tentam reencontrar por meio do hebraico. Descartes, Mersenne, Hobbes se interessam pelo problema, pois reencontrar a linguagem de antes da queda significaria também pôr fim às incompreensões que estão na origem das guerras a partir de Babel. Em 1668, John Wilkins, do Wadham College, Oxford, um dos fundadores da Royal Society, lança nesse espírito um programa de criação de língua universal, em seu *Essay towards a Real Character and a Philosophical Language*. Ainda se trata de reparar o que o pecado original arruinou.

MALEBRANCHE: UM PECADO INDISPENSÁVEL À PERFEIÇÃO DA CRIAÇÃO

A maior parte dos filósofos do século XVII aceita a ideia de pecado original e a integra em sua busca da verdade como um dado decisivo, uma deficiência ou um estimulante, dependendo do caso. Malebranche vê nele até mesmo o elemento-chave. O austero oratoriano afirma que "não somos mais tais como Deus nos criou". Visto que Deus é justo, se sofremos é porque pecamos. Nossas misérias são prova do pecado original: "Se nos ferem, sofremos, qualquer que seja o esforço que façamos para não pensar nisso. É verdade. Mas [...] não é justo que, em favor de um rebelde, haja exceções nas leis da natureza, ou melhor, que tenhamos em nosso corpo um poder que não merecemos".[41] Em nossa condição presente, fazer o bem nos custa, enquanto que o mal nos oferece prazer. Tudo parece nos conduzir a atos contrários à realização de nossa natureza: "Não será uma desordem que Deus, que fez os espíritos para si, só lhes dê o movimento para si, que os afugente e os maltrate quando se aproximam dele e os faça sentir prazer quando lhe viram as costas e se fixam em bens particulares? [...] Não é somente uma

---

41 Malebranche, *Entretiens sur la métaphysique et la religion*, t.I, IV, p.147-8.

desordem, é uma contradição. Isso não pode ser. Deus não se contradiz, Deus não combate contra si mesmo".[42]

A finalidade da filosofia é exatamente explicar este enigma: "Um filho de Adão sempre sente um peso que o leva para a terra, e que contrabalança o esforço que o peso da graça faz sobre seu espírito".[43] Para isso, há uma única razão possível: "O homem sofre, portanto, ele não é inocente. O espírito depende do corpo, portanto, o homem é corrompido e não é tal como Deus o fez. Deus não pode submeter o mais nobre ao menos nobre, pois a Ordem não o permite".[44] Tudo parece ser feito para nos humilhar e nos tornar a vida difícil. Em muitos campos, os animais nos são superiores, mas são puras máquinas, que não sentem nem vergonha, nem dor, pois não têm alma. "A vergonha do homem é uma prova natural da nobreza de sua natureza e de sua degradação. Deus, por esse sentimento que inicialmente excita nos primeiros homens depois de seu pecado, e que ele ainda produz em nós, apesar de nós, marca nos espíritos atentos à sua conduta a verdade fundamental de nossa religião, a necessidade de um reparador."[45]

Como explicar que o mundo em que vivemos seja uma espécie de inferno terrestre, onde tudo é destinado a nos fazer mal, desde os lobos e os ursos até as pulgas?

> Se ele [Deus] fez as pulgas para o homem, é seguramente para picá-lo e puni-lo. A maior parte dos animais tem sua infestação particular, mas o homem tem essa vantagem sobre eles, que é a de ter para si várias espécies: tanto é verdade que Deus tudo fez para ele [...]. Ele previu que o homem, em tais e tais circunstâncias, pecaria, e que seu pecado se comunicaria a toda a sua posteridade, em consequência das leis da união da alma e do corpo. Então, se ele quis permitir esse funesto pecado, deve ter feito uso de sua presciência, e combinar tão sabiamente o físico com a moral, que todas as suas obras fizessem entre elas, e por todos os séculos, o mais belo acordo que fosse possível. E esse maravilhoso acordo consiste, em parte, nessa ordem de justiça, o homem revoltando-se contra o Criador, o que Deus previa que iria acontecer, as criaturas se revoltam, por

---

42 Id., *Conversations chrétiennes*, IV.
43 Id., *Méditations sur l'humilité*, 2e méditation, 3e considération.
44 Id., *Entretiens sur la métaphysique et la religion*, t.II, IX, p.28.
45 Id., *Entretiens sur la mort*, t.I, p.214.

assim dizer, contra ele e o punem por sua desobediência. Eis por que há tantos diferentes animais que nos fazem a guerra.[46]

A pulga, agente da justiça divina, é então uma punição do pecado original. "Mas por que tantos pequenos insetos que não nos fazem nem bem, nem mal?", questiona-se Aristide, o interlocutor de Théodore em *Entretiens sur la métaphysique et la religion*. É para "ornar o universo com obras dignas de sua sabedoria e de seus outros atributos que Deus os fez". Quanto às catástrofes naturais e aos monstros, Deus os implementou em função das grandes leis gerais do universo, mas cuja sobreposição pode causar efeitos de turbulência: "É a simplicidade dessas leis gerais que em certos encontros particulares, e devido à disposição do sujeito, produz movimentos irregulares, ou melhor, arranjos monstruosos; por conseguinte, é por Deus querer a ordem que há monstros".

O argumento de que Deus tenha criado o mundo material e animal antes do homem, e tenha então instituído os instrumentos da punição do pecado original antes de este ter sido cometido, escandaliza Aristide. Théodore se apressa em responder-lhe que o próprio pecado original faz parte do plano divino:

> Aristide: – O quê? Antes que o homem tenha pecado, Deus já havia preparado os instrumentos de sua vingança? Pois sabeis que o homem só foi criado depois de todo o resto. Isso me parece bem duro. [...]
> Théodore: – De novo, Aristide, Deus previu que o homem, em tais e tais circunstâncias, se revoltaria. Depois de tudo equacionar, ele pensou que deveria permitir o pecado. Eu disse permitir, pois ele não impôs ao homem a necessidade de cometê-lo. Então ele precisou, por uma sábia combinação do físico com a moral, fazer inscrever à sua conduta as marcas de sua presciência. Mas, vós dizeis, então ele preparou antes do pecado os instrumentos de sua vingança. Por que não, se ele previu esse pecado e desejou puni-lo? Se Deus houvesse feito um homem inocente infeliz, se tivesse se servido desses instrumentos antes do pecado, haveria motivo para lamentar-se [...]. Mas se vós achais ruim que Deus, antes do pecado cometido, tivesse preparado os instrumentos para puni-lo, consolai-vos. Pois, pela sua presciência, também encontrou o remédio

---

46 Id., *Entretiens sur la métaphysique et la religion*, X.

para o mal, antes que ele acontecesse. Certamente antes da queda do primeiro homem, Deus já tinha um plano para santificar sua Igreja por Jesus Cristo [...]. Deus permitiu o pecado. Por quê? Porque previu que sua obra, reparada de tal e tal maneira, seria melhor que a mesma obra em sua primeira construção. Ele estabeleceu leis gerais que deveriam congelar e granizar os campos; criou animais cruéis e uma infinidade de animais bem incômodos. Por que isso? É porque ele previu o pecado.[47]

Assim, Deus permitiu o pecado original para melhor recriar o mundo pela Encarnação de seu Filho, que de certa forma divinizou a criação: "Deus previu e permitiu o pecado. Isso basta, pois é uma prova certeira de que o universo reparado por Jesus Cristo seria melhor que o próprio universo em sua primeira construção: de outro modo, Deus jamais teria deixado sua obra ser corrompida. É uma marca assegurada que o plano principal de Deus é a Encarnação de seu Filho".[48] "Deus permitiu o pecado, que nos pôs num estado pior que o próprio nada, mas era para que seu Filho trabalhasse sobre o nada, não do ser, mas da santidade".[49] Além disso, sem pecado original, o homem teria sido um perpétuo assistido, sem nenhum mérito. Ele teria sido feliz, mas sua alegria teria sido concedida. Pelos sofrimentos que enfrenta sobre a terra, adquire méritos, participa de sua salvação e acede a uma dignidade suplementar. "O pecado do primeiro homem não era necessário em si mesmo. [...] Mas como Deus sempre age da maneira mais sensata possível [...], nenhum outro meio para fazer com que os homens merecessem a glória que um dia possuirão era comparável àquele de lhes permitir se envolver no pecado, para lhes dar, a todos, a misericórdia em Jesus Cristo."[50]

Contudo, essa situação é muito parecida com um conto do vigário: de um lado, Deus declara querer associar os homens à sua salvação, graças aos méritos adquiridos por seus sofrimentos; de outro, faz com que compreendam que não têm nenhum mérito, pois nada podem fazer sem sua graça. "A vontade de Deus não deveria depender daquela do primeiro homem. Seria preciso que as leis gerais da natureza subsistissem depois do pecado,

---

47 Ibid., t.II, XI, p.87-9.
48 Ibid., t.II, IX, p.12.
49 Id., *Méditations sur l'humilité*, C.164.
50 Id., *Traité de la nature et de la grâce*, 1er discours, art.XXXII.

e que aquele cuja sabedoria não tem limites restabelecesse, de uma maneira digna dele, a ordem das coisas que o livre-arbítrio havia revirado. Ele o fez [...] segundo o decreto que estabelece a ordem da graça, pelo grande plano da Encarnação de seu Filho."[51] Em outro lugar, Malebranche escreve sem ambiguidade que Deus "permitiu que todos os homens fossem sujeitos ao pecado, a fim de que nenhum homem se glorificasse em si mesmo. [...] Dado que a concupiscência não fosse absolutamente necessária para merecer isso, se Deus a permitiu, é porque ele quis que não pudéssemos fazer o bem sem a ajuda que Jesus Cristo nos fez merecer, e que o homem não pudesse se glorificar de suas próprias forças".

É preciso reconhecer que a explicação de Malebranche não é muito convincente. Se Deus nos faz sentir, a cada instante, que todo ato meritório vem dele, de que servem todos os sofrimentos da humanidade? Não teria sido mais simples impedir o homem de cometer a falta original?

Como, nesse sentido, as coisas aconteceram? Pois é muito estranho que um ser tão perfeito quanto Adão tenha podido cair numa falta assim tão grosseira. Malebranche tem dificuldade para dissipar a impressão de uma armadilha estendida ao nosso ancestral. Na qualidade de ápice da criação divina, Adão é quase perfeito, uma vez que está em plena possessão da justiça original. Ora, com conhecimento de causa – pois, do contrário, ele não seria verdadeiramente responsável –, comete uma falta que o fará perder todas as vantagens, e seria ainda mais culpado, já que teria todos os meios de se controlar.

Segundo o oratoriano, Adão "sabe claramente que somente Deus é seu bem ou a causa dos prazeres de que desfruta", mas é um ser duplo, corpo e espírito, que experimenta pelos sentidos do prazer e da dor, que o advertem das necessidades e dos perigos que concernem ao seu corpo. "Mas esses prazeres e essas dores não podiam torná-lo escravo nem infeliz como nós, porque, sendo mestre absoluto dos movimentos que se excitavam em seu corpo, era capaz de freá-los incontinenti, assim que o advertissem, se ele assim o quisesse."[52] Por um simples ato de vontade, Adão pode calar seus sentidos. Talvez possa mesmo prevenir todo sentimento de prazer ou de dor. "Talvez tivesse esse domínio sobre si mesmo por causa de sua submissão a

---

51 Id., *Conversations chrétiennes*, II, p.41-2.
52 Id., *De la Recherche de la vérité*, livro 1, cap.5, 1.

Deus, ainda que pareça verossímil pensar o contrário."[53] Certeza mesmo é que Adão, que pode sentir o prazer sensível, por instinto corporal, habitualmente escolhe o prazer espiritual, que ele encontra em Deus. Mas este prazer espiritual é, antes, de ordem do conhecimento e pode ser atenuado pela presença de um prazer sensível. Sem dúvida, Adão se deixou levar ao deleite de um prazer sensível, que o fez esquecer por um momento que Deus é a única causa de todo bem:

> Como o primeiro homem não tinha uma capacidade de espírito infinita, seu prazer ou sua alegria diminuía a visão clara de seu espírito, a qual o fazia conhecer que Deus era seu bem, a causa única de sua alegria e de seus prazeres, e que só devia amar a ele [...]. Pode-se então pensar que o primeiro homem, tendo pouco a pouco deixado compartilhar ou preencher a capacidade de seu espírito com o sentimento vivo de uma alegria presunçosa, ou talvez por algum amor ou algum prazer sensível, a presença de Deus e o pensamento de seu dever se apagaram de seu espírito, por ter negligenciado seguir corajosamente sua luz na busca de seu verdadeiro bem. Assim, estando distraído, foi capaz de cair.[54]

Distração fatal... Se a explicação parece um pouco curta, Malebranche se atém ao termo "distração", que também retoma tanto em *Recherche de la vérité*[55] quanto nas *Entretiens*: "Se o primeiro homem não foi o mestre de suas ideias por sua atenção, sua distração não teria sido voluntária: distração que foi a primeira causa de sua desobediência".[56] Em *Conversations chrétiennes*, adiciona outra explicação, a saber, que Adão amava demais sua mulher: "Creio que o principal motivo que levou Adão a comer o fruto proibido foi um excesso de amor por sua cara esposa: figura, assim, o segundo Adão, que, por um excesso de caridade com sua Igreja, se fez pecador, como diz o Apóstolo, vítima por nos lavar em seu sangue".[57] Distração por um prazer sensível muito cativante para se afastar de Deus, e amor excessivo por sua mulher: mais uma vez, a suspeita se volta para o sexo.

---

53 Ibid.
54 Id., *Eclaircissements*, 8 éclaircissement.
55 Id., *De la Recherche de la vérité*, I, 5, 1.
56 Id., *Entretiens sur la métaphysique*, XII, 10.
57 Id., *Conversations chrétiennes*, IV, br.III.

Como explicar que um ser como Adão, que via Deus todos os dias, tenha podido se deixar distrair da contemplação divina por um momento de prazer físico com sua esposa? Resposta: "Deus fez o homem desde o início e, depois de lhe propor seus mandamentos, deixou-o por si só, isto é, sem determiná-lo pelo gosto de qualquer prazer complacente, mantendo-o ligado a ele somente pela visão clara de seu bem e de seu dever. Mas a experiência fez ver, para a vergonha do livre-arbítrio e apenas para glória de Deus, a fragilidade de que Adão era capaz num estado tão regulado e tão feliz como era aquele em que estava antes de seu pecado".[58] Não será surpreendente, portanto, a fraqueza humana depois do pecado, quando a vontade tiver perdido seu poder sobre as paixões.

> Depois que pecou, esses prazeres que só o advertiam com respeito e essas dores que, sem perturbar sua felicidade, só lhe faziam entender que ele podia perdê-la e se tornar infeliz não tiveram mais por ele as mesmas considerações. Seus sentidos e suas paixões se revoltaram contra ele, não obedeceram mais às suas ordens e o tornaram, como nós, escravo de todas as coisas sensíveis. Assim, os sentidos e as paixões não tiram mais seu nascimento do pecado, mas somente esse poder que têm de tiranizar os pecadores; e esse poder não é tanto uma desordem do lado dos sentidos quanto daquele do espírito e da vontade dos homens que, tendo perdido o poder que tinham sobre seu corpo, e não estando mais tão estreitamente unidos a Deus, não recebem mais dele essa luz e essa força, pelas quais conservavam sua liberdade e sua felicidade.[59]

No estado de queda, os sentidos do homem não são atingidos; é sua capacidade de dominá-los que fica arruinada: "O prazer sensível, sendo o mestre, corrompeu seu coração, ligando-o a todos os objetos sensíveis, e a corrupção de seu coração obscureceu seu espírito, desviando-o da luz que o esclarece e levando-o a só julgar todas as coisas segundo a relação que elas podem ter com o corpo".[60] Mas se o próprio Adão não pôde resistir à primeira tentação que apareceu, onde está a diferença entre o antes e o depois

---

58 Id., *De la Recherche de la vérité*, I, 5, 1.
59 Ibid.
60 Ibid.

do pecado? Simplesmente temos uma deficiência suplementar, a concupiscência, que parece ser uma única e mesma coisa que o pecado original:

> Devemos nascer com a concupiscência e com o pecado original. Devemos nascer com a concupiscência se esta for o efeito natural que os traços do cérebro fazem sobre o espírito para ligá-lo às coisas sensíveis, e devemos nascer com o pecado original se este nada mais for que o reino da concupiscência e de seus esforços como vitorioso e como mestre do espírito e do coração da criança. Ora, há grande aparência de que o reino da concupiscência é aquilo que chamamos de pecado original nas crianças e pecado atual nos homens livres.[61]

É aqui que Malebranche faz intervir a graça, em nome de uma concepção muito mecanicista. Por causa da concupiscência, a balança pende inevitavelmente para o lado dos prazeres sensuais; a graça restabelece o equilíbrio, oferecendo uma atração equivalente para o bem, para a caridade: ela é "uma santa concupiscência, própria para contrabalançar a concupiscência criminal".[62] Adão, antes da queda, não precisava dessa graça, que teria falseado as regras do jogo, obrigando-o a fazer o bem: "Foi uma espécie de injúria que Deus fez ao seu livre-arbítrio, dando-lhe esse tipo de graça que só agora nos é necessário por causa dos prazeres provenientes da concupiscência".[63] A partida pode então ser retomada em total imparcialidade: "Era preciso opor a graça de sentimento à concupiscência, prazer a prazer, horror a horror, a fim de que a influência de Jesus Cristo fosse diretamente oposta à influência do primeiro homem. Era preciso que o remédio fosse contrário ao mal para curá-lo, pois a graça de luz não pode curar um coração ferido pelo prazer; é preciso que esse prazer cesse, ou que um outro o suceda".[64]

No campo intelectual, a ignorância não é uma consequência do pecado original: "A ignorância não é nem um mal, nem uma sequência do pecado, é o erro ou o cegamento do espírito, que é um mal ou uma sequência do pecado. Somente Deus sabe tudo e nada ignora [...]. Adão sabia, no momento de sua criação, tudo o que era próprio que soubesse, e nada mais [...]. A imposição

---

61 Ibid., II, 5.
62 Id., *Première lettre touchant celle de M. Arnauld.*
63 Id., *Éclaircissements*, 4ᵉ éclaircissement.
64 Id., *Traité de la nature et de la grâce*, p.263.

dos nomes, na Escritura, é, antes, uma marca de autoridade do que de conhecimento perfeito".

O pecado original se transmite unicamente "pelo corpo, pela geração". "Há todas as evidências possíveis de que os homens ainda guardem hoje em dia, em seu cérebro, as marcas e as impressões de seus primeiros pais."[65] É o cérebro corrompido da mãe que deixa uma impressão no cérebro do feto, e todos os vícios, inclusive espirituais, vêm dos movimentos do cérebro. Parece então que a transmissão se dê pela mãe: "Se fôssemos obrigados, pela fé, a desculpar o homem ou a mulher, seria mais razoável desculpar o homem que a mulher".

No todo, a tentativa de Malebranche para racionalizar a queda não parece ser muito coerente. "Entre o moralismo trágico e antirracionalista, de um lado, e a ontologia racionalista e serena, de outro, é preciso escolher. Malebranche [...] justapõe duas concepções da ética e duas da liberdade que, por natureza, se excluem",[66] escreve André Vergez. Para o oratoriano, o pecado original é uma evidência: "O pecado original, ou o desregulamento da natureza, não precisa de prova, pois cada um sente muito em si mesmo uma lei que o cativa e o desregula, e uma lei que não foi estabelecida por Deus, visto que é contrária à ordem que regula suas vontades".[67] Se Malebranche tem tanta dificuldade para nos persuadir de que a queda não foi deliberadamente provocada por Deus, é porque, sem dúvida, ele mesmo não acredita nisso, sem poder, é claro, admiti-lo abertamente.

LEIBNIZ: UM INCIDENTE INEVITÁVEL NO MELHOR DOS MUNDOS POSSÍVEIS

"Viva o pecado original!" É também o que parece gritar o incurável otimista do século pessimista, Gottfried Wilhelm Leibniz. Não apenas o pecado original tem efeitos muito positivos, como era, sobretudo, inevitável. Quando Deus cria, só pode criar um ser imperfeito, pois, do contrário, criaria

---

65 Id., *De la Recherche de la vérité*, II, 5.
66 Vergez, op. cit., p.248-50.
67 Malebranche, *Éclaircissemnts*, 8e éclaircissement.

a si próprio. E para um ser imperfeito, a queda é inevitável. "Há uma imperfeição original na criatura antes do pecado, porque ela é limitada essencialmente, de onde procede que não poderia tudo saber e que poderia se enganar e cometer outras faltas."[68]

Entre 1670 e 1680, Leibniz mantém correspondência frequente com Arnauld sobre o pecado original e, em particular, sobre a questão da responsabilidade divina na queda. Para ele, Deus tinha escolha entre uma infinidade de Adões, e fez aquela sabendo o que iria acontecer. Da mesma forma, o mundo nos parece imperfeito, mas as imperfeições de detalhes concorrem para a perfeição do conjunto, cada inconveniente tendo sua utilidade e sua contrapartida:

> O horror da morte também serve para evitá-la [...]. Deus deu a fome e a sede igualmente para os animais de forma a obrigá-los a se alimentar e a se manter, substituindo aquilo que se desgasta e que se vai insensivelmente. Esses apetites também servem para conduzi-los ao trabalho, a fim de adquirir uma alimentação para sua constituição, e própria para lhes dar vigor [...]. O mesmo acontece com as inundações, os terremotos, os raios e outras desordens que as bestas brutas não temem, e que os homens não têm motivos para ordinariamente temer, dado que há poucos que sofrem com isso. O autor da natureza compensou esses males e outros, que só acontecem raramente, por mil comodidades ordinárias e contínuas. A fome e a sede aumentam o prazer que temos ao acessar a alimentação.[69]

O mal tem um lugar no mundo, mas "bem vemos, entretanto, que Deus não é a causa do mal, pois não somente depois da perda da inocência dos homens o pecado original se apoderou das almas, mas, ainda antes disso, havia uma limitação ou imperfeição original conatural a todas as criaturas, o que as torna pecáveis ou capazes de faltar".[70] Como aconteceu a queda e, principalmente, como se opera a transmissão? Em seus *Essais de théodicée*, Leibniz recapitula as três hipóteses:

---

68 Leibniz, *Essais de théodicée*, I, 20.
69 Id., *Remarques sur le livre de l'origine du mal, publié depuis peu en Angleterre*, p.395.
70 Id., *Discours métaphysique*, XXX.

– ou as almas humanas preexistiam e foram precipitadas num corpo por haver pecado numa vida anterior. É a teoria origeniana da queda dos espíritos, retomada em 1659 por um platônico de Cambridge, Henry More, em *Immortalitas animae, ou l'Immortalité de l'âme en tant qu'elle est démontrable par la connaissance naturelle et la lunière rationnelle*;

– ou a queda aconteceu no início da história, e o pecado original se transmite pela geração das almas pelos pais;

– ou, por fim, as almas existiam "desde o início" no estado de almas sensitivas e animais, dotadas de sentimento e de percepção, mas não de razão, só recebendo esta última na geração. É a hipótese que Leibniz preconiza: "Eu acreditaria que as almas, que um dia serão almas humanas, como as de outras espécies, estiveram nas sementes e nos ancestrais até Adão e, por conseguinte, existiram desde o início das coisas, sempre numa matéria de corpo organizado".[71] Para Leibniz, essa solução é a da maioria dos cristãos e dos filósofos, e é confirmada pelas observações microscópicas recentes de Leeuwenhoek. Se o recurso às descobertas científicas como auxiliares da teologia não é uma novidade, as implicações da biologia a respeito do pecado original se tornam sistemáticas a partir do fim do século XVII.

Leibniz não se pronuncia a respeito do pecado original. "Não conhecemos suficientemente nem a natureza do fruto proibido, nem aquela da ação, nem seus efeitos, para julgar em detalhes esse caso: no entanto, é preciso render essa justiça a Deus, ao acreditar que ele abarcava alguma outra coisa além daquilo que os pintores nos representam."[72] Quanto às consequências, ele se contenta em retomar as conclusões de um livro de William King, publicado em 1702 em Londres, ao qual ele faz elogio, o *De origine mali*. King, arcebispo de Dublin, tenta, na esteira de muitos outros, conciliar a existência do mal e aquela de um Deus bom e todo-poderoso; uma crítica favorável de sua obra havia sido publicada em 1703 em *Nouvelles de la République des lettres*, mas Bayle se mostra hostil a ela. Leibniz, seguindo King, mostra que os efeitos do pecado original são, afinal, mais limitados do que se acreditava. Primeiramente, plantas e animais nocivos não são uma consequência da queda, pois já existiam no jardim do Éden, sem ter nenhum

---

71 Id., *Essais de théodicée*, I, 91.
72 Ibid., II, 113.

efeito sobre Adão, protegido por uma graça especial. A queda teve, no total, sete consequências:
1. A revogação do dom gracioso da imortalidade.
2. A esterilidade da terra, que não deveria mais ser fértil por si mesma, a não ser em ervas daninhas ou plantas pouco úteis.
3. O trabalho rude que era necessário empregar para se alimentar.
4. A sujeitabilidade da mulher à vontade do marido.
5. As dores do parto.
6. A inimizade entre o homem e a serpente.
7. O banimento do homem do lugar delicioso em que Deus o havia colocado.[73]

A partir da queda, somos livres para fazer o bem e o mal, mas essa liberdade não é, de forma alguma, assimilável a um livre-arbítrio, que seria um poder de escolher sem motivo: "Longe de querer mostrar a fonte do mal moral, é querer que não haja nenhuma. Pois se a vontade se determina sem que haja nada, nem na pessoa que escolhe, nem no objeto que é escolhido, que possa levar à escolha, não haverá nenhuma causa, nem razão dessa eleição; e como o mal moral consiste na má escolha, é confessar que o mal moral não tem nenhuma fonte [...] e também, pelo mesmo motivo, e da mesma forma, não haveria bem moral, e toda a moralidade seria destruída".[74] Nós jamais escolhemos o mal voluntariamente: "Penso que a vontade sempre segue a mais vantajosa representação, distinta ou confusa, do bem e do mal, que resulta das razões, paixões e inclinações, ainda que ela também possa encontrar motivos para suspender seu julgamento".[75]

Se desde o pecado original somos todos pecadores, permanecemos responsáveis por nossas faltas: "É verdade que o pecado faz uma grande parte da miséria humana, e mesmo a maior; contudo, isso não impede que não se possa dizer que os homens são malévolos e puníveis: de outro modo, seria preciso dizer que os pecados atuais dos não regenerados são desculpáveis, dado que vêm do princípio de nossa miséria, que é o pecado original".[76]

---
73 Id., *Remarques sur le livre de l'origine du mal, publié depuis peu en Angleterre*, op. cit., p.397.
74 Ibid., p.397-8.
75 Ibid., p.399.
76 Ibid., p.402.

Somos ainda mais inescusáveis à medida que Deus nos envia regularmente uma graça proporcional às nossas necessidades – graça sempre suficiente para nos preservar do pecado, mas também para nos assegurar a salvação eterna, se aceitarmos cooperar. Em último recurso, para superar as inclinações mais tenazes, Deus tem em reserva uma graça *absolutamente* eficaz.

Em que pese tudo isso, Deus não dana as crianças mortas sem batismo. Aqueles que pretendem o contrário – e Bossuet é aqui visado – pretendem odiosamente ditar a Deus sua impiedosa justiça:

> Podemos dizer que aqueles que danam somente pelo pecado original, e que por conseguinte danam as crianças mortas sem batismo, ou fora da aliança, caem sem pensar num certo uso da disposição do homem e da presciência de Deus, que desaprovam nos outros; eles não querem que Deus recuse suas graças àqueles que previa que deveriam resistir, nem que essa previsão e essa disposição sejam a causa da danação dessas pessoas; e, no entanto, pretendem que a disposição que faz o pecado original, e na qual Deus prevê que a criança pecará assim que estiver na idade de razão, basta para danar essa criança *a priori*.[77]

Esse pensamento revolta Leibniz. Aqueles que não hesitam em lançar no inferno os pagãos são insensíveis ao sofrimento dos outros: "Esse sentimento não tem fundamento suficiente, nem na razão, nem na Escritura, e é de uma dureza das mais chocantes. [...] Aqueles que danam até as crianças incapazes de discernimento se preocupam ainda menos com os adultos, e se diria que eles se endureceram de tanto achar que as pessoas sofrem". Aliás, saberíamos dizer se os pagãos "não recebem socorros ordinários ou extraordinários que nos são desconhecidos"?

Assim, Leibniz reduz o pecado original a um incidente de percurso inevitável, cujas consequências não são irreparáveis. Esse pecado, que desde o início estava "assegurado", "infalível", como dito no *Discurso de metafísica*, não perturba a bela ordem de conjunto do universo.

---

77 Id., *Essais de théodicée*, I, 94.

OS ÍNDIOS ESCAPARAM DO PECADO ORIGINAL?

A ideia de pecado original está tão ancorada nas mentalidades dessa época que toda nova teoria deve poder se acomodar a ela, com risco de ser rejeitada por incompatibilidade com a queda. Dois exemplos ilustram a força do dogma: a América e a medicina.

Para a Europa, a descoberta da América é um choque cultural equivalente ao que seria hoje em dia a descoberta de extraterrestres. Ela instaura, entre outros, um temível problema teológico: de onde vêm os índios? Seis mil anos depois da expulsão do jardim do Éden, segundo a cronologia da época, ficamos sabendo que os descendentes de Adão atravessaram as imensidões oceânicas, enquanto que nenhuma fonte relata esses feitos. Ou eles são filhos de Adão, corrompidos pelo pecado original – o que parecia ser confirmado pelos seus costumes deploráveis; ou eles não descendem de Adão e, neste caso, representam o estado de natureza na aurora do mundo, em sua pureza original de antes da queda – o que sua simplicidade poderia deixar pensar.

Homens que não conheceram o pecado original! Alguns viajantes maravilhados ficaram persuadidos disso. No início do século, John Smith escreve a respeito da Virgínia: "Tivemos a chance de encontrar um lugar tal como Deus o fez", e sua admiração pela beleza das índias o persuade de que uma delas, da tribo dos Powhatans, não é outra senão Eva. Na mesma época, Thomas Harriot também acha que a Virgínia é o "paraíso do mundo". Um século mais tarde, Daniel Price ainda fala dela como o "jardim do mundo, onde escorrem o leite e o mel". Para George Aslop, o paraíso é Maryland, cuja flora constitui os "hieróglifos de nossa condição primitiva e adâmica", e carrega os "traços da inocência original".

Juntam-se os indícios: a árvore do bem e do mal não seria o maracujá, com seus frutos de sabor divino, e suas flores que evocam os instrumentos da Paixão? É o que Antonio de Leon Pinelo sugere, em 1650, a respeito dessas "frutas da Paixão".[78] A fauna também é perturbadora, com seus papagaios, "aves do paraíso", que vivem até tão velhos que puderam conhecer a criação e

---

78 Leon Pinelo, *El paraiso en el nuevo mundo*, t.II, p.373. Em francês, maracujá recebe o nome de *fruit de la passion*. (N. T.)

conservaram a faculdade de falar.[79] Conta-se também que esses índios vivem muito mais tempo que os europeus: Américo Vespúcio dá testemunho disso, assim como Pigafetta e Jean de Léry.

Não fariam esses homens parte de uma humanidade diferente, que teria escapado ao pecado original? Bartolomeu de Las Casas não parece longe de acreditar nisso quando escreve: "Deus os criou sem maldade, sem malícia, eles são muito obedientes, fiéis aos seus mestres naturais e aos cristãos aos quais servem. São muito submissos, pacientes, pacíficos e virtuosos; neles, nada há de belicosidade, de rancor, de lamúrias, nem de vingança [...]. Essas pessoas seriam, entre todas, as que receberiam as maiores bênçãos, se somente adorassem o verdadeiro Deus".[80] A despeito desta última ressalva, o dominicano parece perturbado. Se não há traços do pecado original nesses índios, isso recoloca em causa, pela primeira vez, a unicidade e a igualdade do gênero humano: nem todos os homens descenderiam de Adão. Isso seria uma verdadeira revolução antropológica, equivalente à revolução galileana na astronomia.

Até então, todas as diferenças físicas eram atribuídas às alterações superficiais devidas ao clima e à geografia. Essas diferenças podiam engendrar um profundo desprezo, como o que atinge os negros, sobre os quais *sir* Thomas Herbert escreve no século XVII: "Sua língua, em vez de ser bem articulada, parece com a dos macacos, com quem se diz que eles se misturam contra natureza [...]. Essa suposição é tanto mais verossímil que sua voz é meio humana, meio bestial, que eles copulam de maneira animal e têm um ar bestial. Além disso, considerando sua semelhança com os babuínos, com quem pude observar que as mulheres se misturavam frequentemente [...], poderíamos dizer que eles descendem dos sátiros, se tais seres existiram algum dia".[81] No caso, talvez se tratasse de sub-homens, grupos degenerados sobre os quais se situava a origem depois do dilúvio, quando da dispersão dos filhos de Noé. Sua feiura, o fato de que nasciam escravos, não lhes retirava sua qualidade de descendentes de Adão. A escravidão dessa época se baseia na necessidade econômica, e não sobre uma concepção racista. É o

---

79 Delumeau, *Une histoire du paradis*, op. cit., p.149.
80 Las Casas, *Colección de tratados*, p.7.
81 Apud Fryer, Staying Power: the History of Black People in Britain, p.137.

que vemos expresso, por exemplo, na *History of the World*, de Walter Raleigh, em 1614. A divisão fundamental da humanidade não é entre brancos e negros, mas entre batizados e não batizados; o pecado original é a garantia da unidade humana no mal, e somente o batismo introduz uma verdadeira desigualdade, como havia mostrado em 1488 Bemoi, um príncipe da África ocidental, convertido, batizado e tornado membro da casa real portuguesa.

Se os índios escaparam ao pecado original, o fato perturba inteiramente a teologia, a exegese, a filosofia, a antropologia. Isso é concebível? Sim, responde Isaac de La Peyrère num livro erudito de 1655, *Systema theologicum ex praeadamitarum hypothesi*. Adão não é o primeiro homem, mas simplesmente o primeiro judeu, e seu pecado se transmitiu apenas ao povo de Israel. Havia homens antes de Adão, como a Bíblia sugere ao dizer que Deus criou o homem macho e fêmea, antes de mencionar Adão. Além disso, quem eram essas pessoas de quem Caim fugiu, e para quem ele construiu uma cidade? La Peyrère adiciona considerações exteriores à Bíblia: listas dinásticas dos reis caldeus e dos faraós egípcios, pelos quais começa a haver interesse, sem falar dos chineses, não podem, em nenhum caso, entrar na cronologia bíblica, igualmente curta para dar conta dos progressos científicos. Mas a Igreja, que acaba de proibir à Terra que gire, não tem humor para admitir os ancestrais de Adão; o arcebispo de Malines ordena a prisão do impertinente, que, como Galileu há vinte anos, deve se retratar. Então, não há mais pré-adamitas. Mas quem são os índios? Provavelmente alguns extraviados depois do dilúvio. Para se convencer de que foram corrompidos pelo pecado original, basta observá-los: sem moralidade, nem pudor, "esses povos vivem como animais, portanto, a primeira pessoa que os conquistar tem o direito de explorá-los, pois são escravos naturais",[82] afirma o teólogo escocês John Mair. O pecado original vem em socorro dos conquistadores, pois teria sido difícil justificar a exploração de homens inocentes de qualquer mácula, efetuada pelos filhos de Adão corrompidos pelo pecado original.

Todavia, há ainda outra objeção, estudada na Inglaterra em 1693 pelo doutor John Woodward, membro da Royal Society. O Gênesis diz que um dos descendentes de Caim, Toubal-Caim, fazia relhas de bronze e de ferro (4, 22). Então a metalurgia do ferro já era conhecida desde essa época! Mas se os

---

82 Apud Padgen, *The Fall of Natural Man: the American Indian and the Origins of Ethnology*, p.38.

selvagens da América são descendentes de Adão, como é possível que não conhecessem essa técnica? Talvez fosse porque, em seguida ao dilúvio, certas tribos perderam a lembrança, e Cristóvão Colombo teria chegado antes que os índios redescobrissem o procedimento. Baseando-se em certas similaridades entre pontas de flechas encontradas na Patagônia e outras vindas de escavações inglesas, Woodward pretende demonstrar que os povos dos dois lados do Atlântico têm a mesma origem. O indício é mínimo, mas prova que as ideias bíblicas continuam a se impor a qualquer pesquisa científica, a qual deve imperativamente encontrar um meio de ficar em acordo com as afirmações do Gênesis. Era preferível rejeitar uma hipótese científica plausível do que o dogma intangível do pecado original. Outra ilustração é fornecida pela história da medicina.

O PECADO ORIGINAL E OS PIOLHOS DE ADÃO

No século XVII, vêm à luz todos os tipos de hipóteses concernentes à concepção, à reprodução humana, à hereditariedade, e um dos critérios determinantes no sucesso dessas hipóteses é, precisamente, sua capacidade de explicar a transmissão do pecado original.

No início do século, e ainda durante muito tempo em certos meios, a concepção aristotélica se impõe. Muito esquematicamente, ela explica que só a semente masculina é ativa na concepção, em virtude da distinção entre matéria e forma, sendo que todo ser é um composto íntimo de matéria e forma. O esperma age para "informar" a matéria inerte no útero feminino – o sangue menstrual –, mas age de maneira espiritual, como "agente eficaz", por sua "potência", pela "irradiação de sua substância espiritual";[83] ele é como o artesão que fabrica um objeto. Os galenistas, por outro lado, consideram que a concepção põe em jogo duas sementes ativas que se misturam: "A concepção é a recepção, a retenção, a mescla, o aquecimento e a excitação, no útero, da semente do macho e aquela da fêmea",[84] escreve Johann Sperlingen em 1641.

---

83 Sobre essas questões, ver Roger, *Les Sciences de la vie dans la pensée française au XVIIIe siècle*.
84 Sperlingen, *Tractatus physicus de formatione hominis in utero*, p.64.

A primeira teoria é apenas a aplicação de um esquema filosófico abstrato e cai logo em desuso entre os práticos, que se ligam cada vez mais à concepção puramente natural dos galenistas. Mas o grande debate concerne à maneira pela qual o novo ser humano recebe sua alma, dado que é por ela que se transmite o pecado original. A polêmica é lançada em 1636 pelo livro de um médico alemão, Daniel Sennert, professor em Wittenberg. Retomando uma posição teológica traducianista, ele afirma que Deus criou tudo no início e que, desde então, só age por causas segundas. Assim, a alma da criança é, como seu corpo, criada pela união das duas almas de seus pais. As duas sementes parentais são animadas por uma alma racional, cujo encontro produz a alma racional da criança, que organiza seu desenvolvimento físico.[85] Essa teoria é muito criticada, em particular pelo holandês Johann Freytag, professor de filosofia em Groningue, pois ela tende a pôr no mesmo plano as almas das plantas, dos animais e dos homens. Pelo menos, ela permitia dar conta da transmissão hereditária do pecado original.

A partir dos anos 1670, a concepção mecanicista na biologia prevalece. Todos os eruditos creem numa biologia cartesiana, que vê nos seres vivos máquinas aperfeiçoadas, à imagem do universo material. Para Boerhaave, o organismo humano se reduz a "apoios, colunas, vigas, bastiões, tegumentos, cunhas, alavancas, apoios de alavancas, polias, cordas, prensas, foles, crivos, filtros, canais, gamelas, reservatórios".[86] Em virtude desse mecanismo, as máquinas reproduzem desde a origem máquinas idênticas, o que implica que os organismos humanos e animais são os mesmos, antes e depois da queda, e que, por exemplo, os carnívoros devorariam os herbívoros em pleno paraíso terrestre. São Tomás já havia dito isso. Depois de tudo, escreve em 1733 Antonio Vallisneri, "não é por acaso, ou para se arrepender em seguida, que Deus imutável e todo-poderoso criou os primeiros completamente diferentes dos segundos. Já sabendo como as coisas iriam acontecer, ele dispôs tudo com sua infinita sabedoria, de tal modo que nada mais mudaria e que tudo seguiria de forma inalterada a ordem tão magnificamente estabelecida nesse grande teatro da natureza".[87]

---

85 Sennert, *Hypomnemata physica*.
86 Apud Roger, op. cit., p.207.
87 Vallisneri, *Opere fisico-mediche*, t.I, p.315.

Mas, se tudo é fixo desde o início, como explicar as diferenças raciais entre pessoas que descendem, todas, de Adão? É claro que se pode recorrer à história da maldição de Noé contra Cam, que teria ficado negro como sua alma, e de quem essa mutação teológico-biológica teria feito o ancestral dos negros... Mais sutil é o problema dos piolhos, do verme solitária e, de uma forma geral, dos parasitas do homem. O cartesiano Malebranche já havia questionado sobre as pulgas, criadas para tornar nossa vida difícil, em previsão do pecado original. Mas como explicar que Adão e Eva tivessem sido devorados pelos piolhos e enfraquecidos pela tênia antes de ter comido a maçã? Como se acredita que esses parasitas só existiam no homem, e que não puderam ser criados depois da queda, dado que Deus criou tudo desde o início, é preciso convir: Adão e Eva deviam se coçar e ter vermes intestinais no jardim do Éden. Para o padre Borromeo, isso basta para afastar a hipótese biológica mecanicista. Ele escreve a Vallisneri em 21 de setembro de 1711: "Se considero Adão no estado de inocência, parece-me inverossímil que Deus tenha plantado em seu corpo o primeiro verme, já que, nesse estado, os homens, totalmente ao abrigo de todo tipo de doenças ou enfermidades físicas, deviam desfrutar de uma felicidade perfeita [...]. E de nada serve arquitetar sutilezas teológicas dizendo que Deus tinha a presciência do pecado, porque essa presciência não ocasiona o castigo antes da falta. Tudo devia ser inocente nesse lugar cheio de inocência".[88] Presumindo a resposta, o padre Borromeo responde antecipadamente: poderia ser dito que a tênia prestaria serviço para Adão, absorvendo alguns líquidos nocivos. "Mas essa ideia, que parece própria para afastar a dificuldade, carece de fundamento; ela é mesmo injuriosa, para a natureza humana, no estado perfeito da inocência, condenando-a, contrariamente à lei de sua imunidade e de sua perfeita conservação, a produzir líquidos nocivos para si mesma."[89]

Ao pôr a questão do papel dos piolhos e do verme solitária antes do pecado original, o padre Borromeo sabe que se expõe a "despertar as zombarias dos cartesianos sobre as dificuldades desse gênero". Mas será principalmente no século XIX que os ateus ridicularizarão os piolhos paradisíacos, por exemplo, na canonização de Benoît Labre (1748-1783), esse místico de

---
88 Apud ibid., p.309.
89 Ibid.

uma imundície repugnante, que desencadeará os sarcasmos da imprensa do livre-pensamento e suscitará a composição de preces de invocação deste tipo: "Senhor, que destes a vosso servidor Benoît Joseph Labre a graça insigne de viver como um porco, fazei com que possamos sempre manter sobre nossos corpos uma numerosa sociedade de pequenos vermes repulsivos, que nos conduzirão à vida eterna!".

No início do século XVIII, Vallisneri responde ao padre Borromeo, para tentar justificar a existência desses "pequenos vermes repulsivos": é uma honra para o homem servir de refeição aos parasitas; isso mostra não só que ele tem do que comer, mas que também é capaz de fazer viver, de sua substância, inúmeros outros organismos. "Por que o pequeno mundo que é nosso corpo não deveria também participar das nobres prerrogativas do grande, e ter também, proporcionalmente, seus habitantes servindo magnificamente de moradia a mais de um ser vivo? [...] Não é uma pequena glória possuir matéria com tanta abundância e luxo, para ter não somente para si, mas ainda para os outros? Para mostrar sua grandeza infinita, Deus quis multiplicar em nós os milagres, fazendo do homem uma maravilha composta de maravilhas."[90]

Assim, de todo modo, antes do pecado original, os piolhos e a tênia prestavam serviço a Adão. Mas o pecado os tornou prejudiciais; eles se revoltaram contra o homem e começaram a atacá-lo. Antes da queda, então,

> num repouso amigável, eles se alimentavam somente do supérfluo dos alimentos absorvidos, não saíam de seus limites, não tinham a audácia de atacar essas veneráveis paredes do intestino – *quelle interne venerabile intestinali pareti* – onde se abrigavam, mas, antes, lambendo-as e limpando-as suavemente – *lambendole, e soavemente nettendole* –, reconheciam o benefício recebido, cheios de um humilde respeito por seu benfeitor. Se, apesar disso, as fibras entorpecidas, ou por vezes carregadas de matérias excrementícias ou muito copiosas, corriam o risco de causar algum dano, eles as excitavam suavemente e, lembrando-as de seu ofício, para uma maior atividade, serviam como guardas e benignos detectores; em suma, estavam destinados a outra coisa que não era fazer mal. Todavia, dura pouco essa ditosa felicidade para Adão. Ele se rebela contra o Pai supremo cheio

---

[90] Ibid., p.312.

de caridade, e os vermes se rebelam contra ele. E assim como autorizado às serpentes que usassem seu veneno, e aos leões e aos tigres, seus dentes ferozes, por vezes em detrimento do homem [...], também foi concedido aos pequenos vermes habitantes de nosso corpo permissão para atormentá-lo.[91]

Estaria Vallisneri zombando do padre Borromeo? "Seria muito difícil responder a essa questão", escreve Jacques Roger em sua obra clássica sobre *Les Sciences de la vie dans la pensée française au XVIIIe siècle*.[92] Ainda mais porque Vallisneri acrescenta: não somente Deus criou Adão piolhento e habitado por uma tênia, como, ao criar Eva a partir de uma costela de Adão, devia haver um ovo de verme na tal costela, a fim de que nossa primeira mãe também fosse habitada por esse convidado tão útil antes do pecado original!

Se há uma hesitação sobre o humor de Vallisneri, ela não existe sobre a seriedade de Daniel Le Clerc, quando, em 1715, este expõe, num latim erudito, a história desses parasitas do paraíso que "abriam e limpavam suavemente os poros da pele, ou prestavam outros serviços",[93] antes de se tornar perigosos para a saúde humana a partir do pecado original.

TEOLOGIA E BIOLOGIA

Ainda nos anos 1670, outras teorias biológicas sobre a concepção provocam debates a respeito do pecado original. É o caso do ovismo, teoria segundo a qual o embrião humano seria formado a partir do ovo da mãe, sob a ação do esperma. Essa opinião, difundida pelos trabalhos de Régnier de Graaf e de Jean-Baptiste Denis, em particular, se choca inicialmente com uma violenta oposição por razões morais. Uma carta anônima de 1675 objeta que até mesmo as freiras possam ter ovários! "Castas moças, quer vivam no século, quer estejam enclausuradas, vós toleraríeis um médico que pretende que teríeis um ovário como as galinhas? Que vós poríeis ovos *subventanés* (cheios de vento, não fecundados, sem alma) e *hardelés* (relativo a bandos)?

---
91 Ibid.
92 Ibid., p.219, n.331.
93 Le Clerc, *Historia naturalis et medica latorum lumbricorum*, p.366.

[...] Vós sofreríeis, não dizemos sem enrubescer, mas sem clamar por vingança contra um doutor que vos acusa impunemente de obscenidade e de lassidão?"[94] Por sua vez, Guillaume Lamy, em *Discours anatomiques*, de 1675, defende a teoria da dupla origem. Entretanto, o ovismo progride inelutavelmente: muitas analogias com o mundo animal caminhavam nesse sentido.

Sobre o tema, uma descoberta e uma hipótese vêm alimentar a reflexão. A descoberta é aquela dos animálculos observados ao microscópio no esperma, feita pelo holandês Leeuwenhoek. Não se trataria de pequenos homens, completos, de tamanho microscópico, como afirma Hartsoeker, que chega mesmo a fazer um desenho deles? Em 1699, um médico de Montpellier afirma que observou um outro homenzinho no interior desses micro-humanos. Brincadeira, sem dúvida, mas a ideia de acavalamento dos germes está aí. Todavia, se todos esses pequenos seres são homens, que desperdício! Para Claude Brunet, em 1698, essa doutrina consistiria em acusar "o soberano Ordenador de ter feito uma infinidade de assassinatos ou de coisas inúteis, formando em miniatura uma infinidade de homens que jamais devem ver a luz do dia".[95] Leeuwenhoek hesita. Esses animálculos não são homens, mas contêm homens e se reproduzem entre eles. O embaraço é manifesto.

Ora, no mesmo momento, há um questionamento sobre a origem das formas, no sentido aristotélico, isto é, sobre o que faz com que certa quantidade de matéria seja um pássaro, uma pedra, um homem. No século XVI, Fernel estimava que as formas descendiam diretamente do céu, enquanto outros pensavam que a matéria é informada por um espírito que Deus pôs nela. Todos os seres existem virtualmente, antes de existir na realidade. Essas concepções medievais herdadas de Aristóteles não se enquadram mais com a visão mecanicista do mundo, que doravante se impõe. Vem daí o sucesso crescente da ideia de preexistência dos germes, que tem a vantagem de se acomodar com o agostinismo circundante. Deus criou tudo de uma vez por todas no início, e todos os novos seres são apenas o crescimento de germes preexistentes. O holandês Jan Swammerdam foi o primeiro que expôs claramente essa teoria em *Histoire générale des insectes*, em 1669. A humanidade

---

[94] *Réponse à la lettre de M. Guillaume de Houppeville... de la génération de l'homme par le moyen des œufs*, Rouen, p.56.
[95] Brunet, *Le Progrès de la médecine, contenant un recueil de tout ce qui s'observe de singulier par rapport à sa théorie et à sa pratique*, p.67.

inteira foi criada, no início, sob a forma de dezenas de milhares de germes acavalados uns nos outros, e como Swammerdam é ovista, ele conclui, em 1672, em *Miraculum naturae*, que estávamos todos no ovário de Eva. Eis por que somos todos culpados do pecado original: "Podemos deduzir desse princípio a origem de nossa corrupção natural, concebendo que todas as criaturas foram contidas nos rins de seus primeiros pais".[96]

A hipótese de Swammerdam é confirmada em 1672 por uma observação de Malpighi. O sucesso é imediato entre os teólogos e os filósofos. Em 1674, Hartsoeker informa Malebranche sobre a descoberta dos espermatozoides e a teoria dos germes preexistentes. Malebranche se apressa em explorar esses resultados em *La Recherche de la vérité*: "Temos demonstrações evidentes e matemáticas da divisibilidade da matéria ao infinito; isso basta para nos fazer crer que pode haver animais menores, e menores ao infinito, ainda que nossa imaginação se alarme com esse pensamento". Deus organizou tudo desde o início. A partir dos anos 1680, o acavalamento dos germes é a teoria predominante. Claude Perrault oferece, naquele ano, uma versão pessoal disso em *De la mécanique des animaux*. Resta determinar simplesmente se esses germes estão acavalados no ovário materno (ovismo) ou nos animálculos do esperma (animalculismo).

Os mecanicistas, que têm uma visão mais "laica" das coisas e aceitam mal que a natureza seja assim frustrada de seu poder criador, formulam sérias objeções. Porém, qualquer que seja o valor dessas objeções, o acavalamento dos germes se acomoda com a teologia do pecado original e presta serviço aos teólogos, e faz isso tão bem que um consenso se estabelece para torná-lo uma espécie de teoria oficial. A metafísica impõe seus pressupostos à física, e a crença é mais forte que os fatos. Como nota Jacques Roger, "é um estranho espetáculo o desses observadores que preferem recorrer às hipóteses mais bizarras e menos fundadas a renunciar aos germes preexistentes, como se esse sistema, que os justificava para não ir além dos fatos, lhes fosse mais caro que os próprios fatos".[97]

Apesar disso, as objeções são fortes. Se todos os germes existem desde o início, como explicar a hereditariedade, as semelhanças entre pais e filhos?

---

96 Swammerdam, *Histoire générale des insectes*, p.47.
97 Roger, op. cit., p.385.

Como explicar a esterilidade dos híbridos? E, principalmente, como explicar o nascimento dos monstros? Dado que não se pode conceber que Deus tenha criado diretamente os germes de monstros, muitos invocam acidentes de percurso que danificaram os germes. É fazer pouco caso do poderio divino: como Deus teria permitido que o acaso desfigurasse sua criação? Arnauld, seguido por Régis, prefere apelar para a liberdade divina: Deus é livre para fazer monstros. Além disso, aqueles que nossa inteligência chama de monstros serão realmente monstros?

O *PARAÍSO PERDIDO* (1667), UMA VERSÃO AMBÍGUA DA QUEDA

A obsessão do pecado original é encontrada em todos os cantos nos séculos XVI e XVII. Podem-se recensear mais de 155 títulos de obras de teologia, de moral, de filosofia ou de poesia, dedicados a esse tema, entre 1540 e 1700,[98] sendo que a obra-prima é, sem dúvida, o *Paraíso perdido*, de Milton, de 1667. Mas a sombra da macieira do conhecimento se estende por milhares de outros livros, direta ou indiretamente, pela predominância de uma atmosfera pesada de inquietude metafísica, impregnada pelo sentimento de um destino trágico. Ela se estende também sobre inúmeras tragédias que retomam a famosa cena da queda, na sequência dos mistérios medievais, de *Adamo*, de Giambattista Andreini (1613) a *Adam banni*, do holandês Jost van den Vondel (1664), passando por *La Scena tragica d'Adamo et Eva*, de Troilo Lancetta (1644), e *Adamo caduto*, de Serafino della Salandra (1647). Em 1601, Hugo Grotius compõe *Adamus exul*, seguido de *Adamo* em prosa de Francesco Loredano (1640), e de tantos outros livros de história, comentários da Bíblia, hinos, cantos de Natal etc.

E o que dizer da iconografia? A cena do pecado de Adão e Eva invade a pintura europeia dos séculos XVI e XVII. Já muito presente na Idade Média, na escultura e nas miniaturas de manuscritos, ela se exibe então nas telas dos mestres. Que artista dessa época não tentou, com maior ou menor sucesso, expressar a tragédia original? Essa é também uma forma de expor uma última vez a nudez lícita, antes que ela se torne vergonhosa. São tão belos,

---

[98] Kirkconnell, *Celestial Cycle*, p.541-639.

nossos primeiros pais! Os artistas luteranos, como sempre, exploraram particularmente o tema. Lucas Cranach ofereceu uma dezena de versões de uma fascinante beleza. Essa Eva longilínea, com seios pequenos, cabelos longos, olhos amendoados tão inquietantes, é o fascinante mistério da mulher, bela a ponto de danar um santo. Que Adão poderia resistir a ela? A transfiguração do primeiro casal pelos artistas trai o sentido do episódio. Mesmo na cena atormentada de *Adão e Eva expulsos do paraíso terrestre*, de Giuseppe Casari (1568-1640), no Louvre, não podemos nos impedir de tomar o partido desses dois infelizes. A pintura fez muito para reabilitar Adão e Eva. O verdadeiro acusado é Deus, que, por vezes, se mostra covardemente ausente, e em outras, representado sob os traços de um ancião que, como dirá Diderot, "faz muito caso de suas maçãs e pouco caso de seus filhos". Como não ter piedade deles?

A ambivalência das representações do pecado de Adão e Eva é manifesta. Esses quadros são justificativas. Representar esses dois seres é tomar sua defesa; concretizando a cena, o artista expõe a desproporção entre a falta e o castigo, entre a maçã e o inferno eterno. E como dois seres assim tão belos poderiam ter merecido o castigo eterno? Visivelmente, os séculos XVI e XVII não chegam a compreender, e ainda menos a aceitar, o que aconteceu.

Mesmo aqueles que parecem ser os mais convencidos de nossa decadência, os calvinistas puritanos, buscam ainda se persuadir. A ambiguidade atinge seu clímax com um deles, Milton, cujo *Paraíso perdido* é uma paradoxal defesa do infernal trio formado por diabo, Adão e Eva. Diante de um Deus caprichoso, autoritário, Lúcifer é um anjo magnífico, nobre e orgulhoso, que se recusa a se curvar diante do Filho do Criador. Preferindo o exílio infernal à humilhação, ele proclama magnificamente sua autonomia:

> O espírito é seu próprio lugar, e nele pode fazer
> Dos infernos os céus, e dos céus os infernos.
> Mesmo no inferno, a ambição de reinar é bela,
> Mais vale reinar no inferno que servir no céu.

Sedutor, ele mostra a Eva a árvore proibida: essa árvore é obra de Deus; como seu fruto poderia ser mau? A menos que Deus tenha tendências insuspeitadas para o arbitrário...

Ora, o Deus de Milton sente a necessidade de justificar-se: ele havia proibido a Adão somente uma coisa, e este o desobedeceu:

> [...] de quem é a falta?
> De quem, senão dele? Eu havia dado a esse ingrato
> Tudo o que ele precisava; eu o havia feito justo e bom
> [...]
> Eles não podem me acusar.
> A mim, seu criador, de seu destino
> [...]
> Eles próprios causaram sua queda.[99]

Deus, que sabe muito bem o que vai acontecer, persiste em sua intenção. Ele reitera a proibição, a fim de tornar a desobediência inescusável. A armadilha está posta. Adão, curioso, busca informar-se sobre a estrutura e o funcionamento do universo; mas o anjo Rafael lhe responde que isso não lhe diz respeito, e que Deus ridiculariza os esforços humanos para conhecer as leis da natureza.

A cena do pecado é patética. Adão cede por puro amor a Eva; com conhecimento de causa, ele se sacrifica para compartilhar sua sorte:

> Entretanto, ligo minha sorte à tua,
> Certo de selar assim meu destino;
> Se a morte estiver contigo, a morte é a vida.
> [...]
> Não podem nos separar; somos um,
> Uma única carne; perder-te seria perder-me.[100]

Eles caem nos braços um do outro. Adão come a maçã, e então

> O desejo carnal os inflama;
> Ele lança sobre Eva um olhar lascivo,
> Ao qual ela responde; eles ardem de desejo.

---

99 Milton, *Le Paradis perdu*, III, 96-128.
100 Ibid., IX, 952-60.

Eles fazem amor. Pela primeira vez na história da humanidade, conhecem uma verdadeira felicidade terrena.

Chega o castigo, seguido de um longo protesto de Adão contra Deus, no qual Milton pôs todo o ressentimento de uma humanidade dolorosa, traída, que se sente mais vítima que culpada. Grito de revolta do homem impotente contra o Criador abusivo: por que me criaste?

> Eu vos pedi, Criador, da argila
> Fazer de mim um homem? Eu vos solicitei
> Tirar-me do nada para me colocar
> Neste jardim de delícias?[101]

Para puni-lo, continua Adão, não basta reduzi-lo ao nada de onde veio? Por que maldizer também todas as gerações humanas? Doravante as crianças, quando repreendidas, poderão dizer aos seus pais:

> Por que me engendraram? Eu nada havia pedido.
> Fazer de mim uma maldição? Por que toda a humanidade
> Inocente, pela falta de um só é condenada?

Por que devemos ser perseguidos pela consciência? Por que Deus criou a mulher, cuja beleza nos dana e que é fonte de tormentos, dado que não podemos dela nos afastar?

Deus não responde, é claro. Que Adão se vire: ele pecou, e Deus não o conhece mais. Então, Eva tenta reconfortar Adão: se Deus não mais os ama, ela ama Adão. Eles enfrentarão tudo, juntos para sempre. Ela lhe diz: "Teu amor é o único consolo de meu coração; quero viver ou morrer por ti". Mais forte que o homem, e mais bela que nunca, Eva sugere a ele, prostrado, um meio de frustrar Deus de sua vingança:

> Tu não tens filho; permaneçamos estéreis; assim a morte,
> Privada de seu festim, deverá com nós dois
> Contentar seu insaciável apetite.[102]

---

101 Ibid., X, 743-6.
102 Ibid., X, 989-92.

A história da humanidade se acabaria assim desde o início. Fazendo com que a criação abortasse, o primeiro casal evitaria incalculáveis sofrimentos a milhares de seres humanos, que jamais veriam o dia. Plano grandioso, magnífico, feminino. Mas Eva percebe que Adão não terá forças para executá-lo, e sugere então o suicídio.

> Se tu achas duro demais, difícil demais,
> Falarmo-nos, vermo-nos, amarmo-nos abstendo-te
> Dos rituais amorosos, da doce união dos corpos,
> De enlanguescer de desejo sem nenhuma esperança.
> [...]
> Liberemos com um ato nós mesmos e a nossa descendência,
> Abreviemos a espera daquilo que tememos,
> Busquemos a morte, ou, se não a encontrarmos,
> Que a inflijamos por nossas próprias mãos.[103]

Aí está o gênio de Milton, pois esse episódio saiu inteiro de sua imaginação. Será que ter devaneado essa solução extrema não seria, inconscientemente, ter desejado que nossos primeiros pais a tivessem executado? Um único ato corajoso teria resgatado a falta e evitado tormentos incomensuráveis. A falta de Adão não seria a de ter escolhido ser, isto é, sofrer?

> Por que ficamos tremendo de medos
> Que só acabam com a morte, enquanto podemos
> Escolher a maneira de morrer, a mais rápida,
> E destruir a destruição pela destruição?

É inútil, responde Adão, clarividente: não se escapa da vingança divina, mesmo pela morte. A cólera de Deus é impiedosa e nos persegue, neste mundo ou no outro.

O *Paraíso perdido* é a mais lancinante reflexão do século XVII sobre o pecado original e, mais do que isso, sobre a condição humana. Deus não tem o belo papel, diante de um Lúcifer livre e magnífico, e do primeiro casal

---

103 Ibid., X, 999-1002.

humano, frágil e patético, unido por um amor indefectível. Deus exige uma submissão absoluta de suas criaturas; ele declara que são livres para fazer o que quiserem, mas sofrerão tormentos eternos se fizerem o que lhes proibiu! E, a despeito da ameaça, anjos e homens se desviam do Criador. Essa escolha não seria portadora da mais grave acusação contra a criação? Adão e Eva preferiram o amor humano a uma vida paradisíaca mortalmente tediosa. No fundo, Milton não parece longe de lhes dar razão.

A RECONSTITUIÇÃO DO DRAMA

Distanciados das grandes reflexões existenciais de Milton, inúmeros autores dos séculos XVI e XVII trazem questões mais terra a terra sobre as condições concretas do desenrolar do drama. Eles não o recolocam em causa; simplesmente, esforçam-se para reconstituí-lo. Suas questões dão testemunho de uma legítima curiosidade, que busca dar conta racionalmente desse episódio, no qual são solicitados a crer. Todas essas tentativas só conseguiram fazer com que se destacasse o absurdo da interpretação literal do Gênesis, mas têm o mérito da sinceridade.

Onde? Quando? Como? Cabe a cada um a tarefa de reconstituir os fatos, a partir dos magros dados fornecidos pela Escritura e pela tradição. O crime ocorreu no paraíso terrestre, cuja localização é intensamente debatida.[104] Ao espanhol Pineda, ao flamengo Goropius ou ao suíço Vadian, Suárez e a maioria dos teólogos opõem uma localização precisa: a Mesopotâmia. Em 1676, Matthias Beck defende mesmo uma tese a esse respeito na faculdade de teologia de Jena. Mas, para muitos, o dilúvio destruiu o lugar do paraíso.

Outra questão muito debatida: quanto tempo houve entre a criação de Adão e Eva e a queda? Para a maioria dos autores, tudo aconteceu muito rapidamente: criação pela manhã e pecado à noite; era a opinião mais difundida na Idade Média. Nos séculos XVI e XVII, reexamina-se com precisão a cronologia, e as hipóteses vão de um dia e meio, para Suárez, a catorze dias para o anglicano John Swan, em *Speculum mundi*, de 1635. Contudo, finalmente o consenso se estabelece numa duração média de uma semana no paraíso

---

104 Sobre essas questões, ver Delumeau, *Une histoire du paradis*, op. cit.

terrestre antes da queda. Para calcular, os autores raciocinam por analogia. Não seria lógico pensar que Adão cometeu o irreparável no dia e na hora em que, 4 mil anos mais tarde, Jesus, o novo Adão, seria colocado na cruz a fim de apagar a falta original? Isso dá uma sexta-feira ao meio-dia, provavelmente em 1º de abril do ano I do mundo, pois há um acordo para fixar a criação de Adão em 25 de março. Em 1617, o anglicano John Salked escreveu em *A Treatise of Paradise*:

> Eu acreditaria de boa vontade que [nossos primeiros pais] ficaram somente oito dias no paraíso, pois era suficiente para a experiência desse feliz estado [...]. Assim, o pecado de Adão, sua criação e sua redenção, por uma particular providência de Deus todo-poderoso, [...] intervieram no mesmo dia. Ainda que para isso não haja um argumento determinante, nem prova decisiva fundamentada no texto sagrado, não se pode, todavia, negar, nesse campo, uma conformidade e uma conveniência de razão, tendo o mal e o remédio sido fixados no mesmo dia por Deus, que, de toda a eternidade, prevê os fins e os meios.[105]

Em 1649, o padre siciliano Agostino Inveges oferece uma cronologia precisa em *Historia sacra paradisi terrestri*: a serpente começa a tentar Eva em torno das dez horas da manhã, na sexta-feira, 1º de abril. Ao final de uma hora, Eva cede, e ao meio-dia persuade Adão a comer a maçã. No início da tarde, Deus faz seu passeio no jardim. Ele chama os dois culpados às quinze horas, expulsa-os às dezesseis e manda fechar definitivamente o jardim, postando um anjo na entrada. Justiça expeditiva, dado que mal é transcorrida uma hora entre o comparecimento dos suspeitos e a execução da pena. Para Inveges, "esse tempo parece suficiente para o interrogatório dos culpados, a pronúncia da sentença e o inteiro desenrolar do julgamento. Pode-se então acreditar que Jesus foi retirado da cruz em torno das dezesseis horas e que Adão, no mesmo horário, desceu das alturas do paraíso".[106]

Que idade têm os culpados? Uma semana, se aplicarmos a cronologia precedente, sem esquecer que Adão já foi criado na idade adulta. As

---

105 Salked, *A Treatise of Paradise*, p.228.
106 Inveges, *Historia sacra paradisi terrestri*, p.285, apud Delumeau, *Une histoire de paradis*, op. cit., p.240.

hipóteses da alta Idade Média, que faziam deles crianças, não circulam mais. Para Suárez, Adão nasceu com cerca de trinta anos; para Pereira, cinquenta; para Cajetan, setenta anos, o que, na época antediluviana, era a primeira juventude. De toda forma, Adão e Eva tinham a idade da razão e, portanto, eram inteiramente responsáveis por seus atos.

O que eles fizeram na semana que precedeu a queda? Trabalhavam, é claro, como bons agricultores. Mas, antes do pecado original, o trabalho era uma alegria. Para Lutero, "se Adão tivesse permanecido no estado de inocência, teria cultivado a terra [...] não somente sem esforço, como isso teria sido para ele um jogo e um deleite únicos"; para o anglicano Salked, o trabalho "era uma consequência necessária desse estado feliz, visto que não acarretava nem fadiga, nem sofrimento, mas, antes, constituía um prazer"; para o bispo Joseph Hall, Adão "mal tinha sido criado e já foi posto para trabalhar [...]. O homem devia trabalhar porque era feliz"; para Goropius, "trabalhar e guardar o jardim, antes do pecado do homem, envolvia necessariamente o deleite". Suárez explica: "Tão grande era a ciência natural inata de Adão e Eva que, antes do pecado, não poderiam nem se enganar, nem serem enganados, isto é, tomar o falso pelo verdadeiro e vice-versa, senão voluntariamente. A ignorância e o erro constituíram uma punição do pecado".[107]

Nesse casal perfeito, a esposa estava voluntariamente submetida ao marido. Eva era suave e dócil, afirma John Salked: "Seguramente, Eva não havia pecado nem transgredido o mandamento divino ao comer o fruto proibido, porque era um recipiente mais frágil e sua natureza teria requisitado a submissão ao seu marido: submissão, eu entendo, voluntária e não coagida, natural e não forçada, e, portanto, livre e isenta desses movimentos de recusa que atualmente mesmo as melhores descendentes de Eva experimentam em relação aos seus maridos".[108]

E o sexo? Esses dois jovens, nus e transbordando energia, permaneceram virgens durante sua semana paradisíaca? Essa questão já havia sido abordada na Idade Média sem que tenha sido respondida claramente. Segundo John Salked, que expressa a opinião quase geral, se não tivesse havido o pecado, a reprodução teria se desenvolvido, em teoria, da mesma

---

107 Apud Delumeau, *Une histoire de paradis*, op. cit., p.261.
108 Salked, op. cit., p.131.

forma que atualmente, excetuando-se a desordem dos sentidos, por um puro ato de vontade: "Enquanto o pecado não deformasse a vontade, não poderia haver sujidade e abominação nas ações naturais [...]. Nenhuma desordem nos atos naturais teria acontecido no decorrer normal das coisas. Assim, no estado de natureza, teria havido geração humana como agora: quero dizer quanto à substância do ato, mas não na maneira de gozar e no furioso domínio do prazer".[109]

Contudo, na prática, todos concordam em dizer que Adão e Eva não haviam praticado a união sexual em 1º de abril do ano I. Agostino Inveges escreve assim: "Todos os Pais dão como certo que Adão e Eva, antes da falta, eram virgens [...]. Foi depois da perda do paraíso, diz Chrysostome, que começa o primeiro uso da coisa venérea. Pois antes da desobediência, Adão e Eva levavam uma vida angélica, e não se falava dos prazeres de Vênus [...]. Provavelmente Adão e Eva, no jardim, dormiam em lugares separados, como em camas à parte, sem beijos, sem abraços, sem palavras amorosas, nem de dia, nem de noite".[110] Por vezes, a fobia da sexualidade vai mais longe. Não podendo admitir que o amor físico tenha feito parte do plano divino, alguns imaginam estranhas soluções para a reprodução antes do pecado original, como esse Adão hermafrodita que assombra as visões de Antoinette Bourignon (1616-1680), um Adão que tem um nariz no lugar do sexo, e que expulsa homenzinhos pelas narinas:

> No lugar das partes bestiais cujos nomes não se diz, ele era feito da maneira como serão restaurados os corpos na vida eterna, e que não sei se devo dizer. Ele tinha nessa região a estrutura de um nariz, da mesma forma que aquele do rosto; e lá estava uma fonte de odores e perfumes admiráveis: de lá deviam também sair homens dos quais ele tinha todos os princípios em si; pois ele tinha em seu ventre um vaso em que nasciam pequenos ovos e outro vaso cheio de licor, que tornava esses ovos fecundos. E quando o homem se aquecia no amor de seu Deus, o desejo em que se encontrava, de que houvesse outras criaturas além de si para louvar, para amar e para adorar essa grande majestade, fazia derramar pelo fogo do amor de Deus esse licor sobre um ou vários desses

---

109 Ibid., p.181.
110 Inveges, op. cit., p.166.

ovos com delícias inconcebíveis, e esse ovo tornado fecundo saía algum tempo depois pelo canal fora do homem em forma de ovo, e pouco depois eclodia em um homem perfeito.[111]

À sua maneira, essas divagações são reveladoras da obsessão do pecado original que pesa sobre a Europa clássica. Teólogos, filósofos, moralistas, parecem então tomar consciência da amplitude da catástrofe, da qual estudamos em detalhes cada consequência. Se, para o doutor John Woodward, da Royal Society, os efeitos só apareceram depois do dilúvio, a maioria pensa que a corrupção foi imediata. E a situação é irremediavelmente bloqueada: a humanidade, una e solidária na infelicidade, não pode conhecer nenhum progresso real. Jansenistas, protestantes, católicos, repetem incansavelmente: nossa única esperança é a graça divina, mais ou menos coercitiva, mais ou menos abundante, segundo as tendências. O mundo está condenado.

---

111 Poiret, Vie continuée de Mlle Bourignon, in: *Œuvres de Mlle Bourignon*, t.II, p.316.

– 6 –

ADÃO SOB O FOGO DAS LUZES:
UM PECADO CONTESTADO E TRANSPOSTO

"A ideia de pecado original é o alvo comum que une na luta as diversas tendências do pensamento das Luzes. Hume adere ao deísmo inglês, enquanto Rousseau, a Voltaire: parece que, por algum tempo, a fim de abater esse inimigo comum, nada resta das diferenças e das divergências",[1] escrevia Ernst Cassirer. A afirmação é, ao mesmo tempo, exata e excessiva. De fato, enquanto dogma fundamental do cristianismo no século XVII, a crença no pecado original e em seu valor explicativo só pode ser vítima do pensamento racionalista e anticristão do século XVIII. Os filósofos acreditam no progresso da humanidade, e a felicidade se torna um direito; ele está adiante, e não em um Éden para sempre perdido. "Desde o início do século XVIII, escreve o sociólogo Gilles Lipovetsky, o ideal epicuriano se mostra livremente [...] banindo o dogma da corrupção original e reabilitando a natureza humana; os modernos fizeram da busca da felicidade

---

[1] Cassirer, *La Philosophie des Lumières*, p.159.

terrena uma reivindicação legítima do homem diante de Deus, um direito do indivíduo."[2]

Mesmo entre os calvinistas, uma tendência liberal adota as novas ideias de bondade natural. A boa religião segue as leis da natureza, escreve Turettin em 1748, num *Traité de la vérité de la religion chrétienne*; e, em 1767, num sermão "sobre a retidão original do homem", pronunciado em Genebra, o pastor Vernès declara que o homem tem "uma inclinação inseparável de sua natureza para tudo o que é bom, tudo o que é justo, tudo o que é honesto". Mesmo as paixões e os vícios privados são considerados instrumentos da prosperidade geral. De Leibniz a Hegel, passando por Mandeville, o mal é reabilitado na qualidade de componente necessário do bem global.

Contudo, nem por isso a ideia da queda original é abandonada. De fato, três correntes se esboçam a partir do século XVIII. As Igrejas cristãs, em particular a católica, mantêm em todo o seu rigor o dogma de pecado original. Do lado dos filósofos, com Rousseau, Kant, Schelling, Fichte, aparece uma corrente de secularização da ideia de queda. Por fim, os defensores de uma concepção materialista da natureza, que reivindicam o direito à imediata felicidade terrena, não hesitam em pôr em causa o pecado original em nome da ciência, sobretudo de uma antropologia que começa a contestar a existência de um Adão original em proveito de várias linhagens primitivas que deram nascimento a raças diversas.

A QUERELA DO ESTADO DE NATUREZA

Os teólogos do século XVIII não são reputados por sua originalidade. Doravante, nada mais se faz senão repetir as conclusões dos escolásticos e dos autores espirituais. A doutrina do pecado original não escapa à regra, como mostram, por exemplo, os longos desenvolvimentos a ele dedicados por Alphonse de Ligori.[3] No entanto, os mais inteligentes se poupam de dar muitas precisões. Assim faz o abade Nicolas Bergier, em *Le Déisme réfuté par lui-même*, em 1765, contentando-se em lembrar que houve uma queda

---

2 Lipovetsky, *Le Crépuscule du devoir: L'éthique indolore des nouveaux temps démocratiques*, p.25.
3 Ligori, *Œuvres complètes*, p.118 e ss.

original, além de confessar francamente em seu *Dictionnaire de théologie*: "Se nos perguntarem em que consiste formalmente a nódoa do pecado original, como e por qual via ela se comunica com nossa alma, responderemos com humildade que nada sabemos sobre isso".

Na linha de Pascal, o caráter misterioso do pecado original se torna até mesmo um elemento contraditório de prova. Se o homem é incompreensível para si mesmo, não será precisamente por que sua condição se enraíza no mistério da queda? É a tese que François Lamy desenvolve em quatro volumes, em 1694-1698, e depois em 1710.[4] Em 1744, o abade Mésenguy explora esta ideia: o pecado original obscurece nossa razão e nos inclina ao mal; não podemos mais confiar na natureza e em suas leis; mesmo depois do batismo, permanecemos cativos de seus efeitos.[5]

Nos meios teológicos do século XVIII, o pecado original é uma evidência, um axioma, mas debates subsistem a respeito do estado de natureza. A querela toma novas proporções com o interesse pelos povos primitivos e pelas civilizações não cristãs. Verdadeiras "experimentações" são agora possíveis, cuja aposta é verificar uma crença teológica.

Para os jansenistas, o homem foi criado com uma vocação sobrenatural à união divina; essa vocação fazia parte integrante de sua natureza. Mas o pecado original degradou a natureza humana: o homem perdeu essa capacidade de fazer o bem, que era um dos componentes de sua natureza; para fazer o bem, doravante lhe é necessária uma graça excepcional. Seguir a "natureza" é fazer o mal, pois não é mais a verdadeira natureza: o primitivo e o não cristão não podem, portanto, fazer nada que não seja o mal. Para os jesuítas, ao contrário, o homem foi criado com um fim puramente natural, compreendendo os princípios de base do bem, sob a forma de lei natural. A isso, Deus adicionou um dom puramente gratuito, a justiça original, que permitia à vontade dominar as paixões. O homem perdeu esse dom extraordinário e se vê agora com suas próprias forças naturais, que correspondem ao estado de "pura natureza". No entanto, sua natureza permanece intacta, e a lei natural lhe permite fazer o bem mesmo fora de qualquer revelação; ela

---

4 Lamy, *Traité de la connaissance de soi-même*.
5 Mésenguy, *Exposition de la doctrine chrétienne*, 6v.

não basta para obter a salvação eterna, mas não lhe é impossível encontrar "bons selvagens" ou povos virtuosos fora do cristianismo.

Na ótica dos jansenistas que redigem as *Nouvelles ecclésiastiques*, tais ideias relevam de um puro pelagianismo. Acreditar que Deus teria podido criar o homem no estado de pura natureza, que atualmente também é o seu, seria uma injúria. Como escreve o oratoriano de Gennes: "Essa condição do primeiro homem, criado por Deus como miserável, cego, cheio de paixões e de desejos desregrados, tal, enfim, como somos todos pela desdita de nosso nascimento, é impensável".[6] O dom da justiça integral não pode ter sido um simples acréscimo; ele era necessariamente integrado à nossa natureza: "Tendo o homem perdido a caridade por causa do pecado, essa perda é uma ferida, uma doença, uma corrupção sobrevinda à sua natureza, e não o desnudar de uma veste preciosa com a qual estivesse paramentado; pois a veste não é a integridade da natureza, mas uma graça suplementada".[7]

Para as *Nouvelles ecclésiastiques*, toda a moral se encontra aqui em jogo: se o estado de pura natureza é uma realidade, as ações humanas poderiam ser ditas boas, mesmo que não se reportassem a Deus. Portanto, mesmo os não cristãos poderiam ter uma ideia do bem e fazer o bem. Ora, os jansenistas estão convencidos de que, desde o pecado original, o homem só pode fazer o mal. Lê-se nas *Nouvelles ecclésiastiques* de 11 de dezembro de 1745:

> Não se poderia deixar de dar atenção ao interesse que os jesuítas têm de estabelecer, em todas as ocasiões, a possibilidade desse estado quimérico. A possibilidade do estado de pura natureza não é, para eles, uma questão de pura teoria: é um princípio prático, por assim dizer, que lhes serve para combater os fundamentos da moral cristã. Enquanto parecem apenas propor esse estado como simplesmente possível, fazem dele, insensivelmente, e quase sem que nos apercebamos, um estado real existente hoje em dia [...]. De fato, em que outro princípio eles poderiam basear essa perniciosa máxima [...], saber que uma ação efetuada somente pela honestidade é moralmente boa, sem precisar ser reportada a Deus e feita pelo seu amor [...]? Se o homem não está de fato no estado de pura natureza; se foi criado, como nos ensina a fé, para desfrutar de Deus e

---

6 Apud Galien, *Lettres théologiques touchant l'état de pure nature*, p.17.
7 Ibid.

tê-lo eternamente como seu último fim, como lhe seria permitido agir por outro fim que não por Deus, por um fim puramente natural?

A essa passagem poderia se opor um excerto da folha rival, as *Mémoires de Trévaux*, publicada pelos jesuítas em agosto de 1754: "Dizer que um homem guiado apenas pela luz da razão não pode jamais exercer atos de equidade, de obediência, de moderação, de humanidade, de reconhecimento etc. [...], a não ser por visões secretas de interesse e de vaidade, é pensar injuriosamente em demasia sobre nossa natureza: sem dúvida, ela está desfigurada, alterada, corrompida, mas não destruída: a razão e a religião concordam aqui".

Os jansenistas não podem conceber uma moral humana independente da Revelação. Para eles, o homem decaído não pode, em nenhum caso, ter princípios morais naturais capazes de lhe auferir méritos. A moral cristã provoca necessariamente uma conduta austera, oposta às nossas tendências naturais, dado que estas são pervertidas pela concupiscência. Para os jesuítas, ao contrário, pode haver conformidade entre moral e natureza, pois esta se encontra no estado em que Deus a criou. Nossa pretensa inclinação ao pecado não prova, de forma alguma, que sejamos corrompidos, observa Daniel Gilbert em 1700: Adão, em seu estado de integridade original, também não pecou?[8] O argumento é ambíguo, mas ilustra a vontade de reabilitar a natureza que se constata ainda mais entre os deístas: "O homem é tal como é por sua natureza, afirma um deles. A natureza é a ordem que Deus estabeleceu e que, por conseguinte, não pode ser má".[9] Para prová-lo, voltam-se para os povos primitivos e para as civilizações extraeuropeias.

Estamos em pleno período de retomada das viagens exploratórias. Agora se trata de um verdadeiro empreendimento sistemático. Desta vez, os eruditos fazem parte: estudam a flora, a fauna e as sociedades humanas das vastas regiões colonizadas. O início da antropologia científica está intimamente ligado a preocupações teológicas. Aliás, o termo "antropologia" fica consagrado por um professor de teologia de Lausanne, Alexandre César de Chavannes, autor, em 1771, de *Introduction à l'étude de la théologie*, o que o

---

8 Gilbert, *Histoire de Calejava*, p.249.
9 Apud ibid.

leva, em 1787, a um *Essai sur l'éducation intellectuelle, avec le projet d'une science nouvelle*, e em 1788 a uma *Anthropologie ou science générale de l'homme*. É levado pelas questões sobre o estado de natureza e o pecado original que questionamos esses mundos novos, para nele encontrarmos informações decisivas sobre a situação da humanidade decaída. Será que somos capazes, fora do mundo cristão, de fazer o bem? Degenerados ou bons selvagens? Essas são as questões que se apresentam desde o início do século, tanto nas utopias quanto nas narrativas de viagens.

Os métodos de investigação da época são marcados pelo "imperialismo teológico", segundo a expressão de Bernard Plongeron.[10] Raramente os povos exóticos são estudados por eles mesmos. "Todos juntos", escreve Michèle Duchet, "formam uma mesma e única figura mítica, na qual os sonhos de um Éden primitivo ou de uma Idade de Ouro situada nas origens da humanidade retomam carne e vida, abordando novas terras."[11] Quando os jesuítas estudam os ritos chineses ou os costumes sul-americanos, é com um espírito formado pelos manuais de teologia. "Os povos selvagens são citados como testemunhas" dos efeitos reais do pecado original. Para os pais da Companhia de Jesus, eles são a prova viva da existência de uma moral natural que sobreviveu ao pecado original. Léon Poliakov o demonstrou: "Uma vez evidente que a mensagem de Jesus Cristo não poderia ter chegado aos povos novos, teólogos católicos elaboraram, desde o século XVI, a doutrina de uma Revelação ao mesmo tempo natural e sobrenatural feita a Adão no paraíso terrestre e transmitida às gerações seguintes. O gênero humano inteiro detinha, então, gravados em seus corações por Deus, segundo a palavra de São Paulo, as mesmas noções de moral, a mesma religião natural".[12] É isso que o padre Lecomte afirma, em 1756, a respeito dos chineses.

O estudo do estado de natureza também se baseia nos casos de crianças selvagens encontradas na Europa, a partir de Pierre, capturado em 1724 nas florestas perto de Hannover, depois de ter vivido muitos anos como um animal, até Kaspar Hauser, descoberto em 1828 em Nuremberg. Em 1800, por exemplo, Victor, um menino selvagem do Aveyron, é capturado e usado

---

10 Plongeron, *Théologie et politique au siècle des Lumières (1770-1820)*, p.320.
11 Duchet, *Anthropologie et histoire au siècle des Lumières*, p.10.
12 Poliakov, *Le Mythe aryen: Essai sur les sources du racisme et des nationalismes*, p.133.

durante muitos anos como cobaia. O médico Philippe Pinel diagnostica a loucura, mas seu colega Jean-Marc Itard tenta provar o contrário, aplicando as ideias de Condillac, defensor de que tudo o que chamamos de "humano" no indivíduo vem da educação; depois de cinco anos de esforços, ele reconhece seu fracasso.

Finalmente, um século de debates sobre o estado de natureza tem por resultado um balanço muito decepcionante. Estaria a sociedade natural em estado de guerra de todos contra todos, como dizia Hobbes, ou como o contesta Montesquieu? Bom ou mau selvagem? As respostas são muito ecléticas. Os filósofos anticristãos frequentemente são levados a incorporar a ideia jansenista de decadência: a humanidade primitiva era boa, e a organização social a corrompeu; a entrada na fase social se tornou uma espécie de pecado original secularizado.

Alguns não hesitam sequer em atribuir ao pecado original consequências cósmicas e geológicas, para concluir que estas são quase necessárias ao bom andamento do mundo – contradição que mostra o quanto a apologética da época ainda precisa do pecado original para explicar o universo. Foi por causa da queda de Adão que as serpentes se tornaram nocivas, expõe o poeta Dulard, mas esse mal de fato é um bem, pois seu veneno é útil para a medicina. Lesser, em *Théologie des insectes*, mostra que os desgastes provocados pelos insetos têm efeitos positivos, antes de estudar o meio de exterminá-los.[13] Segundo o abade Pluche, o pecado original teve por efeito inclinar o eixo da Terra, provocando a diversidade das estações e os acidentes climáticos, os quais encurtaram a vida humana – o que não impede o abade de se maravilhar diante do *Spectacle de la nature*.[14] O pensamento do século XVIII é invencivelmente finalista. Cada coisa na natureza deve corresponder a um fim preciso. Fénelon pensa que os mosquitos foram criados para testar nossa paciência, e Rousseau, que o eixo da Terra foi inclinado para que as sociedades humanas tenham necessidades complementares. "O mal particular é um bem geral. [...] tudo o que é, é bom", escreve Pope. Dito de outra forma, o mal é necessário.

---

13 Lesser, *Théologie des insectes*, parte III, caps.IV-V.
14 Pluche, *Le Spectacle de la nature*, t.III, p.527.

BAYLE: CREIO PORQUE É ABSURDO

Essa constatação provoca um embaraço para certos filósofos crentes. "Em todos os lugares, prisões e hospitais, em todos os lugares, patíbulos e mendigos [...]. A história, propriamente falando, é apenas uma compilação dos crimes e dos infortúnios do gênero humano",[15] observa Pierre Bayle, repetindo que "esse abominável transbordamento de misérias e de pecados que cobre a terra e que abarrota os infernos"[16] decorre da "queda do primeiro homem". Mas explicar o mal pelo pecado é "dar por solução a própria coisa em que consiste a dificuldade principal".[17] Pois se diz, para desculpar Deus, que ele criou o homem perfeitamente livre e que, portanto, Adão é o único responsável por ter feito mau uso de sua liberdade. "Funesto presente", essa liberdade! Deus, onisciente, sabia muitíssimo bem o que o homem faria dela. Então, nada disso para em pé: "Um pai que deu uma faca para seus filhos a tirará deles assim que perceber que eles não saberão manejá-la sem se machucar [...]. Os soberanos que concederam privilégios a uma cidade os revogarão se perceberem que ela abusa deles, em sua própria ruína e em prejuízo do Estado; e nem se esperaria que o abuso ficasse patente, mas seria prevenido, se pudesse ser previsto com certeza. Seria uma espécie de contradição conceder uma graça e não a revogar assim que se tornasse funesta para aquele a quem ela havia sido dada. A mesma bondade que a concede obriga a retirá-la, neste caso".[18] Ou ainda, para usar uma comparação menos nobre, o caso do jardim seria como "uma mãe que, sabendo com certeza que sua filha perderia a virgindade, caso fosse solicitada por um determinado sujeito, em tal hora e em tal lugar, facilitaria o encontro e para lá levaria sua filha, deixando-a naquele lugar por se fiar nela".[19]

Não há dúvida possível: Deus é mesmo responsável pela queda de Adão. Pode-se objetar a essa acusação que "o universo seria apenas uma máquina, se a obediência às leis de Deus ali reinasse em todos os lugares, como reina no paraíso. Que inconveniente, que desordem haveria naquele lugar se,

---

15 Bayle, Manichéen, in: *Dictionnaire historique et critique*.
16 Id., Réponses aux questions d'un provincial, in: *Œuvres diverses*, III, p.664.
17 Id., Pauliciens, in: *Dictionnaire historique et critique*.
18 Id., Réponses aux questions d'un provincial, in: *Œuvres diverses*, III, p.662.
19 Id., Pauliciens, in: *Dictionnaire historique et critique*.

desde o início do mundo, os seres inteligentes se conduzissem como se conduzem no céu?".[20] Também se poderia objetar "que Deus permitiu o pecado a fim de manifestar sua sabedoria, que brilha mais nas desordens produzidas diariamente pela malícia dos homens do que o faria num estado de inocência", mas essa objeção não se sustenta: "Responderão que é comparar a divindade a um pai de família, que deixaria que os filhos quebrassem as pernas a fim de mostrar a toda a cidade a destreza que ele tem em arrumar ossos fragmentados; ou a um monarca, que permitiria o crescimento das sedições e das desordens em todo o seu reino, a fim de adquirir a glória de os ter remediado". Vós diríeis que, "sem a queda do primeiro homem, a justiça e a misericórdia de Deus teriam permanecido desconhecidas?". Mas a justiça e a misericórdia não se manifestam melhor por uma ordem das coisas que torna o mal impossível: neste caso, "Deus não teria punido ninguém: é por isso mesmo que se teria conhecido sua justiça [...]. Ninguém teria merecido ser punido, e, por conseguinte, a supressão de qualquer pena teria sido uma função de justiça [...]. Eis dois princípios, dos quais um deixa seus sujeitos mergulharem na miséria, a fim de retirá-los depois de haver chafurdado num estado penoso, e o outro os conserva sempre num estado de prosperidade. Este não é melhor, e não é mesmo mais misericordioso que o outro?".[21]

Por outro lado, Deus não é capaz de conciliar no homem o livre-arbítrio e uma graça especial que o leva a fazer o bem? Afinal, "todos os teólogos convêm que Deus pode providenciar um bom ato de vontade na alma humana, sem lhe retirar as funções da liberdade [...]. Uma assistência fornecida por Deus a Adão, tão a propósito, ou tão condicionada, que infalivelmente teria impedido que ele caísse, teria sido tão bem concatenada com o uso do livre-arbítrio e não teria sido sentida como uma coação, nem como nada de desagradável, e teria dado a ocasião de merecê-la".[22] Ou ainda, sem mesmo fazer intervir uma graça especial, Deus não poderia ter dotado o homem de uma tal clarividência natural de forma que ele teria visto nitidamente onde estava seu interesse? Assim, "Deus teria podido preservá-lo tanto da má escolha quanto do desprazer de não se ter determinado por si mesmo: pois não é

---

20 Id., *Réponses aux questions d'un provincial*, in: *Œuvres diverses*, III, p.664.
21 Id., *Pauliciens*, in: *Dictionnaire historique et critique*.
22 Id., *Origène*, in: *Dictionnaire historique et critique*.

contrário à liberdade a indiferença de escolher [...] aquilo que se sabe dever ser preferido".[23] Ou ainda se dirá que "Deus não teria podido prevenir a queda de Adão sem fazer um milagre indigno de sua sabedoria"? Mas não se vê na Escritura que "Deus fez um grande número de milagres incomparavelmente menos úteis e menos necessários que aquele, e que também nunca é mais adequado ignorar as leis gerais do que quando se trata de impedir que uma corrupção temível de costumes e uma infinidade de misérias inundem o gênero humano?".[24]

Deus poderia impedir o homem de cair sem afetar sua liberdade, mas não o fez. Ele permitiu que isso acontecesse. Ora, "permitir uma coisa é, propriamente falando, deixar-lhe acontecer algo que lhe poderia ser poupado. E, neste caso, quando a coisa não é boa, a pessoa se torna tão censurável como se a tivesse produzido".[25] A acusação não tem apelação: "O Deus dos cristãos quer que todos os homens sejam salvos; ele tem o poder necessário para salvar a todos; ele não é desprovido nem de poder, nem de boa vontade, e, no entanto, quase todos os homens são danados".[26] Deus é indesculpável: "Não parece convir ao Ser infinitamente bom e santo arriscar a corrupção e a salvação de suas criaturas e de não as socorrer um pouco antes que pequem, dado que ele pode adivinhar, pelas conjecturas quase evidentes, o que elas vão fazer".[27]

Então precisamos concluir ou que a história do pecado original é uma fábula, ou que o mal vem de Deus. Ora, o racional Bayle trai a razão e afirma que o pecado original existiu: "Na conduta de Deus, o fato implica necessariamente o direito. Ele permitiu o mal moral, que deveria ser seguido pelo mal físico, este é um fato indiscutível; é preciso, então, que tal permissão possa se ajustar à bondade de Deus".[28] O mal era tão necessário quanto os eclipses da lua, escreve Bayle, e esse mistério é tão insondável quando aquele da Trindade. A Escritura o afirma, então é verdade, mesmo que isso contradiga a razão.

---

23 Id., Réponses aux questions d'un provincial, in: *Œuvres diverses*, III, p.661.
24 Id., *Œuvres diverses*, op. cit., IV, p.57.
25 Ibid., III, p.654.
26 Ibid., IV, p.75.
27 Id., Réponses aux questions d'un provincial, in: *Œuvres diverses*, III, p.66.
28 Id., *Œuvres diverses*, op. cit., IV, p.19.

Esse fideísmo, advindo de um espírito racional e crítico, parece bem suspeito. Ao lado das inúmeras, eloquentes e lógicas demonstrações da inverossimilhança do fato, seus protestos de fé, "breves e estereotipados", escreve Élisabeth Labrousse em sua grande biografia de Bayle, não pesam muito. Como ela observa, Bayle dá provas de uma "alegre ferocidade", insistindo, é claro, sobre a irracionalidade do dogma da queda, sobre a contradição entre a razão e as exigências da fé: "Ele triunfa pela derrota cruel que inflige a todas as formas de racionalismo teológico, essa posição bastarda que trai simultaneamente as exigências da fé e as da razão, sempre se gabando mentirosamente de salvaguardar umas e outras".[29] Vemos aqui o "Creio porque é absurdo"; proclamando esse credo em alto e bom som, Bayle sabe muito bem que chama mais a atenção sobre o absurdo que sobre a fé.

Ele aplica o mesmo princípio à nossa conduta moral: tudo prova que não somos livres e, portanto, que não somos responsáveis. Os filósofos "estudaram com cuidado os meios e as circunstâncias de suas ações, e refletiram bem sobre os progressos do movimento de sua alma. Essas pessoas, normalmente, duvidam de seu livre-arbítrio e chegam mesmo a se persuadir de que sua razão e seu espírito são escravos que não podem resistir à força que as carrega aonde não queriam ir".[30] Apesar disso, somos livres, dado que a Escritura afirma que há um inferno. Evidentemente, não seria justo condenar os maus, que não eram livres para fazer o bem. Isso é "incompreensível e, no entanto, verdadeiro".

Acreditaria Bayle, definitivamente, no pecado original? Se ele é, sem dúvida, pessimista a respeito da natureza humana – "a natureza é um estado de doença" –, também afirma que todo homem, crente ou não, é capaz de distinguir o bem do mal e de ter uma conduta moral. Há em nós uma lei natural, inscrita por Deus na consciência. O acordo profundo entre moral e razão está em cada um de nós: "Pode-se conhecer a conformidade da virtude com a justa razão e os princípios da moral como se conhecem os princípios da lógica".[31] Assim, Bayle constrói um estranho amálgama entre uma atitude fideísta e uma moral racional e natural. O homem não tem um conhecimento

---

29 Labrousse, *Pierre Bayle*, p.370.
30 Apud ibid., p.396-7.
31 Bayle, *Réponses aux questions d'un provincial*, op. cit., III, p.384.

natural de Deus, mas, sim, um conhecimento natural do bem; sua razão deve lhe servir de guia, mas não serve de socorro sem a fé.

Um paradoxo equivalente se encontra em seu contemporâneo britânico John Locke. "O estado de Adão no paraíso terrestre era um estado de imortalidade e de uma vida sem fim, do qual ele foi privado no próprio dia em que comeu o fruto proibido", ele escreve em 1695, em *A razoabilidade do cristianismo*. No *Tratado sobre o governo civil*, faz muitas referências a Adão. Criticando a posição de Robert Filmer, que em 1681, em *Patriarcha*, fundamenta o absolutismo baseando a autoridade dos reis naquela de Adão, ele subentende que, como desde o pecado original, "os filhos de Adão, a partir do nascimento, não estão sob a lei da razão, também não são inicialmente livres".[32] Como, sem pressupormos uma queda original, poderíamos explicar esse estado de imperfeição, se "Adão foi criado como um homem perfeito; seu corpo e sua alma, desde o primeiro momento de sua criação, tiveram toda sua força e toda sua razão?". Da mesma forma, como dar conta do estado de conflito no qual Locke supõe a humanidade no estado natural, se nenhum acontecimento catastrófico desregulou a criação?

Apesar disso, Locke jamais se refere ao pecado original em suas obras políticas e filosóficas. O homem tem dois guias: a razão e a experiência. Sua ideia do bem e do mal está associada ao prazer e à dor. Ela não é inata. A educação, o costume, nossas frequentações, formam nossas opiniões, tanto morais quanto intelectuais, que de forma alguma vêm de uma pretensa lei natural que Deus teria posto em nós. "O Deus de Locke", escreve Thomas Burnet, é "um Deus sem atributos morais", e as leis divinas são "inteiramente arbitrárias." Além disso, para Locke, a Encarnação de Cristo é motivada pela necessidade de convencer os homens da existência de Deus e de lhes mostrar os verdadeiros valores. O resultado não é muito conclusivo, mas nos resta a razão como guia; sentimos que Locke é reticente a recorrer a elementos de explicação tirados da Escritura.

Não obstante, durante todo o século XVIII, é mantida a imagem tradicional do pecado original, mesmo nos meios muito críticos em relação à religião, mas que ainda não ousam ultrapassar certos limites. A ideia da falta original conserva tal peso que mesmo a *Enciclopédia* a conserva, enquanto não

---

32 Locke, *Traité du gouvernement civil*, VI, 57.

hesita em rejeitar as "fábulas" sobre Adão e qualidades maravilhosas sobre Eva e sua criação a partir de uma costela. Lemos, no artigo "Paraíso terrestre", que se pode ver na Bíblia a história de Adão, sua perfeição, e "por qual desobediência ele decaiu e quais castigos atraiu para si e para sua posteridade. É necessariamente preciso voltar a esse duplo estado de felicidade e de miséria, de fraqueza e de grandeza, para conceber como o homem, mesmo no estado presente, é um composto tão estranho de vícios e de virtudes, tão vivamente voltado para o soberano bem, tão frequentemente levado para o mal, e sujeito a tantos males que parecem à razão serem os castigos de um crime cometido antigamente".

TRANSPOSIÇÃO DO PECADO ORIGINAL, DE DESCHAMPS A ROUSSEAU

Enquanto Bayle ainda se prende – timidamente e com ambiguidade – ao fideísmo, inúmeros filósofos, conservando a ideia da queda, se põem a decifrar o mito e o transpõem para o plano intelectual. Essa secularização da noção de falta primordial se inscreve em sistemas filosóficos que apresentam visões globais da história humana. Um bom exemplo é fornecido pelo abade dom Deschamps, beneditino, ateu e comunista *avant l'heure*, monge na abadia de Saint-Julien de Tours, de 1745 a 1762, e autor de um tratado profético-utópico que ele não ousa publicar, *Le Vrai Système*. Nessa obra, ele divide a história do mundo em três épocas: o estado selvagem, em que predomina o instinto; depois, o estado de leis, no qual a organização das sociedades repousa sobre a desigualdade e a opressão, o que obriga o recurso às leis humanas, cujo prestígio é estabelecido numa ilusória lei divina e na ideia de Deus, utilizada como fundamento da moral; e, por fim, o estado de costumes, que ainda acontecerá, e no qual será realizado o comunismo integral. A passagem ao estado de leis, escreve Deschamps, é "o verdadeiro pecado original", pois "o homem é maléfico por causa do estado de leis, que o contradiz sem cessar".[33]

---

33 Deschamps, *Le Vrai Système*, p.155.

Esse tipo de esquema se desenvolve com a importância crescente que a história toma no pensamento europeu. Podemos constatar isso tanto com o católico Giambattista Vico (1668-1744) quanto com o protestante Johann Gottfried Herder (1744-1803), que associam a ideia de queda àquela de progresso, sendo a história do homem, de certa forma, a história de sua volta à luz. A finalidade da história é a realização da humanidade completa, a partir da decadência inicial, estima Herder; para isso, a narrativa bíblica da falta original é apenas uma velha tradição poética cujo sentido, na realidade, é filosófico.[34] Para Fichte, Schelling, Baader, o pecado original tem um sentido cada vez mais mítico, a partir de uma humanidade primitiva que vivia na mais total felicidade. Para Franz von Baader, o pecado fez as almas descerem sobre a terra e serem disseminadas nos corpos.

Na Inglaterra, as correntes milenaristas relativizam os efeitos do pecado original, que, aos poucos, se esmaecem, preparando a chegada do reino evangélico: essa é a ideia desenvolvida por Henry More, na esteira de Joseph Mede. Para William Worthington (1703-1778), o pecado original foi o ponto de partida de um progresso contínuo, que nos permitirá até mesmo superar o nível de felicidade que Adão e Eva conheciam no paraíso: "O estado dos novos céus e da nova terra será uma restauração do estado paradisíaco, contudo melhor, num nível superior, mais unificado, mais espiritualizado".[35] A maldição original será "removida e superada". Já se podem constatar melhorias: o eixo da Terra volta gradativamente ao lugar original, é o retorno à primavera eterna. O mesmo otimismo é visto em Joseph Priestley (1733-1804), químico, teólogo, físico, filósofo e predicador unitarista, para quem a ciência vencerá o pecado original, preparando o retorno do paraíso terrestre: "Assim, qualquer que tenha sido o começo do mundo, o fim será glorioso e paradisíaco, além de tudo o que nossas imaginações possam agora conceber".[36]

Jean-Jacques Rousseau seculariza a ideia de pecado original. A visão que ele tem do mundo se parece estranhamente com aquela de Pascal. Vaidade, enganação, malevolência, futilidade, relações de dominação: o homem é um

---

34 Herder, *Idées sur la philosophie de l'histoire*.
35 Worthington, *The Scripture-Theory of the Earth, throughout All Its Revolutions, and All the Periods of its Existence, from the Creation, to the Final Renovation of all Things*, apud Tuveson, *Millenium and Utopia: a Study in the Background of the Idea of Progress*, p.145.
36 Priestley, *Lectures on History and General Policy*, p.82.

lobo para o homem. Essa predominância do mal vem de um acontecimento longínquo, que corrompeu a bondade original do ser humano. Contudo, aí acaba a similaridade entre Pascal e Rousseau. Para o primeiro, esse acontecimento é o pecado original; para o segundo, é o aparecimento da vida em sociedade. Rousseau, escreve Ernst Cassirer, é revoltado "contra a hipótese de uma perversão original da vontade humana".

À primeira vista, então, Rousseau é um feroz adversário do pecado original. Negando-o, ele arruína toda a concepção cristã da existência, e é essa a razão pela qual a instrução do arcebispo de Paris, Christophe de Beaumont, de 20 de agosto de 1762, condena o *Emílio*. Resposta de Rousseau: "O homem é um ser naturalmente bom, que ama a ordem e a justiça; não há perversidade original no coração humano, e os primeiros movimentos da natureza são sempre corretos".[37] A ideia de pecado original é, antes de tudo, uma construção dos teólogos: "Em primeiro lugar, que fique bem claro, na minha opinião, que essa doutrina do pecado original, sujeita a dificuldades tão terríveis, não está contida na Escritura nem tão claramente, nem tão duramente, quanto o retórico Agostinho e nossos teólogos quiseram construir".[38]

Permanece o fato de que o homem, naturalmente bom, é agora mau. O que então aconteceu? De fato, o homem primitivo não é nem bom, nem mau: ele é amoral: "um animal estúpido e limitado", escreve Rousseau no *Contrato social*. Pouco a pouco, ele toma consciência das vantagens e desvantagens da vida em grupo, e, "enquanto há menos oposição de interesses do que competição de saberes, os homens são essencialmente bons".[39] Depois, o homem se torna mau, "quando todos os interesses particulares agitados se entrechocam, quando o amor de si, posto em fermentação, vira amor-próprio, que a opinião, tornando o universo inteiro necessário a cada homem, transforma todos em inimigos natos uns dos outros".[40] Eis o homem, doravante guiado por seu amor-próprio. A "queda", o "pecado original" da humanidade, é o aparecimento da vida em sociedade, que, criando condições tais como a rivalidade, passa a ser uma necessidade. Um momento crucial nesse processo é, evidentemente, o nascimento da propriedade privada, como Rousseau

---
37 Rousseau, Lettre à Christophe de Beaumont, in: *Œuvres complètes*, t.II, p.336.
38 Ibid.
39 Ibid., p.337.
40 Ibid.

explica numa célebre passagem do *Discurso sobre a origem da desigualdade*: "O primeiro que, tendo cercado um terreno, pensou em dizer: isto aqui é meu, e encontrou pessoas muito simples para acreditar nisso, foi o verdadeiro fundador da sociedade civil. Quantos crimes, quantas guerras, assassinatos, misérias e horrores não teriam sido economizados para o gênero humano por aquele que, arrancando as estacas ou tampando o fosso, tivesse gritado aos seus semelhantes: 'Não ouçam esse impostor; vocês estarão perdidos se esquecerem que os frutos são de todos e que a terra não é de ninguém!'".

O mito da serpente e da maçã é substituído pelo mito da invenção da propriedade. "Eis como *o* homem sendo bom, *os* homens se tornaram maus", conclui Rousseau em sua carta para o arcebispo. O pecado original é transferido do plano sobrenatural para o plano da evolução histórica, mas permanece a ideia de um acontecimento que está na origem do mal, e que é devido ao homem, ou seja, uma queda. Não obstante, a corrupção que disso resulta não é irremediável. A educação pode despertar a bondade original no indivíduo – é o que mostra o *Emílio* –, e a democracia pode corrigir as injustiças sociais: é isso que pretende demonstrar o *Contrato social*. A queda não é, portanto, apenas secularizada, mas também relativizada. "Tudo é bom ao sair das mãos do Autor das coisas, e tudo degenera entre as mãos do homem", escreve Rousseau no início do *Emílio*. Tudo isso é um caso a ser resolvido entre homens. Cabe a eles tomar seu destino nas mãos para reparar o erro inicial.

Muitos autores do século XVIII assimilam o pecado de Adão a uma falta puramente humana e acreditam numa possibilidade de melhoria moral graças a um bom uso da razão. Assim, Lessing escreve a respeito do pecado original:

> Fato ou alegoria: nesse poder se encontra a fonte de todas as nossas deficiências [...]. Todos pecamos em Adão, pois todos devemos pecar: basta, para sermos imagens de Deus, que não sejamos coagidos a somente pecar, que tenhamos em nós o poder de enfraquecer esse poder e que possamos nos servir dele tanto para as boas quanto para as más ações. O conto mosaico, tão caluniado, pode assim receber uma interpretação bem rica, sob a condição de que não nos misturemos a acomodações que um sistema tardio produziu, e que não nos deixemos levar por acomodações de acomodações.[41]

---

41 Lessing, ed. Rilla, t.VII, p.818.

QUEDA ORIGINAL E EMERGÊNCIA DO ESPÍRITO HUMANO SEGUNDO KANT

Immanuel Kant (1724-1804) seculariza o pecado original de modo deliberado e metódico. "Qualquer que seja a origem do mal moral no homem" ele escreve, "a mais inadequada de todas as maneiras de se representar a difusão e a continuação dele em todos os membros de nossa espécie, e em todas as gerações, consiste em representá-lo como tendo vindo de nossos primeiros pais por hereditariedade."[42] Então, é preciso explicar a origem do mal de outra maneira, e Kant faz isso em duas obras da maturidade: *Começo conjectural da história humana* (1786) e *A religião nos limites da simples razão* (1793).

Em *Começo conjectural*, Kant, assim como Rousseau, imagina o primeiro casal humano em seu "paraíso". Não faz deles seres moralmente perfeitos, mas criaturas vivendo num "estado de inocência tranquila", passando seu tempo "a sonhar ou a traquinar", guiados pelo "instinto, essa voz de Deus à qual todos os animais obedecem".

> Enquanto o homem inexperiente obedece a esse chamado da natureza, fica bem. Mas, em breve, a razão começa a despertar [...]. Ora, uma propriedade da razão consiste em poder, com o apoio da imaginação, criar artificialmente os desejos, não somente sem fundamentos estabelecidos num instinto natural, mas até mesmo em oposição a ele; esses desejos, no começo, favorecem pouco a pouco a explosão de todo um enxame de inclinações supérfluas e que, além disso, são contrárias à natureza, sob a designação de "sensualidade". A ocasião de renegar o instinto da natureza talvez tenha tido pouca importância em si mesmo, mas o sucesso dessa primeira tentativa, o fato de se haver dado conta de que sua razão tinha o poder de ultrapassar os limites nos quais todos os animais são mantidos, foi, para o homem, capital e decisivo para a conduta de sua vida.[43]

---

42 Kant, *La Religion dans les limites de la simple raison*, p.61.
43 Id., *Conjectures sur les débuts de l'histoire humaine*, p.148-9.

O homem se descobre como criatura dotada de razão, superior aos animais: é essa emergência da consciência de si que é o pecado original. E Kant coteja a comparação com a narrativa bíblica: "A folha de figueira [...] foi, então, resultado de uma manifestação da razão muito mais importante que todas aquelas que vieram anteriormente, no primeiríssimo estágio de seu desenvolvimento. Pois o fato de tornar uma inclinação mais forte e mais durável, retirando seu objeto dos sentidos, já denota certa supremacia consciente da razão sobre as inclinações, e não mais somente, no grau inferior, um poder de lhes servir". A razão opera um novo progresso quando começa a refletir sobre o futuro: "O homem, que deveria assegurar sua subsistência, a de sua mulher e a dos filhos que nasceriam, previa a dificuldade sempre crescente de seu labor; a mulher previa os aborrecimentos aos quais a natureza tinha submetido seu sexo e, além disso, aqueles que o homem, mais forte, lhe imporia. Aterrorizados, ambos tiveram a visão daquilo que, depois de uma vida penosa, permanece como fundo do cenário, daquilo que acontece para todos os animais, de modo inelutável, sem, contudo, atormentá-los: a morte".[44]

Tudo está presente: a folha da figueira, o trabalho, o parto com dor, a submissão da mulher, o medo da morte. O pecado original é então simplesmente o acesso à humanidade, a descoberta do poder da razão diante do instinto: "A saída do homem do paraíso, que a razão lhe apresenta como a primeira hospedagem de sua espécie, foi apenas a passagem da rusticidade de uma criatura puramente animal para a humanidade, da tutela em que o instinto o mantinha para o governo da razão, em suma, da tutela da natureza para o estado de liberdade".[45]

Essa passagem assinala também o aparecimento do mal moral, que Kant apresenta, ao mesmo tempo, como uma queda e uma punição:

> Quando a razão entrou em linha e, apesar de sua fraqueza, atacou com toda sua força a animalidade, deve ter sido o momento em que despontou o mal; e, o que é pior, no estágio da razão cultivada, apareceu o vício, totalmente ausente do estado de ignorância, isto é, de inocência. Por conseguinte, o primeiro passo

---
44 Ibid., p.149-51.
45 Ibid., p.153.

para sair desse estado culmina numa queda do ponto de vista moral; do ponto de vista físico, a consequência dessa queda foi uma profusão de males até então desconhecidos da vida, portanto, uma punição. Consequentemente, a história da natureza começa pelo bem, pois é obra de Deus; a história da liberdade começa pelo mal, pois é obra do homem.[46]

Em que pese tudo isso, esse é também o início da marcha para a perfeição da espécie, já que nessa época Kant pensa que o mal pode ter um papel a desempenhar nos progressos da humanidade.

As perspectivas são mais sombrias em 1793, em *A religião nos limites da simples razão*. Kant está então convencido de que o homem tem uma disposição original para o mal,[47] e a causa é, principalmente, o desvio da liberdade. O homem, em vez de obedecer à lei moral que lhe dita seu dever, age seguindo seu próprio interesse. E como todos os homens se conduzem dessa maneira, pode-se pensar que existe neles "uma inclinação inata para a transgressão", o que o cristianismo explica por um pecado de origem:

> Em vez de se conformar a essa lei exatamente como motivo suficiente (o único motivo, incondicionalmente bom e que não dá lugar a incertezas), o homem busca outros motivos, que só podem ser bons condicionalmente (na medida em que não fazem nenhuma ofensa à lei), e adota como máxima, caso se conceba a ação como decorrendo conscientemente da liberdade, não se conformar à lei do dever pelo dever, mas, em rigor, em virtude de outras considerações [...]. Disso resulta, finalmente, que ele admite em sua máxima de ação a preponderância dos impulsos sensíveis sobre o motivo da lei e comete o pecado. De tudo o que precede, fica claro que fazemos a mesma coisa todos os dias, além do corolário de que "em Adão todos pecaram" e ainda pecam; salvo que supomos em nós já uma inclinação inata para a transgressão; não supomos esse pendor no primeiro homem, mas sob a relação ao tempo, um período de inocência, por isso nele a transgressão é chamada de queda, enquanto que agora a representamos como resultante da malevolência inata já em nossa natureza. Todavia, essa tendência só significa que, se quisermos explicar o começo do mal no decorrer

---

46 Ibid., p.154.
47 Id., *La Religion dans les limites de la simple raison*, p.53.

do tempo, devemos necessariamente, para toda transgressão premeditada, buscar as causas numa época anterior de nossa vida, até aquela em que o uso da razão não se havia ainda desenvolvido.[48]

Kant recusa a explicação por um pecado original anterior, cometido por nossos primeiros pais e transmitidos por hereditariedade. Cada um comete ao longo da vida, um dia, um pecado original. Devemos constatar que há em nós uma "malevolência natural", uma "inclinação para o mal", "enraizado" em cada um, mas "o pendor para o mal só pode ser atribuído à faculdade moral do livre-arbítrio", que "deve poder ser imputado ao homem como sendo sua própria falta". Kant zomba das explicações do mal radical pela transmissão de uma falta, como o fazem aqueles que ele chama de "três faculdades": "A faculdade de medicina representaria o mal hereditário mais ou menos como o verme solitária [...]; a faculdade de direito, como a consequência legítima da entrada em gozo de uma herança onerada por uma pesada falta [...]; a faculdade de teologia, como a participação de nossos primeiros pais à defecção de um rebelde (o príncipe deste mundo)". Se há uma falta no começo, não se trata de um começo temporal, mas lógico. Somos todos Adão. Contudo, não há ninguém no papel da serpente.

Consequência: dado que ignoramos a origem desse mal radical que está em nós, precisamos agir por puro respeito da lei moral, unicamente por dever. Essa moral formal sem verdadeiro conteúdo parece, para muitos, uma visão do espírito. Querer fundar a moral num ato de pura liberdade, escolhendo a obediência à lei porque é a lei, e sem que ela prometa um bem qualquer, é – escreve André Vergez – contradizer-se, e "ainda procurar uma felicidade, o que mataria o dever".[49]

---

48 Ibid., p.64-5.
49 "A filosofia kantiana representa então a tentativa mais radical de introduzir a noção popular de pecado no sentido forte, isto é, de um livre-arbítrio culpado, num sistema ético [...]. Kant só consegue apresentar essa atitude moral sob a forma de um sistema filosófico ao preço de uma contradição radical no próprio âmago da noção de liberdade. Dar lugar ao pecado é revirar todo o edifício da moral filosófica tradicional. À ideia de finalidade imanente que apresenta a vida moral como o desenvolvimento de nosso ser – e de reduzir logicamente o mal ao estado de um fracasso involuntário –, é preciso substituir a noção de dever, cuja transcendência enigmática é a exata réplica do livre-arbítrio transcendente (pelo qual dizemos sim ou não, além de qualquer motivo determinante, à exigência da lei). Ainda é preciso que esse dever não tenha nenhum conteúdo: o menor conteúdo suporia de fato o

De todo modo, o kantismo é a tentativa mais acabada de uma secularização da ideia de pecado original no século XVIII. Kant conserva a ideia de queda, e suas últimas obras mostram que ele não crê, de nenhuma forma, numa recuperação da situação.

A NEGAÇÃO DO PECADO ORIGINAL: VOLTAIRE, DIDEROT, LA METTRIE

Inversamente, a enorme legião dos pensadores do século XVIII lança um ataque massivo e frontal contra qualquer ideia de queda original, acusada de desvalorizar o homem e de aniquilar a noção de progresso. Deístas ou ateus, os oponentes do pecado original são ainda mais hostis a essa crença devido ao fato de ela repousar sobre uma narrativa bíblica com ares de fábula infantil. Evidentemente, todos os olhares se voltam para Voltaire, de quem os sarcasmos são esperados, mas sua crítica é menos virulenta do que frequentemente se acredita.

O artigo "Pecado original", do *Dicionário filosófico*, se apresenta como um ataque que seria conduzido pelos socinianos: "É ultrajar a Deus, dizem eles, é acusá-lo da barbárie mais absurda ousar dizer que ele forma todas as gerações dos homens para atormentá-los com suplícios eternos, sob o pretexto de que seu primeiro pai comeu um fruto num jardim".[50] Nada na Bíblia permite sustentar essa ideia, "apesar de os teólogos encontrarem tudo o que querem na Escritura". Devemos essa invenção a Santo Agostinho, "digna da cabeça quente e romanesca de um africano devasso e arrependido, maniqueísta e cristão, indulgente e perseguidor, que passa a vida contradizendo-se". Como poderiam as almas ser contaminadas? Se elas existem desde sempre, são inocentes; ou então "essas almas são formadas a cada momento em que um homem se deita com uma mulher e, neste caso, Deus

---

    ideal de um bem a ser atingido, de uma finalidade a realizar, isto é, de qualquer tendência de nosso ser que nos caberia prosperar; ora, realizar uma tendência, realizar a si mesmo no bem, é ainda procurar uma felicidade, o que mataria o dever (pois é absurdo ordenar ao homem que faça o que ele mesmo quer profundamente) e o pecado (pois ninguém pode querer, em plena consciência, o que é oposto ao seu fim natural)" (Vergez, op. cit., p.306).
50 Voltaire, *Dictionnaire philosophique*, p.310.

está continuamente à espreita de todos os encontros do universo para criar espíritos que ele tornará eternamente infelizes".[51]

A respeito de um problema tão grave, Voltaire bem sabe que não se pode ficar satisfeito com algumas observações cáusticas. No plano intelectual, a crítica do pecado original encontra obrigatoriamente os argumentos de Pascal. Para o "sublime misantropo", as fraquezas e contradições da natureza humana só podem ser explicadas pelo pecado original. Contudo, questiona Voltaire, Pascal não exagera? Afinal, as "contradições" nada mais são do que manifestações da variedade e da riqueza do caráter humano: "O homem não é um enigma, como você o descreve, para ter o prazer de adivinhá-lo. O homem parece estar em seu lugar na natureza [...]. Ele é, como tudo o que vemos, mesclado de mal e de bem, de prazer e de pena. Ele é provido de paixões para agir e de razão para governar suas ações. Se o homem fosse perfeito, seria deus, e suas pretensas contrariedades, que você chama de contradições, são os ingredientes necessários que entram na composição do homem, que é aquilo que ele deve ser".[52] Não é preciso recorrer ao pecado original para explicar a situação do homem, diz, em substância, Voltaire. Teria ele se tornado Cândido? Ele bem sabe que não pode avançar muito nessa direção, depois da correção que infligiu a Leibniz. Talvez nem tudo caminhe de forma primorosa no melhor dos mundos possíveis, mas as coisas se aperfeiçoam: "Um dia, tudo ficará bem, é a nossa esperança; tudo está bem hoje, é uma ilusão". E "se nem tudo está bem, tudo é passável".[53]

De fato, Voltaire acusa mais Adão que o pecado original. Para destruir o mito do ancestral único, é preciso se livrar dessa história de queda. Mas a negação do pecado original leva Voltaire a concepções poligenistas e, mais além, racistas. A diversidade das raças humanas e sua fixidez impedem a crença de que descendemos de um ancestral comum: "Os brancos barbudos, os negros que têm lã, os amarelos que têm crina e os homens sem barba não vêm do mesmo homem", ele escreve no *Tratado de metafísica*, confirmando-o mais trivialmente no *Dicionário filosófico*.[54] Segundo Voltaire, a espécie humana é composta por raças hierarquizadas. A história ilustra essa

---

51 Ibid., p.311.
52 Id., *Lettres*, Pléiade, t.III, p.106-7.
53 Id., *Le monde comme il va*, Pléiade, p.87-8.
54 Id., Adam, in: *Dictionnaire philosophique*.

desigualdade: basta um punhado de espanhóis para vencer os peruanos, cuja "estupidez" é flagrante. Os amarelos, que são "naturalmente escravos", com uma compreensão "muito inferior", também foram conquistados, assim como os negros da África. No entanto, não se descarta que essas raças progridam. Assim, "o brasileiro é um animal que ainda não atingiu a perfeição de sua espécie. É um pássaro que só teve suas asas muito tarde, uma pupa fechada em seu casulo, que só será uma borboleta dentro de alguns séculos. Talvez algum dia haja um Newton ou um Locke, e então ele terá preenchido toda a extensão da carreira humana, supondo-se que os órgãos do brasileiro sejam bem fortes e flexíveis para chegar a esse termo, pois tudo depende dos órgãos".[55] Para Voltaire, não há dúvida de que a história de Adão, o ancestral único, é uma mistificação. Também pensa a mesma coisa sobre a ideia de "que Deus foi supliciado por causa de uma maçã comida 4 mil anos antes de sua morte".[56] "Não podemos nos impedir de rir quando vemos uma serpente falando familiarmente com Eva, Deus falando com a serpente, Deus passeando todos os dias ao meio-dia no jardim do Éden, Deus fazendo uma calça para Adão e uma tanga para Eva."[57]

Voltaire sugere uma transposição paródica da história do jardim do Éden: o pecado é comer do fruto da árvore teológica, cujas raízes se alimentam das obras de São Tomás, de São Bernardo, de Lutero e de outros: "Assim que se acorda, mantém-se a cabeça erguida, olham-se as pessoas de alto a baixo. Adquire-se um sentido novo, que está muito acima do sentido comum. Fala-se de uma maneira ininteligível, que ora vos traz boas esmolas, e ora acarreta cem pauladas. Vós respondereis, talvez, que é dito expressamente no Bereshit ou no Gênesis: 'No mesmo dia em que tiverdes comido, decerto morrereis'. Vamos lá, caro irmão, não há nada a temer. Adão comeu, e viveu ainda 930 anos".[58]

Diderot também se opõe à ideia de um pecado original, ou até mesmo de uma queda qualquer: "A natureza não nos fez maus, é a má educação, o

---

55 Idem, L'A.B.C., in: *Dialogues*, p.297.
56 Id., Les Questions de Zapata, in: *Mélanges*, Pléiade, p.963.
57 Id., *Examen de Milord Bolingbroke*, ibid., p.1032.
58 Id., *Instruction du gardien des Capucins de Raguse à frère Pediculoso partant pour la Terre sainte*, ibid., p.1284.

mau exemplo, a má legislação que nos corrompem".[59] O homem primitivo, do qual ele traça o retrato em *Ensaio sobre a pintura*, parece uma espécie de Adão de antes do pecado original: ele tem

> os traços firmes, vigorosos e pronunciados, cabelos eriçados, barba espessa, a mais rigorosa proporção nos membros [...]. Não tem nada que se considere atrevimento nem vergonha. Um ar de orgulho misturado com ferocidade. Sua cabeça é reta e altiva; seu olhar, fixo. Ele é o mestre em sua floresta. Quanto mais o considero, mais ele me remete à solidão e ao privilégio de seu domicílio [...]. Ele não tem leis, nem preconceitos [...], [sua companheira] está nua, sem se dar conta. Ela segue seu esposo na planície, na montanha, no fundo da floresta; ela compartilhou sua atividade; carregou seu filho nos braços. Nenhuma vestimenta sustentou seus seios. Sua longa cabeleira é esparsa.[60]

Esse casal original se encontra no estado de natureza, inocente e instintivo. Em seguida, civilizou-se – o que, em certo sentido, é um progresso, pois, nota Diderot numa passagem de *O sobrinho de Rameau*, que fez as delícias de Freud, um pequeno selvagem não tardaria a estrangular seu pai e se deitar com sua mãe. O homem é um ser natural, como tudo o que existe. A noção de "contra natureza" ou de "fora da natureza" não tem nenhum sentido, lembra Diderot em *O sonho de D'Alembert*. Cabe ao homem seguir o código natural, e todos os esforços da moral devem tender a conciliar natureza individual e natureza da sociedade.

Mas podemos afastar o natural sem que ele volte muito rapidamente? Tarefa impossível, respondem juntos La Mettrie e Sade. A máquina humana está programada para o prazer egoísta, que Maupertuis tenta mesmo quantificar em *Essai de philosophie morale*. Para eles, a ideia de queda original não tem nenhum sentido. A natureza nos determina, numa direção que podemos qualificar como boa ou má, segundo os gostos, não tendo essas palavras, em si mesmas, um grande sentido. Para La Mettrie, o homem-máquina, ciente de seu caráter de máquina, teria uma atitude de compaixão em relação aos seus confrades mecânicos:

---

59 Diderot, *Correspondance*, 6 nov. 1760.
60 Id., *Œuvres esthétiques*, p.699.

Ele lamentará os perversos, sem odiá-los; aos seus olhos, serão apenas homens contrafeitos. Mas, perdoando os defeitos da conformação do espírito e do corpo, ele não deixará de admirar suas belezas e virtudes [...]. Por fim, o materialista convicto, mesmo que murmure sua própria presunção, de que é apenas uma máquina ou um animal, não maltratará seus semelhantes, porque é instruído demais sobre a natureza dessas ações, cuja desumanidade sempre é proporcional ao grau de analogia provada precedentemente e, em suma, não querendo, segundo a lei dada a todos os animais, fazer a outrem o que não desejaria que lhe fizessem.[61]

La Mettrie escreve essas linhas em 1747, época em que a onda de autômatos está em voga na Europa: dez anos antes, Jacques de Vaucanson fizera seu famoso autômato tocador de flauta, protótipo de nossos robôs. Não seria o homem um robô sofisticado? Em que isso destruiria sua "dignidade"? Ela não foi muito mais exposta a riscos pelas religiões que se obstinaram em fazer do homem um ser miserável, essencialmente mau desde o pecado original? Na natureza não há nem bem nem mal, afirma La Mettrie. Há máquinas em melhor ou pior estado de funcionamento, mas essa sociedade de autômatos tem uma capacidade de auto-organização pela educação:

Em geral, os homens nascem maus; sem educação, haveria poucos bons; e mesmo com essa ajuda, haveria um número muito maior de uns que de outros. Tal é o vício da conformação humana. Somente a educação melhorou a organização; foi ela que transformou os homens em proveito e em benefício dos homens; ela os montou, como um relógio, no diapasão que pôde servir, no grau mais útil. Tal é a origem da virtude: o bem público é sua fonte.[62]

Não há queda original, mas é possível melhorar as mecânicas humanas.

---

61 La Mettrie, *L'Homme-machine*, p.213-4.
62 Idem, Anti-Sénèque, in: *Œuvres*, t.II, p.163.

SADE: DESDE A ORIGEM, A NATUREZA QUER O MAL

O Marquês de Sade, paradoxalmente, nos reconduz ao âmago religioso do problema do mal. Desde o início, ele está convencido de que somos determinados por nossa organização fisiológica, mas também pensa que há um profundo acordo entre a natureza, a busca da felicidade individual e o bem geral. No *Diálogo entre um padre e um moribundo*, ele afirma essa harmonia: "Toda a moral humana está contida nestas palavras: tornar os outros tão felizes quanto se deseja para si mesmo e jamais fazer-lhes o mal que não gostaríamos de receber". Isso não impede Sade de negar antecipadamente toda noção de culpa: somos tais como nossa constituição física nos fez.

Entretanto, progressivamente, ele vai dissociar o bem e a felicidade, a virtude e a felicidade. Os maus prosperam, e os bons, muitas vezes, são infelizes, observa Sade, que transforma em lei natural a constatação de uma oposição entre bem e felicidade, e isso de modo ainda mais provocador, dado que, banido da sociedade, aprisionado, constrói para si um personagem que corresponde à imagem que se busca oferecer dele. Desde então, sua posição se junta, de modo paradoxal, àquela dos gnósticos maniqueístas: o mundo é ontologicamente mau, a natureza quer o mal, é seu próprio ser. Esse discurso é impressionantemente próximo daquele dos teólogos que descreviam a natureza corrompida pelo pecado original, uma natureza na qual reinam o mal, o sofrimento, a crueldade e a morte:

> Quanto mais procurei surpreender seus segredos, mais a vi ocupada unicamente em aniquilar os homens. Sigam-na em todas as suas operações: vocês sempre a encontrarão voraz, destrutiva e má, sempre inconsequente, contrariante e devastadora. Deem uma olhada na imensidão de males que sua mão infernal espalha sobre nós neste mundo. De que serviu nos criar, para nos tornar assim tão infelizes? Por que nosso triste indivíduo, assim como todos os que ela produz, saem de seu laboratório também cheios de imperfeições? Não se diria que sua arte mortífera só tenha desejado formar vítimas [...], que o mal seja seu único elemento, e que ela seja dotada da faculdade criadora só para cobrir a terra de sangue, de lágrimas e de luto?[63]

---

63 Sade, *La Nouvelle Justine*, cap.IX.

Somos maus desde o início. O que há de mais malvado e cruel que uma criança?

A crueldade, longe de ser um vício, é o primeiro sentimento que a natureza imprime em nós. A criança quebra seu chocalho, morde o seio de sua mãe, estrangula seu pássaro, muito antes de ter a idade da razão [...]. Então seria absurdo estabelecer que ela é uma sequência da depravação. Esse sistema é falso, repito. A crueldade está na natureza; todos nascemos com uma dose de crueldade que apenas a educação modifica; mas a educação não está na natureza [...]. A crueldade é tão somente a energia que a civilização ainda não corrompeu: trata-se, portanto, de uma virtude, não de um vício. Eliminem suas leis, suas punições, e a crueldade não terá mais efeitos perigosos, dado que jamais agirá sem poder ser imediatamente repelida pelas mesmas vias; é no estado de civilização que ela é perigosa, porque o ser lesado quase sempre carece da força ou dos meios de devolver a injúria.

A deriva para a moral do super-homem é aqui manifesta, mas com esse toque propriamente "sádico", que propõe a felicidade individual na infelicidade dos outros. O homem em conformidade com a natureza é o homem mau.

E Sade crava sadicamente a faca: "Se a natureza fosse ofendida por nossos gostos, ela não os inspiraria. É impossível que possamos receber dela um sentimento feito para ultrajá-la".[64] É impossível imaginar que seja de outra maneira: "É por um amálgama absolutamente igual daquilo a que chamamos de crime e de virtude que as leis da natureza se sustentam. É pelas destruições que ela renasce; é pelos crimes que ela subsiste. Em suma, é pela morte que ela vive. Um universo totalmente virtuoso não saberia subsistir nem um minuto; a sábia mão da natureza faz nascer a ordem da desordem, e sem desordem ela não chegaria a nada [...]. É apenas por força do mal que ela consegue fazer o bem, é apenas por força do crime que ela existe, e tudo seria destruído se somente a virtude habitasse a terra". Tudo o que acontece é natural, e nada pode ser contra natureza. "Quando nossas inspirações secretas nos dispõem para o mal, é porque o mal é necessário à natureza, é que ela o quer, é o que ela precisa". E nada podemos fazer: "Aquele que

---

64 Id., *Œuvres complètes*, t.VII, p.46.

deve ser um celerado se torna um, seguramente, qualquer que tenha sido a educação que lhe foi dada. Que voe seguramente para a virtude aquele cujos órgãos se encontram dispostos para o bem, ainda que lhe tenha faltado um professor. Ambos agiram conforme sua organização, a partir das impressões que receberam da natureza, e um não é mais digno de punição que o outro de recompensa".

Esse negro quadro da humanidade não deixa de lembrar as pinturas da condição humana produzidas em todos os tempos pelos teólogos cristãos. Contudo, é claro, as explicações divergem. Agostinho desculpava Deus e atribuía o mal à conta do homem, referindo-se ao mito do pecado original. Sade desculpa o homem. Há a natureza e suas leis, ponto-final. Podemos dizer que "Deus é a natureza", escreve o marquês, e neste caso "Deus é a causa imanente e não distinta de todos os efeitos da natureza". Se quisermos "necessariamente que haja uma causa universal, é preciso convir que ela consente em tudo o que nos acontece e jamais quer outra coisa. É preciso ainda que confessem que ela não pode nem amar, nem odiar nenhum dos seres particulares que emanam dela, porque todos a obedecem igualmente, e, tendo isso em conta, as palavras 'penas', 'recompensas', 'leis', 'defesas', 'ordem', 'desordem' são apenas termos alegóricos". Ou então é preciso supor a existência de um Deus apartado do mundo, que teria criado essa abominável máquina. É o demiurgo dos gnósticos, um Deus "vingativo, bárbaro, mau, injusto, cruel, o mais malevolente, o mais feroz, o mais terrível de todos os seres",[65] diz um dos heróis de Sade, o libertino Saint-Fond. O mal é a substância do ser: "Deus só criou para o mal, só gosta do mal; o mal é sua essência, e todo aquele que ele nos faz cometer é indispensável para seus planos".[66] O homem, naturalmente mau, corresponde aos planos desse demiurgo.[67]

---

65 Klossowski, *Sade mon prochain*, p.100-3. "É impossível não reconhecer todo o antigo sistema da gnose maniqueísta, até às visões de um Basilide, de um Valentin, de um Marcion, concepção contrária a qualquer ideia de progresso, que opõe radicalmente Sade a todo o seu século, que o levanta contra Voltaire, Rousseau, Saint-Just, Robespierre, que o aproxima de Joseph de Maistre e de Baudelaire. O Ser supremo em maldade de Saint-Fond tem todos os traços do demiurgo de Marcion".
66 Sade, *Œuvres complètes*, t.VIII, p.386.
67 Ibid., t. VIII, p. 383.

AS ABELHAS DE MANDEVILLE: O MAL É UM BEM

Muito antes de Sade, Bernard Mandeville, médico holandês emigrado que escreve em inglês no início do século XVIII, não está longe de também pensar que a natureza é má. Contudo, por uma reviravolta audaciosa, ele afirma que o mal moral individual é útil e até mesmo indispensável para a prosperidade coletiva. Pouco conhecida hoje em dia, sua obra provocou um verdadeiro escândalo na época. Seu poema em forma de fábula, "A colmeia ranzinza ou De canalhas a honestos", publicado em 1705, ilustra o que Sade afirmará no final do século: um mundo perfeitamente virtuoso seria impróprio para o desenvolvimento da vida e conduziria rapidamente à catástrofe. Vê-se uma colmeia na qual cada um persegue a satisfação de seus desejos egoístas trapaceando, enganando, corrompendo, fornicando, para a maior prosperidade da sociedade, cuja atividade repousa sobre a satisfação dos vícios pessoais: "O vício estava em cada um, e o paraíso em todos". Um dia, pede-se a Júpiter que imponha a virtude; todos se tornam honestos e frugais, mas isso leva a uma catástrofe econômica. A ideia é retomada na *Fábula das abelhas, ou Vícios privados, benefícios públicos* (1714).

Assim, para Mandeville, o mal moral é, na realidade, um bem: se não houvesse o temor dos ladrões, de que serviriam os fabricantes de fechaduras? A queda original é uma ilusão, e a moral é uma ideia dos homens mais inteligentes para impor seu domínio sobre a sociedade: fazem acreditar que aqueles que controlam suas paixões são superiores ao "abjeto populacho" que busca sua satisfação imediata. Por uma incrível impostura, eles persuadiram as pessoas de que era uma prova de força do espírito recusar o prazer, engendrando, assim, a hipocrisia, com a única finalidade de reservar para si o poder.

Mandeville faz a junção entre Nicole e Adam Smith: por um lado, desvela a impostura da moral, que nada mais faz senão mascarar a corrupção integral da natureza humana; por outro, mostra que a busca do prazer individual colabora para a realização do bem coletivo, prefigurando, assim, a "mão invisível", que faz a prosperidade social repousar sobre a exploração dos vícios individuais numa economia liberal fundamentada no consumo. No entanto, Mandeville recomenda uma moral austera. Seu conto de forma alguma destrói o valor da ética, mas nos torna simplesmente mais lúcidos.

De nada servem os vícios individuais contribuírem para a prosperidade do conjunto: eles continuam a ser vícios.

LUZES, *ENLIGHTENMENT* E *AUFKLÄRUNG* CONTRA O PECADO ORIGINAL

David Hume é menos ambíguo. Criado no estrito espírito calvinista, esse escocês é primeiramente persuadido da realidade do pecado original, antes de rejeitar a ideia por completo. Em sua perspectiva, somos um pacote de instintos, cheios de contradições, que as religiões interpretaram como resultado de uma queda imaginária. "Será bem difícil nos persuadirmos de que [os princípios religiosos] não passam de devaneios de espíritos doentios."[68] Não há natureza humana, assim como não há moral natural ou pecado original. Precisamos, então, construir uma moral fundamentada na razão.

Hume é resultado do deísmo inglês, que ele leva ao seu termo último, o ateísmo. Desde o final do século XVII, o *Enlightenment* lidera um trabalho de demolição contra o pecado original. Em 1693, Charles Blount, em *The Oracles of Reason*, declara que essa "pílula" nunca "passou pela sua garganta"; ela esteriliza a razão e bloqueia a concepção racional da moral. Como os males contemporâneos poderiam ser atribuídos a Adão? Nossos pecados só são devidos à imperfeição de nossa natureza. Por sua vez, Shaftesbury tenta elaborar uma teodiceia que faça a economia do pecado original, enquanto Samuel Clarke afirma que não devemos explicar nossa imoralidade por uma natureza corrompida: sofremos os efeitos da queda, que enfraquece as capacidades de nossa razão, mas continua sendo possível construir uma moral de tipo quase matemático. Mathew Tindal, depois de Blount, ridiculariza a história bíblica da serpente que fala e se escandaliza com a desproporção entre a suposta falta e a pena infligida. Para John Taylor, essa crença não tem nenhum fundamento. O episódio da queda é apenas uma alegoria, explica Conyers Middleton, enquanto que Bolingbroke caçoa das especulações dos teólogos que falam como se tivessem sido testemunhas oculares do incidente no jardim do Éden: "Eles têm a minuta de toda a conversação entre a

---

68 Hume, *The Natural History of Religion*, sect.XV.

serpente e a mãe do gênero humano, que dana seus filhos antes mesmo de carregá-los em si".[69]

Evidentemente, o início da exegese crítica da Bíblia é um poderoso argumento para aqueles que questionam o pecado original. De Spinoza e Richard Simon ao *Estudos sobre a livre investigação do cânone*, de Semler, em 1771, a autenticidade das narrativas atribuídas a Moisés é derrotada. O Gênesis começa a ser considerado um conjunto alegórico, e, por conseguinte, toda a história da maçã perde sua credibilidade.

O pecado original não tem mais lugar para aqueles que refletem sobre os problemas sociais. Segundo Helvétius, os homens não nascem bons nem maus; é a educação que faz toda a diferença. Mesmo um capelão, como o escocês Ferguson, pensa que a sociabilidade natural do homem não foi iniciada pela queda original (*Ensaio sobre a história da sociedade civil*, 1767), enquanto que Priestley e Godwin afirmam que a natureza humana conduziria o homem à felicidade, se não houvesse a restrição política. Adam Smith está persuadido de que Deus concedeu o dom da simpatia para o homem, qualidade que permite a vida social, sem mencionar nenhuma alteração devida a um pecado qualquer. Condorcet compartilha as ideias otimistas sobre o desenvolvimento do espírito humano pela sociabilidade, a simpatia e a política. As referências a um castigo divino que são aplicadas a toda a espécie humana não são mais aceitas por esses intelectuais. Quando Henry Home, lorde Kames, escreve em 1774, em *Sketches of the History of Man*, que a diversidade social e nacional remonta à torre de Babel, passa por obsoleto.

Assim como as Luzes francesas e o *Enlightenment*, a *Aufklärung* alemã abandona a ideia de pecado original. Reimarius, em *Apologie*, mostra que nossos pecados têm causas estritamente psicológicas. Thomasius pensa que Deus não age por meio de ameaças de sanções. Segundo o historiador Ernst Cassirer, a rejeição do pecado original é um traço característico do protestantismo alemão no século XVIII, o que lhe permitirá assumir um tom liberal:

> Dessa forma, vê-se consumada, nesse campo, a ruptura com o dogma do pecado original. A rejeição desse dogma constitui a marca característica da nova orientação da teologia da *Aufklärung*, tal como se desenvolve,

---
69 Bolingbroke, *Works*, t.II, p.207.

particularmente, na Alemanha, onde se encontram seus representantes mais importantes. Todos consideram a ideia de um *peccatum originale,* que se transmite de geração em geração, como perfeitamente absurda, como uma ofensa aos princípios mais elementares da lógica e da ética. [...] Enquanto, na França, o conflito em torno do dogma do pecado original deveria levar a uma rigorosa separação da religião e da filosofia, a ideia de protestantismo poderia, na Alemanha, se transformar até absorver as novas correntes intelectuais e as atitudes mentais que as haviam engendrado, até despedaçar e abandonar a forma histórica do protestantismo herdado do passado, para melhor valorizar a pureza de seu ideal primitivo.[70]

AS IMPLICAÇÕES ANTROPOLÓGICAS

A contestação do pecado original não concerne apenas à história das ideias religiosas, mas também ao estudo da espécie humana. Recolocar em causa o pecado original é também recolocar em causa a incapacidade do homem de fazer o bem e de progredir.

Para jesuítas como os padres Dutertre e Buffier, o homem decaído conserva, com a razão natural, um guia seguro que lhe permite reencontrar o caminho do bem. "A natureza é essa voz interior da razão, que nos convoca à verdade e ao amor da virtude", escreve sob a mesma ótica o pastor Samuel Formey. Os defensores da moral natural, todos mais ou menos herdeiros de Pufendorf, estimam que é preciso raciocinar em função do homem "tal como ele é desde o pecado". Mais otimistas, eles pensam, apesar de tudo, que a espécie humana é profundamente aleijada e creem ver a prova disso na situação dos povos primitivos. Por sua vez, o padre Lafitau, autor de um estudo sobre os *Mœurs des sauvages américains comparées aux mœurs des premiers temps* [os costumes dos selvagens americanos em comparação com os costumes dos primeiros dias] (1724), constata "a mescla contraditória de princípios válidos e viciosos" de sua moral, o que o leva "a lembrar que os americanos também sofrem as consequências do pecado de Adão".[71] Já o abade Prévost

---

70 Cassirer, op. cit., p.174-5.
71 Ehrard, *L'Idée de nature en France dans la première moitié du XVIIIe siècle*, p.350.

os toma mais como degenerados do que como primitivos. Para o padre Brumoy, a partir de Adão, a razão fica perturbada pelo desordenamento dos sentidos,[72] enquanto o abade Pluche pensa que, graças ao providencialismo, todo mal é convertido em bem.

Há a mesma cacofonia a respeito do estado de natureza: antes da organização em sociedade regulada, os homens estão expostos a uma guerra perpétua entre si? O presumido ateu Hobbes encontra aqui o fundamentalista Bossuet: o homem é mau. Da mesma forma, no campo dos "pacíficos", encontraremos tanto um Pufendorf quanto um Rousseau.

A natureza humana ainda reflete o plano de Deus? Pode-se melhorá-la? A discussão caminha cada vez mais para o campo fisiológico. A crescente importância concedida ao corpo desloca pouco a pouco o debate. Com o progresso da medicina, a valorização do papel das sensações na formação das ideias contribui para dar ao termo "natureza" uma conotação mais material. Ao lado de concepções puramente materialistas, como L'Homme-machine, começa-se a falar do "homem neuronal", expressão usada pelo médico Jérôme Gaub (1705-1780), que trabalha na célebre escola médica de Leyde; Albrecht von Haller (1708-1777), em Berna, trabalha com noções de irritabilidade e de sensibilidade, assim como seus confrades Robert Whytt (1714-1766) e William Cullen (1710-1790). Progressivamente, a fisiologia estende sua influência sobre a moral e, imperceptivelmente, faz com que o debate sobre o pecado evolua. No final do século, os ideólogos, tais como Destutt de Tracy, fundamentam toda ideia de progresso na experiência e na fisiologia. Georges Cabanis, na obra *Rapports du physique et du moral de l'homme* [relações entre o físico e a moral do homem], a partir de 1802, mostra que o pensamento é produzido pelo cérebro, assim como o suco gástrico é produzido pelo estômago.

Esses estudos médicos, que reforçam as teorias deterministas, têm como efeito no campo da moral a promoção da ideia de progresso e, portanto, tendem a arruinar ainda mais a noção de natureza corrompida e de pecado original. Se nossa conduta é determinada por nossa fisiologia, podemos esperar a melhora do comportamento moral aperfeiçoando o ser físico. Mas pode-se melhorar o ser físico? A natureza humana é suscetível de evoluir? Dentro do protestantismo, muitos estão prontos para aceitar essa ideia,

---

72 Brumoy, *Les Passions*.

associada à do determinismo: para John Gay, em 1731, e principalmente para David Hartley, teólogo e erudito, que em 1749 publica *Observations on Man, His Frame, His Duty, and His Expectations* [observações sobre o homem, sua estrutura, seu dever e suas expectativas], Deus pôs no homem uma atração instintiva para o bem, inscrita em nossa natureza e fator de progresso. A lei moral deve provir da natureza humana; Deus atribuiu a nós um senso moral. É isso que já afirmavam Shaftesbury e Francis Hutcheson. Mas, para os mais tradicionalistas, como o pastor Jonathan Edwards (1703-1758), esse tipo de determinismo para o bem é inaceitável, pois implica a negação do pecado original e da liberdade. Em contrapartida, outros, como Priestley, desenvolvem mais a ideia de um determinismo social do que físico.

Nesse debate confuso, as noções e envolvimentos se misturam, as argumentações se entrecruzam. Típica dessa ambiguidade é a atitude em relação aos povos selvagens, que são descobertos ao longo do século. Cada um se apropria deles para integrá-los ao seu sistema de pensamento, não sem contradições. Assim, os missionários, ao criarem o mito do "bom selvagem", querem mostrar que o luxo e a civilização corromperam as virtudes naturais. Fazendo isso, dão argumentos aos filósofos que contestam a ideia de queda original e proclamam a supremacia da moral natural. Por sua vez, esses filósofos têm tendência a magnificar a excelência da civilização europeia, que permitiu sair dessa lamentável selvageria na qual se encontram os povos americanos. A ideia de uma degenerescência de algumas raças começa a se propagar. Para Cornelius De Pauw, autor de *Recherches philosophiques sur les Américains* [investigação filosófica sobre os americanos], em 1768-1769, estes últimos, vítimas de um clima desfavorável, conheceram um declínio inelutável. Buffon sistematiza essa ideia de degenerescência por razões climáticas: "Para dizer melhor, os lapões, os samoiedos, os borandinos [islandeses], os zemblianos [de Terra Nova, no arquipélago russo do Oceano Ártico] e talvez os groenlandeses e os pigmeus do norte da América são os tártaros mais degenerados possíveis; os ostíacos [da Sibéria ocidental] são os tártaros que menos degeneraram; os tonguses ainda menos que os ostíacos, porque são menos baixos e menos malfeitos, ainda que tão feios quanto".[73] Certamente Buffon mantém a unidade da espécie humana,

---

73 Buffon, *De la nature*, IX, p.173.

mas sua noção de raças evolutivas abre portas para as concepções transformistas e poligenistas.

A AURORA DO EVOLUCIONISMO E DO POLIGENISMO

Pela classificação, também aparece a ideia de passagem progressiva da animalidade à humanidade, que Edward Tyson havia formulado desde 1699 em *Orang-Outang or the Anatomy of a Pygmie*. Em 1777, Philippe Commerson escreve a respeito dos novos povos descobertos no Pacífico: "A primeira nuança depois do homem é aquela dos animais antropomórficos ou de figura humana, cujas séries seria muito desejável conhecer, uma vez que estabelecem uma passagem insensível do homem aos quadrúpedes".[74] A imagem contrastada que se dá do taitiano, por exemplo, é reveladora dos afrontamentos de um século em que a noção que se forja do homem se diversifica.[75] Para Rousseau, o traço distintivo do homem é a liberdade, e não a razão; para Helvétius, representante da nova antropologia materialista, o homem atual e suas concepções morais são resultado da história das sociedades humanas. Vícios e virtudes são noções culturais, sociais; não há senso moral natural. Alguns começam mesmo a entrever hipóteses poligenistas e transformistas.

A extraordinária obra de Benoît de Maillet, *Telliamed*, publicada em 1748, mas que havia mais de dez anos circulava clandestinamente sob forma de manuscrito, é uma ilustração disso. Baseando-se nas extravagantes narrativas de Plínio, nas fábulas da Idade Média a respeito dos que tinham cabeça de chacal, dos hermafroditas, dos ciclopes, dos monópodes (homens com um só pé, que lhes serve de guarda-chuva quando dormem), ou ainda dos anões da Ilha de Aruchetto, cujas orelhas gigantes lhes servem de colchão e de cobertas, aos quais ele adiciona histórias do século XVIII, como aquela do grumete que caiu no mar quando tinha 8 anos e foi resgatado vinte anos mais tarde, transformado em homem-peixe, coberto por escamas e com mãos munidas de membranas natatórias, Benoît de Maillet elabora uma concepção global do mundo e do homem oposta àquela da Igreja: a eternidade da

---

74 Apud Duchet, op. cit., p.116.
75 Duchet, op. cit., p.64.

matéria, o aparecimento do homem a partir dos peixes, sob formas extremamente variadas, mas fixas. Segundo ele, ainda se podem ver, nas regiões polares, peixes que se tornaram homens. O considerável sucesso clandestino de seu livro, que se liga explicitamente aos libertinos do início do século XVII, é um testemunho da curiosidade do público por novas hipóteses concernentes às origens humanas.

Outra ameaça plana sobre Adão: a ideia de uma evolução da espécie humana, que o faria descender de uma espécie inferior. Mesmo Maupertuis, tão cuidadoso em permanecer fiel aos dados da Revelação, não é capaz de evitar pensar nisso. Em 1754, ele escreve no *Ensaio sobre a formação dos corpos organizados*:

> Não seria possível assim explicar como, de somente dois indivíduos, a multiplicação das espécies mais distintas poderia ter ocorrido? Elas só teriam devido sua primeira origem a algumas produções fortuitas, nas quais as partes elementares não teriam retido a ordem que mantinham nos animais pais e mães: cada grau de erro teria feito uma nova espécie; de tantos desvios repetidos, adviria a diversidade infinita dos animais que vemos atualmente, e que talvez ainda aumente com o tempo, mas à qual, quem sabe, a sequência dos séculos só traga crescimentos imperceptíveis.[76]

Não obstante, Maupertuis se recusa a seguir sua intuição até o fim. Para ele, toda a espécie humana é resultado de um casal original único e branco. A existência dos negros só se deve a uma modificação acidental provocada pelo clima, seguindo a teoria das *Œuvres physiques et géographiques* do abade Pierquin, em 1744, e que o próprio Maupertuis havia desenvolvido a propósito do caso do negro branco, nascido em 1744 em Paris, de pais negros. É mais frequente vermos o nascimento de crianças brancas de casais negros que o inverso, ele afirma, o que lhe basta para concluir "que os primeiros pais do gênero humano eram brancos".[77]

Apesar de todas as suas precauções, Maupertuis fez nascer uma dúvida no espírito dos eruditos contemporâneos. Buffon não deixa passar a

---

76 Maupertuis, *Essai sur la formation des corps organisés*, XLIV.
77 Id., *Dissertation sur le nègre blanc*, parte 2, cap.VI.

oportunidade. Numa passagem muitas vezes citada do capítulo "Do asno", de sua grande *História Natural*, ele retoma, no condicional, a ideia de Maupertuis: "Seriam o burro e o cavalo, ele se pergunta, da mesma família, como o querem os nomencladores? Se o forem verdadeiramente, não poderíamos dizer, da mesma forma, que o homem e o macaco também têm uma origem comum? E levando em conta a conformidade essencial da natureza que se mantém do homem até os mamíferos, dos mamíferos até os pássaros, dos pássaros até os répteis, dos répteis até os peixes, não poderíamos olhar todos os animais 'como sendo da mesma família' e supor que todos são 'advindos de um mesmo animal que, na sucessão dos tempos, produziu, aperfeiçoando-se e degenerando-se, todas as raças de outros animais' [...]? Não haveria mais limites ao poderio da natureza, e não erraríamos em supor que, de um só ser, ela soube retirar, com o tempo, todos os outros seres organizados". Mas Buffon, sincero ou desejoso de escapar à cólera da Igreja, rejeita essa opinião. Acabará adotando uma posição transformista, limitada a modificações no seio de cada família.

A ideia da evolução prossegue em seu caminho. Em 1742, Lineu confessa seu embaraço: "Serão todas as espécies filhas do tempo? Ou o Criador, na origem do mundo, teria limitado esse desenvolvimento a um número determinado de espécies? Eu não ousaria me pronunciar com certeza sobre esse assunto". Em 1766, em seu livro *De la nature*, Jean-Baptiste Charles Robinet apresenta o homem como sendo resultado de tateios da natureza, que elaborou espécies cada vez mais aperfeiçoadas a partir de um protótipo inicial: "Cada variação do protótipo é uma espécie de estudo da forma humana na qual a natureza meditava [...]. Vejo a natureza em atividade avançar, tateando, na direção desse ser excelente que coroa sua obra [...]. Quanto mais há variações intermediárias do protótipo ao homem, mais eu calculo as tentativas da natureza que, visando ao mais perfeito, só podia, entretanto, chegar a ele por essa sequência inumerável de esboços".

Em seguida vem Darwin, o avô, de prenome Erasmus (1731-1802). Em 1794, em plena guerra europeia, ele publica *Zoonomia*, em que explica que toda vida provém de um filamento orgânico primordial, que tem a faculdade de adquirir novas partes, de se tornar complexo "e, assim, de continuar a se aperfeiçoar, por sua própria atividade inerente, e de transmitir esses aperfeiçoamentos de geração em geração à sua posteridade e séculos após séculos".

Alguns anos mais tarde, Lamarck afirma a hereditariedade dos caracteres adquiridos.

Loucas perspectivas parecem abrir-se. Não há razão para que o progresso freie e que a espécie não continue a se aprimorar. Talvez o homem moderno possa auxiliar a natureza, ele que é parte dela, e tomar as coisas nas mãos para guiar a evolução. Em 1756, o doutor C.-A. Vandermonde publica um *Essai sur la manière de perfectionner l'espèce humaine*, em que se pode ler: "Dado que se conseguiu aperfeiçoar a raça dos cavalos, dos cães, dos gatos, das galinhas, dos pombos, dos canários, por que não se faria nenhuma tentativa sobre a espécie humana?". A ideia é tão velha quanto o pensamento humano – já podia ser vista em Platão –, mas as forças religiosas se opuseram a que o homem modifique voluntariamente a espécie. Os deuses não gostam dos Prometeus que pretendem melhorar sua criação. Além disso, o homem deve sofrer: desde o pecado original, é a sua redenção. A mulher deve dar à luz na dor, o homem deve trabalhar com esforço, ambos devem contrair doenças, envelhecer e morrer: é a sentença divina pronunciada contra Adão e Eva. Tudo o que possa atenuar isso é, portanto, suspeito, ou até mesmo sacrilégio. A ciência não tem o direito de anular a sentença do pecado.

A querela que se anuncia atinge também o campo da reprodução, diretamente concernida pela ideia de transmissão do pecado original. Buffon rejeita categoricamente a tese da preexistência dos germes acavalados uns nos outros; o puro bom senso se opõe a isso, ele diz, pois suporia germes originais de um tamanho absurdamente inframicroscópico. Inversamente, Charles Bonnet defende ferozmente essa tese, pois vê nela a prova da solicitude paterna de Deus, que preparou tudo desde o início – e ela também lhe permite explicar a transmissão do pecado! Ele recebe o apoio inesperado de Voltaire, que não pode admitir que a matéria tenha a menor atividade criadora. Então, tudo está fixado desde o início, mas a partir de casais diferentes, dos quais saíram as diferentes raças.

Em outra ponta, um bom crente é o abade Needham, o qual expõe o sistema da epigênese. A reprodução é devida à união dos elementos macho e fêmea, que elabora um embrião, e isso, ele explica, em nada lesa a ideia de poder divino:

Apesar das falsas propostas dos materialistas, que corrompem a verdade e oferecem uma forma absurda aos nossos princípios, pouco importa, para assegurar à divindade seu domínio sobre este mundo material, e para excluir os pretensos efeitos do acaso [...], se os germes dos corpos orgânicos existem desde o começo deste mundo, formados imediatamente por seu Criador, ou se as leis gerais, pelas quais este universo é governado, são tão fixas sob o bom e sábio prazer de Deus, que tal efeito específico deve necessariamente ser produzido por uma tal causa predeterminada?[78]

A epigênese leva a melhor sobre a pré-formação dos germes com Caspar Friedrich Wolff (1733-1794). Seus trabalhos, escreve Jean Rostand, forçaram os naturalistas a "abandonar a ideia ingênua e preguiçosa da pré-formação"[79] e a pesquisar em outras direções. Eles também complicam a tarefa dos teólogos, que deverão elaborar outras hipóteses para acomodar a transmissão do estado de pecado original com as novas teorias científicas.

A noção de pecado original parece dissolver-se no final do século XVIII. As Luzes, insistindo na ideia de progresso, recolocam a natureza em lugar honroso. Tudo é maravilhosamente calculado com vistas ao bem-estar dos homens. O próprio providencialismo da maior parte dos eclesiásticos dificilmente é conciliável com a ideia de uma natureza corrompida: o mundo do abade Pluche não dá mais lugar ao pecado original.

Certamente que nem tudo caminha bem no mundo, sobretudo no mundo civilizado. Mas isso é devido a uma organização social ruim, que uma boa educação e boas reformas podem melhorar, seguindo a natureza e suas leis. É claro que uma vaga inquietude atravessa o século; é claro que há pessimistas; é claro que o discurso eclesiástico mantém a crença no mito de Adão e Eva. Entretanto, as preocupações são cada vez mais terrestres. A ideia de queda original começa a ser secularizada, encetando, assim, uma segunda vida. Símbolo do nascimento da razão humana para os kantianos, símbolo do aparecimento da propriedade privada para os rousseauístas, a maçã de Adão torna-se uma imagem; assim como o diabo e o inferno, ela passa do plano religioso ao plano filosófico-literário.

---

78 Apud Roger, op. cit., p.513.
79 Rostand, Les grands problèmes de la biologie, in: *Histoire générale des sciences*, t.II, p.610.

Liberados do grilhão que a nódoa original representava e que impedia qualquer ideia de progresso, os homens começam a entrever a possibilidade de uma evolução da espécie humana, de uma melhora qualitativa para seus ramos mais favorecidos. O contato com os povos selvagens fez nascer a ideia da provável diversidade das origens humanas. Um ancestral comum se torna improvável, e uma falta inicial transmitida hereditariamente, mais que problemática. Será preciso encontrar outra coisa para explicar o mal. Em que pese tudo isso, o pecado original tem uma impressionante capacidade de sobrevida.

# ADÃO, DARWIN E HEGEL: O PECADO ORIGINAL DIANTE DA CIÊNCIA E DA FILOSOFIA

O século XIX é o século dos contrastes. Inovadores e reacionários se afrontam sem tréguas para forçar o destino e determinar os valores de mundo moderno. A retaguarda do antigo mundo contra-ataca vigorosamente, a golpes de sabre e de aspersório, até o meio do século. Aniquilada em 1848, ela experimenta um último triunfo no Vaticano em 1870, antes de recuar diante da coalizão heteróclita dos nacionalistas, dos cientistas, dos democratas, dos anarquistas e dos comunistas. Nessas lutas confusas, o pecado original tem sempre seu lugar. Apesar de raramente se encontrar em primeira linha, continua bem presente nos arsenais ideológicos, mesmo que negados por uns ou fornecendo argumentos decisivos a outros. A política, a ciência, a moral a usam, adaptam e manipulam, segundo suas necessidades.

O PECADO ORIGINAL A SERVIÇO DA REAÇÃO

Na política, o pecado original é um dos pilares dos teóricos reacionários, que veem no caos revolucionário o resultado do esquecimento de nossa condição decaída. O homem quis recriar o mundo e tomar seu destino em mãos. A Declaração dos Direitos Humanos é o cúmulo do pelagianismo: a criatura corrompida pretender proclamar uma "ordem natural" em contradição com nossa natureza, que necessita da submissão à autoridade moral da Igreja e à autoridade política do rei. O enfraquecimento do sentimento religioso no século XVIII, devido às ideias dos filósofos, fez esquecer o pecado original, e a revolta dos filhos de Adão terminou num banho de sangue. Deus nos castigou para nos fazer lembrar nossa condição.

Joseph de Maistre fez do pecado original o próprio fundamento da humanidade. Vejam o homem: "Quem poderia acreditar que tal ser tenha podido sair das mãos do Criador nesse estado?", ele se questiona, em *Soirées de Saint-Pétersbourg* (1821). Até mesmo os filósofos pagãos pressentiram que devia ter acontecido uma falta no início. O homem é um "centauro monstruoso, ele sente que é resultado de alguma empreitada desconhecida".[1] Desde Adão, todos os seres são "degradados, mas o ignoram; o homem tem apenas o pressentimento, e este é, ao mesmo tempo, a prova de sua grandeza e de sua miséria, de seus direitos sublimes e de sua inacreditável degradação".[2]

Os povos primitivos são prova dessa degradação. Nada de mais nefasto que a ideia de um bom selvagem, tal como criada por Rousseau, "um dos mais perigosos sofistas de seu século e, no entanto, o mais desprovido de verdadeira ciência". Os selvagens são a marca viva do pecado original. O retrato que Joseph de Maistre deixou em *Soirées de Saint-Pétersbourg* é edificante:

> Não se saberia fixar, por um instante, um olhar sobre o selvagem sem ler o anátema inscrito, digo não somente em sua alma, mas até sobre a forma exterior de seu corpo. É uma criança disforme, robusta e feroz, em quem a chama da inteligência lança apenas um clarão pálido e intermitente. Uma mão temível,

---

1 Maistre, *Les Soirées de Saint-Pétersbourg*, p.80.
2 Ibid., p.79.

carregada sobre essas raças devotadas, apaga nelas dois traços distintivos de nossa grandeza, a previsão e a perfectibilidade. [...] Como, no entanto, as substâncias mais abjetas e mais revoltantes são ainda suscetíveis de certa degeneração, também os vícios naturais da humanidade são ainda viciados no selvagem. Ele é ladrão, cruel, dissoluto, mas de uma forma diferente de nós. Para sermos criminosos, superamos nossa natureza; o selvagem a segue; ele tem o apetite do crime e não tem remorsos.

Joseph de Maistre repete, depois de Pascal: nossa condição é incompreensível sem o pecado original. "O pecado original, que explica tudo e sem o qual nada se explica, se repete infelizmente a cada instante da duração, ainda que de uma forma secundária [...]. Sem dúvida, o pecado original é um mistério; todavia, se o homem o examina de perto, esse mistério tem, como os outros, alguns lados plausíveis, mesmo para nossa inteligência limitada."[3] A consequência é que, culpados de um crime abominável, merecemos todos os castigos. Nenhum sacrifício humano, nenhum holocausto, podem resgatar nossa falta; mas é bom que massacres, que nos associam ao sacrifício de Cristo, marquem a história humana. O Deus de Joseph de Maistre é um Moloch, um perverso cruel que se compraz no horrível, como observou Cioran. Ele evoca irresistivelmente a natureza segundo Sade. Esse "descomedido", esse "furibundo", como o qualifica André Canivez,[4] diz mais respeito à psiquiatria que à história das mentalidades. Joseph de Maistre teria se regozijado se tivesse vivido um século depois, durante a hecatombe de 1914-1918. Foram as *Soirées de Saint-Pétersbourg* que, em 1914, inspiraram o jesuíta Yves de La Brière nestas reflexões:

> Qual é então a ideia predominante do paradoxo de Joseph de Maistre sobre o caráter divino da guerra? É que o derramamento de sangue humano pelas armas, povo contra povo, tem um valor muito especial de expiação providencial para os pecados do gênero humano e que essa penitência pode representar para os povos que ela detém o segredo misericordioso de sua regeneração moral. Ora, essa concepção nos parece profunda, permitam-me dizer, magnífica [...]. Todas

---

3 Ibid., p.73.
4 Canivez, Les traditionalistes, in: *Histoire de la philosophie, Encyclopédie de la Pléiade*, t.III, p.70.

as calamidades daqui, a peste ou a carestia, assim como a guerra, contribuem para a expiação do pecado, na medida em que oferecem aos culpados a ocasião de aceitar, voluntária e humildemente, a punição merecida por seus crimes, e na medida em que oferecem às almas justas a ocasião de um sacrifício meritório para a salvação dos pecadores.[5]

Sacrifício, abnegação, heroísmo, martírio: "A guerra exalta as mais nobres paixões humanas". Pouco importa o campo pelo qual se combate. Os efeitos secundários da guerra sempre são positivos: recomeça-se a rezar, as igrejas se abarrotam, os incrédulos são convertidos.[6]

Norman Hampson afirma, a respeito de Joseph de Maistre, que "não se pode deixar de pensar que era um doente mental. Parece que a importância que ele dá à punição e ao sacrifício seja um pretexto inconsciente para dar livre curso à sua obsessão do castigo, sobretudo sanguinário, que descreve tão frequentemente quanto possível, e com um prazer manifesto. Nesse campo, ele está mais próximo do Marquês de Sade que dos outros escritores da contrarrevolução, e sua religião se parece mais com aquela dos astecas que com o cristianismo. Seria ao mesmo tempo repulsivo e tedioso citar todas as variantes de Maistre sobre o tema: "O sangue é o adubo de uma planta que se chama o talento".[7]

Louis de Bonald certamente é menos sanguinário, mas sua interpretação da Revolução não difere daquela de Joseph de Maistre: foi uma manifestação de orgulho e de concupiscência, provando que somente a civilização cristã é capaz de organizar a sociedade de maneira estável. Desde Adão, o homem está destinado à barbárie; somente a Igreja pode pôr um freio à sua concupiscência. As sociedades não cristãs são o caos, em que o estado de pecado original deixa livre curso a todos os vícios:

> O que vemos em todos os povos maometanos e idólatras, sobre os quais o sol da justiça ainda não se levantou? Um pensamento obscurecido por crenças absurdas, sentimentos depravados por costumes infames e cruéis etc. [...]

---

5 La Brière, *La guerre et la doctrine catholique*, *Études*, p.202.
6 Ibid., p.205. A esse respeito, ver Minois, *L'Église et la guerre*, p.351-80.
7 Hampson, *Le Siècle des Lumières*, p.233.

O árabe do deserto e o selvagem da floresta, por tanto tempo objeto da imbecil admiração de alguns insensatos, são homens-crianças vivendo em vergonhosa nudez; de fato, essas crianças da natureza são os mais brutais, absurdos ladrões, gente cruel, os homens mais afastados da verdadeira natureza do homem [...]. A decadência, essa tendência para se destruir, é o caráter essencial de uma sociedade na desordem.[8]

O tom está dado: decadência e degenerescência. Ao longo de todo o século XIX, o pensamento tradicionalista martela essa constatação que lhe parece corresponder à evolução do Ocidente: depois da ruptura revolucionária, a Europa, por um movimento natural, deriva para a decadência, devido à natureza corrompida do homem. Somente a aliança do trono e do altar pode compensar os efeitos da falta de Adão, pelo menos no nível da organização social. O pecado original se torna um argumento político das forças reacionárias.

PECADO ORIGINAL E PROGRESSO SOCIAL: DE LAMENNAIS AO RACISMO MORAL DE LACORDAIRE

Assim, as forças de progresso – os movimentos democráticos e liberais – são levadas a contestar a queda original. A crença no progresso e na possibilidade de liberação dos povos implica que se confie nas capacidades humanas. É por isso que os cristãos liberais não hesitam em rejeitar categoricamente o episódio de Adão. Para Félicité de Lamennais, essa história é uma impostura que devemos aos judeus e que os próprios judeus não acreditam nela. Ela contradiz a lógica e a justiça mais elementar: "Que milhões de seres humanos tenham sido desde então, antes de nascerem, destinados nesta vida a inúmeras misérias, e numa vida ulterior a uma eternidade de tormentos, mostra que foram invertidas as noções fundamentais das coisas e se chocou, no fundo da consciência, o sentimento inato do justo e do injusto, ao qual repugna incontestavelmente essa solidariedade de falta e de castigo".[9]

---

8 Bonald, *Théorie du pouvoir*, p.22-5, apud Bastier, La Bible et la réaction: Louis de Bonald, in: Belava e Bourel (Orgs.), *Le Siècle des Lumières et la Bible*.
9 Lamennais, *Essai d'une philosophie*, t.II, p.60-1.

A ideia de pecado original "desencoraja o homem, ela lhe mostra a vida sob um aspecto sombrio e desesperante, pesa sobre ele como uma espécie de destino terrível, misterioso, fatal", escreve Lamennais em *Esquisse d'une philosophie*. Imaginar que tenha podido existir um estado de perfeição no jardim do Éden é absurdo. A perfeição não se encontra atrás de nós, mas, sim, à frente:

> Se é possível conceber como pôde nascer essa teoria do mal moral, de sua origem e de seus efeitos, também se pode conceber claramente o que a torna inadmissível. Em primeiro lugar, ela repousa sobre a hipótese de um estado primitivo de perfeição, impossível em si e, ademais, manifestamente oposto à primeira lei do universo, a lei da progressão [...]. Em segundo lugar, a transmissão hereditária do pecado contém uma contradição absoluta. O que é o pecado em sua causa moral? Uma vontade má ou desordenada. O que é a vontade? O ato próprio do "eu" num ser individual, ou a própria individualidade, enquanto ativa e inteligente. Então a vontade é, como a individualidade, essencialmente incomunicável.[10]

Lamennais tenta explicar racionalmente a crença no pecado original pela projeção de nossa experiência individual na história da humanidade: o homem que desperta para o conhecimento do bem e do mal sente a nostalgia da inocência. O pecado original é apenas um símbolo: "Ele parece baseado na observação do que ocorre em cada homem, em virtude das leis de sua natureza, de tal modo que se teria simplesmente aplicado à humanidade nascente, ou ao primeiro homem, um fato de experiência universal".[11] O mal é apenas a experiência de nossos limites. E Lamennais afirma sua confiança no progresso humano: "Que então, em vez de se abandonar à tristeza e ao desencorajamento, o homem se regozije em suas destinações tão belas, tão grandes, e abençoe para sempre o supremo Poder que as fez para ele".[12]

O progresso! Eis aqui justamente o erro combatido pelo pensamento tradicionalista em nome do pecado original. A natureza humana, corrompida, não pode sair do mal. É preciso esquecer qualquer ideia de liberdade, de justiça, de democracia: "'Ah! Que pereça para sempre a doutrina do progresso

---

10 Ibid., p.58-9.
11 Ibid., p.63.
12 Ibid., p.74.

fatal!', exclama o padre Félix em suas Conferências de quaresma em 1856. Essa filosofia, que tem como resultado na história consagrar todas as perturbações e divinizar todos os sucessos, foi atingida de morte pelo dogma da queda, e ela não voltará a se erguer, a não ser de século em século, para rapidamente voltar a cair sob o peso da verdade e sob o anátema dos povos!".[13]

Os acontecimentos de 1848, a Primavera dos povos, seguida pela repressão, agitaram bastante os espíritos e voltaram a dar vigor às polêmicas sobre o pecado original. Os predicadores veem nas violências revolucionárias uma nova ilustração da maldição que pesa sobre a espécie humana. Meio século depois da primeira Revolução, os povos tornam a cair no mesmo erro e são punidos da mesma maneira. "'Se o homem não é decaído, por que estreia, ao entrar neste mundo, com gritos que vão se encadear ao restante de seus dias?', pergunta o abade Cacheux, num sermão de 1848. Por que as calamidades sociais, as enfermidades do indivíduo? [...] Porque caiu, é preciso que o homem vigie, trabalhe feito um mouro e sue, que leve consigo a dor no estafante caminho de uma expiação passageira."[14]

Um predicador muito mais prestigioso, Henri Lacordaire, traz o peso de seu nome para a demonstração. Em um sermão sobre o tema "Do dogma do pecado original", pronunciado para o Advento de 1848 na catedral de Dijon e depois retomado nas Conferências de quaresma na catedral de Notre-Dame de Paris, em 1850, ele lança aos fiéis: "Todos temos a forma de Adão, [...] vocês todos são Adão. [...] O mal é espontâneo no homem, enquanto que o bem somente é obtido por uma perseverante cultura". Fazer o mal é natural, enquanto que fazer o bem requer esforço, combate, aprendizagem. Tudo vai mal, em todos os lugares – da Europa, exposta às revoluções, à Ásia, "sujeita à abjeta lei e aos abjetos costumes do Corão". Quanto à China, é apenas "uma pretensa estabilidade, que é somente a estabilidade da podridão". Rousseau havia errado: a natureza humana é má. O pecado original explica tudo, é "o dogma fundamental, não somente do cristianismo, mas dogma fundamental no qual toda ordem, toda moral, toda política, toda civilização, têm sua fonte".[15]

---

13 *La Tribune sacrée écho du monde catholique*, p.315.
14 Ibid., p.499.
15 Ibid., p.541.

Em que ele consistiu? Em "uma interrogação sem limite, uma negação sem prova e uma afirmação sem prova". Adão é o primeiro racionalista, e é isso que ele perdeu. A natureza, portanto, é doravante má, e é preciso combatê-la, pois ela nos inspira o mal: "Em suma, a Escritura nos diz, e a Igreja vos diz: 'É preciso combater a natureza, é preciso curar a natureza'. Qualquer outro sistema humano só pode vos dizer: 'Humanamente, é preciso aceitar a natureza; filosoficamente, é necessário vos resignardes a ter somente a natureza'. Então, a natureza nos inspira mais o mal que o bem; apelar à natureza é, portanto, apelar mais ao mal que ao bem".[16]

Para explicar a transmissão do pecado original a partir de Adão, Lacordaire se lança numa demonstração perigosa: "O corpo foi criado de tal forma que nossos movimentos nele imprimem traços, sulcos; há a ação perpétua do espírito sobre o corpo, e do corpo sobre o espírito".[17] Dito de outra maneira, o pecado se transmite fisiologicamente; é uma doença hereditária, impressa tanto no cérebro quanto no corpo. Lacordaire vê a confirmação disso numa pseudociência que acaba de ser fundada pelo médico alemão Franz Josef Gall, a frenologia: "Isso não pode ser negado por todo aquele que tenha observado um pouco essas coisas [...]; a frenologia ou a ação dos órgãos do cérebro é um fato patente, que não pode ser negado; seria uma demência negá-lo. Além disso, essa modificação se dá com uma terrível velocidade; algumas vezes, não são precisos nem três meses a um homem para modificar seu ser orgânico, nem três meses para nele aprofundar sulcos profundos de hábitos duráveis".[18] E Lacordaire lança triunfalmente:

> Isso, senhores, é a ciência. A observação moral, a observação médica, a observação de qualquer natureza o comprova e, por conseguinte, eu tinha razão em afirmar que o pecado não permanece arbitrariamente na personalidade, que não é um ato que passa e não deixa traços, mas um ato permanente, um ato habitador, um anfitrião dominador que vós vos ofereceis [...].
>
> Contudo, senhores, isso não é tudo. Para a transmissão hereditária da depravação do homem primordial, é preciso que essa natureza, assim viciada pelo

---

16 Ibid., p.555.
17 Ibid., p.603.
18 Ibid.

efeito da personalidade, se transmita. E aí, a natureza humana é transmissível? Sim. Permanecerei ainda com a ciência e com a observação mais vulgar.[19]

Para Lacordaire, não há dúvidas de que a virtude e o vício são naturais.

Não somente a substância, a forma orgânica, a vida, mas a própria alma, no sentido que expus, é transmissível; por conseguinte, todas as qualidades que se ligam à organização da vida, à lama, também são igualmente transmissíveis, como vemos tanto nas doenças morais quanto nas doenças físicas. Proponho, então, como dois fatos adquiridos da ciência, que a pessoa, agindo mal ou bem, age sobre a substância, sobre a natureza humana, e que a natureza humana é hereditariamente transmissível.[20]

E o predicador, levando sua constatação "científica" até o fim, chega a uma forma de racismo moral; a respeito dele, percebe-se com dificuldade como pode se conciliar com as ideias de liberdade e de mérito: "Se vós sois santos, tereis santos como filhos; se vós sois corrompidos, vós tereis filhos corrompidos. E é assim que se fazem as raças".[21]

ADÃO E O NASCIMENTO DO RACISMO

Muito frequentemente se diz que o racismo moderno nasceu com os trabalhos de observação e de classificação das espécies vivas no século XVIII.[22] Classificar é separar, opor, confrontar; ao mesmo tempo, o racionalismo das Luzes, sistematizando essas diferenças, oferece-lhes um caráter rígido: "O empirismo", escreve David Goldberg, "levava à tabulação das diferenças perceptíveis entre os povos. O racionalismo sugeria distinções originais inatas (em particular, mentais) para explicar as disparidades perceptíveis

---

19 Ibid., p.604-5.
20 Ibid., p.607.
21 Ibid.
22 Ver, em particular: Mosse, *Toward the Final Solution: a History of European Racism*; Poliakov, *The Aryan Myth: a History of Racist and Nationalist Ideas in Europe*; Goldberg, *Racist Culture: Philosophy and the Politics of Meaning*.

de comportamento."²³ No entanto, a ideia de unidade da natureza humana ainda é amplamente dominante, ao mesmo tempo na religião e entre os filósofos, que afirmam, em sua maioria, que as diferenças entre os homens são uma questão de graus, e não de natureza, diferenças devidas, principalmente, ao meio ambiente e ao clima. Voltaire aparece bem isolado quando sustenta que há raças fundamentalmente diferentes, e Hume se permite dizer: "Suspeito que os negros são naturalmente inferiores aos brancos", acrescentando que "tal diferença, uniforme e constante, não poderia ocorrer em tantos países e no decorrer dos tempos, se a natureza não houvesse estabelecido uma distinção inicial entre as raças humanas",²⁴ sob a forma de uma nota isolada numa obra que defende a unidade da natureza humana.

A escravidão não repousa sobre uma teoria racista, mas sobre argumentos econômicos. É o que aparece claramente nos debates sobre esse assunto que se multiplicam na Câmara dos comuns no final do século XVIII, a respeito dos quais Anthony Barker escreve: "O debate sobre a escravidão jamais foi um debate sobre a natureza do negro",²⁵ que, aliás, se tornava um homem livre assim que punha os pés sobre o solo inglês. E Kenan Malik, autor de um recente e esclarecedor estudo sobre *The Meaning of Race*, confirma essa afirmação: "Os principais argumentos dos escravagistas não eram raciais, mas centravam-se na utilidade prática e econômica da utilização dos escravos".²⁶ Para os anglo-saxões, é um problema de economia política; para os filósofos franceses – mesmo para o mais radical dentre eles, o abade Raynal –, é um problema de liberdade natural.

Então, no início do século XIX, o termo "raça" só designa as diferenças superficiais e temporárias, decorrentes dos climas, da alimentação e de outros fatores externos, no seio de uma espécie dada, que tem características permanentes. Cristãos, deístas e ateus compartilham dessa concepção. Todavia, desde os primeiros decênios do século, o fracasso da Revolução em estabelecer uma verdadeira igualdade entre os homens leva alguns teóricos a atribuir à natureza as desigualdades que os filósofos das Luzes haviam

---

23 Goldberg, op. cit., p.28.
24 Hume, Of National Characters, in: *Selected Essays*, p.360, n.120.
25 Barker, *The African Link: British Attitudes to the Negro in the Era of the Atlantic Slave Trade, 1550-1807*, p.157.
26 Malik, *The Meaning of Race: Race, History and Culture in Western Society*, p.62.

atribuído à evolução social e política. Essa visão racista da humanidade visa, em primeiro lugar, dar conta das desigualdades sociais entre europeus: "A ideologia racista era o produto necessário da persistência das diferenças de posição social, de classe e de povo numa sociedade que tinha aceitado o conceito de igualdade",[27] escreve Kenan Malik. No espírito do tempo, as classes sociais inferiores pertencem a uma raça diferente. É o que afirmam tanto Philippe Buchez, dirigindo-se à Sociedade médico-psicológica de Paris em 1857, quanto Arthur de Gobineau, em *Essais sur l'inégalité des races*. A natureza humana, tão fortemente exaltada pelas Luzes, não existe, proclamam os pensadores da reação aristocrática, Joseph de Maistre em primeiro lugar: "Nada existe no mundo como *o homem*. No decorrer de minha vida, vi franceses, italianos, russos, e assim por diante; graças a Montesquieu, sei até mesmo que se pode ser persa; mas devo dizer que naquilo que é *o homem*, não encontrei em parte alguma; se ele existe, é-me totalmente desconhecido".[28]

Esse sentimento é constantemente encontrado não somente na literatura de corrente tradicionalista, mas também na Inglaterra vitoriana. "Os pobres de Bethnal Green são uma casta à parte, uma raça sobre a qual nada sabemos", pode-se ler, por exemplo, no *Saturday Review*, jornal da classe média, de 16 de janeiro de 1864. A divisão em classes tem origem divina e corresponde a tipos raciais diferentes, aos quais se tenta dar um revestimento científico: "As classes urbanas dominantes são as mais dolicocéfalas de todas", escreve Otto Ammon; e, em 1899, William Ripley, em *Les Races d'Europe*, declara que uma "característica das raças ou dos tipos de cabeça alongada é que sua energia, sua ambição e sua vontade os inclinam a migrar do campo para as cidades". Assim, a constatação das desigualdades sociais e a vontade de perpetuá-las estão diretamente na origem das teorias racistas.

Ainda no início do século XX, Aldous Huxley declara: "99,5% da população total do planeta é tão estúpida e filisteia (ainda que de maneira diferente) quanto a grande massa dos ingleses. O importante, parece-me, não é atacar os 99,5% [...], mas tentar fazer com que os 0,5% sobrevivam, mantenham suas qualidades no mais alto nível exequível e, se possível, dominem o resto. A imbecilidade dos 99,5% é aterrorizante, mas, no fim de contas,

---

27 Ibid., p.70.
28 Maistre apud ibid., p.266.

se deveria esperar por isso".[29] Do racismo das classes sociais, passa-se facilmente ao racismo dos povos, ilustrado por Augustin Thierry, e ao racismo étnico: "O estrato inferior das sociedades europeias é assimilável aos homens primitivos", escreve em 1894 Gustave Le Bon, que pensa que, com o tempo, "os estratos superiores de uma população [serão] separados dos estratos inferiores por uma distância tão grande quanto aquela que separa o homem branco do negro, ou mesmo o negro do macaco".[30]

As justificativas científicas vêm reforçar essas tomadas de posição ideológicas, que buscam apoio em argumentos sociopolíticos. Vemos isso, por exemplo, na obra do anatomista escocês Robert Knox, cujo *The Races of Men*, em 1850, é uma reação às revoluções de 1848. A frenologia de Franz Josef Gall é outro exemplo disso. Lacordaire se situa então numa corrente que encontra um amplo eco em meados do século XIX. Há, entretanto, uma contradição fundamental, tanto em seu discurso quanto naquele dos tradicionalistas, que buscam sustentar sua visão de uma sociedade hierarquizada por uma posição racista e, ao mesmo tempo, pelas consequências do pecado original. Enraizar as desigualdades sociais nas diferenças naturais significa, implicitamente, negar a unicidade da natureza humana desde sua origem. Ou bem as diferenças sociais são determinantes, e então as raças têm origens diferentes e, neste caso, Adão desaparece e, com ele, o pecado original; ou então as diferenças raciais são apenas modificações acidentais e provisórias dentro da espécie humana, que permanece fundamentalmente una; neste caso, Adão, Eva e o pecado na origem da humanidade são mantidos.

A hesitação e a ambiguidade são patentes nos pensadores e predicadores cristãos do século XIX, que querem conservar, ao mesmo tempo, Adão e os fundamentos psicofisiológicos das desigualdades sociais. Em 1894, L. de Kerpénic, numa comunicação sobre a "Unidade da espécie humana", baseando-se na obra de um erudito católico, Quatrefages, vale-se do poligenismo: toda a humanidade descende de um mesmo casal, e todos os homens têm "o mesmo fundo intelectual e moral"; no entanto, apesar de tudo, há raças diversas na espécie humana que diferem pelo tamanho, pela cabeleira, pela cor.[31]

---

29 Apud Bradshaw (Ed.), *The Hidden Huxley: Contempt and Compassion for the Masses*, p.XX.
30 Le Bon, *The Psychology of Peoples*, p.29 e 43.
31 *Les Questions controversées de l'histoire et de la science*, p.26.

Evidentemente, os racistas ateus não se chocam com esse problema, dado que, aos seus olhos, a unidade da espécie humana é um mito. Adão, sua encarnação, deve então desaparecer. Em 1865, um terço de século antes de Nietzsche proclamar a morte de Deus, Karl Vogt proclama "a morte de Adão". Toda uma geração de antropólogos ateus, baseando-se em particular nos trabalhos de Lineu e de Darwin, irá combater ferozmente o primeiro homem bíblico e enraizar o homem na animalidade.[32] A busca do *chaînon manquant* [elo perdido] entre o animal e o homem leva Gabriel de Mortillet a criar o termo *anthropopithèque* em 1879, e, a partir de 1877, Abel Hovelacque ataca diretamente a concepção religiosa de Adão em *Notre ancêtre. Recherches d'anatomie et d'ethnologie sur le précurseur de l'homme*. Esse professor de etnografia e de linguística na École d'Anthropologie de Paris, formado em antropometria por Broca, situa nosso ancestral na animalidade. "Essa posição", explica Nathalie Richard, "era uma resposta direta àquela dos defensores de Adão. De fato, estes últimos defendiam a existência de um 'reino humano', que, por essência, era distinto do reino animal, por razões espirituais, visto que o homem era o único detentor de uma alma, sede ao mesmo tempo da razão e do sentido moral. Assim, essa alma estabelecia, entre os grandes macacos e o homem, um hiato que não poderia ser preenchido por nenhum ser intermediário."[33] Hovelacque também está convencido de que as "raças inferiores" são os restos das formas primitivas de humanidade, e que elas são destinadas, assim como os negros, à extinção. O sentimento religioso, marca de primitivismo, irá desaparecer com elas: "É somente nas camadas superiores da humanidade que se encontra o homem verdadeiramente irreligioso, o homem da ciência que, a cada dia, graças à observação e à experiência, reduz pouco a pouco o campo do temível, o campo do desconhecido ou, em outros termos, o campo da divindade".[34]

A morte de Adão é o título da obra de John C. Green, *The Death of Adam: Evolution and Its Impact em Western Thought*,[35] na qual mostra que o nascimento do *anthropopithèque* e aquele do *pithecanthropus* [Homem de Java] de Ernst Haeckel têm uma significação filosófica e religiosa. Se há um estágio intermediário entre o macaco e o homem, o Adão bíblico e toda a antropologia

---
32 Richard, La Fabrique du précurseur, in: *Des Sciences contre l'homme*, t.I, p.72.
33 Ibid., p.74.
34 Hovelacque apud ibid., p.78.
35 Nova York, 1961.

construída a partir dele desmoronam: "Com o nascimento do *anthropopithèque*, morrem Adão e a própria ideia de igualdade entre os homens [...]. Atribuindo ao homem uma origem animal, o precursor assinalava a morte do Adão bíblico e inscrevia-se contra a tradição humanista e espiritualista de uma humanidade criada à semelhança de Deus. Ao mesmo tempo, as modalidades de definição do precursor eram em si mesmas anti-humanistas, dado que se fundavam num pressuposto racista, que atribuía aos povos menos civilizados uma semelhança próxima à identidade física e psíquica dos grandes macacos antropoides".[36]

Esse pressuposto racista e suas consequências não perturbaram os assassinos de Adão – salvo raras exceções, como Friedrich Tiedemann, de Heidelberg, que, em 1836, denunciava a conivência entre eruditos e colonos: então, a orientação muda para uma justificativa racista da escravidão. Durante a Guerra de Secessão, Karl Vogt não fica de modo algum afetado pelo seguinte argumento: "Será bastante indiferente que o democrata dos estados do Sul encontre, nos resultados de nossa pesquisa, a confirmação ou a condenação de sua pretensão, de que a escravidão é ordenada por Deus".[37]

Uma vez que o princípio do racismo está estabelecido, há um esforço para que suas características sejam estendidas a todos os campos da cultura. Certas raças são totalmente refratárias à civilização, escreve o naturalista Louis-Pierre Gratiolet em 1854: "O que, em essência, caracteriza certas raças não é precisamente a civilização, mas uma tendência inata imprescritível para a civilização; é, por assim dizer, o instinto do estado social. Outras raças, ao contrário, tendem, desde o começo dos séculos, ao isolamento [...], são *selvagens*, em suma, assim como as outras são *sociais*".[38] As raças inferiores são também inaptas para o trabalho, como defende Broca: "Nota-se que os povos selvagens que se apagam mais rapidamente são aqueles que não podem se sujeitar ao trabalho. Essa incapacidade para o trabalho preservou-os da escravidão, mas é um caráter de inferioridade".[39] Os bastidores ideológicos, antidemocráticos, nunca estão muito distantes. Em 1872, no *Journal des Économistes*, C. Royer afirma: "Não, o homem não é igual ao homem [...].

---

36 Richard, op. cit., p.64-5.
37 Vogt, *Leçons sur l'homme, sa place dans la création et dans l'histoire de la terre*, p.22.
38 Gratiolet, *Mémoire sur les plis cérébraux de l'homme et des primates*, p.68.
39 Broca, *Bulletin de la Société d'anthropologie de Paris*, p.294.

Em cada raça, as diferenças, diversidades e desigualdades são um bem, pois realizam para a raça na qual se manifestam uma localização e uma especialização cada vez maiores dos órgãos e das faculdades da coletividade social".[40]

A QUEDA ORIGINAL SEM ADÃO: NEOCATÓLICOS, PROTESTANTES LIBERAIS, FOURIERISTAS E MARXISTAS

Está encerrada a bela simplicidade do século XVIII, em que se viam opostos o pensamento religioso, defendendo uma concepção pessimista da natureza humana corrompida pelo pecado original, e o pensamento esclarecido, apostando nas possibilidades de progresso de uma natureza humana essencialmente boa. Doravante, tendo o problema social passado para o primeiro plano, a divisão se faz entre partidários da ordem e os defensores do progresso democrático. Cada campo recobre uma coalizão heteróclita, que invoca argumentos contraditórios. Lacordaire explica a desordem pelo pecado original e a transmissão deste pela frenologia, teoria científica materialista, que o leva a falar de raças. No campo oposto, também se encontram os cristãos: uns, tal como Lamennais, justificam sua crença no progresso e na igualdade, rejeitando o pecado original; outros, apoiando-se sobre ele.

É o caso, por exemplo, dos neocatólicos liberais, como Pierre-Simon Ballanche (1776-1847), pensador original que almeja reconciliar pecado original e progresso humano. A própria ideia de progresso, ele diz, supõe uma situação de início miserável, que não pôde ter sido desejada por Deus, portanto, uma situação de queda: "O ponto de partida da perfectibilidade é o dogma da decadência e da reabilitação, assim como esse mesmo dogma é a razão das iniciações progressivas, sendo cada iniciação uma condição de prova, e a prova sempre sob forma de expiação".[41] De fato, o aspecto doloroso do progresso lhe confere uma dimensão expiatória: "O estado primitivo do homem não pode ser somente a faculdade de se desenvolver [...]. Onde estaria a razão da prova, sob a forma de uma expiação dolorosa?".[42]

---
40 Royer, *Journal des Economistes*, t.27, p.322.
41 Ballanche, *Œuvres*, t.IV, p.387.
42 Id., Prolégomènes, in: *Œuvres*, t.IV, p.79.

Expiação de quê? Orfeu, um dos personagens de Ballanche, tem uma experiência visionária do pecado original: "Fui esse homem universal que, tendo apreendido a responsabilidade de seus pensamentos e de seus atos, pecou e foi condenado".[43] A falta original foi o pecado de orgulho e de revolta, mas a redenção começou desde esse momento, por meio das provas: "Jamais esqueçamos que a decadência e a reabilitação são sempre um mesmo segredo divino". A vida em sociedade é apenas uma longa prova, uma redenção pelo sofrimento, que finalizará na salvação universal, englobando até mesmo o diabo.

> Contamos quatro grandes épocas no mundo desde o nascimento do homem, explica Ballanche. A primeira foi a queda original, e a dispersão do mal para lhe fazer perder sua intensidade. A segunda foi o dilúvio universal, para abolir as tradições pervertidas em sua essência própria, e por demais identificadas com a essência das raças humanas então existentes [...]. A terceira época é aquela da manifestação no tempo do Mediador prometido, desde a origem, a todas as nações e em todas as línguas [...]. Enfim, a quarta época, cujo tempo não está fixado, dado que o homem deve fazê-la eclodir, avançar ou retardar, tal como ocorreu com as outras, a quarta época, que será a última, é aquela da consumação.[44]

Visão otimista, que opera a síntese de diferentes correntes cristãs e humanistas, um pouco no espírito origeniano. Como escreveu Paul Bénichou em *Le Temps des prophètes*, "a obra de Ballanche alia a fórmula mais arcaica do divino e as esperanças terrenas mais recentes; ela tenta conciliar a fidelidade à Igreja católica e aos seus dogmas, com a adesão ao credo do humanitarismo laico".[45]

A época romântica, aquela de Ballanche, com seus impulsos liberais, sua visão grandiloquente do destino da humanidade entre os abismos do bem e do mal, é propícia à eclosão desse tipo de pensamento. O caráter teatral do pecado original dá à existência seu aspecto trágico e sua grandeza; sempre recolocado em causa, o destino nos conduz à catástrofe ou à redenção,

---

43 Id., Orphée, in: Œuvres, t.VI, p.166.
44 Id., *La Ville des expiations et autres textes*, p.113-4.
45 Bénichou, *Le Temps des prophètes: Doctrines de l'âge romantique*, p.103.

segundo o temperamento dos autores. No romantismo alemão da *Naturphilosophie*, isso pode tomar as formas mais extravagantes. Combinando o sentido da história ao iluminismo e a intuição do devir cósmico ao animismo universal, certos poetas sonham com um retorno à unidade perdida. Para os homens que se nutrem das elucubrações de Böhme e de Paracelso, "o Espírito precisa do homem para tomar consciência de si mesmo, para se manifestar, pois o homem caiu, carregando a natureza em sua queda; cabe ao homem, portanto, tornar-se o redentor da natureza".[46] Trata-se de redescobrir os segredos da natureza original, aquela anterior à queda, a fim de reencontrar o estado de partida – o que, rapidamente, deriva para um esoterismo desenfreado, por exemplo, entre os "teólogos da eletricidade", segundo a expressão de Ernst Benz. Assim, para Johann Ludwig Fricker, Deus criou Adão com um barro contendo uma chama elétrica, que constitui a alma animal e cujo domínio nos levará a reencontrar os segredos do universo.

Outros pensadores são mais próximos das especulações religiosas tradicionais, como Schelling, que vê no mito do pecado original uma espécie de atualização do mal, do qual Deus é a origem, sem ser o autor.[47] Friedrich Schleiermacher (1768-1834) passa da concepção tradicional do pecado original àquela do protestantismo liberal moderno. O teólogo berlinense retém a ideia de queda original, mas também as lições críticas das Luzes. Em sua grande obra de 1821, *Glaubenslehre* [doutrina da fé], ele oferece uma interpretação bem liberal da queda, que elimina qualquer realidade à narrativa bíblica:

> O dogma de uma mudança radical operada na humanidade pelo primeiro pecador das criaturas não é nem reclamado, nem formulado pela consciência cristã. Se, guiados por ela, não imaginamos antes da queda um ideal de perfeição desde então perdido, porque sabíamos que quanto mais se elevasse o ideal, mais se tornaria a tentação inexplicável, também não temos que supor que uma revolução tenha alterado as condições da espécie [...]. Adão e Eva nada mais são que os primeiros pecadores, e suas ações, as premissas das nossas. O indivíduo não corrompeu a natureza, e a natureza não corrompeu o indivíduo.[48]

---

46 Faivre, La Philosophie de la nature dans le romantisme allemand, in: Belaval (Org.), *Histoire de la philosophie: Du XIXe siècle à nos jours. Encyclopédie de la Pléiade*, t.III, p.21.
47 A esse respeito, ver Porée, op. cit., p.49-50.
48 Schleiermacher, *La Foi chrétienne*, t.I, p.166-7.

O que chamamos de pecado original é simplesmente a pressão do meio ambiente social, que nos leva a nos desviar de Deus e a cometer os pecados atuais, cedendo às más influências que se exercem sobre nós. A história de Adão e Eva é apenas um mito, e fazer a miséria humana depender da falta desses dois primitivos é indicativo do mais completo absurdo. O verdadeiro arquétipo da humanidade é Jesus, e não Adão. O pecado original é o pecado da espécie humana; ele é alimentado em permanência pela massa dos pecados individuais que mantêm um meio ambiente mau. O mal é uma prova, mas nós podemos superá-la com a graça divina. Essas posições inspiradas no racionalismo e no naturalismo também ganham os teólogos católicos, devidamente fulminados pelos anátemas pontificais: Hermès (1775-1831) e Gunther (1783-1863), por exemplo.

A linhagem do protestantismo liberal prossegue com Charles Renouvier, para quem "o pecado original é a entrada da injustiça na sociedade humana pela vontade do homem".[49] Ele vê uma humanidade de origem equilibrada e feliz, mergulhada nas desordens por uma má escolha, que ele não consegue explicar de maneira verdadeiramente convincente. Para ele, Adão é só um mito. Seu discípulo, Octave Hamelin, é confrontado às mesmas dificuldades: admitir um Deus criador implica admitir um pecado original, pois o Deus bom não pode ser a causa de tal desperdício:

> Se o espetáculo que a humanidade nos fornece leva a crer que o Espírito é Deus, isto é, Bondade, parecerá impossível, depois disso, que o mundo tenha saído tal como era ontem, e mesmo tal como é hoje em dia, do ato criador. Em consequência, a doutrina da queda será a única capaz de gerar satisfação. A humanidade (para não falar de outros seres razoáveis), na origem senhora do determinismo que constituía seu objeto e seu instrumento, terá perdido o domínio, talvez simplesmente caindo na ignorância por causa de suas faltas. As forças da natureza terão se tornado suas inimigas, e a humanidade terá sido arruinada com seu mundo.[50]

Resumindo, a origem do mal continua a ser um muro contra o qual os pensadores protestantes e católicos, levados por seu impulso, vêm quebrar

---

49 Renouvier, *Le Personnalisme*, p.63.
50 Hamelin, *Essai sur les éléments principaux de la représentation*, p.502-3.

a cabeça. Para ir mais longe, é preciso um pouco mais de audácia e aceitar romper a cadeia dos credos.

Audácia não falta a Charles Fourier (1772-1837). Suas extravagâncias utópicas não devem fazer com que se esqueça da força e da originalidade de certas ideias desse autor. Para ele, o homem é naturalmente bom: "Por natureza, o homem é dotado de uma bondade tão perfeita que todas as suas paixões são puras e santas, e têm direito ao seu livre desenvolvimento. A tarefa dos homens públicos consiste em harmonizá-las para fazer da terra um Éden". Por ora, ele constata, estamos longe disso: somos "excessivamente infelizes há 5 mil ou 6 mil anos, dos quais as crônicas nos transmitiram a história. Não faz mais de 7 mil anos desde que os homens foram criados, e desde então só andamos de tormentos em tormentos".[51] Apesar disso, houve uma "idade edênica", no decorrer da qual se vivia "na abundância de rebanhos, frutos, peixes, caça"; todos os mitos o afirmam: "Todos esses contos que fazem a base das religiões antigas são o esqueleto de uma grande verdade: é que existiu, antes das sociedades atuais, uma ordem de coisas mais afortunada". Houve então uma queda, que as religiões chamam de pecado original, mas que "só provém de duas causas: exuberância de população e insuficiência de indústria".

Superpopulação e insuficiência das forças produtivas: eis aí o que nos fez perder o jardim do Éden. Cabe a nós recriá-lo. E Deus nisso tudo? Aqui se afirma a originalidade de Fourier. Deus, nós iremos criá-lo ao mesmo tempo que o Éden. Deus existirá se formos capazes de fazer um mundo justo, harmonioso, feliz. Quem pode crer em Deus num mundo infeliz, onde reina o mal? Criando um mundo feliz, iremos ao menos produzir uma prova da existência de Deus. Marx dirá o contrário: num mundo feliz, os homens não têm mais necessidade de Deus. Fourier se encontra a meio caminho entre teísmo e ateísmo, pois, em *Égarement de la raison*, ele parece crer que Deus já existe e é quem conduz o movimento: "Mas não haveria uma injustiça de Deus ao excluir as gerações anteriores da ordem combinada? Eu respondo: Deus não deveria parar por causa do pesar de alguns séculos de tormento e de civilização indispensáveis para preparar o luxo".

Os dias de Adão estão contados. Cientistas, sociólogos, filósofos e até mesmo certos teólogos marginais começam a afastar a hipótese do ancestral

---

51 Fourier, Théorie des quatre mouvements et des destinées générales, in: *Œuvres*, t.I, p.100.

comum e de sua responsabilidade moral na existência do mal. Antes mesmo de ser liquidado no plano científico, Adão é engolido na categoria dos mitos pelos filósofos, sociólogos e moralistas. As novas correntes de pensamento são deterministas e insistem sobre o condicionamento dos espíritos na conduta moral. O indivíduo age segundo as forças materiais, econômicas e sociais que o ultrapassam, e a liberdade é uma ilusão. "O materialismo nega o livre--arbítrio e chega à construção da liberdade", escreve Bakunin; "o idealismo, em nome da dignidade humana, proclama o livre-arbítrio e, sobre as ruínas de toda liberdade, funda a autoridade."[52] Onde os teóricos do liberalismo veem na miséria uma sanção, uma punição, ao exemplo de Malthus, os pensadores revolucionários veem o resultado de um sistema econômico injusto.

Para Marx, o homem construiu sua própria natureza por meio da dominação das forças de produção. O mal é resultado da exploração do homem pelo homem, e o moralismo burguês só pode contribuir para essa exploração: ele aliena o homem, fazendo-o acreditar que nossos instintos físicos nos são estrangeiros. Marx revela a verdade sobre a fonte do mal numa passagem do *Capital*, em que retoma a imagem do pecado original. Como Rousseau havia assimilado este último à invenção da propriedade privada, Marx o assimila ao aparecimento do processo de acumulação de bens:

> Essa acumulação primitiva desempenha, na economia política, quase o mesmo papel que o pecado original na teologia. Adão mordeu a maçã, e eis que o pecado faz sua entrada no mundo. Explicam-nos a origem por uma aventura que teria acontecido alguns dias depois da criação do mundo.
>
> Da mesma forma, havia antigamente – mas em tempos longínquos – uma época em que a sociedade se dividia em dois campos: aqui, pessoas da elite, laboriosas, inteligentes e, sobretudo, dotadas de habilidades administrativas; ali, um tal maroto fazendo brincadeiras da manhã à noite, e da noite à manhã. Não é preciso dizer que uns acumularam tesouros e mais tesouros, enquanto que outros logo se viram desprovidos de tudo. Vêm daí tanto a pobreza da grande massa, que, a despeito de um trabalho sem fim nem trégua, sempre deve pagar com sua própria pessoa, quanto a riqueza dos poucos, que recolhem todos os frutos do trabalho sem nada fazer com as próprias mãos.

---

52 Bakunin, *Œuvres*, t.III, p.79.

A história do pecado teológico nos faz ver bem, é verdade, como o homem foi condenado pelo Senhor a ganhar o pão com o suor de sua fronte; mas aquela do pecado econômico preenche uma lacuna lamentável, ao nos revelar como há homens que escapam a esse ordenamento do Senhor.[53]

ADÃO, A SOCIOLOGIA E A MORAL LAICA

O nascimento da sociologia também contribui para diluir o personagem de Adão e a ideia do pecado original. Cada nova ciência, abrindo um novo campo de pesquisa, colabora para criar a realidade que estuda: lançar pesquisas sobre a loucura, a criminalidade, a corrupção, as seitas é, ao mesmo tempo, dar vazão a esses fenômenos na qualidade de fatos sociais; isolando-os de seu contexto, elaboram-se realidades de pleno direito, o que deforma sua verdadeira importância. Passando de casos isolados aos conceitos, eles se tornam forças autônomas, como Michel Foucault demonstrou a respeito da loucura. A sociologia, que, desde o início, utiliza a estatística, tende a definir o homem médio, o homem "normal", e insidiosamente faz dessa normalidade o padrão, isto é, um ideal. Uma nova ética se esboça, segundo a qual é moral aquilo que é mais estatisticamente disseminado.

O livro do belga L.-A.-J. Quetelet, *Sur l'homme et le développement de ses facultés* (1835), marca o nascimento da sociologia, considerada como uma verdadeira ciência, isto é, uma "física social", afirmando que há leis naturais do comportamento humano em sociedade. No centro, nota-se a ideia do "homem médio", criação estatística, aparentado ao centro de gravidade da humanidade, espécie de referência universal. Esse novo Adão é uma média matemática que, da mesma forma, serve para definir tanto os desviantes, os anormais, os degenerados, quanto os gênios. No entanto, a média pode subir ou abaixar, e os diferentes graus de civilização podem ser avaliados em função das proporções dos diferentes grupos de comportamentos.

Determinismo, relativismo e voluntarismo: as consequências da sociologia do século XIX desfecham um golpe fatal na ideia de um Adão absoluto, histórico, e de uma queda original. O indivíduo é condicionado pelas leis da

---

53 Marx, *Le Capital*, I, III, 169.

mecânica social; o bem e o mal são noções relativas que variam em função das sociedades; mais do que nunca, o homem é a medida de todas as coisas, mas é uma noção relativa e se constrói sem cessar. Esse Adão em construção não poderia ter conhecido uma queda original. A ética sociológica é utilitária; ela não define os absolutos e, portanto, não precisa superar a deficiência de uma pretensa natureza humana corrompida.

A partir daí, uma grande variedade de atitudes se desenha, todas motivadas por uma intenção ética. *Sir* Henry Thomas Buckle se contenta em afirmar o determinismo absoluto dos fenômenos sociais em sua *History of Civilization in England* (1861). Émile Durkheim busca melhorar a sociedade. "Ele era inspirado pela ética patriótica e a razão secular, e em suas mãos a sociologia era um modo de vida e não um exercício mental separado",[54] escreve Roger Smith. Auguste Comte vai ainda mais longe: para ele, a ciência não é apenas um meio de favorecer a moral, ela *é* a moral.

Com Jeremy Bentham (1748-1832), a mecânica social deve servir para favorecer a maior felicidade possível, para o maior número possível, medindo a utilidade daquilo que colabora para essa felicidade. O valor de uma ideia, de um sentimento ou de um objeto é determinado pela sua capacidade de produzir o bem, isto é, o prazer. Essa aritmética hedonista, desprezada pelos espiritualistas como baixeza utilitária, ilustra as novas tendências em usar a estatística como meio de avaliação moral de uma sociedade. Na mesma linha, John Stuart Mill, cujo *Utilitarismo* segue de perto *A origem das espécies*, de Darwin, também elege a busca do prazer como critério da moral, invertendo, assim, a concepção cristã tradicional. Para Mill, "um sacrifício que não aumenta, ou que não tende a aumentar a soma global de felicidade, é um desperdício".[55] Deus quer a felicidade de suas criaturas, portanto, Deus é utilitarista. Nessa óptica, mesmo as punições devem ser escolhidas em função de sua utilidade, a fim de melhorar o nível global da sociedade.

Todavia, certos sociólogos encontram na mecânica social processos que evocam uma espécie de pecado original social. Max Weber fica impressionado por aquilo que parece ser o sortilégio inelutável das grandes ideias espirituais: todas elas, umas após as outras, degeneram nas realizações materiais,

---

54 Smith, *The Norton History of the Human Sciences*, p.545.
55 Mill, Utilitarianism, in: *On Liberty and Other Essays*, p.148.

na busca dos bens terrenos. O mundo se "desencanta", e o econômico sempre acaba por engolir o espiritual. Weber ilustra essa lei por sua célebre tese que explica como o calvinismo deu origem ao capitalismo. E ele mesmo experimenta em sua família e em sua vida profissional esse peso de uma inevitável queda que leva os mais idealistas a pactuar com seu ambiente materialista.

Em contrapartida, pensadores radicais, em nome do progresso ilimitado da humanidade, rejeitam categoricamente o pecado original, inclusive sob suas formas secularizadas. Já Fichte, em *System der Sittenlehre* [Sistema de ética] (1798), responsabilizava a ideia kantiana de "mal radical", que estaria na origem de nosso sentimento de culpa. O mal vem dos limites de nossa liberdade, determinada em função de falsos motivos, mal esclarecidos por uma inteligência faltosa.

David Strauss lança um ataque frontal:

> Essa doutrina da Igreja, que faz recair as consequências do pecado de Adão sobre toda a sua posteridade, tem algo de tão revoltante para o sentimento e a razão, que foi cedo combatida. O que havia então de tão estranho e de tão inesperado no pecado do primeiro homem para que perturbasse toda a economia primitiva do plano divino? O homem havia sido feito de tal forma que podia pecar ou não pecar. É verdade que, pecando, ele fazia o que não deveria, mas que, entretanto, podia fazer. Por que ele teria perdido a liberdade que havia recebido de querer ou não querer? Se é verdade que, ao fazer uso de sua liberdade, Adão não poderia racionalmente atrair sobre ele, pessoalmente, tal decadência, como, com mais forte razão, poderia empurrar toda a sua raça para o abismo, e por toda a eternidade? [...] O que a razão diria da conduta de um príncipe que, para punir um rebelde, aumentaria nele, e nos seus descendentes, a inclinação para a revolta? [...] Quem nunca teve a ideia de fazer pesar sobre uma consciência inocente o peso de uma culpa alheia? [...] O que resta então a dizer é que o estado de perfeição primitiva do qual Adão teria usufruído, assim como sua queda e sua decadência, são apenas ficções e mitos imaginados para explicar a origem do mal na humanidade, e não num casal primitivo, do qual ignoramos até mesmo a existência.[56]

Apesar disso, os ataques mais virulentos se concentram inicialmente no aspecto moral. Sociólogos, filósofos e moralistas reduzem o pecado original

---

56 Strauss, *Glaubenslehre*, II, p.52.

não somente ao estágio de mito, mas de mito odioso. Num artigo de 1869, M. Jamet clama sua indignação:

> Quanto a essa justiça que pune os inocentes pelos culpados e que declara culpado aquele que ainda não agiu, é a vendeta bárbara, não é mais a justiça dos homens esclarecidos. Ela não está acima de minha ideia de justiça, mas abaixo. Nesse ponto, tenham certeza, também temos uma fé, uma fé tão firme quanto a vossa [...]. Se a responsabilidade depende da liberdade, como posso ser responsável por uma ação que não só não cometi livremente, mas que não cometi de forma alguma?
>
> A menos que se admita a preexistência das almas ou uma espécie de panteísmo humanitário, como compreender essa expressão teológica de que todos os homens pecaram em Adão? Se posso ser responsável por um pecado que me foi transmitido por uma ação à qual não pude ter voluntariamente contribuído, pois não contribuí para o meu nascimento, por que não seria responsável, segundo as ideias dos materialistas, pelas fatalidades de meu cérebro e pelos impulsos malsãos de minha organização? De um lado e de outro, trata-se de substituir a responsabilidade moral pela responsabilidade física; de um lado e de outro, o reino da fatalidade.[57]

Por sua vez, Ernest Renan se interroga sobre a persistência desse mito: "Por que espíritos racionais, tais como somos, conservariam essas ficções?". Foi São Paulo, ele diz, que criou todas as peças deste "medonho dogma que, durante séculos, encheu a humanidade de tristezas e terrores", e faz com que "só se seja religioso quando se está de mau humor e cometeu pecados". Como historiador das religiões, Renan lembra a fragilidade das bases das Escrituras sobre essa crença: "Confesso que o dogma do pecado original é aquele de que menos gosto. Não há outro dogma que seja elaborado como ele, de maneira inútil, procurando pelo em ovo. A narrativa do pecado de Adão só é encontrada numa das redações cujas páginas alternantes compõem o tecido do Gênesis. Se somente a redação eloísta [uma das quatro fontes do Pentateuco] houvesse chegado até nós, não haveria pecado original".[58]

---

57 Janet apud Monsabré, *Exposition du dogme catholique*, p.381-2.
58 Renan, Feuilles détachées, in: *Œuvres complètes*, t.II, p.1150.

Estranhamente, a moral laica teve muita dificuldade para recomeçar do zero toda referência a uma natureza inclinada ao mal e a sanções *post mortem*: "A verdadeira moral, a grande moral, a moral eterna, é amoral sem epíteto. A moral, graças a Deus, em nossa sociedade francesa, depois de tantos séculos de civilização, não precisa ser definida [...], ela é maior sem epíteto [...]. É a moral do dever, a nossa, a vossa, a moral de Kant e a do cristianismo". O autor dessas linhas não é ninguém menos que Jules Ferry, que se autoqualifica como "danado autêntico" e que os bispos chamam de "Anticristo". Ele se expressa aqui no preâmbulo do texto de lei sobre o ensino laico, insistindo na unidade da moral que, em todos os lugares e em todos os tempos, se baseia mais ou menos nos mesmos princípios. Aliás, os programas da escola primária de 27 de julho de 1881 conservam a noção de "deveres para com Deus", o que lhe atrai a cólera de Paul Bert, enquanto que, em 1882, um decreto da Sagrada Congregação insere no Index os manuais de instrução cívica e moral em uso nas escolas primárias da França.[59]

A antropologia, que subentende a moral laica, tem uma altíssima opinião sobre a dignidade humana, insistindo na diferença fundamental, irredutível, entre o homem e o animal, como bem demonstrou Jean Baubérot, ao estudar a moral difundida nas escolas da Terceira República: "O ensino moral laico não se marca por uma ruptura, do tipo darwinista ou materialista, com a instrução moral e religiosa que a precedeu. Ao contrário, ele acentuaria mais a especificidade humana".[60]

A moral laica também entra em choque com o problema do mal, que ela registra, mas não busca explicar. Seu embaraço fica manifesto quando constata que, no mundo, frequentemente são os maus que prosperam. As lições de moral não hesitam em sugerir, de modo ambíguo, que talvez haja no além uma recompensa para os bons. Jean Baubérot salientou, nos cadernos de moral da escola primária em 1900, esse tipo de ditado: "A consciência moral exige o acordo absoluto entre a virtude e a felicidade. Ora, o mérito frequentemente é esquecido aqui embaixo. Desde então, o homem aspira a uma felicidade mais completa e tem esperança numa vida futura como

---

59 Baubérot, *La Morale laïque contre l'ordre moral*, p.93.
60 Ibid., p.119.

sanção suprema".[61] A voz da consciência é apresentada como "um juiz interior" que nos indica o bem e o mal; há uma moral natural, cujos princípios encontramos claramente fazendo nosso "exame de consciência". O vocabulário do catecismo e aquela da escola laica nas lições de moral é muito frequentemente o mesmo, como dão exemplo duas historinhas, uma ditada aos alunos das Filles de la Sagesse, em Cholet, e a outra às crianças de uma escola pública, em 1912. Em ambos os casos, trata-se da proibição, feita a uma garotinha (crente) e a um garotinho (ateu), de comer as maçãs de certa árvore. A nova pequena Eva, assim como o novo pequeno Adão, abstém-se, contrariamente aos seus ancestrais, de ceder à tentação: "Essa desobediência e essa gulodice ficarão escondidas aos olhos de Deus? Oh, não, ele tudo vê [...]. Então, não quero pecar em sua presença", diz a menina a si própria; "Não quero, pela satisfação da gulodice, faltar com o que me foi prescrito", diz, por sua vez, o menino.

A austeridade moral da república laica não tem muito o que invejar daquela da religião pós-tridentina. Jules Ferry estima que "a moral deve ficar de pé sozinha", sem recorrer a um Deus, a um estado de perfeição original e a uma queda. Entretanto, há uma diferença fundamental: a moral religiosa se enraíza no absoluto e seus princípios são imutáveis. Ao contrário, como Émile Durkheim assinala em 1909, a moral laica deve "fazer sentir que é normalmente sujeita a variações, sem que, apesar disso, essas variações a desacreditem [...]. Fazer compreender que a moral do futuro provavelmente não será a de hoje, sem que, por isso, a de hoje não deixe de parecer presentemente respeitável".[62]

DARWIN, ASSASSINO DE ADÃO

A esse relativismo dos valores morais sugeridos pelo sociólogo se adiciona o relativismo da antropologia: o que hoje chamamos de homem não é o que ele era ontem, nem o que será amanhã. Ele evolui, e essa evolução pode até mesmo ser guiada pelo próprio homem. A ideia, como vimos, já germina

---

61 Ibid., p.146-7.
62 Apud ibid., p.325.

há algum tempo. Uma etapa decisiva é transposta por Lamarck que, no início do século XIX, mostra como, a partir dos "infusórios", formas elementares da vida, por um processo interno de complexidade, processo estritamente físico, chegam a seres mais evoluídos. Essa evolução supõe a transmissão hereditária dos caracteres adquiridos, que, um pouco mais tarde, Weismann assimilará à transmissão de um "programa", de "instruções".[63] E Lamarck já sugere uma ascendência simiesca para o homem.

Em 1859, Darwin detona sua bomba: *A origem das espécies por meio da seleção natural, ou Preservação das raças favorecidas na luta pela vida*. Bomba de fragmentação, cujos pedaços caem desordenadamente sobre a cultura cristã: "raças favorecidas", "seleção natural", "combate pela vida", "origem das espécies". A primeira edição esgota-se em uma semana. Reedições e traduções se sucedem. Para que seu livro seja mais bem aceito, Darwin simula conservar um papel para o Criador. Contudo, o ardil não engana ninguém. A obra aparece como um instrumento da luta antirreligiosa. Uns se regozijam, outros se escandalizam. Na Inglaterra, Herschel, para quem "os princípios últimos da fé religiosa são sagrados e jamais devem ser questionados", ataca o livro de imediato, assim como William Whewell, para quem o mundo vivo expressa as intenções de Deus; o bispo Wilberforce reafirma a origem divina do homem, enquanto Huxley prefere, diz ele, "ser um macaco aperfeiçoado a um Adão degenerado".

Alguns anos mais tarde, em 1871, Darwin tira as consequências lógicas de sua teoria aplicando-a ao homem, em *A descendência do homem e seleção em relação ao sexo*. Desta vez, a própria obra-prima da criação é atingida, reduzida, como os outros, a descender de um animal inferior. É claro que Darwin está consciente das implicações culturais de sua teoria. Neto de um deísta, filho de um livre pensador, ele não tem escrúpulos em contradizer a palavra da Bíblia. Seus carnês íntimos, em particular seus "carnês metafísicos", mostram isso amplamente: para ele, toda a evolução humana é uma questão de história natural, a história de uma espécie animal mais bem adaptada que as outras. Em 1863, numa carta a Hooker, ele até lamenta ter tomado

---

63 Entretanto, para André Pichot, essa noção de hereditariedade continua atualmente vaga: "A atual noção de hereditariedade é complexa, mal definida e passavelmente 'maquiada', usada tanto em um sentido quanto em outro, a favor de uma ambiguidade que os biólogos se furtam a esclarecer" (Hérédité et évolution: L'inné et l'acquis en biologie, *Esprit*, n.222, p.25).

precauções excessivas para não chocar os meios crentes: "Durante muito tempo, lamentei por ter me curvado diante da opinião pública e de me servir do termo bíblico 'criação'; de fato, eu queria falar de um 'aparecimento' devido a um processo totalmente desconhecido".

As consequências do transformismo darwiniano sobre a antropologia e a moral são evidentemente cruciais. A consciência moral aparece como resultado da interiorização da necessidade da entreajuda na luta da espécie pela sobrevivência. Quanto à seleção natural, aparece na época confirmada pelo recuo dos povos primitivos diante da colonização. Para o próprio Darwin, a eliminação dos tasmanianos é a ilustração desse processo. Esses povos primitivos não são, de modo algum, degenerados, mas, sim, ramos menos bem adaptados que os europeus na luta pela sobrevivência. Para alguns, como Herbert Spencer (1820-1903), sendo a evolução e a seleção um processo natural, a moral natural justifica o domínio dos mais fortes.

O clima da segunda metade do século XIX, em que se afrontam nacionalismos e imperialismos, é particularmente propício para o sucesso das teses darwinianas. Cada povo se volta às suas origens, escruta a pré-história para bem marcar suas diferenças com os vizinhos e as causas de sua superioridade, enraizando-as na natureza. O conceito de raça se reforça, em detrimento da ideia de unidade da espécie humana, e a ciência parece então lhe dar razão: "A ênfase sobre a raça se torna predominante, em acordo com a fé no progresso científico, e não em oposição a ele",[64] escreve Roger Smith. De nada adianta cristãos como James Cowles Prichard, um *quaker* que se tornou anglicano, rejeitar o termo "raça", explicando as diferenças entre grupos humanos pelas diversificações devidas aos climas, a fim de preservar o monogenismo adâmico, pois o poligenismo não cessa de progredir. A atenção crescente voltada às características físicas, particularmente à forma do crânio e ao tamanho do cérebro, leva a conclusões racistas. Para Paul Broca (1824-1880), fundador da Sociedade de Antropologia de Paris em 1859, ano de *Origem das espécies*, "o cérebro é maior nos adultos maduros que nos velhos, maior nos homens que nas mulheres, maior nos homens eminentes que nos medíocres, maior nas raças superiores que nas raças inferiores".[65]

---

64 Smith, op. cit., p.393.
65 Apud Stepan, Race and Gender: the Role of Analogy in Science, *Isis*, n.77, p.269.

As sociedades antropológicas, que florescem por toda parte na Europa em meados do século XIX, fazem da raça a explicação universal em história; do termo, então, espera-se supostamente tudo explicar, um pouco como a "identidade cultural" de nossos dias. O escocês Robert Knox, autor em 1850 de um livro de sucesso, *The Races of Men: a Philosophical Enquiry into the Influence of Race over the Destiny of Nations*, afirma: "A raça é tudo na história humana". O cirurgião americano Josiah Nott (1804-1873) ataca o monogenismo bíblico, defendido pesadamente em seis volumes pelo alemão Theodor Waitz, em 1858.

Arthur de Gobineau, em seus quatro livros do *Essai sur l'inégalité des races humaines* (1853-1855), insiste na degenerescência da humanidade, cuja responsabilidade ele atribui à mistura das raças, ideia retomada e desenvolvida por Houston Stewart Chamberlain em 1899. Ao mesmo tempo, o estudo do cérebro como sede do pensamento, num espírito determinista e materialista, com Broca, Gall, Müller, Brücke, Moleschott, Ludwig, Chernyshevsky, Sechenov, desperta nos cristãos o temor do desaparecimento da noção de alma e de responsabilidade.

DA DEGENERESCÊNCIA AO NOVO ADÃO EUGÊNICO

As ideias darwinistas adquirem toda a importância quando se inserem nas teorias, então correntes, da degenerescência da espécie humana. De fato, a síntese entre elas dá nascimento à eugenia, a uma vontade de seleção humana controlada visando melhorar o nível da humanidade. Alguns querem regenerar o velho Adão, de algum modo, apagando progressivamente as consequências do pecado original para que reencontre seu esplendor do início. Assiste-se, assim, em meados do século XIX, a uma paradoxal reviravolta: os inúmeros escritos sobre a decadência do gênero humano, amiúde fundamentados na ideia religiosa de pecado original, abrem o caminho para as teorias ateias de regeneração pela prática de uma seleção voluntária. Ao Adão bíblico, resignado com sua decadência terrena causada pela queda e pela sanção divina, sucede um Adão laico, que toma seu destino nas próprias mãos, afirmando sua autonomia e sua confiança no progresso da espécie. Esse Adão laico faz a escalada com suas próprias forças, graças à ciência. Ele comete, por assim dizer, um segundo pecado original, separando-se definitivamente de Deus – um pecado que apagaria as consequências do primeiro e que não seria uma queda, mas uma ascensão, uma obra prometeica.

Com efeito, é na ideia religiosa de pecado original que se enraíza a constatação da decadência humana. Há séculos o cristianismo, obstinando-se sobre o homem para melhor glorificar a Deus, persuadindo o pecador de sua incapacidade de fazer o bem, difundiu a ideia de uma situação irremediável, que apenas alguns movimentos milenaristas contestavam, mas eram rapidamente reprimidos. As Igrejas, para manter seu controle sobre as sociedades, precisam conservar a convicção de que a humanidade só pode encontrar sua salvação num além, do qual elas detêm as chaves. As catástrofes da história alimentam generosamente seu ponto de vista: a cada vez que o homem busca sair do problema por seus próprios meios, instala-se o caos, sendo o último episódio, em data, a Revolução Francesa. Ao afastar-se de Deus, o homem recua e a decadência se acelera. Louis de Bonald e Joseph de Maistre proclamam isso vigorosamente: não se pode escapar das consequências do pecado original; qualquer tentativa de progresso humano tem como saldo uma degenerescência.

Antes das *Soirées de Saint-Pétersbourg*, alguns fizeram a mesma constatação. Segundo Johann Gottfried Herder (1744-1803), toda civilização, todo povo é destinado, depois de uma fase ascendente, a um inelutável destino. Herder, que escreve que a Providência, "perto do macaco, colocou o negro", tem uma noção bastante ambígua das raças e de seu papel nesse declínio. Afirmando uma posição estritamente monogenista, ele não cessa de proclamar a unidade da espécie humana em Adão. Não estaria ele jogando com palavras quando pretende que as raças não têm nenhuma realidade, mas que há na espécie humana inúmeras e profundas variedades? "Toda a questão se concentra em saber se Herder recusa a noção de raça ou se a generaliza, dado que, para ele, as variedades da espécie humana são mais numerosas que aquelas ordinariamente repertoriadas sob o nome de raças. A implicação de tal questão é considerável, pois se essa dimensão racista se mostrasse verdadeira, devemos convir que abriria caminhos muito mais temíveis que aqueles propostos por muitos poligenistas",[66] escreve Jean-Paul Thomas.

---

66 Thomas, *Les Fondements de l'eugénisme*, p.14.

Muitos autores retomarão essa noção de "variedades" no interior da espécie para fazer dela o fundamento das distinções sociais no mundo industrializado, afirmando que o proletariado e o subproletariado, classes laboriosas e classes perigosas, pertencem a uma variedade fisicamente diferente das classes dominantes, uma variedade "degenerada". As novas ciências, a frenológica e a antropológica, parecem confirmar a ideia: certos grupos sociais, mal adaptados, degeneram. Isso é defendido, em particular, dois anos antes da *Origem das espécies*, pelo psiquiatra Bénédicte-Auguste Morel, em seu *Traité des dégénérescences dans l'espèce humaine*. Na Inglaterra, essas ideias são muito difundidas no mundo vitoriano. Alguns se alarmam: a sociedade moderna contribui para seu próprio declínio ao proteger os pobres e os fracos. Em vez de deixá-los desaparecer, ela os mantêm; eles proliferam, juntam-se às partes sãs, e o nível global diminui. A ação em favor das classes inferiores trava a obra de seleção natural e, ao proteger os desadaptados, põe em perigo a espécie inteira. Desse modo, a caridade cristã é responsável pela degenerescência das sociedades ocidentais, o que lhe permite manter a ideia da corrupção universal devida ao pecado original. É o que Clémence Royer explica no prefácio da primeira tradução francesa de *Origem das espécies*:

> A lei de seleção natural, aplicada à humanidade, mostra com surpresa, com dor, o quanto até agora foram falsas nossas leis políticas e civis, assim como nossa moral religiosa [...]. Quero me referir a essa caridade imprudente e cega pelos seres mal constituídos em que nossa era cristã sempre procurou o ideal da virtude social e que a democracia queria transformar numa fonte de solidariedade obrigatória, apesar de que sua consequência mais direta seja agravar e multiplicar, na raça humana, os males aos quais ela pretende fornecer um remédio.[67]

É, portanto, urgente pôr em ação uma política de seleção que ajudaria a natureza, acelerando a eliminação dos degenerados e impedindo sua reprodução. Nasce a ideia eugenista. Ela fica ligada ao nome de um primo de Charles Darwin, Francis Galton, cujas vida e obra ilustram a passagem do antigo Adão, produto do pecado original, para um novo Adão, ideal do super-homem regenerado. Neto de Erasmo Darwin pelo lado da mãe, ele pertence à boa

---

[67] Apud Roussel, L'Eugénisme: analyse terminée, analyse inter-minable, *Esprit*, n.222, p.38.

sociedade vitoriana e foi criado dentro do espírito de uma devoção religiosa. Leitor assíduo do bispo anglicano William Paley, fica inicialmente convencido de que ciência e religião podem se acomodar dentro de um espírito finalista. Algumas viagens pela África e pelo Oriente Médio nos anos 1845-1850 o persuadem do caráter relativo dos dogmas religiosos, mas a leitura do livro de seu primo Charles Darwin, em 1859, desencadeia nele uma verdadeira crise intelectual, ao termo da qual ele abandona a fé em prol da ciência. A hereditariedade dos caracteres e a seleção natural o convencem da desigualdade fundamental dos homens. Admirador das grandes personalidades, ele se esforça para explicar, em *Hereditary Genius* (1869), que suas qualidades são hereditárias. Galton se distancia então de seu primo num ponto essencial: enquanto para Darwin a evolução é um processo que não está marcado por uma ideia de "progresso", mas por uma constante adaptação em função das variações do meio ambiente físico, à mercê do aparecimento de novas características, Galton pensa que a seleção segue uma direção determinada, que leva a um progresso da espécie. Vê-se aí, de alguma forma, uma reintrodução disfarçada do finalismo religioso. Mas essa seleção natural não desempenha mais seu papel, por causa da interferência das leis sociais; faz-se necessário, então, implementar um programa de seleção artificial que a substitua. Para isso, é preciso se basear num conhecimento aprofundado dos mecanismos de hereditariedade, que permitirá evidenciar uma verdadeira meritocracia. Compilando as estatísticas, Galton busca mostrar que as capacidades intelectuais acompanham as classes sociais; contudo, em vez de atribuir as diferenças ao meio sociocultural, ele faz disso um elemento hereditário.

As ideias de Galton angariam um amplo sucesso numa sociedade de classes, dirigida por uma burguesia e uma aristocracia imbuídas de sua superioridade natural e temendo a força de um proletariado roído por seus vícios. No University College de Londres, o matemático Karl Pearson retoma seus trabalhos numa ótica sociológica, a fim de melhorar as capacidades médias da coletividade, e não de cada membro em particular. Pouco depois, o psicólogo Charles Spearman, também de Londres, dará ao movimento uma orientação mais individualista.

Em 1883, Galton inventa o neologismo "eugenia", a partir do termo grego "boa raça" ou "bom nascimento". Sua ideia de melhoria da espécie é tão velha quanto o mundo, ou pelo menos quanto a filosofia: Platão, pai de todos os totalitarismos, já havia sonhado com isso ao organizar os casamentos em sua República ideal, de modo a reproduzir os melhores. Mas Galton vive num mundo em que esse tipo de ideia pode parecer realizável. Em todo caso, o terreno está propício, e suas ideias ganham adeptos. O darwinismo social não seduz apenas os conservadores, mas também liberais, como Harold Laski e a Sociedade Fabiana. Nos Estados Unidos, o presidente Theodore Roosevelt escreve em 1913: "Se queremos melhorar as qualidades raciais no futuro, é evidente que essa melhoria deverá ser obtida, principalmente, favorecendo a fecundidade dos tipos dignos e reduzindo a fecundidade dos tipos indignos. Hoje em dia, fazemos exatamente o oposto. Não há nenhum controle da fecundidade dos subnormais, tanto intelectuais quanto morais, enquanto os corajosos e parcimoniosos mantêm um frio egoísmo, que os leva à recusa de engendrar".[68] Alguns levarão o raciocínio ao extremo, como C. Binet-Sanglé, que, em *Les Haras humains*, sugere em 1918 "encorajar o suicídio dos maus geradores e, para isso, criar um instituto de eutanásia no qual os degenerados, cansados da vida, serão anestesiados até a morte com a ajuda do protóxido de azoto ou gás hilariante".[69] Caberia à assistência pública propiciar a morte por riso a todos os degenerados...

Se tais excessos de linguagem puderam passar, é porque a opinião pública do final do século XIX estava impregnada pela ideia de degenerescência. Ela é encontrada por toda parte: tanto no discurso sobre o pauperismo e suas taras, nos clamores nacionalistas na França, na sequência da *débâcle* de 1870, nas teorias médicas e sociais, quanto na literatura naturalista: a *Nana*, de Émile Zola, herdou os vícios de cinco gerações alcoólatras e, entregando-se à prostituição, vinga os pobres ao transmitir a corrupção de uma degenerada aos membros da burguesia, "corrompendo e desorganizando Paris entre suas coxas brancas como neve". Então é preciso reagir, praticar uma política eugênica de seleção dos nascimentos, pois "a redução do crescimento demográfico seria muito nefasta se só afetasse as raças mais inteligentes e, em particular, as classes mais inteligentes dessas raças",[70] escreve o economista Alfred Marshall em 1881.

---

68 Apud Chase, *The Legacy of Malthus: the Social Costs of the New Scientific Racism*, p.127.
69 Apud Roussel.
70 Marshall, *The Economics of Industry*, p.31.

DARWIN E O PECADO ORIGINAL: A BUSCA DO COMPROMISSO

Da ideia de corrupção global da natureza humana ocasionada pelo pecado original, passa-se então àquela de degenerescência seletiva, que atinge raças e categorias inferiores, cuja proliferação põe em perigo o conjunto da sociedade. O modo de propagação das taras é o mesmo: é a hereditariedade, a reprodução sexuada. Mas o darwinismo e seu avatar galtoniano golpeiam fortemente Adão e o pecado original. O que se tornam Adão e Eva nessa perspectiva evolucionista que leva dos macacos ao homem atual? O que se torna a unidade do gênero humano numa concepção racista que parece exigir o poligenismo? O que se torna a falta original, se Adão e Eva se dissolvem na evolução, e se a corrupção só atinge algumas categorias?

É possível ser darwiniano e, ao mesmo tempo, acreditar no dogma do pecado original? Um pequeno número de intelectuais cristãos pensa que sim. Entre os católicos franceses, por exemplo, o jesuíta Haté em 1868, o dominicano Leroy em 1887, o abade Farges em 1888, o abade Guillemet em 1894, o sulpiciano Guibert em 1895, o padre Sertillanges em 1897, o marquês de Nadaillac em 1899, expressam, de uma forma ou de outra, sua aprovação do evolucionismo.[71] Do lado protestante, vários teólogos ingleses e americanos tentam realizar uma delicada síntese entre Adão e Darwin, entre pecado original e desigualdade natural. Em 1882, em *Studies in Science and Religion*, George Frederick Wright afirma que o darwinismo é "a interpretação calvinista da natureza" e vê na transmissão hereditária dos caracteres adquiridos a confirmação da transmissão do pecado original. A mescla calvinista de vontade individual e predestinação se encontra na concepção darwiniana do acaso e da necessidade. A unidade da espécie humana é mantida e, se Deus dá conta das causas finais, Darwin fornece a explicação das causas segundas.

James Orr, evangelista de Glasgow, afirma, ainda mais claramente, o laço entre evolucionismo e pecado original. Numa série de conferências dadas em Princeton, em 1903-1904, e publicadas em *God's Image in Man*, ele acomoda explicitamente o pecado original nos caracteres adquiridos transmitidos por hereditariedade e considera Adão uma mutação na evolução

---

71 Minois, *L'Église et la science: Histoire d'un malentendu*, t.II, p.226-31.

animal, mutação diretamente provocada por Deus e assimilável a uma criação.[72] Benjamin Warfield, um presbiteriano bastante ortodoxo, autor de um artigo sobre "a vida religiosa de Charles Darwin", no qual ele se autoqualifica como "darwinista pura cepa",[73] vê na doutrina criacionista de Calvino, que defende a criação particular de cada alma individual, "um puro esquema evolucionista". Para ele, a doutrina cristã do pecado original está em total oposição às diferentes formas de poligenismo. A Bíblia e a ciência se completam; Adão, a queda, Calvino, Darwin, a evolução e a unidade da espécie são compatíveis, e em 1911 ele se esforça para demonstrar isso num estudo "sobre a antiguidade e a unidade da raça humana".

Não obstante, Orr, Wrigth, Warfield, são uma minoria. Se é inegável que houve no século XIX cristãos darwinistas, também é inegável que suas vozes foram sufocadas pelos clamores indignados dos protetores de Adão, que defendem sem concessões, obstinadamente, uma interpretação literal da Bíblia. No mesmo ano da *Origem das espécies*, em 1859, William Gillespie, refutando "os abomináveis postulados dos geólogos", afirma que os animais também morrem por causa do pecado original e que antes eles eram imortais.[74] Para Joseph Smith, inventor do *Livro de Mórmon*, o pecado de Adão era necessário: "Adão cai para que todos os homens fossem", mas esse pecado é agora resgatado.[75] Nos Estados Unidos, o movimento pró-adâmico e antidarwinista tomará inquietantes proporções nos anos 1920. Testemunhas de Jeová, adventistas do Sétimo Dia e outros dispensionalistas, a despeito do acúmulo das descobertas científicas, continuam impermeáveis à razão e se apegam sempre a absurdas teorias criacionistas, cuja influência não cessa de crescer na América profunda. O famoso "processo do macaco" em Dayton (Tennessee), em 1925, é, de fato, o julgamento da querela Adão-Darwin. De nada adiantou aos advogados de John Scopes, professor de biologia acusado de um crime consistindo em ensinar o evolucionismo, colocarem seus adversários diante de suas contradições. Foi necessário até mesmo interromper uma sessão do processo quando um dos advogados de Scopes interpelou Bryan, o acusador, sobre a cena da tentação de Eva pela serpente: "Você acre-

---

72 Orr, *God's Image in Man and its Defacement in the Light of Modern Denials*, p.235-40.
73 Livingstone, *Darwin's Forgotten Defenders*, p.115.
74 Russell, *Science and Religion*, p.52.
75 *Livre de Mormon*, 2 Nephti 2, 22-5.

dita que Deus então condenou a serpente a andar sobre seu ventre? – Sim. – Então, segundo você, como as serpentes se deslocavam antes daquele momento?". Risos na sala; Bryan protesta; o tumulto cresce; foi preciso evacuar o recinto. Isso não impediu o júri de condenar Scopes e, com ele, Darwin.[76] A Inglaterra protestante não é poupada, com a criação, em 1931, do movimento de protesto contra a evolução, dirigido por *sir* Ambrose Fleming.

OS DEFENSORES DA MAÇÃ

Adão e seu pecado também tiveram vigorosos defensores no mundo católico. A imensa maioria do clero, com o papa à frente, está por trás do venerável primeiro homem, cuja falta está na origem da epopeia humana. Adão se torna uma espécie de porta-bandeira, um símbolo da fé contra a maré científica, refutando confusamente geólogos, etnólogos, paleontólogos, biólogos e outros historiadores especializados na pré-história. Para uma Igreja na defensiva, apoiando-se em seus dogmas, o caso do jardim do Éden é um ponto-chave. Ceder essa peça mestra é arriscar o desmoronamento total. Como sempre, a luta endurece as posições, tornando mais difíceis as acomodações futuras.

A guerra de Adão começou bem antes de Darwin. A ideia de suprimir Adão, fazendo-nos descender dos macacos, estava no ar desde o início do século XIX. É a "abjeta filosofia", contra a qual se revolta o monsenhor Denis Frayssinous, grande mestre da Universidade em 1822 e ministro dos Negócios eclesiásticos em 1824:

> Já não basta que sejamos degenerados da integridade e da beleza primitivas de nossa natureza, como bem atesta o desregramento de nossas inclinações e nossas infelicidades? É preciso ainda que, por uma nova degradação, nós nos aviltemos abaixo do que havíamos conservado de grandeza depois de nossa queda? Precisamos ouvir esses doutores bizarros que, traçando a genealogia dos seres, nos dão a honra de nos fazer descender da raça dos macacos? Doutrina repugnante, que se quis fundamentar nas semelhanças de organização física.[77]

---

76 Golding, *Le Procès du singe: La Bible contre Darwin*.
77 Frayssinous, *Défense du christianisme ou Conférences sur la religion*, t.I, p.293.

O bispo ironiza a respeito desses novos eruditos, "conhecidos sob o nome de geólogos", que se pretendem mais espertos que Moisés, autor do Pentateuco, e que descrevem as origens como se houvessem assistido a elas. Para ele, Adão e Eva, a serpente e a maçã são literalmente exatos. Aliás, o sério *Atlas de la Sainte Bible de Vence*, edição de 1833, ainda contém um "mapa do paraíso terrestre": "adaptado aos dois sistemas de D. Calmet e de Huet. Preparado por A. R. Frémin, geógrafo, aluno de M. Poisson, 1820", ele representa as regiões das nascentes do Rio Eufrates, no sudoeste do Monte Ararat.

Monsenhor Frayssinous não é o único a zombar dos geólogos. Em 1835, Victor de Bonald, filho de Louis, vai mais longe que o pai. Em *Moïse et les géologues modernes*, ele não se contenta em rejeitar, sem o menor exame, os últimos avanços científicos, em nome "dos dogmas dentro dos quais todas as explicações são dadas", mas, ao mesmo tempo, volta ao período pré-Copérnico: "A ideia [de que a Terra] podia ser levada no espaço a uma velocidade cinquenta vezes maior que uma bola de canhão, situação ainda agravada por sua rotação em torno de seu eixo, o punha em estados hilariantes, próximos do furor",[78] escreve Goulven Laurent. Nesse campo, Victor de Bonald está de acordo com o Vaticano, que só removerá Copérnico do Index em 1846.

Apesar disso, inúmeros eclesiásticos se entregam a pesquisas geológicas, encorajados pelos bispos. "As descobertas da geologia confirmam a narrativa do Gênesis, ao invés de contradizê-lo", declara monsenhor Billiet, arcebispo de Chambéry desde 1844. Os catecismos são igualmente categóricos. Em 1838, o *Cathéchisme de persévérance*, de Jean-Joseph Gaume, reeditado treze vezes no decorrer do século, situa Adão a 7 mil anos de nossa era.[79]

No decorrer dos anos, porém, as ameaças contra Adão se estabelecem. Depois de Darwin, a Igreja contra-ataca. Em 1875, o catecismo do abade Maudouit, decano de Ducey, perto de Coutances, indaga: "O que é o homem? Vocês sabem, crianças, como os pretensos eruditos respondem a essa questão? O homem, eles dizem, é um macaco aperfeiçoado. Um macaco, sabem, esse desagradável animalzinho que talvez vocês tenham visto nas feiras. A resposta

---

[78] Laurent, Les Catholiques face à la géologie et à la paléontologie de 1800 à 1880, in: Association Française d'Histoire Religieuse Contemporaine (Org.), *Christianisme et science*, p.79.
[79] D. Moulinet "constata com satisfação que a ciência não contradiz esse dado" na "obra dos seis dias no catecismo de perseverança de J. Gaume", in: Fatio (Ed.), *Les Églises face aux sciences: du Moyen Âge au XXe siècle*, p.128.

agrada a vocês? E, na verdade, vale a pena ter tanto espírito para dizer que somos apenas um bicho?".[80] Os catecismos infantis se contentam em repetir as mesmas fórmulas sobre Adão, Eva e o pecado original, enquanto que os catecismos para adultos, em particular aqueles para seminaristas, entram na discussão. Em 1885, a *Somme du catéchiste [...] à l'usage des instituts catholiques et des séminaires*, do abade Régnaud, dedica 75 páginas às origens do homem e ataca Paul Broca, que teria dito que preferia ser um macaco aperfeiçoado a um Adão degenerado. Os manuais também se demoram sobre a queda, pois, escreve Régis Ladous, "trata-se de defender Adão contra o poligenismo [...]. Admitir o poligenismo é arruinar o pecado original e sabotar os fundamentos da ética cristã".[81] Adão, o pecado original, a moral: os três termos dependem um do outro, e o naufrágio de um causaria o afogamento dos dois outros.

Em contrapartida, há uma disposição para fazer amplas concessões sobre a cronologia, que rapidamente aparece como um problema secundário. Os catecismos dão números bastante variados: em 1885, segundo o abade Régnaud, Adão conheceu o dia no ano 4004 antes do nascimento de Cristo. Em 1893, o *Cours complet de religion catholique à l'usage de l'enseignement secondaire classique et de l'enseignement secondaire moderne*, do padre Sifferlen, situa o acontecimento entre 6000 e 7000 a.C.; em 1920, o *Cathécisme à six questions*, do abade Pineau, "há cerca de 6 mil anos". De fato, os catecismos abandonam pouco a pouco a datação para se concentrar na narrativa do pecado. Para o *Manuel de religion* do cônego Louis, em 1907, é impossível fornecer uma data, mas a história do fruto proibido é rigorosamente exata. Esta é também a opinião do padre Vigouroux e do monsenhor Cauly: pouco importa o número de anos, com a condição de conservar "a crença na felicidade primitiva e na queda original". O abade Genieys, da diocese de Rodez, o leva ao pé da letra: em sua *Histoire abrégée de la religion* (1922), ele conserva intacta a narrativa da queda, mas a situa centenas de milhões de anos atrás. Isso não impede

---

80 Apud Laurent, p.91. Em 1851, o abade Maupied lamenta a ascensão de "princípios científicos os mais deploráveis, aceitos como verdades, tais como o princípio panteísta da transformação das espécies animais e vegetais, princípio que nega diretamente a criação das espécies, e cuja consequência rigorosa faz nascer a espécie humana de uma ostra ou de uma esponja, passando pelo macaco".
81 Ladous, Adam, le singe et le prêtre. La question des origines et de l'évolution biologique de l'homme dans les catéchismes français (1850-1950), in: Association Française d'Histoire Religieuse Contemporaine (Org.), *Christianisme et science*, op. cit., p.105.

o abade Sifflet, da diocese de Lyon, de escrever, no mesmo momento, em seu *Cours de cathécisme étendu et familier*: "Podemos dizer, com os incrédulos chamados de darwinistas, que o homem descende do macaco, o macaco do peixe, o peixe dos resíduos do mar? Onde já se viu, desde 6 mil anos, um peixe se tornando macaco e depois homem?".[82]

ADÃO ANTIRRACISTA

Evidentemente, os autores de catecismos mantêm fortemente o monogenismo. De fato, muitos se dão conta de que o poligenismo oferece armas às teorias racistas que proliferam. Em 1875, a *Pratique de l'enseignement du catéchisme*, do abade Maudouit, mostra que os chineses também descendem de Adão e arremata: "O que se conclui, meus filhos? Que somos todos irmãos e membros da mesma família, e que, por isso, mesmo devemos nos tratar como irmãos". Em 1891, a *Explication du catéchisme*, do abade Brulon, investe contra o poligenismo do zoólogo americano Louis Agassiz, professor em Harvard de 1847 a 1873, e adverte contra o antissemitismo. Uma vez que todos viemos de Adão, "tomemos a mão do malaio e do mongol, tomemos a mão do negro [...]. Todos juntos, unamos nossos bens e nossos males numa imensa e sincera fraternidade".

Na falta de uma verdade científica, Adão pode servir para uma causa moral. Muitos catecismos explicam isso. Em 1912, o monsenhor Cauly, em seu *Cours d'instruction religieuse à l'usage des catéchismes de persévérance*, fundamenta em Adão a questão da unidade da espécie humana, "muito importante do ponto de vista dogmático, mas também do ponto de vista filantrópico e social; pois se os homens não têm um ascendente comum, ela é feita da fraternidade humana; a igualdade é apenas uma palavra vã, se a origem deixar de ser comum, e a liberdade deverá desaparecer no triunfo da espécie mais forte ou mais bem dotada".[83] Em 1930, o *Catéchisme des incroyants*, do padre Sertillanges, retoma o mesmo raciocínio: acreditar em Adão é acreditar na "solidariedade moral da humanidade inteira"; com *Mon catéchisme vécu*, do

---

82 Apud ibid., p.130.
83 Ibid., p.107.

monsenhor Houbaut, em 1938, Adão e Eva são os pais universais: "Todos os homens, de todos os tempos e de todos os lugares podem dizer em toda a verdade: nossos primeiros pais. Sejam eles negros ou brancos, vermelhos ou amarelos, falem eles francês ou alemão, chinês ou árabe, eles provêm da mesma fonte primitiva"; no *Petit catéchisme* dos cônegos Quinet e Boyer, em 1941, Adão e Eva são "nossos primeiros pais, porque todos nós descendemos deles. Portanto, os homens são todos irmãos".

Para esses e inúmeros outros catecismos, as diferenças entre grupos humanos são devidas aos climas e ao meio ambiente. Citemos, na esteira de Régis Ladous, um único exemplo, o do abade Constantin, em seu *Recueil de problèmes catéchistiques*, de 1911: "A cor é muito acessória e pode variar infinitamente, sob a influência do clima ou dos cruzamentos [...]. O negro foi o mais usado pelos poligenistas, por oferecer mais dissemelhança. Apesar de tudo, depois de ter comparado inúmeros crânios pertencentes a diferentes épocas e a diferentes raças, foi forçosa a conclusão, diante da evidência, sobre a unidade da espécie humana".[84]

A ideia de que tenha havido evolução da espécie humana segue o seu caminho dentro da Igreja. Contudo, para alguns, a espécie corrompida desde o início por um pecado original só pode evoluir no sentido da degenerescência: o macaco não é o passado do homem, mas seu futuro. Adão era um homem perfeito. Os primos Cro-Magnon e Neandertal ainda eram inteligências superiores, afirma em 1903 o abade Pirenne, em seu *Catéchisme apologétique*:

> O homem quaternário estava, mais do que nós, afastado do macaco; todas as descobertas levam a esta conclusão: que as raças primitivas tinham grandes cérebros. Assim, o crânio do Neandertal, que primeiramente foi muito invocado pelos darwinistas, hoje em dia se volta contra eles; provou-se, por um molde de gesso no interior, que o homem de Neandertal pertencia a uma raça que tinha um grande cérebro; os crânios de Stangenas, na Suécia, e os de Cro-Magnon, na França, provêm igualmente de uma raça que nos é superior pelo órgão da inteligência.[85]

---

84 Ibid., p.109.
85 Ibid., p.110.

Todo pecado leva à feiura física. "O pecado contra a castidade produz, na fisionomia das crianças e dos adolescentes, traços simiescos", pode-se ler em 1903 no *Catéchisme catholique populaire*, do abade François Spirago, que traduz um manual austríaco. Então, qual pode ser o efeito do pecado original? "É o homem, nas raças talvez mais culpadas que outras, que retrograda para a animalidade", escreve o padre Le Floch. Daí ressurge a ideia de desigualdade das raças, de maneira ilógica: o pecado original não pesa igualmente sobre todos os homens?

A evolução regressiva, no entanto, está longe de ser uma unanimidade. Sem tocar no pecado original, o padre Hummelauer propõe uma ideia original em *Commentarius in Genesim* (1895): a narrativa bíblica seria, na verdade, uma visão tida por Adão. Ele teria caído em êxtase logo após sua criação e vislumbrado, em sonho, como o universo surgiu. Essa interpretação escapa aos críticos da ciência, mas é rapidamente descartada, como sendo um pouco fantasista demais.

Alguns anos antes, o padre Leroy, dominicano, tinha proposto uma teoria mais clássica em *L'Évolution des espèces organiques* (1887): "Quando não teria havido uma diferença radical entre o corpo do homem e aquele dos macacos superiores, continuaria a existir, na transcendência da alma humana, uma barreira intransponível". Então, "o corpo humano poderia, em rigor, derivar da animalidade". Com a aprovação dos padres Monsabré, Faucillon e Bauduin – seus confrades dominicanos –, do arcebispo de Paris d'Albert de Lapparent, professor no Instituto Católico, Leroy retoma, atenuando-a, a ideia do aparecimento separado do corpo e da alma de Adão em *L'Évolution restreinte aux espèces organiques* (1891). Não obstante, assim como em outros tempos Roma havia tolerado o heliocentrismo a título de pura hipótese, mas o proibido quando Galileu pretendeu fazer disso uma verdade, a posição de Leroy se torna intolerável a partir do momento em que, no ano de 1894, a descoberta do pitecantropo parece lhe dar razão. Leroy é convocado ao Vaticano e deve assinar uma retratação: "Declaro renegar, retratar e reprovar tudo o que disse, escrito, publicado em favor dessa teoria". O que lhe é reprovado é o fato de ter suprimido a tentação e o pecado original.

Quando se interpreta o Gênesis, escreve o padre Lagrange em 1896, deve-se evitar falar de erro e de mito: "Se por mito se entende uma teoria afirmada e falsa sobre a origem das coisas, o mito não pode se encontrar na

Bíblia; se por mito se entende uma maneira familiar e popular, metafórica, se preferirem, de dizer coisas verdadeiras, o mito poderá figurar na Bíblia. Alguns lhe darão o nome de alegoria".[86]

DOGMA, CIÊNCIA E PROBLEMAS DE SOCIEDADE: O PADRE MONSABRÉ

Papas e concílios repetem há muito tempo: toda interpretação racionalista do pecado original é impossível. Gregório XVI condenou Hermès em 1835 em virtude desse princípio, que Pio IX relembra em 1854 na alocução *Singulari quadam*. No mesmo ano, numa homília de 8 de dezembro na Notre--Dame de Paris, o monsenhor Pio, bispo de Poitiers, proclama alto e forte: "Se não há pecado original, não há redenção, não há Cristo, não há regeneração batismal, e nem mesmo um único dos elementos do cristianismo pode subsistir".[87] O Concílio do Vaticano, em 1870, reafirma que a revelação é necessária para conhecer os fins sobrenaturais, mas as decisões dos padres sobre o pecado original, curiosamente, não são promulgadas.

Os predicadores o repetem em eco. "Uma das maiores infelicidades de nossa época é ter desconhecido esse dogma capital" pode ser ouvido num sermão de 1880. "Um grande número de cristãos, para seu maior malefício, atenua muito as consequências." Essas consequências, continua o predicador, são todas essas ideias subversivas, políticas e filosóficas, essas guerras, essas revoluções, essa depravação dos costumes:

> Quer-se gozar, e gozar a qualquer preço; para isso, deve-se esmagar com os pés a justiça, a honra, a santidade do lar doméstico, sem hesitar [...]. Quer-se um cristianismo fácil, no qual não se sofre; não se quer mais ouvir falar em renúncia, penitência, mortificação das paixões [...]. Quem poderia se surpreender ao ver, em nosso século, as saúdes se alterarem, as raças se reduzirem, a guerra causar sevícias com furor, um número incalculável de vítimas caírem sob as pestes sem explicação, as horríveis carestias e as fraticidas revoluções?[88]

---

86 Lagrange, Hexameron, *Revue Biblique*, p.393.
87 Pio, *Œuvres*, t.II, homília de 8 dez. 1854.
88 Id., *L'Ami du clergé*, n.48, p.566.

Uma das descrições mais completas da concepção corrente do pecado original e de suas consequências, lá pelo fim do século XIX, é devida a um dos grandes predicadores da época, o padre J.-M.-L. Monsabré, dominicano, em suas conferências de quaresma na Notre-Dame de Paris, em 1877. Vejamos sua 26ª conferência, "A humanidade em Adão".[89] Depois de ter lembrado que "somos todos irmãos de uma mesma família, pois a humanidade inteira esteve em Adão", ele repete que, antes, este era um ser perfeito. Encontrava-se em estado de inocência, de justiça original e de santidade: "Adão desfrutou da perfeição da vida; como primeiro doutor, é justo que gozasse da perfeição da ciência. É o maior dos sábios, No entanto, ele ainda pode adquirir e desfrutar dos encantamentos que cada verdade descoberta oferece ao espírito. Nesta vida de progresso, ele caminha a passos seguros, pois enquanto sua vontade permanece submetida a Deus, ele nada tem a temer sobre o erro".[90]

Como, nessas condições, Adão pôde pecar? Sobre a 27ª conferência, "A queda",[91] Monsabré explica que ela havia sido precedida pela queda dos anjos, e que foi devida ao orgulho. Satã, com ciúmes do homem, tentou-o. "Notem sua destreza, eu lhes peço. Não é com o homem que ele conluia, mas com a mulher, da qual conhece a fraqueza e o poder". Segue-se a inevitável ladainha antifeminista: "Menos inteligente que o homem, a mulher pode facilmente ser mais frívola e orgulhosa". Transponhamos para os nossos dias, continua Monsabré: os inimigos da religião buscam ainda seduzir a mulher pela maçã do conhecimento; eles querem de fato criar um ensino para as meninas, a fim de pervertê-las e, por seu intermédio, pôr a perder os homens:

> Os inimigos de Deus compreenderam muito bem esse poder da mulher. Eles queriam se apoderar disso, para acelerar a completa destruição de nossas virtudes cristãs e de nossas crenças religiosas. É o segredo [...] da diligência que eles põem a secularizar a educação da mulher. Infelicidade ao homem, se eles conseguirem! Não somente nada mais o freará nas ladeiras da mais abominável

---

89 Monsabré, Conférences de Notre-Dame de Paris: Exposition du dogme catholique, Carême 1877, p.57-114.
90 Ibid., p.102.
91 Ibid., p.115-66.

corrupção; mas, levado por aquela que ainda poderia segurá-lo, despencará numa queda ainda mais rápida e mais irremediável. Perverter a mulher é a obra diabólica por excelência.[92]

Monsabré critica, em seguida, transpondo-o, o velho problema da árvore do conhecimento. Em nossos dias, a ciência também não pretende em breve poder tudo explicar? Os chefes revolucionários não pretendem que o povo deva se dirigir por ele mesmo, fora das luzes divinas?

> O erudito imagina que irá surpreender os segredos do universo, apoderar-se das forças da natureza e submetê-las à sua vontade, depois de tê-las sujeitado aos seus cálculos. Os homens de poder só acreditam em seu direito e pretendem governar as consciências tal como administram os negócios públicos. E os próprios povos, cansados da honesta obscuridade de uma vida laboriosa, lisonjeados pelos soberanos da revolução, esperam se tornar em breve os senhores absolutos de seus destinos.[93]

Na 28ª conferência dedicada à "Queda na humanidade",[94] Monsabré retoma a doutrina vinda de Anselmo e Tomás de Aquino, afirmando que, desde o pecado de Adão, o homem se encontra reduzido ao estado de natureza. Somos afligidos pela concupiscência, "essa inclinação fatal que nos leva aos prazeres da carne; essas revoltas do sentido reprovado, que entristecem tão profundamente as almas generosas, fazendo-as clamar, aos gritos, como o Apóstolo, ser libertadas de seu corpo de morte".[95] O pecado original reside na "impotência radical de conhecer e de amar a Deus, tendência fatal para o mal, necessidade natural de cometê-lo". É uma "doença", uma "imundície", que "fere a natureza", "enfraquece o livre-arbítrio", "faz de nós os escravos do demônio", e explica nossa situação presente. Ninguém escapa disso. Mas temos a chance de ser batizados, pois aqueles que morrem sem o batismo, incluindo os recém-nascidos, vão para o inferno: "Deixem então de se revoltar contra a sorte deles, e em vez de buscarem, num mundo misterioso,

---
92 Ibid., p.138.
93 Ibid., p.147-8.
94 Ibid., p.167-230.
95 Ibid., p.178.

objeções contra as imperfeições de Deus, admirem em vocês o prodígio de seu amor".[96]

No final do volume de suas conferências, Monsabré adiciona os índices, nos quais se volta, em particular, à questão do poligenismo, vendo neste o maior dos perigos para o pecado original. Citando o historiador Cesare Cantù, ele reafirma que toda a história da salvação repousa sobre o pecado original, e que este repousa sobre a existência do ancestral único, Adão: "A questão da unidade da espécie humana nos parece ser de importância capital [...] para fornecer a prova do pecado original e, na sequência, da redenção".[97] Monsabré faz a distinção entre poligenistas bíblicos (La Peyrère e seus pré-adamitas), cientistas e práticos (aqueles que, principalmente nos Estados Unidos, se servem do poligenismo para justificar a escravidão).

> Os antiescravagistas são francamente monogenistas e aceitam o dogma de Adão tal como é geralmente entendido. Tal é também a profissão de fé de certo número de escravagistas. Estes, para justificar sua conduta para com seus irmãos negros, recorrem à história de Noé e de seus filhos. Cam, dizem eles, foi amaldiçoado por seu pai e condenado a ser o servidor de seus irmãos; os negros descendem de Cam, portanto, reduzindo-os à escravidão, nada mais fazemos senão obedecer ao santo livro. Em que pese o argumento, a América conta também com escravagistas poligenistas. Estes deram destaque honroso, sob formas diversas e escorando-se no saber moderno, à doutrina de La Peyrère.[98]

Monsabré também acerta contas com os partidários de uma explicação alegórica da narrativa bíblica, esses "espíritos fortes", a quem a história da serpente que fala e da maçã "faz sorrir". Apesar disso, "os detalhes da narrativa mosaica são tão precisos que é impossível não ver em cada um deles uma realidade". Esses traços, "mais ou menos desfigurados", são encontrados em outras religiões e indicam que os traços da história do jardim do Éden penetraram em outras civilizações. Isso acontece com a serpente Ahriman dos persas, que seduz os primeiros humanos; a serpente alada Typhon dos

---

[96] Ibid., p.225.
[97] Ibid., p.349.
[98] Ibid., p.355-6.

egípcios; o dragão Tci-Eou dos chineses; a Python dos gregos; as representações astecas de um homem e de uma mulher separados por uma árvore; as histórias de Pandora e de Prometeu. Porém, explica Monsabré, essas narrativas inverossimilhantes não passam de mitos, enquanto que a narrativa bíblica é uma verdade histórica.

O PECADO ORIGINAL: NASCIMENTO DA LIBERDADE ESPIRITUAL (HEGEL)? DO QUERER VIVER (SCHOPENHAUER)?

No âmago das controvérsias entre a fé e a ciência, a queda original não cessa de assombrar os filósofos, crentes e ateus. Hegel oferece uma interpretação filosófica magistral, englobando com elegância o mito religioso num processo racional. Para ele, o pecado original é "o mito eterno do homem, pelo qual ele se torna precisamente homem"; "a queda nada tem de contingente; é a eterna história do espírito",[99] escreve nas *Lições sobre a filosofia da história*, que serão postumamente publicadas a partir de seus cursos. Ele o repete em *Lições sobre a filosofia da religião*, também postumamente publicadas: o pecado original é "uma representação de grande profundidade, não só um fato contingente, mas a história do homem, que é eterna, necessária, expressa sob uma forma exterior mítica".[100]

Esse mito, explica Hegel, permite encontrar as três etapas do nascimento do espírito humano. No início (tese), o homem se encontra num estado de inocência. Imerso na natureza, em harmonia com ela, age instintivamente: "O estado de inocência consiste no fato de que não há, para o homem, nem o bem, nem o mal", mas trata-se de uma "inocência morna, sem consciência nem vontade": o jardim do Éden é um "parque zoológico".[101] A segunda fase (antítese), que corresponde então ao "pecado" bíblico, é o momento em que o espírito humano toma consciência de si mesmo: "É unicamente da consciência que resulta a separação do *eu*, em sua liberdade infinita como livre-arbítrio, e do puro conteúdo do querer, o bem. A queda é

---

99 Hegel, *Leçons sur la philosophie de l'histoire*, p.104-5
100 Id., *Leçons sur la philosophie de la religion*, p.27.
101 Ibid., p.26.

o conhecimento suprimindo a unidade natural".[102] O homem, perdendo sua inocência, ressente a dor que a necessidade de fazer escolhas causa. Ele conquistou sua liberdade formal, que é "orgulho onde o homem tem a escolha entre o bem e o mal"; agora ele sabe que pode agir seguindo o racional, o universal ou a satisfação egoísta de suas tendências naturais. Mas essa "queda" prepara a síntese: a liberdade racional, o retorno a uma espontaneidade superior, a liberdade de um ser que age bem com todo conhecimento de causa, a liberdade do sábio, que é libertação. A aquisição dessa liberdade superior é um processo penoso. Essa é a razão pela qual o mito pode apresentá-la como um castigo, a obrigação de trabalhar:

> Em seguida vem a maldição divina, que recai sobre o homem. O ponto importante aqui é a oposição entre a natureza e o homem. O homem deve trabalhar com o suor de seu rosto, e a mulher deve reproduzir na dor. No que diz respeito ao trabalho, ele é ao mesmo tempo o resultado da divisão e a maneira de superá-la [...]. Mesmo depois de o homem ser expulso do paraíso, o mito ainda não está encerrado. É dito: "Deus falou: Adão se tornou como um dentre nós, pois conhece o bem e o mal". O conhecimento aparece então como algo divino, e não como sendo algo mais alto que não deveria ser [...]. É somente pelo conhecimento que a vocação original do homem pode se realizar, que é a de se tornar aquilo que ele é: uma imagem de Deus. Em seguida, é dito que Deus expulsa o homem do jardim do Éden, a fim de que não comesse os frutos da árvore da vida. Isso significa que o homem, finito e mortal por seu ser natural, é imortal pelo conhecimento.[103]

Dessa explicação filosófica do mito do pecado original, sobressaem as diferenças fundamentais com a leitura religiosa. Primeiramente, Hegel não vê aí um acontecimento histórico situado na origem da humanidade, mas a história de cada indivíduo, ou melhor, da humanidade: "A passagem à contradição, o despertar da consciência, tem sua razão no próprio homem, e essa história se reproduz a cada dia para a humanidade". Em seguida, o pecado original, segundo Hegel, não é uma "queda". No estado de natureza,

---

102 Id., *Philosophie de l'histoire*, I, 104.
103 Id., *Encyclopédie*, §24.

o homem biológico é um animal como todos os outros. Nem bom, nem mau, dado que não há nem bem, nem mal, ele não tem "nem consciência, nem vontade", no estado de "inocência morna". O homem nasce com o exercício de uma liberdade concreta, consciente, com o trabalho, que lhe permite afrontar e dominar a natureza, e com a ciência, que lhe permite agir racionalmente. Se Adão não houvesse enfrentado a proibição, não teria se tornado um homem. Por conseguinte, o ideal humano não é mais Adão de antes do pecado, mas um ser racionalmente livre.

De certa maneira, Schopenhauer está em acordo com Hegel, na medida em que, também para ele, o pecado original coincide com a existência; ele é necessário, inevitável, e faz parte de nossa natureza. Mas Schopenhauer lhe dá um significado diferente. Primeiro, ele bem viu que o pecado original é a própria essência do cristianismo:

> Definitivamente, a doutrina do pecado original (a afirmação da vontade) e da redenção (a negação da vontade) é a verdade capital, que forma, por assim dizer, o centro do cristianismo; todo o resto, muitas vezes, é apenas figura, envelope ou complemento. Em geral, também é preciso conceber Jesus como o símbolo ou a personificação da negação do querer viver, e não como uma individualidade, aquela que o Evangelho nos apresenta em sua história mítica, ou mesmo nos dados históricos prováveis que servem de fundamento para o Evangelho.[104]

A definição do pecado original dada por Schopenhauer cai como uma lâmina de guilhotina: "A maior falta do homem é ter nascido". O mundo inteiro é uma máquina infernal animada pelo querer viver, pela vontade de se perpetuar sem fim, enquanto não passa de um gigantesco lugar onde se espera a morte chegar, cuja própria existência basta para excluir a hipótese de um Deus: "Seria muito mais justo identificar o mundo com o diabo". Essa é a tese gnóstica bem conhecida. O pecado original é ser: "o nascimento é a mesma coisa que a queda" e "a raça humana carrega uma culpa pelo próprio fato de sua existência". É por isso que, segundo Schopenhauer, o ato sexual, que perpetua a vontade de viver, é carregado do sentimento de uma "vergonha íntima". Se a vida fosse um bem, por que nos esconderíamos para

---

[104] Schopenhauer, *Le Monde comme volonté et comme représentation*, livro IV, 70, p.508.

transmiti-la? Isso pode estar ligado ao mito bíblico da descoberta vergonhosa da nudez sexual para Adão e Eva.

Schopenhauer reinterpreta o mito à sua maneira:

> O que [a Igreja] chama de homem natural, ao qual ela recusa qualquer possibilidade de fazer o bem, é justamente o querer viver, esse querer viver que se trata de aniquilar quando se quer libertar de uma existência como a daqui de baixo [...]. Simbolizando em Adão a natureza e a afirmação do querer viver, a doutrina cristã não se colocou do ponto de vista do princípio de razão, nem dos indivíduos, mas do ponto de vista da ideia da humanidade, considerada como sua unidade; a falta de Adão, cuja herança ainda pesa sobre nós, representa a unidade na qual comungamos com a Ideia, unidade que se manifesta no tempo pela sequência das gerações humanas e que faz com que todos participem da dor e da morte eterna; em contrapartida, a Igreja simboliza a graça, a negação da vontade, a libertação no Homem-Deus; este, livre de toda mácula, isto é, de todo querer viver, não pode, como nós, emanar da afirmação a mais enérgica da vontade.[105]

Ele conclui que o homem deve construir sua própria ética: "A condição indispensável da responsabilidade moral do homem é sua asseidade, isto é, que ele mesmo seja sua própria obra". Para tal, é preciso primeiramente tomar consciência do caráter ilusório do livre-arbítrio. Há, na origem do mundo, uma vontade, a vontade de viver, que é o mal em si mesmo. O mundo é a materialização desse querer viver, e todos nascemos com esse desejo integrado em nós: "Vemos o desejo represado em todos os lugares, sempre em luta, portanto, sempre no estado de sofrimento: não há último termo no esforço; portanto, não há medida, não há termo para o sofrimento".[106] Ninguém escapa disso. Somos todos determinados e, ao mesmo tempo, culpados.

"A primeira obrigação é, portanto, acreditar que nossa condição, quanto à sua origem e sua essência, é uma condição desesperada, que necessita de uma redenção. Em seguida é preciso crer que, por nós mesmos, somos

---

105 Ibid., p.507.
106 Ibid., I, IV, 56.

dedicados ao mal, ao qual estamos intimamente acorrentados." Vemos os outros como simples representações, as quais estamos prontos a sacrificar somente em benefício de nosso querer viver. A "redenção", a "graça" que nos resgatará do pecado original, consistirá em superar essa ilusão da individuação. Compreender que a miséria do mundo é também a nossa levará cada um de nós a pôr fim ao querer viver. Para Schopenhauer, a salvação não está no "pelagianismo burguês", qualificado como "utopia", mas na aquisição, de tipo gnóstico, do conhecimento do caráter mau e universal do querer viver.

O PECADO ORIGINAL: NASCIMENTO DA ANGÚSTIA EXISTENCIAL (KIERKEGAARD)? DA ILUSÃO MORAL (NIETZSCHE)?

Kierkegaard também associa o pecado original à existência. Criado numa atmosfera culpabilizante, ele cultiva o remorso e, em breve, a angústia, da qual faz o tecido da vida. Seu *Diário* dá testemunho disso: adolescente, recebeu uma educação muito severa, condenando pensamentos e desejos "impuros". Em *O conceito de angústia* (1844), ele mostra que a essência do pecado original é a angústia da liberdade diante das infinitas possibilidades de escolha. É quando Deus pronuncia a proibição, que põe Adão na posição de escolher, que a angústia surge, pois até então ele se encontrava num estado de inocência feliz.

No mito, Adão e Eva são intimados a escolher, e essa tensão é insuportável, "pois sobre alguém desprovido, por ser impossível, de qualquer angústia, a tentação também não teria tido influência [...]. O próprio fundo do poder da serpente [...] é a arte de causar ansiedade".[107] O fato de ter que escolher já engendra o remorso, a culpa, o desespero, antes mesmo de ter escolhido. Tanto mais porque a escolha não é verdadeiramente livre, como o jovem Kierkegaard experimenta: nossas necessidades, nossas pulsões, nossos instintos nos perturbam, e tudo isso sob o olhar impiedoso do Deus de amor: "A lei faz do homem um pecador, mas o amor faz dele um pecador ainda maior".[108] Adão só pode se sentir culpado, assim como todos nós

---

107 Kierkegaard, *Journal*, t.III, p.206.
108 Ibid., II, 237.

depois dele – "sempre estamos errados diante de Deus" –, e de tal forma que "só há uma verdadeira relação com o cristianismo: odiar a si mesmo, amando a Deus; toda afirmação de si é culpa".[109] Kierkegaard, portanto, não está longe de pensar, como Schopenhauer, que o próprio fato de existir é o pecado original. A partir do momento em que existo, faço sombra para Deus – Deus que, como escreverá Simone Weil, "só pode amar a si mesmo. Seu amor por nós é o amor por si, por meio de nós. Assim, ele que dá o ser, ama em nós o consentimento de não ser".[110]

"A angústia do pecado produz o pecado", escreve Kierkegaard; ela "põe a inocência em relação com a coisa proibida e o castigo"; ela é profundamente ambígua, "é uma liberdade entravada, na qual a liberdade não é livre em si mesma", uma "simpatia antipática e antipatia simpática". Para Kierkegaard, o pecado original não é nem um acontecimento histórico objetivo, nem uma simples alegoria psicológica, mas uma realidade existencial em cada homem. A redenção, a graça, só podem vir do ódio por nós mesmos, da tomada de consciência do caráter ruim da menor de nossas ações. É assim que a graça penetra, escreverá em breve Péguy: "As piores aflições, as piores baixezas, as torpezas e os crimes, o próprio pecado, são amiúde os defeitos da armadura do homem, os defeitos da couraça por onde a graça pode penetrar".[111] O risco então é cair seja no quietismo, seja no paradoxo de multiplicar os pecados para nos aproximarmos de Deus.

Segundo Nietzsche, se "Deus está morto", Adão está bem vivo e arrasta sempre a cruz da maldição original de que foi encarregado por ocasião da expulsão do jardim do Éden: ele conhece o bem e o mal; em todo caso, não se apercebeu ainda da impostura da moral. Adão sobreviveu ao seu criador, e ele vagueia, como o judeu, portando seu fardo ilusório: a culpa. No *Anticristo* (1888), Nietzsche reescreve a narrativa da criação e do pecado original:

> Será que compreendemos bem a célebre história que se encontra no começo da Bíblia, a história do pânico de Deus diante da ciência? [...] O Deus antigo, totalmente "espírito", totalmente sumo sacerdote, perfeição total, passeia em

---

109 Ibid., V, p.358.
110 Weil, *La Pesanteur et la grâce*, p.36.
111 Péguy, Note conjointe sur M. Descartes, in: *Œuvres en prose*, p.1385.

seus jardins; no entanto, ele se entedia. Contra o tédio, mesmo os deuses lutam em vão. O que ele faz? Inventa o homem, o homem é divertido... Mas vejam, o homem também se entedia. [...] A mulher foi o segundo equívoco de Deus. Por essência, toda mulher é uma serpente, Heva, Eva. É o que todo padre sabe: pela mulher, todo mal vem ao mundo [...]. Foi a mulher que fez o homem comer o fruto da árvore do conhecimento. O que aconteceu? O Deus antigo foi tomado pelo pânico. O próprio homem tinha se tornado seu maior equívoco, ele havia criado um rival, a ciência o torna igual a Deus, é o fim dos padres e dos deuses se o homem se torna científico! Moral: a ciência é coisa proibida em si, somente ela é proibida. A ciência é o primeiro pecado, o germe de todo pecado, o pecado original. A moral é apenas isto: tu não conhecerás.[112]

Então Deus expulsa Adão e Eva do paraíso e os cumula de todas as infelicidades para impedi-los de pensar, de refletir, de conhecer: doença, velhice, morte, guerra e, sobretudo, sentimento de culpa. "O pecado, uma vez mais, essa forma por excelência de autopunição da humanidade, foi inventado para tornar impossíveis a ciência, a civilização, toda elevação, toda nobreza do homem; o padre reina pela invenção do pecado."[113]

Na *Genealogia da moral*, Nietzsche retoma constantemente essa ideia: o pecado, a culpa, a consciência moral são invenções dos padres para conservar seu poder sobre os homens. "O 'estado de pecado' no homem não é um fato, mas somente a interpretação de um fato, a saber, de um mal-estar fisiológico, de um mal-estar considerado de um ponto de vista moral e religioso que não mais se impõe a nós. O fato de alguém se sentir 'culpado' e 'pecador' não prova, de modo algum, que o seja de fato".[114] Outra grande ilusão difundida pelos padres é o livre-arbítrio, que Nietzsche qualifica de "metafísica do carrasco". O homem se culpa inventando um ideal mítico e se desespera por não poder atingi-lo. Todas as nossas ações têm motivos naturais e interessados, e, nesse sentido, Nietzsche confirma a ideia pessimista da natureza humana corrompida e incapaz de fazer o bem: "Conclusão cristã: tudo é

---

112 Nietzsche, *L'Antéchrist*, n.48.
113 Ibid., n.49. Nietzsche repete essa ideia em vários trechos, publicados como *Fragmentos póstumos*. Ver em particular *Fragments posthumes*, p.45-6.
114 Id., *La Généalogie de la morale*, 3ª dissert.: Quel est le sens des idéaux ascétiques?, n.16; 2ª dissert., n.8.

pecado, até nossas virtudes. Total abjeção do homem. O ato desinteressado é impossível. Pecado original. Em suma, depois que o homem opôs ao seu instinto um mundo do bem, totalmente imaginário, acabou no desprezo de si, julgando-se incapaz de atos bons".[115]

É esse pecado original cristão que é preciso denunciar, proclama o filósofo: os padres quiseram dar um sentido moral ao sofrimento humano, aquele da punição de um pecado, voltando, assim, a agressividade de cada um contra si mesmo. Todos os nossos atos são motivados por nossa ambição de poder, até mesmo as ações que, em aparência, são as mais desinteressadas. Os moralistas do século XVII, como La Rochefoucauld, viram essa hipocrisia, explica Nietzsche, que, entretanto, os reprova por depreciar os verdadeiros motivos de nossas ações:

> O único erro de La Rochefoucauld foi ter taxado os motivos que considera verdadeiros mais baixos que os outros, os pretensos motivos [...]. O cristianismo diz: não há virtudes, só há pecados. Assim, toda ação humana se encontra difamada e envenenada. Com isso, a confiança no homem é abalada. Mas eis que a filosofia, à moda de La Rochefoucauld, vem em seu socorro. Ela reduz as famosas virtudes humanas a motivos mesquinhos e vulgares. É então uma verdadeira libertação saber que não há nem ações boas, nem ações más, que é possível opor à tese cristã a tese contrária dos antigos: não há pecados, há só virtudes, isto é, ações executadas em vista do bem, com a ressalva de que a noção de bem é variável. Cada um age segundo seu proveito, ninguém é mau voluntariamente, ninguém faz mal a si mesmo.[116]

Shakespeare já havia feito Ricardo III dizer: "Não deixemos nossos sonhos aterrorizarem nossa alma. A consciência é apenas uma palavra, inventada no início para domar os fortes". A moral inventada pelas religiões só pode conduzir ao desespero. A intenção dos padres não é a de que o indivíduo "se torne mais moral, mas que ele se sinta o mais pecador possível". O moralismo, com suas proibições, nos torna perversos, tentando sufocar os instintos. Assim, Nietzsche escreve, numa frase pré-freudiana: "O cristianismo

---

115 Id., *La Volonté de puissance*, I, §318.
116 Id., *Œuvres posthumes*, frag.86.

deu veneno para Eros beber. Ele não está morto, mas se tornou depravado". Como não se podem matar os instintos, eles foram cobertos de vergonha. Livre-arbítrio e ideal de perfeição moral, essas duas mentiras constituem "esse manto ético que o homem lançou sobre os ombros do mundo" e que "acaba por ensinar o animal-homem a envergonhar-se de todos os seus instintos". Tudo isso conduz ao niilismo, pois "um niilista é um homem que julga que o mundo, tal como é, não deveria existir, e que o mundo, tal como deveria ser, não existe".

Sob muitos aspectos, o pecado original conhece então, no século XIX, uma sorte análoga àquela de seu instigador, o diabo. Enquanto sua existência é defendida com unhas e dentes pela hierarquia da Igreja, ela é abertamente combatida pelos moralistas e cientistas, numa sociedade em vias de secularização. Mas, ao mesmo tempo, ele penetra no pensamento filosófico. Adão conhece uma nova juventude. Prostrado no tempo e no espaço pelo transformismo e pelo poligenismo saídos de Darwin, dissolvido por Hegel no conceito de afirmação do espírito diante do estado de inocência, ele está mais presente do que nunca. Em torno de seu nome, ocorrem os combates do racismo e do antirracismo, da eugenia e do igualitarismo, do monogenismo e do poligenismo, da moral natural e da moral revelada. Ser a favor ou contra a existência de um Adão histórico é expressar uma visão global da humanidade e da ética.

O pecado original é mesmo a pedra angular do cristianismo, como se reconheceu abertamente no século XIX. Sem ele, o Cristo Salvador não tem mais razão de ser. A Igreja não pode ceder sobre esse ponto, sob pena de transformar o cristianismo numa vaga sabedoria. Na medida em que liga Adão ao pecado, ela só pode se opor às ciências, defendendo posições que parecem cada vez mais grotescas. Até o momento em que, para salvar o pecado, lhe for preciso cortar os laços com Adão, que teria carregado consigo em seu naufrágio a noção de queda e, portanto, de redenção. Resta então inventar novas interpretações sobre o pecado original. É a isso que se dedica o século XX. Contudo, o problema não é apenas teológico, mas também ético. Dado que o velho Adão desapareceu, o que impede de que seja fabricado um outro, mais extraordinário, mais resistente, por uma seleção de caráter eugênico?

– 8 –

OS AVATARES DO PECADO ORIGINAL: ADÃO NO TESTE DAS CIÊNCIAS HUMANAS SÉCULO XX

O recuo do cristianismo no decorrer do século XX parecia deixar poucas chances de sobrevida a Adão e Eva. Apesar disso, assim como o diabo e o inferno, seu fantasma continua a assombrar nossa cultura, já que a primeira cibercriatura virtual, nascida em 2000, é uma jovem chamada Eva. O estudo do genoma humano e a paleontologia levaram uma equipe de biólogos americanos a concluir que descendemos todos de uma mulher, Eva, que viveu na África há cerca de 200 mil anos. Um professor de genética de Oxford, Bryan Sykes, dá como ancestrais dos europeus sete mulheres, filhas de Eva. Outras equipes, sobretudo norte-americanas, se lançam à busca do Adão genético. Tudo isso não parece muito sério no plano científico, mas ilustra o prestígio permanente de nossos dois primeiros pais.

O pecado original se tornou até mesmo uma hipótese de ficção científica no romance de James Blish, *A Case of Conscience*.[1] Essa obra, que aliás instaura

---

1 Publicado originalmente pela editora nova-iorquina Quinn Publishing, em 1953. Mas as citações se referem à tradução francesa: *Un Cas de conscience*, de 1959.

verdadeiros problemas teológicos, tenta reconstruir um mundo que teria escapado ao pecado original.

Lembremos os fatos: uma expedição espacial, compreendendo, entre outros, o jesuíta Ruiz Sanchez, chega ao planeta Lithia. Nele vivem estranhas criaturas, que não descendem de Adão e Eva. "Os lithianos não conhecem Deus. Eles pensam e agem com correção, simplesmente porque é razoável, eficaz e natural pensar e agir assim. Eles parecem não precisar de nada mais."[2] Nada perturba sua serenidade, nem mesmo a morte, que eles não temem, pois só veem nela uma mudança de estado. Eles ignoram a dúvida e só têm certezas. Não há nenhuma indecisão, nem conflito de valor. Em seu mundo, não há nem doença, nem parasitas, nem crime: "Não se veem criminosos, nem delinquentes, nem aberrações de nenhum tipo. As pessoas não são uniformes – nossa resposta, parcial e má, ao dilema ético –, mas altamente individualizadas. Elas escolhem livremente sua própria linha de vida; no entanto, nenhum ato antissocial é cometido. [...] Os lithianos são o exemplo mais perfeito que poderíamos encontrar daquilo que *deveriam* ser os homens, pelo simples motivo de que se comportam atualmente como o homem se comportava outrora no paraíso terrestre, antes da queda".[3]

Essas criaturas perfeitas praticam a eugenia, como explicado por uma delas: "Nossos ancestrais não deixaram nossas necessidades genéticas ao acaso. A emoção, entre nós, não vai mais contra nossos conhecimentos em eugenia. Isso seria impossível, dado que a própria emoção foi modificada, de modo a observar esses princípios por meio de seleções".[4] O jesuíta, abismado, se questiona se os lithianos, "não tendo nascido do homem e, de fato, não tendo jamais deixado o Éden em que viviam [...], não conheciam o terrível fardo do pecado original".[5] Assim, "ele tinha diante de si um planeta inteiro, um povo inteiro, não, melhor que isso, um problema inteiro de teologia, uma solução iminente ao vasto e trágico enigma do pecado original! Que presente para dar ao Santo Padre num ano santo!".[6]

---

2 Ibid., p.51.
3 Ibid., p.91 e 94.
4 Ibid., p.55.
5 Ibid., p.51.
6 Ibid., p.38.

Contudo, o perspicaz jesuíta não tarda a descobrir que esse Éden é, na verdade, uma armadilha de Satã, destinada a seduzir os homens: "Estamos na presença, estou pronto a dizê-lo um tanto bruscamente, de um planeta e de um povo sustentado pelo Inimigo supremo. [...] A única coisa que podemos dizer é: *Vade retro Satanas*. Se aceitarmos o compromisso, de qualquer maneira que seja, seremos danados".[7] Qual é a moral da história? Talvez seja a de que ninguém escapa do pecado original. Ou ainda que a perfeição é apenas um engodo, ou que o diabo é o verdadeiro mestre do mundo, ou que um mundo sem pecado não é finalmente muito engraçado, pois se tem dificuldade em acreditar que os lithianos, que são sáurios inteligentes, de 3,75 metros de altura, não se entediam.

Em todo caso, esse livro prova que a questão de um pecado original continua atual. Por que o mal, e por que ele é inelutável? Se o mal é simplesmente devido aos limites de nossa natureza, por que ele não poderia ser eliminado pelos progressos científicos? Se for o castigo de uma falta de origem, só resta se acomodar a ele. O debate continua aberto e transborda amplamente as fronteiras da teologia, da biologia, da moral, da filosofia. Mas, com a entrada em cena das ciências humanas, que aprofundam a noção de mito e de culpabilidade coletiva, esmiúçam o inconsciente e aprofundam a questão do livre-arbítrio, as belas certezas do passado se tornam, muitas vezes, noções desfocadas que escorregam entre os dedos dos pesquisadores.

Sob a influência de Margaret Mead, Ruth Benedikt, Leslie White, depois Claude Lévi-Strauss, o conceito de raça passa da biologia para a cultura, que se torna o elemento fundamental na determinação dos comportamentos humanos. Sobre um fundo de unidade física da espécie humana, destacam-se troncos culturais correspondentes a escolhas de adaptação. Essas diferentes culturas são desiguais, e é precisamente essa desigualdade que, para Lévi-Strauss, constitui a essência da humanidade. A nova antropologia não hesita em dizer que as grandes catástrofes do século XX são consequência do racionalismo humanista uniformizante das Luzes, e que o bem e o mal se definem no interior de cada civilização, e não de uma civilização para outra: "É um erro imaginar que civilização e crueldade selvagens são antitéticas",

---

7 Ibid., p.100.

explicará Richard Rubinstein em 1978. "Criação e destruição são partes inseparáveis daquilo a que chamamos de civilização".[8]

A sociologia, assim como a psicanálise, voltará à carga sobre a ideia de culpabilidade coletiva. Para Paul Guilluy, o pecado original remete à falta coletiva de um mundo que se recusa a seguir Deus e que se interioriza em cada consciência, tornando-se, assim, falta pessoal. A questão do mal se torna uma questão cultural:

> O que a interpsicologia constata, a psicanálise explica em parte. Ela nos faz conhecer a penetração profunda do psiquismo de nosso meio social em nosso próprio desenvolvimento. É sempre pela adaptação recíproca a um meio que nossa personalidade se constitui. Por esse motivo, no âmago de nossa consciência mais pessoal, vê-se introduzida uma pressão social que não é tal como nós a acolheríamos reativamente. Nosso psiquismo pessoal e consciente se exerce sobre um contexto de profundidade inconsciente e relacional.[9]

Para esse autor, a abordagem cultural da queda "permite apreender melhor o sentido bíblico de uma responsabilidade coletiva que é bem representada, na narrativa do Gênesis, como de ordem fundamentalmente cultural. A vontade de atingir a ciência do bem e do mal, de decidir sobre valores como se fôssemos deuses, é bem uma desordem da mentalidade".[10] Essa desordem leva a afastar-se de Deus pela ação científica prometeica, fonte do mal moral.

O interesse que se dedica à natureza a partir dos anos 1930 se deve muito ao livro de Franz Boas, professor de antropologia na Universidade de Columbia, *The Mind of Primitive Man* (1911), e àquele de Margaret Mead, *Coming of Age in Samoa* (1927), mas também à corrente behaviorista, em particular John Watson, um psicólogo americano segundo o qual não há "natureza humana", visto que a criança se desenvolve diferentemente em função dos estímulos recebidos. Reagindo contra as teorias racistas que privilegiam a hereditariedade, os behavioristas entendem que o cérebro humano é maleável à vontade. A conduta humana (*behaviour*) é, para eles, significativa

---

8 Rubinstein, *The Cunning of History: the Holocaust and the American Future*, p.91 e 95.
9 Guilluy, Sciences humaines et péché de l'humanité, in: *La Culpabilité fondamentale*, op. cit., p.169.
10 Ibid., p.170.

por si mesma; os atos exteriores que a revelam podem ser estudados objetivamente; não cabe pesquisar a intenção. Tal teoria é a própria negação de qualquer determinismo de tipo físico e revoluciona a concepção de um pecado original coator.

A fenomenologia de Husserl já caminhava no mesmo sentido. O que importa é o que o homem faz conscientemente. Em cada um des seus atos, ele se objetiva, apaga a distância entre o sujeito e o objeto, e é imediatamente responsável por seus atos. Para Max Scheler, discípulo de Husserl, os valores morais também podem ser estudados objetivamente. Ele considera que não há mais questão de consciência moral determinada por um acontecimento exterior transmitido inconscientemente.

A psicologia social também reage contra a psicologia científica das estruturas psíquicas inatas. Os instintos se formam no decorrer da evolução, explica William McDougall, o fundador dessa nova disciplina. Cerca de vinte anos depois, G. H. Mead mostra que o *eu*, a pessoa, é formado pela socialização. A psicologia suscita um interesse crescente, traduzido, por exemplo, em 32.855 teses de doutorado defendidas nesse campo nos Estados Unidos entre 1920 e 1974. No centro dos debates, há sempre o problema de saber se a natureza humana é uma questão biológica ou cultural. A primeira opinião tem primeiramente os favores de inúmeros psicólogos, mas depois é desconsiderada pelos excessos do nazismo. Os trabalhos sobre os animais, de Julian Huxley, Oscar Heinroth, Nicolas Tinbergen, Konrad Lorenz, estabelecem perturbadoras semelhanças com os comportamentos instintivos humanos: "Os genes têm a cultura na coleira", afirma E. O. Wilson. "A guia da coleira é bem longa, mas os valores são inevitavelmente controlados em função de seus efeitos sobre o conjunto dos genes [...]. A conduta humana – assim como as mais profundas capacidades de resposta emocional que a dirigem e a guiam – é o circuito técnico pelo qual o material genético humano foi e será preservado. A moral não tem outra função útil demonstrável."[11]

Esse ponto de vista dos sociobiólogos levantou muitas críticas; contudo, atribuindo a ênfase sobre o patrimônio genético, abriu assim a porta para outras reflexões sobre o pecado original. Este último, expulso pela paleontologia, tenta voltar pela genética. Em 1975, Claude Heddebaut recapitulava

---

11 Wilson, *On Human Nature*, p.167.

todos os obstáculos encontrados pelo mito tradicional diante das aquisições da paleontologia – existência provável de ramos humanos desaparecidos, semelhança do polifiletismo e do poligenismo, irresponsabilidade moral dos primitivos pré-históricos, quase impossibilidade de aparecimento simultâneo de dois indivíduos humanos primordiais – e demonstrava que, para a "nova evolução", "não é no plano da evolução orgânica, mas naquele da evolução humana, cultural e histórica, que a hereditariedade do saber adquirido seria admissível".[12] Do mesmo modo, G. G. Simpson escrevia em 1978: "A nova evolução, particular ao homem, se opera diretamente por herança de caracteres adquiridos, de conhecimentos e de atividades aprendidas que nascem e são continuamente integradas num sistema que liga o organismo ao seu meio ambiente, aquele da organização social".[13]

LIBERDADE E ANGÚSTIA DO ADÃO EXISTENCIALISTA

Nos anos 1930, outros campos de reflexão sobre o pecado original se abriram com os trabalhos de John Eccles e Karl Popper sobre os laços entre cérebro e pensamento, os de Piaget sobre o desenvolvimento do espírito, em *O julgamento moral na criança* (1932), os de Carl Rogers sobre a bondade inata do ser humano, ou ainda aqueles do teólogo protestante Paul Tillich, cujo *A coragem de ser* (1952) se inscreve numa corrente de existencialismo cristão, habitado pela ansiedade existencial. Na época dos cérebros eletrônicos, até mesmo se questionará o sentido moral da inteligência artificial, como o mostram os debates entre os americanos John Searle e Jerry Fodor, em torno da "máquina-homem", que substitui o tema do "homem-máquina".[14]

Tradicionalmente considerado como o fundamento de toda vida moral, o pecado original se viu acusado pela maior parte das ciências humanas. A hipótese do puro livre-arbítrio é, de fato, amplamente percebida como o solvente

---

12 Heddebaut, Biologie et péché originel, in: Guilluy (Org.), *La Culpabilité fondamentale*, op. cit., p.163.
13 Simpson, *The Meaning of Evolution*, p.140.
14 Fodor, The Big Idea: Can There Be a Science of Mind?, *Times Literary Supplement*; Stich, Consciousness Revived: John Searle and the Critic of Cognitive Science, *Times Literary Supplement*; Smith, Cognitive Psychology, in: *The Fontana History of Human Sciences*, cap.20, §V, p.832-42.

absoluto de toda a vida social: se o indivíduo pode agir livremente, isto é, sem nenhuma motivação particular, não há remédio contra a criminalidade, contra as infrações à lei. Ao contrário, se nossos atos são determinados pela busca de um bem, tudo se torna questão de conhecimento, de clarividência, de educação. A vida social repousa sobre a convicção de que cada um age segundo seu suposto interesse pessoal. Agir mal é simplesmente se enganar de valor. O pecado não é uma questão de erro; ele pode ser corrigido, o que seria ilustrado pelas palavras de Cristo: "Pai, perdoai-os, pois eles não sabem o que fazem". Adão sabia o que fazia? Ele agiu com vistas a um bem, mas se enganou pelo bem. O pecado original seria, assim, "pior que um crime, uma falta", como diria Talleyrand. "A falta só é, portanto, definitivamente, um fracasso da vontade em realizar sua finalidade imanente", escreve André Vergez em *Faute et liberté* (1969).[15] O sentimento de culpa não teria assim nada a ver com o mal objetivo; ele seria mais uma tomada de consciência de um erro de julgamento. Se o homem tivesse todos os dados em mãos, saberia verdadeiramente o que é o melhor para si; ele não cometeria mais erros nem, portanto, pecados. Se Adão soubesse verdadeiramente quais seriam as consequências de seu ato, jamais o teria cometido, pois não tiraria nenhuma vantagem dele. Se ele comeu a maçã, é porque estava então mal informado.

O livre-arbítrio aniquila qualquer possibilidade de educação e de reeducação. É por isso que Albert Bayet incrimina a "hipótese preguiçosa que, lançando sobre o doente a responsabilidade do mal, nos dispensa de vir ajudá-lo".[16] "É uma teoria desesperada", conclui André Vergez:

> Se vemos na maldade a explosão de um livre-arbítrio gratuito (explosão que pode ocorrer em qualquer lugar e em qualquer tempo), não há mais remédio contra a maldade. A maldade expressaria um puro satanismo invencível a qualquer reforma. Não nos surpreendamos, por conseguinte, que a concepção "mágica" do livre-arbítrio seja geralmente ligada ao conservadorismo mais estreito. O modo pelo qual ela interpreta o mal nos deixa desarmados contra ele.

---

15 Vergez, op. cit., p.472.
16 Bayet, *La Morale de la science*, p.97.

A essa renúncia da razão, a essa impotência irremediável, a concepção socrática da falta substitui a esperança da luz e da libertação.[17]

Quando São Paulo escreve na Epístola aos Romanos: "O bem que quero, não o faço, e o mal que não quero, eu faço", não estaria confirmando que suas ações são motivadas por uma falsa ideia do bem? Ou então precisamos dizer, como os existencialistas, que o pecado original significa que o homem escolhe criar ele mesmo seus próprios valores, de desobedecer a Deus para se pôr como ser autônomo? A história da maçã seria a imagem da condição humana, o primeiro ato de liberdade, pelo qual a espécie humana se criou e criou este mundo, colocando-o diante de Deus, como Jean-Paul Sartre explica em O ser e o nada (1948)? Opondo-se à concepção de Leibniz, Sartre apresenta Adão como um puro contingente, uma pura liberdade, que por sua livre escolha determina ele mesmo sua essência:

> Declarar que teria sido possível que Adão não tivesse comido a maçã equivaleria a dizer que um outro Adão teria sido possível. Assim, a contingência de Adão é uma só e mesma coisa que sua liberdade, dado que essa contingência significa que esse Adão real está cercado por uma infinidade de Adões possíveis, em que cada um é caracterizado, em relação ao Adão real, por uma alteração ligeira ou profunda de todos os seus atributos, isto é, finalmente, de sua substância [...]. Adão não se define por uma essência, pois a essência é, para a realidade humana, posterior à existência. Ele se define pela escolha de seus fins, isto é, pelo surgimento de uma temporalização ek-stática, que nada tem em comum com a ordem lógica. Assim, a contingência de Adão expressa a escolha finita que faz de si mesmo [...]. É no nível da escolha de Adão por si mesmo, isto é, da determinação da essência pela existência, que se instaura o problema da liberdade.[18]

Lançado neste mundo como uma existência, sem essência, pura liberdade, o homem faz a si mesmo, por meio de seus atos, engajando-se numa atitude de "niilismo heroico". Sartre analisou esse processo de realização do

---
17 Vergez, op. cit., p.480-1.
18 Sartre, L'Être et le néant, p.546-7.

indivíduo, cujo por-si, que é consciente e livre, tenta em vão coincidir com o em-si; entre os dois, há o nada, e dessa busca inútil resulta a angústia existencial. De certa maneira, o homem, para realizar-se, deve desapropriar-se, aniquilar-se e criar-se num vazio angustiante que ele tenta preencher com sua ação: ele mesmo se faz Deus. Então lhe é preciso esquecer a ideia de Deus, que seria nociva para sua liberdade. Nada está determinado *a priori*; o homem inventa os sentidos e os valores, numa total responsabilidade que o engaja, e aos outros.

O homem afirma seu ser sempre estando consciente de seu vazio: essa angústia existencial seria uma nova versão do pecado original? Em *As moscas*, publicado no mesmo ano que *O ser e o nada*, Sartre o sugere fortemente. Júpiter admoesta Orestes depois do assassinato de Egisto e lhe ordena que reintegre sua natureza, a natureza que ele recebeu na criação. Mas Orestes afirma sua liberdade; doravante, é ele que decide sobre sua essência, pelos seus atos, e que determina o que é o bem e o que é o mal: "A liberdade se fundiu em mim e me penetrou, a natureza deu um salto para trás, e não tive mais idade, e me senti sozinho no meio de teu pequeno mundo benévolo, como alguém que perdeu a sua sombra; e nada mais há no céu, nem bem, nem mal, nem ninguém para me dar ordens".[19] Orestes é Adão, como afirma o próprio Sartre, Adão que faz "a escolha da finitude e o desafio blasfematório a Deus".[20] O castigo é a absurdidade dessa existência, uma existência sem justificativa, geradora de angústia. As palavras de Júpiter a Orestes, "Tu lhes mostrarás subitamente sua existência, sua obscena e insípida existência, que lhes é dada por nada", fazem eco às palavras de Deus para Adão no Gênesis: "Tu ganharás o pão com o suor de teu rosto", sanção que parece bastante benigna em relação à angústia existencial. O homem ganhou sua liberdade, mas esta é um castigo: "Eles são livres, e a vida humana começa do outro lado do desespero", diz Orestes.

O teólogo Pierre Grelot sublinhou com perspicácia a profundidade dessa concepção ateia do pecado original: "O pecado é aí apreendido, por assim dizer, em estado puro, não como insucesso do homem, que verga sob o peso de sua fraqueza interior, diante de uma lei que ele não consegue observar, mas como atitude deliberadamente escolhida para recusar uma lei que traduziria

---

19 Id., *Les Mouches*, p.134.
20 Id., *Kierkegaard vivant*, p.59.

sua situação de dependência".²¹ E ele faz a conexão com a concepção freudiana do pecado original como o assassinato do pai e o desejo de se igualar a ele.

Martin Heidegger tem uma concepção do pecado original próxima àquela de Sartre: "Adão se temporaliza pelo pecado, livre escolha necessária e transformação radical daquilo que ele é. Ele faz entrar a temporalidade humana no universo".²² A angústia é a maneira de ser do homem, que jamais pode coincidir com ele mesmo, porque ele não é seu próprio autor. Ele não escolheu ser e só pode escolher ser um ou outro. Heidegger, por vezes, traduz essa situação em termos de queda e de decadência, referindo-se a um estado ideal impossível.²³

Se os filósofos do século XX se interessaram tanto pelo mito de Adão e da queda, é porque lhes permite dar conta da finitude da condição humana. Henri Bergson notava que o mito correspondia à experiência psicológica fundamental de nossa pequena infância: "A lembrança do fruto proibido é o que há de mais antigo na memória de cada um de nós, assim como naquela da humanidade [...]. O que não teria sido de nossa infância se nos tivessem deixado *laissés faire* [se não tivessem intervindo]! Teríamos voado de prazeres em prazeres. Mas eis que um obstáculo surgia, nem visível, nem tangível: uma interdição".²⁴ Bergson, que associa intimamente moral e religião, e que atribui ao homem uma aspiração inata a um ideal de vida superior, não concede um grande lugar para o pecado original em sua obra. Mas ele é uma exceção. Todas as grandes correntes, inclusive as mais ateias, se apropriam do mito e dão sua versão, sendo que alguns, como René Le Senne, voltam a uma concepção origenista.²⁵

ADÃO NO DIVÃ DE FREUD E DE JUNG

A descoberta do inconsciente, afirma Sigmund Freud, é o terceiro golpe aplicado ao orgulho humano. Depois do heliocentrismo, que mostrou que o homem não está no centro do mundo, depois do darwinismo, que mostrou que

---

21 Grelot, *Péché originel et rédemption à partir de l'épître aux Romains: Essai théologique*, p.180.
22 Heidegger apud Sartre, *Kierkegaard vivant*, op. cit., p.50.
23 Heidegger, *Sein und Zeit*, p.179-80.
24 Bergson, *Les Deux Sources de la morale et de la religion*, p.1.
25 Le Senne, *Le Devoir*.

ele é apenas o subproduto de uma longa evolução a partir de espécies animais, eis que se mostra ao ser humano que os motivos de seus atos, inclusive os mais sublimes, se enraízam num magma de pulsões recalcadas de base sexual e que a razão serve apenas para dar pretextos: "O inconsciente é a verdadeira realidade psíquica". Mas a vida em sociedade coage os homens a dissuadir seus instintos selvagens, em particular os dois instintos fundadores, que são Eros, a libido sexual, força de vida; e Thanatos, a agressividade destruidora, força de morte. O dilema é o seguinte: ou o homem se civiliza domando seus instintos e é infeliz; ou ele dá livre curso aos seus instintos para ser feliz afirmando-se, e é a destruição mútua. A civilização implica a repressão dos instintos e, portanto, uma insatisfação, que também pode dar origem ao bem pela sublimação.

Para dar conta do necessário recalque dos instintos, Freud parte da concepção do homem natural, selvagem, que lhe foi legado pelo século XIX, e que tem grandes semelhanças com o homem decaído da teologia: governado por suas pulsões e seus instintos, egoísta e não tendo nenhum controle de si mesmo, violento e incestuoso – em suma, como dizia Darwin, "nosso avô é o diabo sob a forma de um babuíno". Para Freud, esse homem selvagem está sempre em nós, recoberto pelo verniz da civilização, como um estrato arqueológico. Essa repressão do homem selvagem que está em nós já corresponde a uma espécie de queda: "As ideias de Freud sobre o homem e a condição humana (civilizada) são essencialmente trágicas", escreve Raymond Corbey: "O homem abandonou seu estado natural e só pode continuar a viver renegando sua herança arcaica, dominando esse outro animal lúbrico, agressivo, que porta em si. O homem moderno é obrigado a transigir com sua natureza animal inextirpável. Ele se encontra eternamente afligido por uma culpa filogênica e paga então muito caro pela aquisição da cultura".[26]

Essa culpabilidade provém de um ato inicial, que é o verdadeiro pecado original da humanidade: no princípio da história, os jovens homens selvagens do clã mataram o pai e o comeram, porque ele reservava as mulheres para si. É o Édipo fundamental, que Freud expõe em *Totem e tabu*. Tudo decorre disso. Os jovens machos, que odeiam seu pai, mesmo admirando-o, dão livre curso à agressividade matando-o, comendo-o para assimilar sua força, e à sua libido, unindo-se às suas mulheres, que são suas mães. Do remorso engendrado por

---

26 Corbey, Freud et le sauvage, in: *Des Sciences contre l'homme*, t.II, p.102.

esse crime, vem toda a organização social civilizada: o tabu do incesto, os interditos da moral, que visam doravante dissuadir a agressividade de cada um contra si mesmo, e também a religião. Assim, passou-se da sociedade selvagem à sociedade civilizada e aos seus recalques: "A horda paterna foi substituída pelo clã fraterno, fundamentado nos laços do sangue", escreve Freud. "Doravante a sociedade repousa sobre uma falta comum, sobre um crime cometido em comum; a religião, sobre o sentimento de culpa e sobre o arrependimento; a moral, por um lado, sobre as necessidades dessa sociedade e, por outro, sobre a necessidade de expiação engendrada pelo sentimento de culpa."[27]

O verdadeiro sentido do mito cristão do pecado original é que Adão matou o Pai:

> No mito cristão, o pecado original resulta incontestavelmente de uma ofensa feita para o Deus Pai. Ora, se Cristo liberou os homens do peso do pecado original sacrificando sua própria vida, podemos concluir que esse pecado tinha consistido num assassinato. Segundo a lei do talião profundamente enraizada na alma humana, um assassinato só pode ser expiado pelo sacrifício de uma outra vida; o sacrifício de si mesmo significa a expiação por um ato mortífero, e quando esse sacrifício de sua própria vida deve levar à reconciliação com Deus Pai, o crime a ser expiado não pode ser outro senão o homicídio do Pai. É assim que, na doutrina cristã, a humanidade confessa francamente sua culpa no ato criminoso original, dado que é somente no sacrifício de um dos filhos que ela encontrou a expiação mais eficaz.[28]

Por isso, no cristianismo, a religião do Filho tomou o lugar da religião do Pai e é acompanhada da refeição totêmica: a consumação do corpo do Filho pela comunhão. O sentimento de culpa sustentado pela religião corresponde a uma neurose coletiva, tornada uma estrutura fundamental do inconsciente. O amor entre o povo dos fiéis e seu chefe, Cristo, é destinado a ocultar o horror no assassinato primitivo.

Aliás, há uma estranha correspondência entre a explicação freudiana do assassinato primitivo e a explicação cristã: nos dois casos, o "pecado original"

---

27 Freud, *Totem et tabou*, p.219.
28 Ibid., p.230.

consiste em tomar o lugar de Deus Pai para se tornar autossuficiente, para se tornar a origem de si mesmo. Esse assassinato é um evento histórico ou mítico? Em sua última versão de *Moisés e o monoteísmo*, Freud escreve: "Não hesito em afirmar que os homens sempre souberam que haviam tido e assassinado um Pai primitivo". Em outros lugares, ele fala "de uma falta sangrenta da qual a humanidade pré-histórica teria se tornado culpada" e observa que já Diderot, em *O sobrinho de Rameau*, escrevia: "Se o pequeno selvagem fosse abandonado a si mesmo, conservando toda sua imbecilidade, e unindo a violência das paixões do homem de 30 anos à falta de razão da criança de berço, ele torceria o pescoço de seu pai e deitaria com sua mãe". Da mesma forma, Dostoievski não havia dito que "o assassinato do pai é [...] o crime principal e original da humanidade, assim como do indivíduo"? Os antropólogos não podem aceitar a realidade dessa história, mas ela guarda para eles um valor de "mito explicativo": "O assassinato do pai é um mito interior, preparando o acesso à estrutura edípica, em virtude da qual o pai poderá ser reconhecido em sua verdade",[29] nota Claude Lévi-Strauss.

O édipo é, ao mesmo tempo, um acontecimento individual e coletivo, que explica a proibição do incesto. Essa interdição não é um fato biológico, mas cultural, inteiramente fundamentado no sentimento de culpa resultante do homicídio primitivo – um homicídio ainda mais culpabilizante por não ter servido para nada: o homem individual continua dependente e não consegue ser seu próprio criador. Aqui intervém a religião: ela restaura o Pai todo-poderoso, espiritualizando-o e interiorizando-o, ela interdita o incesto, desvia a agressividade de cada um em relação a si mesmo. O clã é reformado pelo amor fraternal entre os fiéis e pela adoração do Pai; as proibições são reforçadas pela ameaça de sanções eternas; o Filho é condenado à morte, ritualmente, como testa de ferro para apagar o assassínio do Pai, além de ser também divinizado e salvar os fiéis, seus irmãos.

Em que pese tudo isso, o sentimento de culpa subsiste, tanto mais forte dado que o Pai é amor. Como na família, uma "chantagem afetiva" se instala: a combinação de proibições frustrantes e de amor dos pais para com seus filhos engendra nestes uma culpabilidade inexorável, o que facilita o retorno da agressividade contra si. Em *O mal-estar na civilização*, Freud mostra como a

---

29 Lévi-Strauss, *Les Structures élémentaires de la parenté*, p.609.

culpabilidade serve para manter o tecido social, atraindo para si a cólera da agressividade pelo processo do superego. Assombrado pelo desejo de matar o pai, o homem se culpa e volta essa agressividade para ele mesmo. O estado de civilização repousa sobre esse desvio e, portanto, sobre essa culpa. Aí está o verdadeiro nó do "pecado original", segundo Freud, gerador de mal-estar e angústia. Uma angústia que evoca o mal-estar existencialista, como escreve Henri-Charles Tauxe:

> Culpado "sem saber por quê" representa um estado muito mais frequente do que se admite geralmente, e a noção religiosa do "pecado original" não está muito distante de tal atitude. Freud evoca, em *O mal-estar na civilização*, o sentimento de "infelicidade interior durável" que invade o homem e cria nele uma espécie de náusea moral, da qual ele não discerne bem o motivo. Sem dúvida, não é exagerado dizer que os campos da religião e da moral constituem, por excelência, os "caldos de cultura" da culpabilidade [...]. É em virtude dessa dupla interpelação que o *eu* aparece como um campo conflituoso que se revela, no nível da afetividade, pela angústia. De fato, o superego [*supereu*], enquanto tal, não saberia conter um conflito, uma vez que ele é inteiramente ordenado pelo imperativo categórico; o *isso*, por sua vez, ignora a contradição e a angústia, e desdobra o universo pulsional numa espécie de "neutralidade monstruosa", cuja única regulação é o princípio do prazer.[30]

O "mal-estar na civilização" que se amplia é a crise de crescimento de uma humanidade que quer se libertar de seu pecado original. A vida em sociedade é marcada por uma nódoa indelével, que torna difícil suportá-la: "Tal como nos é imposta, nossa vida é pesada demais, nos inflige penas demais, decepções, tarefas insolúveis", escreve Freud. Ela exige de seus membros uma automutilação dos instintos sexuais e agressivos, aos quais a sublimação tem cada vez mais dificuldade em satisfazer. A religião tenta acalmar o conflito interior, evitar ao fiel "a neurose individual, mergulhando-o num delírio coletivo" infantilizante, fazendo o "sacrifício do intelecto". Ela é "a neurose infantil da humanidade", mas "o homem não pode permanecer eternamente uma criança".

---

30 Tauxe, *Freud et le besoin religieux*, p.163-4.

Carl Gustav Jung explora outro aspecto do pecado original. Criado numa família protestante muito fervorosa, habituado à introspecção, ele conhece bem o poder de autossugestão dos mitos coletivos que moldam os arquétipos, forças psicológicas irreprimíveis, estruturas inconscientes e ativas do espírito, tais como a religião as secreta. Em sua autobiografia, ele conta como, aos 12 anos, em 1887, era obcecado pela ideia do pecado, sobretudo do pecado desconhecido, o pecado contra o Santo Espírito, que lhe valeria o inferno, a ponto de isso o impedir de dormir. Ele buscava a origem, o responsável, mas seus pais e seus avós, ele pensava, não poderiam ter cometido esse pecado.

> Eu seguia toda a longa sequência de meus ancestrais desconhecidos para finalmente chegar a Adão e Eva. E assim veio a ideia decisiva: Adão e Eva eram as primeiras criaturas humanas e não tinham pais; eles haviam sido criados direta e intencionalmente por Deus, tais como eram. Não tinham escolha a fazer: deveriam ser como Deus os havia criado. Não suspeitavam como teria podido ser de outra forma. Eram as criaturas perfeitas de Deus, pois Ele só criava a perfeição. Apesar disso, haviam cometido o primeiro pecado ao fazer aquilo que Deus proibira. Como isso tinha sido possível? Eles jamais poderiam cometê-lo se Deus não lhes tivesse posto a possibilidade. Isso também diz respeito à presença da serpente, que Deus havia criado antes de Adão e Eva, na intenção evidente de que ela pudesse seduzi-los. Em sua onisciência, Deus havia organizado tudo para que nossos primeiros pais fossem obrigados a cometer o pecado. Por conseguinte, era a intenção de Deus que eles cometessem esse pecado. Essa ideia me libertou imediatamente de meu pior tormento.[31]

Qualquer que seja o pecado original, só pôde ter sido cometido com a permissão divina, conclui Jung, o que exonera o homem de qualquer culpa. Na realidade, o mito do jardim descreve uma armadilha. Deus tem um "singular comportamento de duas caras", e o "procedimento pelo qual, chamando a atenção dos primeiros pais sobre a árvore do conhecimento, ao mesmo tempo os proíbe de usá-la",[32] é dos mais suspeitos. Ele "cria Adão e Eva de forma que fossem obrigados a pensar naquilo que não queriam

---

31 Jung, *Ma Vie*, p.58.
32 Id., *Réponse à Job*, p.43.

pensar". O pecado original, inevitável, desejado por Deus, está na raiz de nossa condição.

Deus, assim como a serpente, faz Adão e Eva acreditar que é possível não morrer, mas essa escolha é uma enganação. Marie Balmary, numa leitura psicanalítica do Gênesis, põe toda a falta sobre a serpente:

> Para o sujeito, a questão não é viver ou morrer como na natureza; é *to be or not to be*. Ele não é dado *a priori*; o sujeito não é um fato; ele pode ser, se conseguir se levantar; ou não ser, se escolher seu caminho fora do campo do espírito (tu morrerás...). E tem essa perspectiva aberta pelas religiões, de que só o que é espírito (que não nega forçosamente que haja corpo) terá parte do mundo a advir.
>
> Pode-se sempre enganar os humanos sem negar mais ou menos que eles vão morrer, todos, e cada um de sua própria morte? Se lhes for dito "vocês não morrerão", é a serpente que fala, diz o Gênesis. Alguém que lhe promete não morrer como criatura negará você como sujeito.[33]

Deus também prometeu a Adão e Eva que não morreriam, se permanecessem na ignorância do bem e do mal. Mas seriam eles então verdadeiramente humanos? Desde o início, os dados estão viciados; o mito do pecado de Adão e Eva se volta, de certo modo, contra seus inventores.

NECESSIDADE DE REMITIFICAR O MITO (PAUL RICŒUR)

Para Paul Ricœur, o mito do pecado original permitiria dar conta da introdução do mal, poupando Deus. Mas a Igreja, insistindo na interpretação literal do Gênesis, foi o mais poderoso agente destruidor do sentido do mito. Se o mito se torna história, cai no campo da crítica histórica essa máquina de desencantar o mundo e que o põe em pedaços. O mito do pecado original não escapa à regra:

> Nunca se dirá suficientemente o mal que fez à cristandade a interpretação literal, seria preciso dizer "historicista", do mito adâmico. Ela a enterrou

---

33 Balmary, *La Divine Origine*, p.122.

na profissão [de fé] de uma história absurda e nas especulações pseudorracionais sobre a transmissão quase biológica, de uma culpabilidade quase jurídica da falta de um outro homem, devolvido à aurora dos tempos, em algum lugar entre o pitecantropo e o homem de Neandertal. Ao mesmo tempo, o tesouro escondido no símbolo adâmico foi dilapidado; o espírito forte, o homem razoável, de Pelágio a Kant, Feuerbach, Marx ou Nietzsche, sempre terá razão contra a mitologia, enquanto o símbolo sempre permitirá pensar além de qualquer crítica reducionista. Entre o historicismo ingênuo do fundamentalismo e o moralismo exangue do racionalismo, abre-se a via da hermenêutica dos símbolos.[34]

De tanto querer dar vida a Adão, acabou-se por matá-lo. Sua única via de salvação é conservar-lhe seu estatuto de "mito racionalizado", evitando toda especulação sobre a própria história do que pode ter acontecido. O homem introduziu o mal: é tudo o que podemos dizer. No oposto dos mitos babilônicos, que fazem o mal preexistir ao homem, a narrativa da queda de Adão "é o único mito propriamente antropológico", escreve Paul Ricœur, mas sem poder evitar uma misteriosa contradição interna: ele põe em cena um mítico animal representando a preexistência do mal, a serpente. "Adão, na qualidade de homem primordial, é anterior a todo homem, e mais uma vez, figura, à sua maneira, a anterioridade do mal a todo mal atual. Adão é mais velho que qualquer homem, e a serpente é mais velha que Adão. Assim, o mito trágico é reafirmado, ao mesmo tempo que é destruído pelo mito adâmico."[35] Dessa maneira, o mal quase recebe apenas um estatuto ontológico, o que faz Paul Ricœur afirmar: "Antignóstico em sua intenção, o pecado original é um conceito quase gnóstico em sua forma".

Mistério trágico do mal, que de fato nenhum mito pode elucidar. A história da maçã é uma tentativa de teodiceia, a fabricação de um álibi que permita inocentar Deus. Mas o mal está sempre lá, incompreensível. Um símbolo não pode ocupar o lugar de uma explicação. Ele desempenha o papel de tela, dando aos crentes a ilusão de ter a resposta, sendo que, na verdade, camufla a ignorância:

---

34 Ricœur, *Le Conflit des interprétations: essais d'herméneutique*, p.280.
35 Ibid., p.291.

1. O símbolo permanece opaco, não transparente, pois é dado por meio de uma analogia, na base de uma significação literal, que ao mesmo tempo lhe confere raízes concretas e um peso material, uma opacidade.

2. O símbolo é prisioneiro da diversidade das línguas e das culturas, e, a esse título, permanece contingente: por que esses símbolos e não outros?

3. Eles só permitem pensar por meio de uma interpretação que permanece problemática. Não há mito sem exegese; não há exegese sem contestação. A decifração dos enigmas não é uma ciência, nem no sentido platônico, nem no sentido hegeliano, nem no sentido moderno da palavra "ciência".

Opacidade, contingência cultural, dependência em relação a uma decifração problemática: tais são as três deficiências do símbolo, diante do ideal de clareza, de necessidade e de cientificidade da reflexão.[36]

O mito simbólico do pecado original, tal como aparece no Gênesis, nos remete à experiência do pecado tal como era sentida pelos autores dos livros bíblicos. Um sentimento interiorizado de culpa, que associa todo o mal a uma origem única: "O mito de Adão significa, entre outras coisas, que todos os pecados se ligam a uma única raiz, que, de algum modo, é anterior a cada uma das expressões particulares do mal".[37] Experiência da impotência de bem fazer. Pode-se dizer mais sem abusar das palavras? Provavelmente, não. Paul Ricœur, para quem o mito adâmico é apenas um "arcobotante" do edifício teológico cristão, e não sua "pedra angular", lhe oferece, todavia, um certo valor terapêutico.

A REVOLTA DOS CRISTÃOS CONTRA O PECADO ORIGINAL: DE TURMEL A DREWERMANN

A partir do início do século XX, em *Affirmations de la conscience moderne*, G. Séailles denuncia um mito que não se baseia em nenhum fato histórico e do qual se adapta a interpretação para lhe fazer dizer o que se quer:

---

36 Ibid., p.313.
37 Ibid., p.425.

Pode-se admirar a teoria do pecado original, elogiar sua profundidade, insistir sobre os fenômenos que a confirmam, sobre essa lei de inércia e de regressão, muito negligenciada pelos psicólogos, que faz com que o mau hábito rapidamente se fixe como se estivesse predeterminado na natureza, e que, ao contrário, o hábito bom jamais chegue ao automatismo, sempre permaneça mesclado de esforço, e deixe o sentimento de uma resistência a ser vencida. Os fatos são suscetíveis de uma outra interpretação; o homem se junta ao animal; ele cria a si próprio por uma ação incessante, que ele não relativiza senão recaindo no instinto. A própria natureza não é nem boa, nem má; ela só se torna tal quando o homem a ultrapassa e a julga.

O pecado original é um corolário da criação, justifica Deus, explica o mal, mantendo a vontade do bem na origem das coisas. Mas essa teoria ingênua, que ainda tinha um sentido quando a terra reinava no centro de um universo onde tudo se reportava ao homem, não o tem mais, na pluralidade indefinida dos mundos. E, o que é mais grave, que justiça é esta desse Deus perfeito que condena todos os homens em seu primeiro pai, esse lógico ruim, que confunde o gênero com o indivíduo, pior juiz ainda, que castiga ao acaso o culpado e o inocente?[38]

No ano seguinte, 1904, um erudito católico, Édouard Le Roy, limita o alcance do mito de Adão e de sua queda ao campo moral: "Agora sobrecarrego ainda menos o dogma do pecado original. Quantas dificuldades ele não levanta – exegéticas, históricas, científicas, filosóficas – quando se quer definir o conteúdo objetivo pelas suas determinações intrínsecas? Por outro lado, nada mais claro, do ponto de vista prático e moral. Eis o caso de dizer que uma realidade misteriosa nos é notificada pelas consequências que tem em nós e pelos deveres que ela impõe".[39]

Do lado protestante, em 1924, um teólogo anglicano, N. P. Williams, profere uma série de conferências reunidas num volume intitulado *The Ideas of the Fall and of Original Sin*. Para ele, mesmo que haja em cada homem uma espécie de enfermidade congênita, que faz com que não consigamos dominar o conjunto de nossos instintos, é abusivo falar de pecado. Essa enfermidade faz parte de nossa natureza, ela é a responsável pelo mal, e a origem se

---

38 Séailles, *Les Affirmations de la conscience moderne*, p.70.
39 Le Roy, *Dogme et critique*, p.270.

situa no "impulso vital" que Deus criou, uma espécie de alma do mundo que contém todos os princípios de vida. Um acidente misterioso desregulou esse impulso vital e este explodiu, originando a multidão das almas individuais, sobre as quais pesa a tara original. Williams rejeita ao mesmo tempo a explicação kantiana, que qualifica de maniqueísta, e a explicação hegeliana, que, aos seus olhos, é panteísta em demasia.

Nos dois volumes de sua *Dogmática cristã* (1925), o teólogo protestante liberal Reinhold Seeberg reduz o mito a uma banal história de guerra pré-histórica. Deus criou os primeiros homens do gênero Cro-Magnon, dotados de um mínimo de inteligência, de liberdade e de sentido moral. Em pouco tempo, a horda selvagem, simbolizada por Eva, põe em seu comando uma espécie de bruto, Adão, que conduz a revolta. Revolta contra quem? Contra quê? Por qual razão? Ninguém o sabe, mas o resultado é catastrófico: uma humanidade fraca e decaída, que lentamente retoma a consciência de si mesma.

Muito mais convincente é a teoria do antigo abade Joseph Turmel, que, em 1931, publica o primeiro volume da grande *Histoire des dogmes*, na qual dedica trezentas páginas à história do pecado original. Nascido em Rennes em 1859, ingressou em 1876 no grande seminário dessa cidade, onde se tornou bibliotecário. Exegeta erudito, suas ideias audaciosas desagradam profundamente à hierarquia da Igreja. Numa série de artigos, rejeitou a interpretação literal do Gênesis, o que lhe valeu ser chamado diante do Santo Ofício pelo cardeal Richard em 1901. Ele é um dos líderes do movimento modernista, na companhia dos abades Loisy, Hébert, Alfaric, todos vítimas da repressão romana sob Pio X. Em 1904, Turmel já havia publicado, na *Revue d'Histoire et de Littérature Religieuse*, uma "História do dogma do pecado original", retomada em *Histoire des dogmes*.

A própria noção de história, introduzida no mundo intangível e imutável das verdades eternas que são os dogmas, é perigosa para a fé: em si, um dogma, assim como um teorema matemático, não tem história; ele é verdadeiro desde sempre. Pode-se retratar a história de sua "descoberta", mostrar como essa verdade imutável desenvolveu seus diferentes aspectos no tempo – por exemplo, a Imaculada Conceição pôde ser negada por grandes santos medievais e, depois, proclamada por um papa do século XIX. Pode-se também mostrar como a Igreja elaborou certo número de crenças, ao sabor das disputas teológicas e para responder às heresias e às suas diversas necessidades. É o que Joseph Turmel faz.

Para ele, a história do pecado original é uma ilustração da evolução e das contradições da Igreja, que não hesita em renegar crenças precedentes, segundo as circunstâncias, mesmo proclamando sua fidelidade à mesma verdade imutável. A obra de Turmel é uma verdadeira máquina de guerra que denuncia a duplicidade dos teólogos. Ele explica em seu prefácio: se "os teólogos concordam, em princípio, com Bossuet, que "variar na exposição da fé é uma marca de falsidade e de inconsequência na doutrina exposta"', eles dão exemplo de suas contradições a respeito do pecado original.

> A Igreja jamais explicou oficialmente a natureza do pecado original, e temos a escolha entre diversas explicações imaginadas pelos teólogos [...]. Eles decidiram que Santo Agostinho não tinha podido instaurar o pecado original na concupiscência, porque tal teoria, ao mesmo tempo "herética" e "absurda", teria sido uma deturpação do dogma. E fizeram proezas incríveis para afastar essa heresia, esse absurdo, dos textos do grande doutor. De modo que a informação de Estius é praticamente a confissão de uma evolução no dogma do pecado original. Primeira infração da lei de imobilidade dos dogmas.
>
> Uma segunda infração nos é assinalada pelo padre Petau, que foi, como se sabe, um dos mais eruditos homens do século XVII, e pelo padre Garnier, a quem devemos os trabalhos de maior mérito sobre o pelagianismo e sobre Théodoret [...]. Estius nos ensina que o dogma do pecado original foi transformado por Santo Anselmo; na escola de Petau e de Garnier, aprendemos que ele foi criado por Santo Agostinho.[40]

Os teólogos nos farão acreditar que se trata do desenvolvimento do dogma na história, diz Turmel, que termina seu estudo expondo o caso da teoria do cardeal Billot sobre o pecado original, que era então o último avatar em data na interminável sequência das réplicas do mito adâmico. Num artigo da revista *Études*, de 20 de janeiro de 1920, o cardeal jesuíta escrevia a propósito do pecado original:

---

40 Turmel, op. cit., p.8-9.

Dentre os dogmas da Igreja, não há nenhum outro que seja geralmente tão mal compreendido [...], nenhum mesmo, por que eu não diria? Que tenha sido a esse ponto desfigurado e fantasiado por certos teólogos, em sua maior parte pertencentes à escola da decadência que foi o século XVIII [...], [sob sua escrita] o dogma do pecado original se transforma imediatamente num monte de contradições flagrantes [...]. Eu seria considerado responsável por um ato cometido quando eu ainda nem existia! Quem poderia admitir algo assim! Pois aqui não há mistério que se sustente; o mistério é algo que vai além da nossa razão, e não aquilo que a inverte e a destrói. E, a esse respeito, lembro a história da resposta que o fabulista põe na boca do cordeiro, ao se defender do crime de ter sujado, um ano antes, a água que o lobo acabara de beber: "Como eu teria feito isso", dizia ele, "se ainda não tinha nascido?".

Então, segundo o cardeal, o pecado original designa simplesmente o estado da natureza humana privada dos dons sobrenaturais. Não somos responsáveis pelo ato cometido por Adão, mas suportamos suas consequências. Isso também significa que os pagãos, os infiéis e as crianças que morreram sem batismo não estão destinados ao inferno. Para Joseph Turmel, tal declaração é censurável tanto por ilusão quanto por duplicidade, sem que seja possível delimitar isso de forma precisa: Billot pretende que ela esteja de acordo com as fórmulas do Concílio de Trento e com a grande maioria dos teólogos, o que é difícil de admitir.

Poderá a Igreja aceitar desdizer muitas de suas proclamações solenes? Turmel aposta que sim. Não se trata de sua primeira renegação, e o pecado original, que é cada vez menos admitido pelas mentalidades modernas, também acabará por juntar-se ao catálogo das crenças ultrapassadas:

> Primeiramente, trata-se de fazer o Concílio de Trento admitir o contrário do que havia dito, de transpor suas fórmulas: esta operação, sem dúvida, é costumeira para os teólogos, que fazem isso diariamente a respeito dos textos das Escrituras e dos Pais, mas – e é isso que a torna delicada – que deve ser aqui aplicada às definições de um concílio, do mais importante de todos os concílios. Em segundo lugar, trata-se de abandonar uma tradição quinze vezes secular e criar uma nova, na qual se notará na primeira fila os semipelagianos e Abelardo. Será isso possível?

Pode-se afirmar, quase que seguramente, que essa evolução ocorrerá, porque responde aos postulados mais imperiosos do espírito humano que, há séculos, se livra lenta, mas progressivamente, da pesada herança que Agostinho lhe legou. Natureza viciada, fonte da vida corrompida e corruptora, predestinação ao inferno, graça implicada, vontade redentora restrita, condenação das crianças mortas sem batismo ao fogo – todos esses produtos agostinianos que, durante toda a alta Idade Média, tinham habitado a consciência cristã, foram expulsos uns após os outros. O mesmo ocorrerá com o pecado original. Sua evicção já está mesmo bem avançada, dado que, há muito tempo, ele é apenas a privação voluntária de um bem superior à natureza. Atualmente, o pecado original não corrompe mais a natureza, não lhe imprime mais uma lesão, não precipita mais a criança no fogo do inferno, e é só a sombra do monstro introduzido no mundo por Agostinho.[41]

A sequência do século XX deu ampla razão a Turmel. Há muito tempo que as ideias inovadoras do cardeal Billot foram superadas e que uma multidão de teorias novas adquiriu privilégios na Igreja, suavizando o mito a ponto de reduzi-lo a uma simples fábula. Somente o *Catéchisme de l'Église catholique* de 1997 parece ainda se ater a ele, mas o mínimo que se pode dizer é que não recebeu um acolhimento muito favorável nos meios intelectuais cristãos.

Generalizando o método, Turmel expõe em conclusão os diferentes motivos que permitem regularmente à Igreja se adaptar ao seu tempo (no entanto, com algumas dezenas de anos de atraso). Em particular, sempre lhe é possível minimizar o alcance das declarações embaraçosas do passado, afirmando que elas não refletiam sua "verdadeira" doutrina, por razões formais, embora inúmeros fiéis tenham sido então anatemizados e excomungados em nome dessas mesmas declarações. As opiniões exegéticas de Galileu, assim como aquelas dos modernistas, condenados em seu tempo com grande ruído, não são hoje em dia aceitas até mesmo pelos membros da Cúria?

Dizem que será preciso submeter a um trabalho de transposição não somente os textos escriturários ou patrísticos, mas também as definições de um concílio. Respondo que essa operação não é inusitada e que já foi feita, seja

---

41 Ibid., p.281.

sobre os concílios, seja – o que dá no mesmo – sobre os atos emanados da Santa Sé. O exemplo clássico é a definição do Concílio de Florença, que manda para o inferno, *in infernum descendere*, as almas das crianças mortas sem batismo. Encontrou-se a "chave" dessa definição, que outrora fora um obstáculo para Belarmino, Petau e Bossuet. Ela significa que a condição dessas crianças não difere em nada da beatitude que fora o apanágio de estado de pura natureza. A mesma operação havia sido feita sobre o *Syllabus* pelos católicos liberais que, mesmo deplorando na intimidade a cegueira de Pio IX, entregaram ao mundo laico uma exegese erudita da peça pontifical e a transformaram numa apologia comedida da civilização moderna (isso até a chegada de Leão XIII, pois então se descobriu que o *Syllabus* não era um ato propriamente pontifical, e se aplicou a ele as regras da exegese vulgar). Basta descobrir a "chave". O cardeal Billot encontrou aquela que abre os textos do Concílio de Trento. Basta-nos usar sua descoberta.

No que diz respeito à tradição, a jurisprudência está fixada. Quando somos condenados, isso vale para sempre. Portanto, Abelardo e os semipelagianos, longe de serem admitidos para trazer sua contribuição à nova ortodoxia, são por ela renegados. Mas os Pais gregos, atualmente tão embaraçosos, serão auxiliares preciosos. Seus escritos fornecerão uma ampla colheita de textos luminosos, com a ajuda dos quais se estabelecerá uma prova de tradição como convém. Não se poderá deixar de dizer que "certos" teólogos falsearam o dogma do pecado original a ponto de fazer dele uma coisa "repugnante ao sentido moral". Será até mesmo necessário nomear algumas vítimas. Os jesuítas escolherão Billuart como bode expiatório; os dominicanos, por sua vez, assinalaram os *Wirceburgenses*. Mas os doutores de renome serão poupados. E se proclamará, mais entusiasticamente do que nunca, a origem apostólica dos dogmas.[42]

Os adversários mais encarniçados do pecado original são cristãos, e isso por duas razões opostas. Alguns, como Turmel, rejeitados pela Igreja, são liberados da necessária submissão às autoridades e às convenções, e podem denunciar livremente os procedimentos e os preconceitos, com ainda mais eficácia devido ao fato de que os conhecem bem. Outros, como Eugen Drewermann, permanecem no interior da comunidade, na margem vanguardista, e se esforçam para cortar os ramos mortos que sobrecarregam a velha

---

42 Ibid., p.282-3.

árvore da cristandade, e que arriscam arrastá-la consigo em sua queda. O pecado original é uma crença inaceitável para a cultura moderna, moral e cientificamente, e que traz prejuízo à religião. É melhor se desfazer dele. O melhor meio não seria esvaziar o mito de todo sentido preciso?

Assim, em 1992, em *Psicologia profunda e exegese*, Eugen Drewermann escreve que "o dogma do pecado original, por fim, nada mais significa senão a impossibilidade, para o homem, de ser bom enquanto estiver separado de Deus".[43] No ano seguinte, ele sugere que se veja na história da queda a gênese da angústia existencial. Diante de João Paulo II, para quem a cena do jardim do Éden "constitui a essência mais íntima e a mais obscura do pecado: a desobediência a Deus, à sua lei, à norma moral que ele deu ao homem e inscreveu em seu coração, confirmando-a e concluindo-a por sua revelação", Drewermann opõe Jean-Paul Sartre, para quem "ser homem é tender a ser Deus". Aí está o pecado original, que o ateu define melhor que o papa. "Mas essa tentativa desesperada do homem para fundar sua própria existência só faz remetê-lo, de modo mais humilhante e mais inexorável, à sua condição de criatura e à sua miséria: quanto mais se esforça em dar provas de seu valor absoluto, mais ele ressente a maldição de ser apenas um homem, 'nu', lamentável sob sua tanga de 'folhas de figueira', esse antigo símbolo da morte, uma criatura mal talhada, tanto mais inexoravelmente maldita e condenada a nada mais ser, dado que seu medo insuportável diante de Deus a leva e a condena a tomar seu lugar."[44] O homem está condenado a viver na dissimulação, no temor do Deus vingativo. Exilado de sua própria natureza, estrangeiro a si mesmo, ele "conhece o bem e o mal", e isso constitui sua infelicidade.

Segundo Drewermann, é o sentido da capitulação de Eva diante da serpente: "Face às insinuações e aos questionamentos da 'serpente', a mulher procura lembrar-se das advertências de Deus; ela repete, palavra por palavra, as que ele disse, mas só pode se lembrar da ordem divina com um sentimento crescente de angústia. Pega na armadilha da angústia, ela só aprende como injunções alienantes de um déspota rigoroso as palavras que originalmente visavam assegurar-lhe uma proteção e conferir-lhe a liberdade, de tal forma

---

43 Drewermann, *La Peur et la faute: Psychanalyse et morale*, t.I, p.80.
44 Id., *L'Évangile de Marc: Images de la rédemption*, p.12.

que aquilo que era manifestação de vida se transforma em ameaça de morte e os conselhos divinos se metamorfoseiam em reservas morais intratáveis".[45]

Tal leitura do pecado original é, evidentemente, mais filosófica que religiosa. Apesar de tudo, muitos cristãos se reconhecem nela. Inúmeros são aqueles que, como Jean Delumeau, pensam que já passou da hora de afastar pura e simplesmente uma doutrina que mais fez mal que bem para a Igreja. O historiador, cujo livro intitulado *Le christianisme va-t-il mourir?* (1977)[46] suscitou uma nova cabala dos devotos, escreve em 1985, em *Ce que je crois*: "As Igrejas cristãs assentaram durante muito tempo sua doutrina do pecado original em um mal-entendido, que quase se tornou um dogma a partir de Santo Agostinho. Essa doutrina tinha a vantagem de justificar Deus e de explicar como o mal havia entrado no mundo [...]. Essa doutrina, evidentemente, faliu".[47]

EXEGESE JUDAICA E MATERIALISTA

Maimônides, no *Guia dos perplexos*, e depois Spinoza, tinham mostrado havia muito tempo: a consciência moral nasce com o pecado original, e essa consciência moral não cessa de nos importunar, ainda mais porque o conhecimento do bem e do mal é muito incerto e variável.[48] É essa ideia que Georges Steiner retoma em um de seus romances,[49] no qual um Hitler imaginário declara que é preciso matar todos os judeus, porque, com sua história de Adão e Eva expulsos do paraíso, inventaram a consciência moral e a culpa coletiva.

O drama da condição humana é precisamente essa misteriosa culpabilidade, que é sentida de forma ainda mais forte nas grandes tragédias da história. Hans Jonas oferece outra interpretação em *O conceito de Deus após Auschwitz* (1994): Deus criou o homem, depois lhe cedeu todos os seus poderes, confiando inteiramente nele. Doravante, até mesmo sua existência depende do

---

45 Ibid., p.11.
46 Ver as reações indignadas à publicação de Delumeau, *Christianisme va-t-il mourir?*.
47 Delumeau, *Ce que je crois*, p.73.
48 Maimônides, *Guide des égarés*, I, 2.
49 Steiner, *Le Transport de A. H.*

homem, que pode fazê-lo existir ou desaparecer. Ele deixou que assegurasse a continuidade, o poder criador, e então "Deus se pôs a tremer". O homem é todo-poderoso, e sobre seus ombros pesa uma imensa responsabilidade, pois não pode atribuir o mal nem a Deus, nem ao diabo. A cada hora, seu pecado original se torna mais pesado por todos os males do planeta.

Em 1912, em *O livro do conhecimento*, o rabino Shlomo Elyashiv propõe uma explicação da queda que prefigura o existencialismo. Ele atribui uma tripla significação para a história do jardim. O homem, comendo a maçã, manifesta um desejo de saber que provoca sua alienação nas coisas, pois esse desejo vai além de suas capacidades e o deixa constantemente insatisfeito. Mais complexo é o papel da serpente. Antes da queda, o homem e a mulher se conhecem sem intermediário. A serpente seduz a mulher, que se uniu ao homem e em quem se mesclaram as sementes do diabo e de Adão. Toda a posteridade será marcada por essa dupla origem. Sobretudo, o pecado original falseou as relações humanas: doravante, os seres humanos se conhecem "nus"; cada um se torna para si mesmo objeto e deve passar pelo olhar do outro, o que implica todas as tentativas para "impressionar" esse outro, como o uso da sedução, do embuste, da mentira. Desde então, é o inferno, pois "o inferno são os outros".

Nos antípodas dessas teorias, pode-se também tentar uma explicação pelo materialismo histórico. Jean Guichard experimentou isso.[50] Depois de ter mencionado que os teólogos "mataram" a narrativa do Gênesis com sua interpretação naturalista, ele afirma que "o texto do Gênesis deveria ser analisado não como texto 'sagrado', mas como produto de um trabalho literário efetuado em dadas condições de produção, tanto econômicas e políticas quanto ideológicas".[51] Para ele, o episódio da queda foi composto no decorrer da crise que se seguiu ao estabelecimento da monarquia em Israel e reflete a oposição entre os tipos de vida nômade e sedentária. Os hebreus se tornam senhores de uma terra que não lhes pertencia; inventam uma promessa divina que podia servir como título de propriedade, mas também precisam justificar o labor e o sofrimento exigidos pelo estabelecimento:

---

50 Guichard, Approche 'materialiste' du récit de la chute: genèse 3, *Lumière et Vie*, t.XXVI, n.131, p.57-90. Abordagem materialista da narrativa da queda.
51 Ibid., p.59.

Pode-se formular a hipótese de que a narrativa da criação e do pecado respondia a uma dupla necessidade interna: explicar o "atraso" que interveio na realização das promessas de Javé e as contradições às quais a realização da promessa leva: a posse da terra – objeto da antiga aspiração do povo – não se traduz pela conquista da felicidade, mas por sofrimentos que, frequentemente, superam aqueles suportados no tempo do desejo. O modo de apropriação realiza e, ao mesmo tempo, desvia o desejo: qual "falta" original pode dar conta desse drama?[52]

O contexto da composição da narrativa da queda permite considerar o aspecto universalista do episódio, efetuar a focalização sobre um casal, que representa todo o povo, sobre um jardim e sobre uma árvore, que representam os elementos federalizadores das tribos. Jean Guichard sublinha que a fórmula pela qual Adão designa Eva: "Tu és meus ossos e minha carne", é a mesma que Davi utiliza no segundo livro de Samuel para designar as tribos. A serpente representa a sedução exercida pela realeza sobre o chefe das tribos, Adão, que o leva a se proclamar rei. A narrativa do pecado original seria uma encenação figurada da tomada do poder por um rei sobre as tribos de Israel. O pecado é a instituição monárquica vista por nostálgicos do passado nômade e tribal. Adão não foi feito para reinar.

UMA NECESSÁRIA ATUALIZAÇÃO DO MITO

O mito do pecado de Adão e Eva já havia sido posto em maus lençóis pelo transformismo darwiniano. Durante algum tempo, acreditou-se poder superar este último fazendo da evolução uma força criadora guiada por Deus, no sentido de um progresso constante que finalizaria no homem. Ora, a evolução não é um processo linear, mas uma sucessão de tentativas, de insucessos, de contingências – "produto de uma bricolagem", escreve Jacques Arnould.[53] Todas as ciências, tanto biológicas quanto humanas, se combinam então para tornar caduca a história do pecado de Adão e Eva, e a de sua transmissão.

---

52 Ibid., p.63.
53 Arnould, Dire la Création après Darwin, *Revue des Sciences Philosophiques et Théologiques*, t.82, p.281.

Havia muito tempo, os teólogos, em sua imensa maioria, tinham reconhecido a impossibilidade de manter a explicação tradicional de tipo mais ou menos literal. As representações desse tipo "não ajudam mais os homens de hoje", escrevia em 1969 Charles Baumgartner, "elas se tornaram, para eles, um obstáculo intransponível, que os impede de acreditar ou, no mínimo, os incomodam consideravelmente em sua fé",[54] enquanto que, em 1976, Jean--Pierre Jossua afirmava: "O pecado original, no sentido agostiniano, é uma quimera".[55] Havia pouco tempo, o dominicano Christian Duquoc não hesitava em declarar: "O dogma do pecado original [...] se tornou um escândalo".[56] Agora ele é um "obstáculo à apreensão da originalidade da visão cristã sobre o mal".

Mesmo que ainda restem defensores da linha tradicional, como veremos, os teólogos se adaptam, e muitos buscam, segundo a fórmula de Jean Ladrière, introduzir "na natureza não novas leis, mas um sentido que ela mesma, e em virtude de suas próprias leis, não tinha".[57] Entretanto, a crescente precisão dos conhecimentos científicos força sempre a uma maior abstração, simbolismo, generalidade, a ponto de o teólogo "ter o direito e o dever de suspender seu julgamento", escreve Bernard Pottier. "Como todo homem, ele se encontra na ignorância da verdade demonstrável que fecharia o debate [sobre o pecado original]."[58] "Quando nada se sabe, nada se pode dizer", já admitia o *Dictionnaire de théologie chrétienne* em 1977 a respeito do inferno. Recentemente, Christian Duquoc constatava: "Nossos teólogos modernos não buscam mais no pecado uma explicação do mal que sempre renasce, assim como não esperam da 'conversão' uma abolição do sofrimento ou da morte. As condições da existência finita escapam a qualquer explicação religiosa".[59] A compreensão do mal vai além de nós. O cristianismo, assim como as outras religiões, não é capaz de trazer uma resposta, reconhece o dominicano: "O mal no mundo é mais vasto que a questão do

---

54 Baumgartner, *Le Péché originel*, p.57.
55 Jossua, *Lectures en écho, journal théologique*, p.153.
56 Duquoc, Péché originel et transformations théologiques, *Lumière et Vie*, t.XXVI, n.131, p.42.
57 Ladrière, Le Rôle de la notion de finalité dans une cosmologie philosophique, *Revue Philosophique de Louvain*, v.67, p.180.
58 Pottier, Interpréter le péché originel sur les traces de G. Fessard, *Nouvelle Revue Théologique*, t.111, n.6.
59 Duquoc, op. cit., p.53.

pecado, e sobre esse ponto o cristianismo não tem um apaziguamento especulativo para fornecer à interrogação que atravessa os séculos".[60]

Ao longo do século XX, os teólogos desdobraram tesouros de imaginação para rejuvenescer a significação do velho mito. Mesmo que se ignorassem aqueles que atribuem a queda original à categoria de pura fábula, uma revisão exaustiva de suas teorias demandaria vários volumes e se pareceria com um inventário à moda de Prévert. Tentar uma classificação é muito aleatório, pois essas centenas de obras cobrem todas as nuanças e todos os recortes possíveis. Num artigo de 1989, o jesuíta Bernard Pottier esboça quatro grandes categorias[61]:

- os partidários da posição tradicional, associados ao pecado de Adão (o pecado original *originário*) e à sua transmissão hereditária, fiéis ao monogenismo, ou pelo menos ao monofiletismo. Falaremos disso no próximo capítulo;
- o grupo dos "naturalistas", na linha de Teilhard de Chardin, que reduz o pecado original à situação imatura da humanidade, cujos limites engendram o mal, um mal que se reduz com a evolução;
- a concepção coletiva, segundo a qual Adão é ou a humanidade, ou cada um de nós;
- a explicação metafísica, para a qual o pecado original não é uma estrutura antropológica, mas diz respeito à especulação metafísica.

Dada a infinidade das nuanças, vamos nos contentar com uma breve revisão cronológica, para oferecer uma exposição sumária da diversidade de interpretações. A partir de 1910, um protestante liberal, Hermann Gunkel, em seu *Comentário sobre o Antigo Testamento*, reduz a parte do pecado: a queda original é a passagem do estado de infância, inocente e ignorante, ao estado

---

60 Ibid., p.69. O crente é convidado a uma releitura constante de sua fé: "O crente pode então livremente acreditar em ato de criação divina, mas isso em nada muda o aparente absurdo do mundo e das estruturas, dos processos de causas ou das leis que ele aí observa e denota. Ele relê, à luz da fé e da revelação, os acontecimentos que constituem o vivente e sua história para dizer que tomam sentido, tais como aparecem no quadro da relação de Deus com suas criaturas" (Arnould, op. cit., p.288). O próprio Deus não é mais o que era: "Deus não tem lugar fenomenologicamente notável neste mundo, dado que ele é da ordem do sentido, isto é, da ordem de uma decifração de liberdade" (Labarrière, *Dieu aujourd'hui, cheminement rationnel: décision de liberté*, p.117).

61 Pottier, op. cit.

adulto, aquele da liberdade e do conhecimento, incapaz de engendrar a felicidade. Essa passagem é feita pela descoberta da sexualidade; se Adão e Eva subitamente descobrem sua nudez, é porque praticaram o ato sexual. Para esse professor de Halle, a narrativa do Gênesis é um mito, mas isso não lhe retira todo o valor histórico.[62] H. Junker, em 1932, e P. Humbert, em 1940, também vão nessa direção: eles mostram que a narrativa bíblica combina um mito de criação, otimismo, e um mito de queda, pessimista, insistindo sobre as relações sexuais como desvio oriundo do pecado.[63]

Ainda no mundo protestante, a teologia de Karl Barth, nos anos 1940, marca uma ruptura audaciosa com as posições tradicionais: o indivíduo Adão, evidentemente, jamais existiu; ele designa o homem, a humanidade pecadora, que faz a experiência de sua impotência radical de fazer o bem e de se salvar. A narrativa bíblica foi o meio de expressar, no contexto da época, esta experiência. Emil Brunner, discípulo de Barth, mantém aproximadamente o mesmo discurso.[64]

TEILHARD DE CHARDIN: O PECADO ORIGINAL COMO FORÇA DE INÉRCIA

As audácias intelectuais não são privilégio dos protestantes, mas estes são livres para se expressar, enquanto que, do lado católico, as pressões e sanções da hierarquia sufocam qualquer pensamento um tanto quanto original. Por outro lado, quando o teólogo é membro de uma ordem disciplinada como a dos jesuítas, é bem difícil se libertar do modelo oficial. Por isso, o caso de Teilhard de Chardin é ainda mais notável. Sua grandiosa visão da evolução universal choca os espíritos timoratos e lhe vale muitos aborrecimentos. Ora, a primeira razão de seus aborrecimentos é sua concepção do pecado original, ou melhor, sua ausência de concepção, nova prova da importância fundamental desse dogma para a Igreja.

---

62 Gunkel, *Genesis übersetzt und erklärt*.
63 Junker, *Die biblische Urgeschichte*; Humbert, *Étude sur le récit du paradis et de la chute dans la Genèse*.
64 Malevez, *La Pensée d'Emile Brunner sur l'homme et son péché, son conflit avec la pensée de Karl Barth*, Recherches de Science Religieuse, p.407-53.

Em 1924, quando Teilhard ensina no Instituto Católico de Paris, alguns espíritos se alarmam pelo fato de ele escamotear o pecado original. Alguém furta um manuscrito de seus cursos, sete páginas datilografadas, intituladas *Notes sur quelques représentations possibles du péché originel*, que são mandadas para Roma. Teilhard é convocado diante de seu provincial e deve assinar um documento em que renega suas visões sobre o pecado original. No ano seguinte, sua cátedra é retirada, depois ele é enviado à China, para meditar sobre o esqueleto do sinantropo. Mas o sinantropo não combina com Adão, e este último é um pouco o inimigo jurado de Teilhard.

Visivelmente, Teilhard tem dificuldade para inserir o mal em sua visão de mundo, na grande ascensão para o ponto Ômega. Ora, o mal vem do pecado original, e Teilhard não sabe o que fazer com ele. Em sua opinião, a narrativa bíblica da queda é uma desastrada invenção de um autor mal inspirado. Notou-se com frequência que o pecado original estava ausente da obra de Teilhard, no sentido de não haver dedicado ao tema nenhuma obra específica, salvo uma *Note sur le péché originel*, na conclusão do inédito *Christ évoluteur*, em 1942, assim como em *Réflexions sur le péché originel*, e algumas palavras num parágrafo de *Introduction au christianisme*. De fato, o *problema* do pecado original está presente nas entrelinhas de seus livros, indiretamente, como um fantasma embaraçante: ele é recorrente nos 46 estudos do período 1921-1929, nos 84 estudos dos anos 1930-1939 e nos 33 estudos de 1940-1955.

Teilhard vê, na concepção tradicional do pecado original, um grave obstáculo que afugenta muitas pessoas do cristianismo. Ele escreve ao padre Auguste Valensin em 1922: "Estou, pela experiência, a cada dia mais convencido de que nossa representação 'catequista' da queda barra o caminho a uma ampla corrente religiosa, que demandaria se unir ao cristianismo, mas que dele se desvia porque, para nele ingressar, parece ser preciso deixar na porta tudo aquilo que os últimos esforços do pensamento humano conquistaram de mais precioso e de mais vasto". Diante do transformismo, a concepção tradicional é cientificamente insustentável. Ao contrário, se nos puséssemos na perspectiva de uma evolução criadora, a origem do mal poderia ser compreendida como uma força de "contraevolução", que abranda o processo de unificação por uma tendência de se voltar ao múltiplo. É uma consequência necessária e provisória da criação:

Em um universo de estrutura evolutiva, a origem do mal não levanta mais as mesmas dificuldades (e não exige mais as mesmas explicações) que em um universo estático, inicialmente perfeito. Já não é mais racionalmente necessário nutrir suspeitas e buscar um culpado. Desordens físicas e morais não nascem espontaneamente num sistema que se organiza enquanto o dito sistema não estiver organizado [...]? Desse ponto de vista, o pecado original, considerado em seu fundamento cósmico (se não em sua atualidade histórica entre os primeiros homens), tende a se confundir com o próprio mecanismo da criação, no qual ele vem representar a ação das forças negativas de "contraevolução".[65]

Quanto ao mal, "é a própria expressão de um estado de pluralidade ainda incompletamente organizado [...]. Sem dúvida, esse estado transitório de imperfeição se manifesta em minúcias no mundo em vias de formação, por um certo número de atos culpáveis, dos quais os primeiros [...] poderão ser destacados e catalogados como uma 'falta primitiva'. Mas, na realidade, a fraqueza original, para a criatura, é a condição radical que a faz nascer a partir do múltiplo, sempre carregando em suas fibras (enquanto não é completamente espiritualizada) uma tendência a reincidir na queda para baixo, na poeira [...]. O mal, nessas condições, não é um acidente imprevisto no universo, é um inimigo, uma sombra que Deus suscita inevitavelmente, só porque ele se decide a isso na criação".[66] Ou ainda, escreve Teilhard, a falta original é "uma espécie de peso, que contraria a evolução: se o transpusermos nas dimensões do universo, tal como este nos aparece agora na totalidade orgânica do tempo e do espaço, [ele] tende cada vez mais a se combinar (pelo menos em suas raízes) com a lei de queda sempre possível e de sofrimento sempre presente, no âmago de um mundo em estado de evolução".[67]

É verdade que tudo isso parece bem vago. Tem-se o sentimento de que, para Teilhard, se há pecado original, ele não é essa imensa catástrofe que falseou tudo desde o início. Não é mais que a resistência atmosférica ao avanço do bólido universal que acelera para o ponto Ômega: "Sem perder

---

65 Teilhard de Chardin, *Note sur le péché originel*, apud Rideau, *La Pensée du père Teilhard de Chardin*, p.405.
66 Teilhard de Chardin, *Christologie et évolution*, apud Rideau, op. cit., p.406-7.
67 Teilhard de Chardin, *Introduction au christianisme*, apud Rideau, op. cit., p.405.

sua acuidade, nem seus horrores, nesse novo quadro o mal cessa de ser um elemento incompreensível para tornar-se um traço natural da estrutura do mundo".[68]

Reduzir assim o pecado original é a principal reprovação que os teólogos dirigem a Teilhard, o qual, aliás, eles não consideram realmente como um dos seus. Como um paleontólogo pode se aventurar no campo teológico? Sem o pecado original, Cristo é incompreensível, afirma o cardeal Daniélou: "Minimizar a realidade do pecado original, em sua origem histórica, em suas consequências para a condição humana, é destruir a significação da morte e, ao mesmo tempo, da ressurreição de Cristo. Mas é a própria seriedade dessa revelação que exige de nós que sejamos impiedosos para apreendê-la em sua nudez e para não identificar nela o conteúdo substancial e as representações secundárias".[69]

O padre Maréchal também dá uma lição de teologia a Teilhard, numa carta em que lhe reprova reduzir o pecado original a uma simples imperfeição natural, e de mesclar um pouco demais pecados pessoais e falta original[70]:

> Essa nova explicação modifica, parece-me, o fundo essencial, e não somente a fórmula do dogma "definido". Mais exatamente, ela suprime o dogma, declarando-o supérfluo. Ela substitui, de fato, à falta original, a raiz ontológica longínqua do mal físico e moral. Ora, essa raiz, essa possibilidade metafísica do mal, inerente à criatura enquanto criatura, não exige nem exclui a "privação da justiça original", a relação de princípio atual à consequência efetiva, que o Concílio de Trento afirma tão claramente sobre o pecado de Adão. Toda a economia cristã da "justificativa" é então perturbada. A hipótese proposta levaria a dizer que a humanidade, como tal, jamais perdeu seu título inicial à graça, e que a privação da graça se concebe somente, em cada indivíduo, como efeito de uma falta sua atual. O que se conservaria sob o nome de "pecado original" seria somente

---

68 Teilhard de Chadin, *Christologie et évolution*, apud Rideau, op. cit., p.407.
69 Daniélou, *Au commencement, Genèse I-IX*, p.76.
70 "Não ouso me escandalizar com essa coalescência que põe nos pecados pessoais alguma ratificação voluntária de uma degradação de natureza e, na própria falta original, alguma antecipação da série dos pecados pessoais que ela inaugura. Sem voltar à tese de Catharin, talvez se imaginasse uma teoria separando, menos do que se faz normalmente, pecado original e pecados atuais" (Carta de 3 de julho de 1934, apud Rideau, op. cit., p.409).

a imperfeição natural do ser criado, "a condição radical que faz nascer a partir do múltiplo", isto é, uma verdade filosófica.[71]

Teilhard, apesar disso, não minimiza a importância do mal no mundo. Ao contrário, é o excesso desse mal, diz ele, que levou a se inventar a história do pecado original: o cristianismo "dá à nossa inteligência, pela revelação de uma queda original, as razões de certos excessos desconcertantes nas profusões do pecado e do sofrimento".[72] "É mesmo certeza de que, para um olhar experiente e sensibilizado por outra luz, que não a da pura ciência, a quantidade e a malícia do mal *hic et nunc* espalhado pelo mundo não traiam um certo excesso, inexplicável para nossa razão, se ao efeito normal de evolução não se ajunte o efeito extraordinário de alguma catástrofe ou desvio primordial?"[73] Teilhard vê esse excesso de mal principalmente na "ascensão do coletivo", os "movimentos de massa", "o formigueiro no lugar da fraternidade. No lugar do sobressalto antecipado de consciência, a mecanização que inevitavelmente emerge, ao que parece, da totalização".[74] Em 1951, depois de duas guerras mundiais, há uma onda de pessimismo: "Com a ascensão do coletivo e das massas, é claro, uma primeira onda de servidão, de nivelamento, de fealdade e de catástrofes nos é jogada na cara".[75] Ele considera mesmo um paroxismo do mal: "Pode ser que, seguindo uma lei à qual nada ainda escapou no passado, o mal, crescendo ao mesmo tempo que o bem, atinja no fim seu paroxismo, também sob forma especificamente nova".[76]

De fato, Teilhard não minimiza a presença do mal. Ele apenas não relaciona a origem a um acontecimento preciso, concreto, mas o liga ao mecanismo da criação, que constituiu o homem em estado de fragilidade e, assim, facilitou o pecado que cada homem experimenta. O que é chamado de transmissão hereditária do pecado só expressa a solidariedade criada pela condição humana. Quanto ao mal, simultaneamente causa e consequência do pecado, "pode ser justamente interpretado como uma causa de desaceleração

---

71 Ibid.
72 Teilhard de Chardin, *Le Milieu divin*, p.117.
73 Id., *Le Phénomène humain*, p.347.
74 Ibid., p.285.
75 Id., *L'Activation de l'énergie*, p.321.
76 Id., *Œuvres*, I, p.322.

da história ou um desperdício: com uma ponta de dualismo, ele, por vezes, aparece até mesmo como um retorno à multiplicidade material, uma dissociação [...], um freio da ascensão do espírito: sem dúvida livre e grave, a falta aparece como a consequência da fragilidade humana, a contrapartida de uma ordem em formação",[77] escreve um biógrafo de Teilhard, Émile Rideau.

Teilhard de Chardin também não faz sucesso junto aos cientistas: a maior parte deles rejeita sua ideia de evolução orientada, na qual vê, a justo título, um renascimento do finalismo. Em um livro recente sobre *Darwin's Dangerous Idea*, Daniel Dennet escreve: "É unanimemente reconhecido entre os cientistas que Teilhard nada oferecia de sério como alternativa à ortodoxia. Suas ideias pessoais eram confusas, e o resto não passava de uma pomposa retranscrição da ortodoxia. [...] O problema da visão de Teilhard é simples: ele negava categoricamente a ideia fundamental de a evolução ser um processo algorítmico sem consciência e sem finalidade".[78]

ADÃO E O RETROPECADO ORIGINAL: O COMBATE DOS ADÕES

Uma das originalidades de Teilhard é sugerir a possibilidade de um pecado "original" não no início, mas no final dos tempos, quando a humanidade, chegada à maturação, deverá escolher entre divinização e autonomia, a qual seria o equivalente de um retorno ao *néant* [negação da existência]. É essa hipótese, um tanto quanto desconcertante, que Teilhard expõe no decorrer de um diálogo mantido com Maurice Blondel;[79] um discípulo de Teilhard, Xavier Sallantin, não hesita em prolongá-la, emitindo a ideia de um pecado original final de efeito retroativo.[80] Nem ficção científica, nem teologia-ficção, mas, ainda assim, um pouco das duas, a obra desse autor retoma a questão-chave: se recuarmos a historicidade do pecado original, como explicar a encarnação de Cristo?[81]

---

77 Rideau, op. cit., p.347.
78 Dennett, *Darwin's Dangerous Idea: Evolution and the Meaning of Life*, p.320.
79 Chardin, carta de 29 de dezembro de 1919.
80 Sallantin, *Le Monde n'est pas malade, il enfante*.
81 Ibid., p.78.

Como doravante a ciência impede que se veja no episódio bíblico da queda um acontecimento histórico, e se resolvemos não nos refugiar em considerações puramente filosóficas, não podemos pensar que Adão seja não o primeiro homem, mas o último, no sentido do homem final, concluído, chegado ao fim da evolução, plenamente consciente, livre, responsável? A escolha desse último homem explicaria a escolha do primeiro. Entre o primeiro e o último Adão, existimos nós, pobres humanos, caracterizados por "uma polarização subjetiva de referência", que poderíamos chamar de egoísmo. Xavier Sallantin, que visa dar "uma leitura científica do pecado original", realiza uma longa demonstração sobre o princípio de polarização e de enriquecimento da informação, que o leva a afirmar que, "um dia, ensinar-se-á na Sorbonne, nas cátedras de epistemologia das ciências, a necessidade de uma inclinação de natureza que se assemelhará estranhamente ao pecado original, enquanto esse ensinamento talvez não ocorra mais nos institutos de teologia".[82]

Segundo sua tese final, que ele próprio qualifica de "hipótese enorme", o último Adão decidiu rejeitar Deus, e essa decisão se refletiu sobre o primeiro, reprogramando-o para lhe fazer cometer o primeiro pecado:

> Restauro assim a historicidade da "queda"; é claro que ela ocorreu ontem, no início, mas foi reprogramada a partir do futuro, no fim. Ela afetou o psiquismo de um primeiro homem, primata inculto, mas a responsabilidade dessa polarização subjetiva pertence a um último homem, que conseguiu atingir a completude do conhecimento pelo método científico de polarização objetiva. Com todo conhecimento de causa, esse homem final, tendo compreendido a economia crística da Criação, optou deliberadamente por uma economia anticrística; tendo decifrado o programa, ele estabeleceu um contraprograma. [...] Apreendida nessa perspectiva integral, trans-temporal, a história do pecado de Adão nada mais tem de mito piedoso, é uma história verdadeira. A revelação religiosa só antecipa a revelação científica que a esclarece, a purifica e a confirma.[83]

Voltemos às interpretações, que, por serem engenhosas, parecerão bem contidas em relação à precedente. Os últimos quarenta anos do século XX

---
82 Ibid., p.95.
83 Ibid., p.109-10.

foram muito prolíficos sobre o tema do pecado original. Em 1960, em *Péché d'Adam et péché du monde*, Louis Ligier vê na interdição feita a Adão e Eva a afirmação do fato de que o homem só pode ser feliz com a aceitação da sabedoria divina. Adão e Eva escolhem a autonomia, seu sistema de valores, para ser como Deus, assim como, mais tarde, os hebreus escolherão se ofertar um rei para serem senhores de seu destino, sem depender da aliança divina.

Em 1962, o padre Schoonenberg publica *De Macht der Zonde* (traduzido em seguida sob o título de *L'Homme et le péché*), um livro que tem o efeito de uma bomba no pequeno mundo da teologia. Para ele, Adão é a imagem da humanidade pecadora. Pecado de Adão e pecado do mundo são uma só e mesma coisa: o pecado original "é a situação na qual o homem se vê desde que nasce enquanto homem – e por causa disso – num mundo no qual o pecado fez irrupção". Mergulhados desde o nascimento numa situação marcada pelo pecado dos outros, só podemos também pecar. Esse pecado do mundo culmina com a condenação à morte de Cristo: é aí que se situa a verdadeira rejeição de Deus pela humanidade, o verdadeiro pecado original. De algum modo, o primeiro e o segundo Adão são contemporâneos. O primeiro Adão (a multidão pecadora) condena à morte o segundo Adão (Cristo). Esse combate dos Adões tem ao menos o mérito de unir as duas faltas fundamentais atribuídas ao homem e de pôr fim ao escândalo lógico da teologia, que quer que a humanidade seja salva do pecado original – a história da maçã – cometendo um pecado infinitamente mais grave: a morte do Filho de Deus. O que teria acontecido se os homens não tivessem assassinado Cristo? Para Schoonenberg, os dois males são, por assim dizer, reunidos:

> Depois da morte e da ressurreição de Cristo, o pecado original é estritamente universal – ninguém escapa a ele. Também é difícil negar que certo acontecimento, um pecado bem determinado, tenha se produzido no mundo, criando uma situação irreversível [...]. Os partidários da doutrina clássica encontrarão aqui um novo argumento em favor da influência de um pecado cometido por um casal único. Mas se aceitarmos a descrição do pecado do mundo tal como o demos acima, outra possibilidade se apresenta. O pecado pelo qual Cristo foi rejeitado do mundo e de nossa existência sobre a terra é o fato que torna inelutável, para todos os homens, o estado de pecado original. Tendo Cristo sido

rejeitado, toda a nossa existência sobre a terra é privada da vida da graça, de modo que a existência de cada um começa por essa privação.[84]

Essa interpretação é imediatamente rejeitada pela maioria dos teólogos como sendo contrária às autoridades – por exemplo, ao texto do Concílio de Trento. Contudo, responde Schoonenberg, esses próprios textos são como aqueles da Bíblia: é preciso fazer a exegese deles; elaborados em um contexto particular, que explica suas orientações, não correspondem mais às exigências atuais.[85]

Em 1963, outro teólogo neerlandês, o padre Hulsbosch, sugere uma interpretação de tipo evolucionista, inspirado em Teilhard de Chardin. "O pecado original", ele diz, "é a incapacidade natural em que o homem se encontra, enquanto criatura inacabada, de adquirir a liberdade e de realizar o desejo da contemplação de Deus, ainda mais porque essa incapacidade está situada no quadro de um mundo pecador."[86] O primeiro homem, Adão, não é um personagem histórico, mas a ideia do homem concebido por Deus, e o pecado original consiste na distância que nos separa desse ideal, por causa de nossos pecados e, ao mesmo tempo, de nosso estado de incompletude enquanto criaturas. Essa concepção minimiza a parte do pecado, que se dissolve mais ou menos num processo global de evolução.

Em 1965, é de Roma – exceção rara – que vem a novidade. Os professores Z. Alszeghy e M. Flick publicam na revista *Gregorianum* um importante artigo sobre o pecado original, que eles definem como "a impossibilidade de evitar o pecado" sem uma ajuda especial de Deus, a incapacidade de ter um diálogo com ele, e isso depois que um indivíduo – não necessariamente o primeiro da espécie, porém o mais representativo, talvez o primeiro a poder escolher livremente, um Adão anônimo típico – recusou o chamamento divino.[87]

---

84 Schoonenberg, *L'Homme et le péché*, p.253.
85 Schoonenberg e Gutwenger, Die Erbsünde und das Konzil von Trient, *Zeitschrift fur Katholische Theologie*, v.89.
86 Hulsbosch, *De Schepping God: Schepping, zonde en verlossing in het evolutionistische wereldbeeld*, p.33.
87 Alszeghy e Flick, Il peccato originale in prospettiva personalistica, *Gregoriana*, 46.

NOVAS HIPÓTESES TEOLÓGICAS

Os anos 1966-1968 são verdadeiramente "adâmicos". As publicações teológicas sobre o pecado original atingem então recordes absolutos. É primeiramente Franco Festorazzi que, em 1966, relativiza o aspecto histórico da narrativa do Gênesis e nele vê uma "narrativa sagrada primitiva".[88] Sempre em 1966, dois artigos contraditórios aparecem na revista *Concilium*. B. Van Onna nela afirma que o Adão perfeito de antes do pecado jamais existiu e que ele é apenas um ideal inatingível. Karl Rahner, muito mais tradicional, concede simplesmente que, caso o poligenismo fosse exato, não se deveria de forma alguma excluir uma unidade somática e histórica da humanidade e, portanto, um pecado original histórico, talvez do tipo coletivo.[89]

Ainda no mesmo ano, Gaston Fessard publica o segundo volume de *La Dialectique des exercices spirituels de saint Ignace*, em que retoma de modo detalhado a questão de Adão e do pecado original. O Adão que ele nos apresenta é, ao mesmo tempo, histórico e a-histórico; ele está na origem do tempo histórico, "o ponto alfa da duração". Ele é intemporal. É "um ser histórico anterior à divisão das historicidades humana e natural, que é, ela mesma, uma consequência de seu pecado [...]. O Adão teológico, objeto da fé como autor da decisão constitutiva do fato histórico primeiro, se situa no Antes sem antes, origem de toda história".[90] Mas Adão é, ao mesmo tempo, o homem futuro: "Antes sem antes e Depois sem depois, o Adão *forma futuri* e o *novissimus Adam* podem e devem coincidir como Alfa e Ômega da história universal, o que é requerido, para que ela constitua uma totalidade inteligível, centrada no Mediador".[91] Quanto ao pecado original, é o primeiro ato desse Adão que surge na história. Alguns anos mais tarde, o padre Grelot escreverá que a interpretação de Gaston Fessard pôs fim ao bricabraque das explicações medievais: "A teologia medieval se desvencilhou muito dificilmente, numa rede de questões laterais, por vezes inúteis, em que a curiosidade relativa às origens humanas encontrava mais assunto que verdadeiro proveito

---

88 Festorazzi, *La Biblia e il problema delle origini*.
89 Van Onna, Questions sur l'état originel à la lumière du problème de l'évolution, *Concilium*, v.26; Rahner, Péché originel et évolution, *Concilium*, v.26.
90 Fessard, *La Dialectique des Exercices spirituels de saint Ignace*, 2v., p.93.
91 Ibid.

teológico. A conjunção da crítica bíblica e da antropologia pré-histórica não fez grande caso disso. Vemo-nos aqui, felizmente, reconduzidos ao essencial".[92] Apesar disso, é preciso reconhecer que essa teoria de um Adão que é simultaneamente alfa e ômega, início absoluto da história, e que põe como primeiro ato uma recusa de Deus, deixa um pouco em dúvida. Certamente a intenção é louvável: trata-se de afastar as representações antropomórficas ingênuas, que se tornaram um obstáculo à fé. Mas por que desejar substituí-las a qualquer preço?

Os ensaios se multiplicam em 1967. Os mais convincentes são, muitas vezes, aqueles que dizem menos. Para J. P. Mackey, o pecado original é simplesmente o pecado coletivo da humanidade primitiva.[93] Para G. Blandino, que de imediato se situa na ótica poligenista, o pecado original é aquele do mundo; a condição da humanidade sofredora é, ao mesmo tempo, um teste, uma prova e uma punição antecipada. Deus decidiu submeter a humanidade a uma prova geradora de sofrimentos e, sabendo que ela é difícil demais e que os homens fracassarão, ele os pune antecipadamente por sofrimentos suplementares:

> [Deus] quis que todos os homens fossem submetidos a uma prova durante sua vida terrestre. Dada a gravidade da prova, já era provável em si que os homens pecariam frequentemente. Deus previu então que a humanidade amiúde seria pecadora e, por esse motivo, fez a natureza humana sofredora, mortal, submetida ao impulso das paixões desordenadas, a fim de que essa condição de "morte" tenha uma função de expiação (e também de integração da prova) [...]. Nessa hipótese, o pecado original "originante" é constituído por todos os pecados da humanidade (o "pecado do mundo"); o pecado original "originado", no sentido amplo, é a situação complexa de "morte" na qual o homem nasce.[94]

Em 1967, outros autores apresentam posições minimalistas: para E. Gutwenger, seria preferível abandonar a noção de pecado;[95] para K. Condon, aquilo que se chama de pecado de Adão é só o primeiro pecado da história;[96]

---

92 Grelot, *Péché originel et rédemption à partir de l'Epître aux Romains*, op. cit., p.151.
93 Mackey, Original Sin and Polygenism: the State of the Question, *Irish Theological Quarterly*, v.34.
94 Blandino, *Peccato originale e poligenismo*, p.24.
95 Gutwenger, Die Erbsünde und das Konzil von Trient, *Zeitschrift fur Katholische Theologie*, v.89.
96 Condon, The Biblical Doctrine of Original Sin, *Irish Theological Quarterly*, v.34.

para A. Chazelle, a descrição bíblica de antes do pecado quer simplesmente dizer que Adão era feito para a vida.[97]

No mesmo ano, o jesuíta Henri Rondet examina a questão numa recapitulação histórica sobre *Le Péché originel dans la tradition patristique et historique*. No final de sua obra, ele expõe seu próprio ponto de vista e, prudentemente, se atém a ponderadas generalidades. Há dois Adões: o primeiro é a coletividade humana, de natureza pecadora; o segundo, um indivíduo, Cristo, que vem salvar o primeiro Adão. O pecado de Adão e o pecado do mundo são a mesma coisa. Nascemos numa natureza "pecadora, desviada de sua finalidade, desviada de Deus pelo efeito não de um pecado pessoal, mas da imensa quantidade dos pecados pessoais que constituem um pecado coletivo, o pecado de Adão".[98] Dos dois Adões, "um é único, pessoal e estrangeiro ao pecado, sendo sua natureza individual, sua humanidade, em tudo semelhante à nossa, excetuando-se o pecado. O outro é legião; ele é Humanidade, é o homem enquanto ainda estrangeiro à graça e que clama por um salvador, que será, ao mesmo tempo, o princípio da unidade".[99]

Parece-nos que a parte mais notável é a sequência, quando o jesuíta se questiona se sua hipótese pode se harmonizar com as Escrituras, a Tradição, a razão e o magistério. As Escrituras? Somente Paulo falou do pecado do indivíduo Adão: "Mas o apóstolo pretende fazer dessa afirmação a matéria de um ensino, e esse ensino faz parte do dado revelado?". A Tradição? Ela é cheia de contradições. "Já naquilo que concerne a Agostinho, é preciso distinguir." Ireneu, durante muito tempo desdenhado, volta à moda: "Em nossos dias, Santo Ireneu tornou a encontrar a audiência dos teólogos"; e, de resto, "não se pode, no século XX, estudar novamente as posições de certos Pais da Igreja, em particular os capadócios ou Santo Ambrósio?". A Tradição contém a gama completa das tradições, basta escolher aquela que nos convém, pois "há várias moradias na casa do Pai".[100] A razão? O padre Rondet tem a faca e o queijo na mão para demonstrar que a contradição não é sua: "Raciocinamos a partir do mundo tal como é para compreender as

---

97 Chazelle, Mortalité ou immortalité corporelle du premier homme créé par Dieu?, *Nouvelle Revue Théologique*, v.99.
98 Rondet, op. cit., p.316.
99 Ibid.
100 Ibid., p.320-1.

afirmações da Igreja". O magistério? O jesuíta admite que sua teoria contradiz os decretos do Concílio de Trento, "mas todos sabem que, para interpretar os decretos de um concílio, é preciso levar em conta muitos elementos, distinguir as afirmações diretas e os considerandos".[101] Bela ilustração do pragmatismo em teologia. Os textos inspirados, infalíveis, irretocáveis, são uma coisa; sua interpretação, outra. O grande mérito do padre Rondet é ter feito, ele próprio, a demonstração.

Outro grande especialista do pecado original, o padre Grelot, publica em 1967 um artigo sobre esse assunto, no qual sublinha o caráter necessário, inelutável, da queda: "O pecado original integrou-se ao desígnio de Deus com uma espécie de necessidade".[102] Seria possível imaginar o mundo sem o mal e sem o pecado original? Sem contar que toda a história da salvação desmoronaria. Mas é preciso ser prudente e evitar "solidarizar o dogma com teorias particulares sobre a transmissão do pecado original e sobre a realização da redenção".

O padre Grelot abandona rapidamente a ideia de um primeiro casal pecador e, alguns anos depois, apresenta uma síntese que leva em conta os progressos mais recentes das ciências humanas: *Péché originel et rédemption à partir de l'Épître aux Romains*: "Nossa razão clara sempre tropeçará diante do problema do mal", ele escreve. O mal é uma experiência existencial misteriosa, que resiste à análise racional e que somente a linguagem do mito permite abordar. Sob a condição de não tomar o mito ao pé da letra. E nós nos reencontramos diante do problema da interpretação, que deve ser estendido ao *corpus* da Tradição e do magistério. Os textos de Agostinho sobre a transmissão carnal do pecado original pela sexualidade, textos retomados ainda em 1930 pela encíclica *Casti connubii*, são atualmente inaceitáveis, tais como são; é preciso considerar os "condicionamentos culturais" que os rodeiam. Adão é uma figura mítica que serve para explicar o pecado do mundo. O padre Grelot, inspirando-se em Bultmann, que, por sua vez, foi influenciado por Heidegger, pensa que "Adão é então o homem em seu poder de escolha, que realiza seu ser pelo ato de liberdade, graças ao qual se projeta na direção

---
101 Ibid., p.325.
102 Grelot, Réflexions sur le problème du péché originel, op. cit., p.481.

de seu futuro".[103] No contexto religioso, isso significa que o homem rompe conscientemente com Deus, escolhendo a morte e o nada. Assim, "o pecado de Adão se torna inteiramente a figura do drama humano em sua generalidade e a representação simbólica do acontecimento originário que constitui seu ponto de partida".[104] O estado de pecado original designa a impotência do homem diante do domínio do mal – um termo que não cessa de induzir ao erro, sugerindo uma culpabilidade misteriosamente transmitida a partir de Adão.

O ano de 1968 também traz um lote de contribuições para o pecado original. J. Scharbert considera que a história escrita pelo redator javeísta reflete uma mentalidade de clã, agarrando-se a um ancestral mítico comum, cujo destino trágico marca todos os seus descendentes. São autores posteriores, influenciados por correntes filosóficas, que fizeram dessa história um mito universal de explicação do mal.[105] P. Burke se contenta em dizer que a transmissão do pecado original significa a transmissão da natureza sem Cristo.[106]

Em 1969, o dominicano André-Marie Dubarle, que, dois anos antes, havia publicado *Le Péché originel dans l'Écriture*, constata o extraordinário recrudescimento do interesse pela questão, oferecendo um recenseamento das obras recentes que lhe são dedicadas. Com todas essas audaciosas novidades, ele escreve, parecia que estávamos longe de Santo Agostinho. "Contudo, de certa maneira, aí só há uma convenção de linguagem; quanto ao fundo das coisas, o pensamento de Agostinho é retido: o homem, antes do pecado, desfrutava de uma condição cujas leis essenciais diferiam profundamente de nossa condição empírica presente."[107]

Em 1971, Alfred Vanneste, em *Le Dogme du péché originel*, prega um abandono definitivo de qualquer concepção histórica da queda: "É evidente que todas as teorias que, em qualquer medida, continuam a fazer apelo a uma queda histórica cometida por um primeiro casal humano ou um primeiro grupo humano parecem definitivamente ultrapassadas. Não compreendemos por que alguém seria um pecador unicamente pelo fato de seus

---

103 Id., *Péché originel et rédemption à partir de l'épître aux Romains*, op. cit., p.141.
104 Ibid., p.147.
105 Scharbert, *Prolegomena eines Alttestamentlers zur Erbsündenlehre*.
106 Burke, Man without Christ: an Approach to Hereditary Sin, *Theological Studies*, v.29.
107 Dubarle, Bulletin de théologie: le péché originel, recherches récentes et orientations nouvelles, *Revue des Sciences Philosophiques et Théologiques*, t.LIII, n.1, p.110.

ancestrais o terem sido".[108] Se todas as tentativas de renovação do mito falharam, ele escreve, é porque não eram "suficientemente radicais". "Temos a impressão de que a maior parte dos autores não ousa ir até o fim de seu pensamento. Aparentemente preocupados em guardar, apesar de tudo, alguns elementos da representação tradicional, eles se agarram a expressões vagas, tais como 'a potência do pecado', 'a impotência para o bem' e 'a solidariedade de todos os homens no mal'."[109]

Depois de Vanneste, o pecado original ainda fez correr muita tinta. Em 1974, Hans Küng fez dele a parte negativa de nossa relação com Deus.[110] Em 1975, Walter Kasper o define como a contradição entre a vontade última de Deus sobre a humanidade e a direção que esta tomou.[111] Em 1988, Jacques Bur refaz um enésimo balanço sobre a situação,[112] e em 1989 o jesuíta Bernard Pottier retoma e aprofunda as ideias de Gaston Fessard: "Podemos então imaginar Adão, o primeiro homem, surgindo no tempo cósmico depois de milhares de anos. Tal intervalo de tempo não nos impedirá de honrá-lo a este título: ele é o Antes sem antes, pois com ele tudo começa: as histórias natural, humana e sobrenatural".[113] Todavia, longe de propor uma grandiosa concepção à maneira de Teilhard, Bernard Pottier permanece fiel à tradição monogenista de um primeiro casal histórico: "Nossa interpretação tende a manter, se possível, a ideia de um primeiro homem (de um primeiro casal) concreto e individual, autor do primeiro pecado, aquele das origens". Voltamos então ao banal *homo erectus*, responsável por todos os males da humanidade. "Certos teólogos se indignam de ver Deus pendurar a sorte da humanidade na responsabilidade de um bruto mal saído das brumas da animalidade",[114] admite Bernard Pottier, o que não o impede de se questionar sobre as consequências do pecado original: a "morte dolorosa" e talvez também desordens cósmicas naturais. Quanto à hereditariedade do pecado original, ela significa que Deus tornou todos os homens solidários em Adão, a fim de poder salvar todos ao mesmo tempo em Cristo.

---

108 Vanneste, *Le Dogme du péché originel*, p.148.
109 Ibid., p.156.
110 Küng, *Christ sein*.
111 Kasper, *Jesus der Christus*, p.240.
112 Bur, *Le Péché originel*.
113 Pottier, op. cit., p.816.
114 Ibid., p.819.

Não obstante, dois anos depois outro jesuíta, o padre Louis Renwart, afirma, ao contrário, num artigo da *Nouvelle Revue Théologique*, que se deve abandonar a ideia de um pecado original histórico: "Basta-nos descobrir, na parábola adâmica, que a possibilidade dessa ruptura se situa no próprio lugar da criação, no dom de uma verdadeira liberdade, e lembrar que se com isso o Pai eterno permitiu o pecado, ele só o fez com vistas a um bem maior: somente as pessoas livres são capazes de responder [...] ao amor que lhes é oferecido".[115]

A MUDANÇA NA CONTINUIDADE OU AS FALSAS NOVIDADES TEOLÓGICAS

Em 1993, Adolphe Gesché, em *Le Mal*, parte do caráter misterioso e aparentemente inexplicável deste: "É claro que estou consciente de que o problema do surgimento do mal não está resolvido. Ele o será algum dia? O *Unde malum*? Ele permanecerá para sempre um enigma absoluto? Em todo caso, não posso responder".[116] O mal não tem lugar num universo que corresponda ao plano divino, contrariamente ao que diziam Leibniz ou Teilhard. As ciências humanas tentam desentocá-lo, explorando o consciente e o inconsciente para encontrar a explicação. É trabalho perdido: o mal continua a ser uma realidade misteriosa. Como a serpente do jardim do Éden, não se sabe de onde ele sai. A narrativa bíblica mostra que o mal não vem nem de Deus, nem do homem; ele não é uma fatalidade. O homem simplesmente consentiu em sua introdução e é punido por isso, mas nem tudo está perdido. A doutrina do pecado original visa dar conta de todo o mal, e não somente do mal moral, numa abordagem ampla: "Há na doutrina do pecado original, quaisquer que sejam suas venturas e desventuras, um pressentimento, e mesmo uma afirmação, da complexidade teológica do problema do mal, que não se deixa reduzir apenas à abordagem moral ou moralizante".[117]

Em 1996, *Le Péché originel*, de Louis Panier, sugere uma "leitura semiótica" dos textos bíblicos. A iniciativa é interessante. O autor explica que

---

115 Renwart, op. cit., p.542.
116 Gesché, *Le Mal*, p.38.
117 Ibid., p.128.

pretende revisitar o pecado original: "Interpretar o pecado original hoje em dia não é adaptar a doutrina (ou o que havíamos compreendido dela) aos critérios atuais, para encontrar um equivalente plausível (aceitável) dessa noção, de aspecto psicológico ou socioeconômico [...]. Interpretar essa tradição é mais forjar hipóteses, ao mesmo tempo teológicas e antropológicas, que sustentam nossa capacidade de ler atualmente [....] esses textos como textos que nos concernem, falando de nós muito precisamente como de sujeitos humanos atingidos pela alteridade de Deus, pela superabundância da graça".[118] Esses velhos textos ainda se dirigem a nós diretamente, diz o autor, que se apoia numa convicção íntima: "Eu não sei o que é o pecado original, mas faço a hipótese de que, nesses textos, por mais rebarbativos e pessimistas que possam parecer, há uma verdade que me diz respeito na qualidade de sujeito humano chamado para a salvação, uma verdade que resta compreender e que minha leitura deve convocar".[119]

Cada um reescreve a história do pecado original em função de sua própria história e de sua própria cultura, mas aqui a relação do comentário com o suporte bíblico causa, por vezes, perplexidade. Assim, a respeito da interdição de comer do fruto da árvore, Louis Panier escreve: "A subtração fala aqui sobre as árvores, e mais precisamente sobre o uso que o homem faz delas, isto é, sobre sua função de objeto-valor para um sujeito. A árvore subtrai, imprópria para o consumo, e assinala, em sua reserva, a palavra dirigida que proferiu o interdito. Ela representa, para o homem, a separação que introduz a palavra entre o homem e a totalidade que o cerca, e a definição do sujeito à qual ela conduz: um sujeito humano pode ser ligado ao valor dos objetos que ele adquire, mas um sujeito pode ser ligado à palavra dirigida que o designou".[120] Ou ainda, a respeito do fato de que a interdição concerne à árvore do conhecimento do bem e do mal: "Poder-se-ia sugerir que o mandamento interdita um saber adicional do bem e do mal, como objetos de ciência, para manter uma referência ética fundamental à palavra dirigida e ao vazio que ela abre em qualquer totalização do humano, e que aí estão, para um humano, as condições da distinção entre vida e morte".[121]

---

[118] Panier, op. cit., p.135.
[119] Ibid., p.131.
[120] Ibid., p.85.
[121] Ibid., p.86.

Por vezes, o comentário também deforma o sentido primeiro e evidente de certas passagens que chocam demais as sensibilidades modernas. Assim, Deus diz claramente a Eva, expulsando-a do paraíso, que ela será submetida e dominada pelo homem. Mas é preciso, segundo Louis Panier, compreender em outro sentido: "Deus não estabelece o poder dos homens, mas revela à mulher a falha 'insabida', na qual, para ela, será questão de compreender a alteridade da palavra".[122] Outro exemplo: o Gênesis apresenta explicitamente o trabalho como castigo do pecado original, o que não se enquadra mais com nossa concepção da dignidade do trabalhador. Daí o comentário: "O homem encontra dificuldade e sofrimento em seu trabalho; sem dúvida, pode responder a isso pela técnica e pelo *savoir-faire*, mas a sentença de Deus revela que as questões de técnica são também questões de humanidade: é nesse trabalho, nessa não instantaneidade, que o homem tem que se haver com a palavra. Para ele, a relação ao solo se vê mudada, ela se tornou significante".[123]

No final de seu estudo, Louis Panier dá sua definição do pecado original que, decididamente, permanece bem misteriosa: "O pecado original concerne então àquilo que, em cada homem, estrutura a humanidade, na medida em que para cada 'um' a unicidade é significada, posta sob um significante que se destaca no real (na carne do mundo), sobre o qual se estabelece essa humanidade singular".[124] Mas ele sugere uma extensão interessante, infelizmente não explorada, sobre as relações entre o indivíduo e a espécie humana, no quadro da solidariedade dos pecadores e da transmissão da falta. Cada homem é, ao mesmo tempo, um exemplar do gênero humano e um ser único. A natureza humana é o substrato comum: a "concupiscência", ligada ao pecado original, poderia residir nos instintos que nos limitam a essa natureza, enquanto que nossa liberdade residiria em tudo o que nos distingue radicalmente dos outros. Enquanto "figura" da humanidade, Adão prefigura esse duplo aspecto de cada homem, que quer ser o senhor de sua própria natureza, que quer se apropriar de sua vida.[125]

---

122 Ibid., p.96.
123 Ibid. p.97.
124 Ibid., p.146.
125 "A doutrina do pecado original afirma que não há, propriamente falando, 'espécie' humana, mas, sim, um 'gênero' humano (segundo a formulação de Agostinho). A humanidade se

Em 1996, o jesuíta Marcel Neusch julga "pouco convincentes" os esforços feitos recentemente pelos teólogos para atualizar o pecado original. É claro que superamos os obstáculos criados pelos avanços científicos, reformulando a crença num nível superior, mais geral, mais abstrato, que permite escapar às tomadas de conhecimentos concretas. Por exemplo, para o problema do poligenismo: "Essa dificuldade não é realmente uma, hoje em dia, na medida em que, subscrevendo ao poligenismo (que é uma hipótese), mantém-se que o gênero humano é um e que o pecado é universal, (tendo) essa humanidade, que é um todo, rejeitado desde o início a oferta divina da salvação".[126] Nesse nível de generalidade, a afirmação é inatacável pelas ciências, mas seria ela algo mais que uma concha vazia? Quando se quer precisar o conteúdo, recai-se em obstáculos intransponíveis. A mesma constatação é feita a respeito da transmissão hereditária do pecado: "Tal ideia parece um escândalo para os modernos, na medida em que faz pesar sobre as crianças um pecado cometido pelos pais [...]. Contudo, desde já, é preciso sublinhar o seguinte: falando de 'pecado hereditário', a ênfase deve ser posta não sobre a hereditariedade, mas sobre 'o estado de decadência geral em que se encontram o homem e a humanidade'".[127] Aqui, escapa-se da crítica refugiando-se na tautologia: o pecado original é dito hereditário porque diz respeito a todos os homens. O *Catéchisme de l'Église catholique* não evita as fórmulas ocas, declarando, por exemplo, que "a doutrina do pecado original é, por assim dizer, o 'reverso' da Boa Nova".

Assim, para o jesuíta, "os esforços tentados para dar ao pecado original uma interpretação que permaneça em pé 'diante da ciência e do pensamento contemporâneos' continuaram pouco convincentes, tanto do ponto de vista teológico quanto científico. O ganho mais claro desses debates é uma perspectiva mais correta: a positiva, a saber, a salvação, prevalecendo sobre a

---

transmite, mas não como um 'conteúdo biológico', nem como um 'código genético', na medida em que nenhum humano, como sujeito, pode ser identificado pura e simplesmente com o produto da geração [...]. No entanto, só há humano na geração em que encontra lugar e em que faz 'hiato': esse é o enigma da filiação. Minha hipótese é de que a doutrina do pecado original fala exatamente disso. Há 'gênero humano' porque, a cada nascimento de humano, a humanidade é posta em causa, se a verdade do sujeito, em sua singularidade inaudita, apela a uma outra 'causa' que não à conformidade aos traços que fazem a definição da 'natureza humana'" (Ibid. p.141).
126 Neusch, op. cit., p.245.
127 Ibid.

negativa, o pecado original".[128] Certo. Mas o enigma do mal continua intacto, e a tomada de consciência crescente da imensidão desse mal faz com que até mesmo os teólogos cheguem a dizer que isso vai além das capacidades humanas: "Se o pecado original tem como função sublinhar esse antecedente de um mal que já estava presente, não é menos verdade que sua origem e sua transferência para cada homem permanecem um enigma".[129] O maniqueísmo espreita. Para Marcel Neusch, entretanto, se o dogma do pecado original fracassa em dar conta da origem do mal, os ateus estão ainda mais desmunidos: diante do mal, só lhes resta a angústia, enquanto que os cristãos têm a promessa da salvação em Cristo. Retorno do tema da fé como consolo.

Em 1998, Jacques Arnould propõe uma hipótese paradoxal e ambígua: e se o pecado original residisse nos esforços do homem para dominar a natureza e domar as desordens aparentes do mundo físico? Tratar-se-ia de uma espécie de pecado prometeico. O argumento é perigoso, dado que desacredita toda prática científica, artificialmente oposta ao "natural": "Não seria pertinente compreender o pecado não só como uma desordem que o ser humano introduz na natureza, mas também como a pretensão do homem de impor uma ordem no seio da criação, recusando assim a desordem que nela descobre e experimenta? Em outros termos, o pecado poderia ser interpretado como a infeliz tentativa de se libertar das proibições e dos limites que são próprios da criatura humana, digam eles respeito tanto às dimensões biológicas quanto às culturais".[130]

Em 2000, o dominicano Jean-Michel Maldamé, num artigo intitulado: "Mieux dire le péché originel grâce aux sciences de la nature" [Expressar melhor o pecado original graças às ciências naturais],[131] volta a partir desta evidência que nem sempre é menos verdade para muitos católicos: a narrativa bíblica da queda não tem absolutamente nada de histórica. "A incapacidade da narrativa bíblica, e particularmente dos capítulos 2 e 3 do Gênesis, de se conciliar com os conhecimentos atuais sobre a origem do homem é uma

---

128 Ibid., p.246.
129 Ibid., p.253.
130 Arnould, op. cit., p.292.
131 Publicado em *Esprit et Vie*, 5 e 19 de abril de 2000. O autor já havia publicado, no *Bulletin de Littérature Ecclésiastique* (v.97), Que peut-on dire du péché originel à la lumière des connaissances sur l'origine de l'humanité? Péché originel, péché d'Adam et péché du monde.

fonte maior da incredulidade [...]. De fato, os resultados mais elementares e mais incontestáveis da geologia e da antropologia mostram que a leitura histórica da narrativa do 'pecado original' não poderia ser tida como verdadeira." Em particular, "o que se sabe da história da vida mostra que a morte biológica não surgiu com o pecado do homem".[132]

Então, por que não virar a página do pecado original? "Esse silêncio pode ser necessário nos rudimentos da catequese, para não bloquear o despertar da fé", admite Jean-Michel Maldamé, sublinhando, assim, o embaraço do clero a respeito desse dogma. No entanto, "a doutrina do pecado original, tendo sido objeto de definições solenes, não pode ser ignorada". Dito isso, os autores da narrativa bíblica "não escreveram sob o ditado de Deus um texto que conteria infalivelmente toda a verdade possível no plano histórico e no plano científico". Os capítulos em questão "dizem respeito ao gênero sapiencial. Por meio de uma narrativa etiológica, eles explicam a razão da situação real do gênero humano confrontado com as dificuldades da existência".[133]

O pecado original não é uma ruptura com um estado anterior de felicidade. "A noção de pecado original designa especificamente o que rompe a relação entre o homem e Deus. Essa ruptura é originária; ela não se reduz a ser um acontecimento que ocorreu no passado inacessível; ela se situa na origem de todo pecado realmente cometido [...]. O pecado original não é o primeiro pecado, isto é, a origem do pecado."[134] E Jean-Michel Maldamé conclui: "A narrativa do pecado original não saberia ser inteiramente esclarecida por um discurso racional. Ela guarda uma parte de obscuridade".

Demos aqui somente um breve panorama da profusão de especulações teológicas recentes sobre o pecado original. Talvez se trate de falsas respostas para uma questão verdadeira, como sugere Marcel Neusch. Em todo caso, tal sucesso revela uma real necessidade: a de saber por que a humanidade continua a conhecer, na aurora do terceiro milênio, tais sofrimentos, a despeito de todos os progressos tecnológicos. A partir do século XX, os teólogos reviraram, em todos os sentidos, os textos fundadores do pecado original, por vezes dando provas de uma bela audácia. Em sua imensa maioria,

---

132 Id., Mieux dire le péché originel grâce aux sciences de la nature, op. cit., p.8-9.
133 Ibid., p.14.
134 Ibid., p.8.

eles se deram conta da inutilidade de seus esforços e clamam pela ruptura da velha noção do pecado de Adão. Há muito tempo, o povo cristão também se faz questionamentos. Apesar disso, surdas aos seus apelos, as autoridades religiosas – principalmente católicas – não cessaram de se opor a qualquer abertura nesse campo, repetindo incansavelmente as fórmulas tradicionais. O afastamento é agora chocante entre um pensamento teológico vivo, inovador, nem sempre feliz, mas corajoso, e uma hierarquia paralisada pelo dogmatismo, como iremos constatar.

Ora, o problema do mal instaura, em torno do ano 2000, novas dimensões. As tecnologias modernas não param de suscitar novas interrogações morais. As biotecnologias, em particular, fazem entrever uma nova era, a de uma humanidade que toma nas mãos sua própria evolução. A ética, abalroada pela técnica e pelo aspecto econômico, tece irrisórias barreiras dentro de frágeis comitês. Autoridades religiosas formadas no espírito da teologia moral escolástica de base agostiniana terão lugar nesses comitês? E o pecado original ainda tem sentido nas discussões sobre a bioética, a eugenia ou a moral em geral?

# DO ADÃO BÍBLICO AO ADÃO EUGÊNICO: SÉCULO XX

Quaresma de 1907. Na catedral de Notre-Dame de Paris, onde se comprime a boa sociedade da capital, o padre Émile-Marie Janvier está encarregado das tradicionais conferências solenes. O ciclo é dedicado ao vício e ao pecado, sendo que a quarta conferência inteira fala sobre o pecado original, "fato que domina nossa história". Nesse início do século XX, o dominicano continua a sustentar que a ciência está errada e que Adão não era um homem primitivo:

> O espírito contemporâneo tem uma tendência a afirmar que o primeiro de nossos pais foi um ser selvagem [...]. A teoria da evolução, que tanto se defende e que nada prova, leva a crer que a passagem da espécie inferior para a espécie superior foi imperceptível, e que houve um momento em que não se soube mais se nosso ascendente era ainda um animal ou se, enfim, havia se tornado um homem. Em todo caso, era um pobre homem, perto do qual os últimos dos negros ou dos

hotentotes teriam sido gênios. Confesso que não fico comovido com as lendas inventadas pelo transformismo.[1]

A verdade, explica o padre Janvier, é integralmente encontrada em Moisés, autor do livro do Gênesis: Adão era um ser "resplandecente de força, de beleza e de inteligência". Ele conversava com "um Deus que tem o prazer, no momento da brisa da noite, de descer neste universo embriagado de juventude e falar com o ser racional que o habita".[2] Tudo isso é literalmente exato, assim como a serpente que fala. "Por que o filho do Mal, vindo para nos perder, não teria podido tomar a forma da besta? Na verdade, não vejo como." A maçã? A árvore? "Havia sido estabelecido que tocar nessa árvore, roubar seus frutos, seria atentar contra os direitos do céu [...]. O que há de desconcertante para nosso juízo?"

Na quinta conferência, que versa sobre "a transmissão da falta original", o padre Janvier se junta solidamente às posições tradicionais: "Toda a humanidade provém de um único casal, nenhum homem nasce sem ser culpado, ninguém escapa a um contágio que ganhou a massa em toda a sua extensão. Se somos advindos de um santo, esse santo só transmite sua substância, não nos infunde sua justiça, pois a justiça pertence à pessoa, a falta pertence à natureza, e é a natureza que nos é comunicada".[3] Esboçando um quadro das calamidades que afligem a humanidade na aurora do século XX, ele conclui: "Somos atingidos, de forma que um pecado nos vale esse castigo". É preciso se preparar para a guerra; a paz é apenas um sonho:

> Infelizmente! É um sonho, um sonho que não se pode acalentar sem se tornar sua vítima: ele está no coração dos povos, assim como no coração dos indivíduos estão o excesso de egoísmo, o excesso de orgulho, o excesso de rispidez, o excesso de ambição; as alianças mais sólidas oscilam por um nada, o menor incidente muda para hostilidades os mais sinceros entendimentos e as melhores amizades; o passado nos ensina o que será o futuro; a guerra é um mal inevitável que não se dissipará antes que sua depravação causadora não desapareça da

---

1 Janvier, *Conférences de Notre-Dame de Paris: Exposition de la morale catholique*, t.V, p.138-9.
2 Ibid., p.142.
3 Ibid., p.176-7.

alma do homem; a única forma de impedir tudo isso que a sabedoria nos ensina é prepará-la. *Si vis pacem, para bellum.* Triste conclusão, que nos revela a que ponto a família de Adão é pervertida![4]

A falta se transmite por hereditariedade. O predicador não cede: "Os filhos dos dissolutos são voluptuosos, os filhos dos vis são vis, os filhos das tribos mentirosas são mentirosos, os filhos dos bravos são bravos, e os filhos dos heróis são heroicos".[5] Referindo-se às teorias raciais de Taine que mostram como, através dos séculos, a raça ariana guardou suas características, e como os traços mais antigos são também os mais estáveis, ele interpela suas ovelhas: "Então, senhores, estaríamos muito longe desse sistema que é incontestável, ao menos em seus dados gerais, do dogma do pecado original? Viemos todos de uma mesma fonte, essa fonte foi poluída; seria surpreendente que, passando pelas veias de nossos ancestrais, ela nos traga a indignidade ao mesmo tempo que a vida? [...] E dado que não só a pessoa foi depravada pela primeira falta, como também a natureza, a raça, a espécie, não é aceitável que qualquer um que receber essa natureza receberá, ao mesmo tempo, a tara com que foi impregnada até os ossos?".[6]

Essas considerações, feitas em 1907 na Notre-Dame de Paris, poderiam representar o ponto de vista oficial da Igreja. Essas Conferências de Quaresma são de fato publicadas em 1910, com a aprovação do cardeal Merry Del Val, secretário de Estado do papa, que transmite as felicitações de Sua Santidade. Apesar disso, o mundo exegético católico começa a emitir tímidas reservas. Durante todo o século XX, surdas lutas ocorrem nos círculos dirigentes da Igreja em torno da interpretação do pecado original e de suas consequências. O que está em jogo não é uma mera questão de doutrina, mas o papel do cristianismo na sociedade.

---

4 Ibid., p.189.
5 Ibid., p.192.
6 Ibid., p.194.

A RECUSA DA EVOLUÇÃO

Em 1897, o padre Lagrange, fundador da Escola de Jerusalém e da *Revue Biblique*, sugeria nesta última que a interpretação literal da narrativa da queda talvez não fosse necessária, pois o essencial era a significação global.[7] Nessa época, a audácia não é mais excessiva, mas os círculos mais conservadores se alarmam e submetem o problema à Comissão Bíblica, implementada por Leão XIII.

A resposta, assinada pelos eruditos católicos Fulcran Vigouroux e Laurent Janssens, é pronunciada em 30 de junho de 1909. Cada um pode encontrar aí a matéria para sua satisfação, pois o documento mantém a verdade histórica da narrativa bíblica, mas estabelecendo que é possível, para "certas passagens desses capítulos, empregar a interpretação alegórica e profética". Os conservadores ficam confortados em sua interpretação literal, pois o documento responde "não" à primeira questão:

> Podemos ensinar que os três primeiros capítulos do Gênesis contêm não as narrativas de acontecimentos consumados, mas fábulas emprestadas das mitologias ou das cosmogonias dos povos antigos e, depois da eliminação de todo erro politeísta, adaptadas pelo autor sagrado para a doutrina monoteísta, ou ainda alegorias sem fundamento na realidade objetiva, propostas sob forma de história para inculcar verdades religiosas e filosóficas, ou, enfim, lendas – em parte históricas e em parte fictícias –, compostas livremente para a educação das almas?[8]

O documento também responde "não" à segunda questão:

> Pode-se, em particular, pôr em dúvida o sentido histórico literal, nesses mesmos capítulos, de fatos que tratam dos fundamentos da fé cristã, como são, entre outros, a criação de todas as coisas feitas por Deus no início dos tempos, a criação especial do homem, a formação da mulher, tirada do primeiro homem, a unidade do gênero humano, a felicidade original de nossos primeiros pais, no

---

7 Lagrange, L'Innocence et le péché, *Revue Biblique*, p.350.
8 Apud Rondet, op. cit., p.268.

estado de justiça, de integridade e de imortalidade, a ordem dada por Deus ao homem para testar sua obediência, a transgressão da ordem divina à instigação do diabo sob a aparência de uma serpente, a decadência de nossos primeiros pais desse estado primitivo de inocência e a promessa de um redentor futuro?[9]

Mas alguns também podem ver os sinais de uma abertura, dado que o documento responde "sim" à terceira questão:

> Na interpretação das passagens desses capítulos que os Pais e os doutores compreenderam diversamente, sem nada ensinar de certo nem de definitivo, é possível, sob a reserva do julgamento da Igreja, e mantendo-se na analogia da fé, seguir e defender tal opinião que cada um, depois de um exame maduro, acreditará dever adotar?[10]

Os catecismos da época são mais diretos, à imagem daquele do cônego Quinet, inspetor geral do ensino religioso da diocese de Paris, em 1928. Aqui se ensina, sem pestanejar, a verdade histórica da narrativa bíblica da queda. Recentemente, num capítulo de *Christianisme et science*, Régis Ladous pôde falar, a esse propósito, de "uma cultura separada, notavelmente estanque ao espírito do tempo. Não se trata mais de questionar se Quinet se interessa pelo que os professores católicos de Paris, Louvain, Fribourg etc., ensinam. Pensa-se que, mentalmente, o cônego jamais conseguiu sair no pequeno seminário".[11]

O cônego Quinet não está sozinho. Alguns anos antes, em 1922, o padre Sinéty, que assina o artigo "Transformisme" do *Dictionnaire apologétique de la foi catholique*, exclui qualquer mudança: "Vendo as dificuldades intransponíveis que apresenta, do ponto de vista científico, um transformismo antropológico monogenista, alguns espíritos talvez ficassem tentados a buscar um acomodamento da doutrina católica com o poligenismo, dando ao pecado original uma interpretação diferente daquela que é normalmente ensinada na Igreja. Qualquer tentativa nesse sentido está antecipadamente, digamos, destinada a um fracasso garantido".[12]

---

9 Ibid., p.268-9.
10 Ibid., p.269.
11 Ladous, op. cit., p.136. O "pequeno seminário" equivale ao nível do ensino secundário. (N. T.)
12 *Dictionnaire apologétique de la foi catholique*, t.IV.

Apesar disso, em 1928, em outro dicionário, os irmãos Bouyssonie apresentam a questão: "Não poderia o pecado original ter sido o fato de uma comunidade mais ou menos numerosa, em vez de ser aquele de um único casal?".[13] A hierarquia continua a não querer ouvir nada disso.

Em 1943, aparece ainda um livro que pretende provar cientificamente que o pecado original marcou o início de uma regressão de todos os seres vivos: *L'Évolution régressive*, de Salet e Lafont. Os autores afirmam, entre outras coisas, que, na origem, os animais eram todos pacíficos e herbívoros, mas que, depois de uma espécie de transformismo invertido, se adaptaram a um mundo mau, em que a luta pela sobrevivência domina: "O órgão elétrico do peixe-torpedo, com o qual fulmina o adversário, é um músculo transformado. O ferrão das abelhas e das vespas servia primitivamente para botar os ovos".[14] Durante a era primária, os seres vivos eram imortais: jamais foram encontrados fósseis em terrenos datando dessa época. Certamente o homem apareceu no início do secundário, pois foram encontrados, no Arizona, alguns desenhos pré-históricos mostrando diplódocos e outros dinossauros. Mas, desde o pecado original, todos os seres vivos são mortais; a vida humana encurtou; a inteligência regrediu: os povos encontrados na África ou na Amazônia são a prova disso, são as prefigurações da humanidade futura. Resumindo, por causa do pecado de Adão, vamos parar na idade da pedra.

O bispo de Toulon, monsenhor Gaudel, dá seu *imprimatur*, louvando os autores por terem visualizado um "sistema original", próprio para "estancar nossa sede de compreensão", mas é possível perceber que está um pouco embaraçado. O superior do seminário francês de Roma, entretanto, faz a aprovação em uma carta que é impressa na introdução do volume: "Os autores deste consciencioso e magnífico estudo merecem todas as felicitações. Ele poderá levar aqueles que o lerão a se decidir a abandonar para sempre a pseudociência da evolução, da qual Paul Lemoine, professor do Muséum, dizia: 'A evolução é uma espécie de dogma no qual seus padres não acreditam mais, porém continuam a manter para o povo'".[15]

---

13 Apud Rondet, op. cit., p.282.
14 Salet e Lafont, *L'Évolution régressive*, p.64.
15 Ibid., p.50. A esse respeito, ver Delsol, Arguments chrétiens et d'origine chrétienne contre l'évolution biologique, in: Association Française d'Histoire Religieuse Contemporaine (Org.), *Christianisme et science*, p.147-65.

AS INTERROGAÇÕES DOS FIÉIS

Nos anos 1900-1930, as autoridades religiosas frequentemente permanecem opostas a uma interpretação simbólica da narrativa bíblica da queda, e cada vez mais fiéis se fazem questionamentos. Dado que o clero encoraja os crentes a ter uma fé esclarecida, estes buscam se informar, como o mostra *L'Ami du Clergé*. Fundada em 1878 pelo editor Palmé para lutar contra a franco-maçonaria, essa revista foi depois comprada pelo abade Denis, chanceler do bispo de Langres, que, associado ao superior do Grande Seminário, Perriot, fez dela um órgão de formação do clero. *L'Ami*, como é familiarmente chamada, está certamente bem longe das tiragens de *La Croix* ou do *Pèlerin*. Mas é um veículo destinado exclusivamente ao clero e, com seus 10 mil assinantes em 1913, era seguramente o mais lido nos presbitérios da França, atingindo, pelo menos, entre 30 mil e 40 mil eclesiásticos, ou seja, três vezes mais que a *Revue du Clergé Français*, cuja tiragem era de 3 mil exemplares. *L'Ami* dá ao padre de paróquia conselhos de pastoral, planos de sermões, resoluções de casos de consciência, artigos que aprofundam pontos de teologia, quase sempre de grande qualidade. Várias de suas páginas são consagradas às questões dos leitores, expressas de maneira anônima, às quais os teólogos respondem, de maneira também anônima.

Por vezes, a revista vai ao encontro das questões, quando acredita denotar graves erros de opinião ou de comportamento. Ela critica, por exemplo, o catolicismo social, por ele se apoiar na formação da bondade natural do povo. A democracia é destinada ao fracasso, explica *L'Ami*, pois não leva em conta o pecado original: a partir de Adão, o povo é mau e deve, portanto, ser dirigido de modo autoritário pelos guias espirituais. Em 1908, *L'Ami du Clergé* ataca o movimento católico do Sillon, acusando-o de se fiar ao povo – o movimento de Marc Sangnier será condenado pelo papa em 1910. De fato, o clero da revista não aprecia ver os laicos desempenharem um papel importante nessa organização. É preciso recuperar essas ovelhas extraviadas:

> Sem dúvida, eu entristeceria muito esses intrépidos filhos da Igreja que são os *sillonistes*, se os acusasse de negar o pecado original [...]. Porém, que eles me permitam convidá-los, em total caridade leal e confraternal, a refletir sobre os motivos que têm de se mostrar tão confiantes na bondade nativa do povo. Por

mais generoso que seja, esse sentimento pode ser exagerado e apresentar dogmaticamente algum perigo [...]. A utopia da bondade original da natureza já nos valeu o *Contrato social* e a Revolução. Ela também nos valeu, diante da ciência e do progresso material da vida, a falsa posição apologética na qual os racionalistas e os naturalistas contemporâneos, sucessores de J.-J. Rousseau, nos lançaram e aprisionaram.[16]

L'Ami du Clergé é, antes de tudo, uma fonte preciosa para conhecer as interrogações espirituais dos fiéis. Frequentemente, os curas apontam as questões de seus paroquianos, às quais não souberam responder, ou que os embaraçaram. Descobrimos, assim, fiéis muito mais desejosos de compreender sua fé do que poderíamos acreditar. Em particular, o episódio do pecado original parece excitar a curiosidade dos fiéis. A dificuldade é de explicar-lhes que devem aceitar a interpretação literal da narrativa bíblica, sem se deter em suas estranhezas, pois estas dizem respeito a uma interpretação simbólica erudita, que o simples fiel não saberia entender. Notemos alguns exemplos folheando a revista em ordem cronológica.

Ano: 1897. Questão de um pároco: "Vocês poderiam me dar uma pequena tese sobre o pecado original e provar que a desobediência de Adão consiste na mastigação de um fruto real, e não, como o pretendem os franco-maçons, *in copulatione Adam cum uxore sua Eva*? É seriamente o dever de um padre responsável pelas almas combater *in tempore opportuno* esse erro numa terra em que ele é quase geral entre os cristãos? Apenas o silêncio basta?".[17] Assim, no final do século XIX, muitos continuam a crer que o pecado de Adão consistiu não em morder uma maçã, mas em fazer amor com Eva. A maçã, de qualquer forma, seria a versão para as crianças do catecismo. O pároco, respeitando as convenções da imprensa católica, só fala do sexo em latim e atribui essa calúnia ao complô maçônico, o que a revista confirma: "Desnaturando dessa forma um ponto tão claro e tão importante, a franco-maçonaria quer, ao mesmo tempo, atingir a Bíblia, para desconsiderá-la, e o casamento, para rebaixá-lo". Deus havia instituído o casamento *antes* do pecado original; portanto, se houve relações sexuais entre Adão e Eva, isso era legítimo, pois

---

16 *L'Ami du Clergé*, 1908, p.106-7.
17 *L'Ami du Clergé*, 1897, p.109.

estavam casados! Por conseguinte, a história da maçã guarda todo seu valor: "A tese sobre a desobediência de Adão é fácil de ser elaborada. Conhecemos o fato por meio da narrativa bíblica, que nos conta com todas as circunstâncias. Nada nessa narrativa sugere a ideia de que se deva buscar nela uma alegoria".

Ano: 1900. Um pároco do campo se inquieta: "A respeito do pecado original, as crianças, e muitos outros que não o são mais, têm a ideia de que o fruto proibido que levou Adão à perdição era uma maçã de sidra, e a árvore do bem e do mal, uma vulgar macieira, o que dá a essa terrível história uma aparência quase ridícula. É preciso explicar-lhes que a palavra latina *pomum* significa não a maçã, mas qualquer espécie de fruto".[18] Resposta de *L'Ami du Clergé*: "A explicação é boa para ser dada em todos os lugares, sobretudo naqueles em que se cultivam as maçãs de sidra. Aliás, a santa Escritura não diz que a árvore da ciência do bem e do mal era uma macieira. Certamente era uma árvore excepcional, e seu fruto também, pois se tivesse havido outras árvores da mesma espécie, Eva teria podido experimentar o fruto de outro exemplar que não da árvore proibida".

Ano: 1901. Um padre se pergunta se, antes do pecado, Adão e Eva, jovens vigorosos, esperaram muito tempo antes de fazer amor, pois se "nesse frescor e nessa integridade do organismo, a primeira relação deu lugar a uma concepção. Decorre daí que o ser humano procriado nessas condições foi isentado, como a Virgem Santa, de toda mácula original".[19] O mesmo padre indaga se não seria legítimo pensar que Adão e Eva tenham acabado por se cansar da vida monótona do jardim do Éden, e que tenha sido esse tédio que levou Eva a pecar. "A lassidão das belas e boas coisas do paraíso terrestre pôde, sozinha, vergar progressivamente a vontade de Eva, a ponto de torná-la suscetível aos convites da serpente." Resposta: segundo o "sentimento universal" dos doutores e dos concílios, Adão e Eva não estavam com pressa de fazer amor, pois dispunham da eternidade diante de si: "Eles não tinham motivo determinante para fazê-lo depressa, nem mesmo por um longo tempo; não precisavam temer a morte nem a velhice". De resto, como teriam eles podido se cansar da felicidade do jardim do Éden? Isso seria de mau augúrio para nossa própria eternidade no paraíso.

---

18 *L'Ami du Clergé*, 1900, p.1079.
19 *L'Ami du Clergé*, 1901, p.553.

No mesmo ano, outro pároco se questiona se o pecado original não fora uma bênção, dado que, se não tivesse existido essa falta fundamental, Cristo não teria encarnado e os homens não teriam então sido salvos.[20] Outro deles raciocina como demógrafo: os homens deveriam ser mortais antes mesmo do pecado original – do contrário, "que barafunda e que sufocamento se Adão e toda a sua posteridade tivessem sobrevivido!".[21] Assim, como é possível afirmar que a morte só existe depois do pecado original? Desta vez, os teólogos da revista, sem terem argumentos, se contentam em responder que os cristãos devem aceitar o que dizem as autoridades.

Ano: 1904. Um pároco fala sobre seu embaraço diante da questão posta por um jovem intelectual de sua paróquia: como Adão pôde pecar se estava em estado de perfeição? O padre tentou explicar ao seu interlocutor que, com o tempo, talvez Adão tivesse esquecido a força da proibição divina, que ele, sem dúvida, tinha se habituado a cometer pequenos pecados, que era menos resistente que os anjos por causa de seu corpo, que, de todo modo, ele era menos culpado que Eva, e que se a serpente o tivesse tentado em primeiro lugar, ele não teria cedido. Resposta da revista: não é nada disso; se Adão pecou, foi porque, a despeito de sua perfeição, ainda lhe faltava a vida bem-aventurada do céu; ainda havia, então, alguma coisa a desejar. Dado que ele era um homem, era muito superior a Eva e, portanto, muito mais culpado que ela, "porque havia nele mais inteligência e mais vontade".[22]

Ano: 1922. Questão: por que Deus, depois do pecado de Adão, puniu os homens, reduzindo-lhe suas faculdades naturais, e o diabo não sofreu a mesma pena? Resposta: os anjos não têm defeitos naturais, então não se pode acentuá-los.[23] Outra pergunta: Cristo teria encarnado se Adão não tivesse pecado? Resposta: há muito tempo, os grandes teólogos discutem isso. Para alguns, o pecado original perturbou os planos divinos; para outros, a Encarnação estava prevista desde a origem.[24]

Ainda em 1922, um padre pergunta qual era o remédio para o pecado original antes da vinda de Cristo, e qual é esse remédio, desde então, para

---

20 Ibid., p.274.
21 Ibid., p.1175.
22 *L'Ami du Clergé*, 1904, p.228.
23 *L'Ami du Clergé*, 1922, p.289.
24 Ibid., p.696.

aqueles que não o conhecem e que não são batizados? Resposta: antes da vinda de Cristo, o homem, para ser salvo, devia se conformar a preceitos sobrenaturais; contudo, estes "decorriam, por assim dizer, naturalmente da elevação do homem à ordem sobrenatural, e eles lhe eram intimados sobretudo por uma inspiração interior".[25] Depois da vinda de Cristo, é mais simples: "Fora da Igreja não há salvação", segundo o título de uma obra do padre Hugon, da qual a revista retoma as conclusões. A salvação é impossível para aqueles que morrem sem ter sido batizados, e é por essa razão, prossegue *L'Ami*, que a Igreja "se impõe todo tipo de sacrifícios para enviar seus missionários em todos os pontos do globo e oferecer a tantas crianças os benefícios da regeneração. Um teólogo prudente se manterá, então, nos traços das declarações do magistério infalível: não há outro meio de salvação para as crianças além do batismo".

Ano: 1924. Nova questão, que mostra que os fiéis têm dificuldade para aceitar a maçã e suspeitam que a Igreja quer fazer dela uma folha de videira: "Várias vezes", diz um pároco, "tive a ocasião de corrigir, em algumas pessoas do mundo, a opinião de que a narrativa do Gênesis concernente à desobediência de nossos primeiros pais é uma ficção pudica, destinada a velar o caráter da verdadeira falta. Rejeita-se facilmente, como sendo infantil, a história do 'fruto proibido', para ver no lugar uma desobediência de outra ordem. Admite-se que Deus submeteu Adão e Eva a uma prova, mas esta não consistiria para eles na interdição de toda relação carnal durante um tempo determinado".[26] Resposta: tal ideia é "inadmissível"; foi Fílon de Alexandria quem espalhou essa interpretação alegórica, segundo a qual a serpente seria o prazer sensível; Eva, a concupiscência carnal; Adão, o orgulho; e o pecado original, o consentimento dado ao instinto carnal. Depois, continua *L'Ami*, os protestantes liberais, na esteira de Schleiermacher, pintaram e bordaram sobre esse tema, popularizando e vulgarizando, em obras como *Ève*, de Massenet. É preciso voltar à narrativa bíblica, que em nenhuma parte menciona a possibilidade de um pecado original de ordem sexual: "Não se saberia oferecer nenhuma boa razão para negar a realidade da árvore, do fruto e da mordida proibida por Deus"; "somente a falta do orgulho é psicologicamente

---

25 Ibid., p.724.
26 *L'Ami du Clergé*, 1924, p.724.

explicável no estado de integridade em que nossos primeiros pais se encontravam antes da queda". Outra questão: não haveria uma continuidade, pelo menos lógica, entre a árvore do delito e a árvore da cruz, como havia mostrado o padre Monsabré? Resposta de *L'Ami*: "Se você tocar com uma mão profana e sacrílega a árvore da salvação [a cruz], ofenderá o amor de Deus redentor. Se você colher com uma mão temerária o fruto da árvore da prova, ofenderá a enorme majestade de Deus, mestre e senhor de todas as coisas. Salve, árvore do paraíso! Aqueles a quem escandaliza têm olhos para não ver".[27] Entretanto, não fica excluído que certos traços tenham um sentido alegórico, diz a revista, que justifica essa primeira concessão ao citar uma passagem da *Revue Pratique d'Apologétique*: "A serpente que fala, a mordida de um fruto que trouxe atrás de si tão graves consequências, o passeio de Deus no jardim, a chamada de Adão, como se Deus ignorasse onde ele estava e o que havia feito, a serpente condenada a se arrastar sobre a terra, esses são os traços que frequentemente serviram de matéria para objeções ou para brincadeiras [...]. É preciso, portanto, explicar essas maneiras de falar, assinalar as alegorias e os antropomorfismos, e levá-los ao seu verdadeiro sentido".[28]

Ainda 1924. Questão: "Deus havia criado Adão e Eva no estado de inocência. Havia também proibido que tocassem na árvore da ciência do bem e do mal, para que não conhecessem o mal. Mas não poderíamos dizer que eles já o conhecessem, dado que, mesmo antes de experimentarem o fruto proibido, seduzidos pela serpente tentadora, cometeram em seu coração o triplo pecado de orgulho, curiosidade e gula? O homem já era então mau, antes do ato de desobediência?".[29] *L'Ami* retoma São Tomás, que mostrou que a árvore do conhecimento do bem e do mal só foi assim denominada devido à

---

27 Ibid., p.425. A resposta também cita Belarmino, que escreve em *De amisssione gratiae sive de statu peccati*, livro III, capítulo 5, página 313 do tomo V da edição Vivès: "De fato, ele pôde começar no homem, por simples irreflexão e desconsideração. Seu primeiro ato não foi: 'Não quero obedecer a Deus', mas depois de ouvir as palavras do diabo: 'Vocês serão como deuses, conhecendo o bem e o mal', eles começaram a refletir em si mesmos que é bom não depender do outro; deleitaram-se em seu próprio poder e se comproveram; ocupados com esses pensamentos, com esses desejos, não elevaram suas almas a Deus e não pensaram que aquilo não poderia ser feito e que não lhes conviria; assim, voltando-se pouco a pouco para eles mesmos, e desviando-se de Deus, começaram a ficar cegos, a acreditar nas palavras de Satã, a desprezar as ordens e as ameaças de Deus".
28 Lesêtre, *Revue Pratique d'Apologétique*, p.33-4.
29 *L'Ami du Clergé*, 1924, p.426.

sequência da história. Antes, Adão e Eva não conheciam a diferença, mas é verdade que cometeram um "pecado interior" antes de morder a maçã.

As questões se multiplicam, e a revista indica obras recentes sérias a respeito do pecado original – aquela do jesuíta J. Muncunill, *De Deo creante et de Novissimis* (1922) e a do sulpiciano L. Grimal, *L'Homme, son origine, sa condition présente, sa vie future* (1923) –, mesmo criticando-as em certos pontos técnicos. Outra questão, posta por um pároco que animava um "círculo de homens" com dificuldade para admitir que, antes do pecado original, os seres humanos eram imortais. Resposta: "Se o homem não houvesse pecado, poderia não morrer e, de fato, não pecando, não seria morto".[30] Ele teria escapado da usura do organismo e dos acidentes por três meios: "1) Uma proteção mais especial de Deus, que evitaria ao homem o contato com as causas exteriores de morte, cataclismos, acidentes etc. 2) Uma maior influência da alma sobre o corpo, influência evidentemente de ordem preternatural, resultante do dom da justiça primitiva. 3) Por fim, uma causa que age imediatamente sobre o corpo, a saber, o fruto da Árvore da Vida, comido pelo homem e nele produzindo, como um remédio poderia fazê-lo, uma renovação incessante de vida e de juventude".

A partir de 1925, as questões redobram. Por que Deus submeteu Adão e Eva a uma prova especial que se parece muito com uma armadilha destinada a fazê-los cair nela? "Por que, a essas prescrições de sua consciência moral, Deus adicionou uma outra, de ordem externa, verdadeiro obstáculo para Adão e para inúmeros espíritos?"[31] Para responder, *L'Ami* se apoia sempre em São Tomás. Muitas questões também concernem ao modo pelo qual cada homem pode ser culpado de uma falta que não cometeu.[32]

---

30 Ibid., p.128.
31 *L'Ami du Clergé*, 1925, p.374.
32 Ibid., p.612.

HUMANI GENERIS: ADÃO EXISTIU MESMO

Em meados do século XX, o pecado original toma os ares de uma fábula de outra época, e teólogos audaciosos, como vimos no capítulo precedente, tentam torná-lo aceitável pela cultura contemporânea. Mas, em 1950, para o grande desespero dos crentes esclarecidos, Pio XII lembra solenemente que o dogma do pecado original proíbe seguir certas hipóteses da ciência moderna. É a encíclica *Humani generis*. Um século depois de Darwin, o papa acaba por admitir que o transformismo, segundo o qual "o corpo humano foi tirado de uma matéria já existente e viva", pode ser "o objeto de pesquisas e de discussões", mas ele proíbe formalmente aos cristãos que adotem a hipótese poligenista, e aos eruditos cristãos, de prosseguir as pesquisas nesse campo:

> Quando se trata da outra hipótese, chamada de poligenismo, os filhos da Igreja não têm mais tal liberdade. De fato, os fiéis não podem abraçar uma doutrina cujos defensores sustentam ou de que houve sobre a terra, depois de Adão, verdadeiros homens, que dele não descendem por geração natural, como sendo do primeiro pai de todos, ou que Adão designa o conjunto desses múltiplos primeiros pais. De fato, não vemos nenhuma maneira de conciliar tal doutrina com o que ensinam as fontes da verdade revelada e o que propõem os atos do magistério eclesiástico sobre o pecado original, pecado que tem sua origem num pecado verdadeiramente pessoal cometido por Adão e que, difundido em todos pela geração, se encontra em cada um e lhe pertence.

Entretanto, no mesmo ano, o comentário da encíclica abre uma porta de saída: "Trata-se de um julgamento definitivo, irreformável? Decerto que não; a maneira pela qual se expressa o Santo Pai mostra que ele não pretende aqui promulgar uma definição dogmática, mas, se podemos parafrasear suas expressões, 'na verdade não vemos o que poderia levar a Igreja a modificar essa regra de conduta'".[33] Como observou o jesuíta Henri Rondet, o texto latino da encíclica comporta, além disso, duas palavras, *appareat quomodo*, que, em caso de necessidade, permitem relativizar a proibição.[34]

---

33 *Encyclique Humani generis*, commentaire dans le Cahier de la *Nouvelle Revue Théologique*, v.VIII, p.89.
34 Rondet, op. cit., p.288. [*Appareat quomodo*: "Aparece como". (N. T.)]

A encíclica admite que talvez houvesse espécies quase humanas antes de Adão, ou ao mesmo tempo que ele, "todo tipo de ensaios, de esboços, pelos quais a Providência preludiava, como que brincando, a criação da humanidade definitiva, desse *homo sapiens* de que fala o Gênesis. Esses esboços haviam desaparecido completamente quando o *homo sapiens*, nosso ancestral, fez sua entrada no mundo? Quem poderia dizê-lo? Os descendentes autênticos dessas humanidades primitivas se perpetuaram? Grave questão, que demandaria que a última palavra não demorasse a ser dada, mas que podemos discutir, contanto que se dê ao pecado original uma interpretação conforme à tradição". A encíclica reconhece então a possibilidade dos pré-adamitas, essa ideia de La Peyrère que outrora havia sido tão violentamente combatida. Mas ela lamenta que "alguns se afastem de maneira audaciosa das regras de prudência estabelecidas pela Igreja. De um modo particular, é preciso deplorar certa maneira por demais livre de interpretar os livros históricos do Antigo Testamento". Estes são infinitamente superiores às mitologias do Oriente Médio, "que são mais fruto do jogo da imaginação que do gosto da verdade e da simplicidade que marca tão visivelmente os livros sagrados".

Se uma grande parte dos teólogos tenta amenizar e relativizar as proibições da *Humani generis*, outros, ao contrário, se esforçam por permanecer dentro da linha definida pelo papa. Três anos mais tarde, o dominicano M.-M. Labourdette, em *Le Péché originel et les origines de l'homme*, considera que o monogenismo é um dado "implicitamente revelado nos dois dogmas: do pecado original e da redenção".[35] Nesse ponto, ele se refere ao primeiro Concílio do Vaticano, em 1870, quando havia sido preparado um documento afirmando: "Em primeiro lugar, a origem comum de todo o gênero humano a partir dos primeiros pais é definida como sendo revelada por Deus; também o erro oposto é taxado de heresia", enquanto que outro artigo indicava: "Se alguém negar que o gênero humano inteiro seja saído de um único primeiro pai, Adão, que ele seja anátema".[36] Segundo Labourdette, esses textos não foram publicados por falta de tempo, mas "nem por isso apresentam menos interesse teológico, já que foram cuidadosamente pesados [...] e, por outro lado, são um testemunho excepcional do que era o ensino católico comum

---

35 Apud Labourdette, op. cit., p.157.
36 Ibid., p.156-7.

na Igreja universal".[37] Para ele, o poligenismo é inconciliável com o dogma do pecado original, pois este não pode ser, segundo o Concílio de Trento, interpretado como um mito significando simplesmente a tomada de consciência do pecado da humanidade. "O decreto do concílio nada significa se ele não define como pertencente à fé ao menos o seguinte: na origem, foi cometido um pecado pessoal que todos os homens contraem por descendência do primeiro pecador."[38] Não se pode mais interpretar Adão como um grupo, ou até mesmo como o homem em geral, pois ainda aqui seria contradizer os decretos de Trento:

> A própria ideia de um pecado original, que seria compatível com o poligenismo, nos parece se chocar com dificuldades intransponíveis. Elas definitivamente se apresentam sob três formas. 1) A humanidade, descendendo de linhagens diversas, mais ou menos numerosas, o primeiro de cada uma delas pecou. Essa pluralidade do pecado original já é bem contrária à unidade do primeiro pecado ensinado em Trento. Mas somos levados a uma dificuldade muito grave: então o pecado era inevitável para essa humanidade, que não tinha nenhuma tara original, mas possuía, com a graça, os dons do estado primitivo da justiça? [...] 2) O primeiro grupo humano, mais ou menos numeroso, teria cometido um pecado coletivo, do qual todos participaram [...]. Ela não evita as mesmas dificuldades. Ela se resolve em definitivo numa pluralidade de pecados pessoais, e as mesmas questões se apresentam; esse pecado parecerá tanto mais inevitável na medida em que ninguém soube evitá-lo. 3) O primeiro grupo humano seria englobado num pecado coletivo, cometido por apenas um ou alguns poucos, mas do qual todos foram considerados responsáveis: é atribuir a Deus uma intolerável injustiça. [...] Só podemos concluir, com a encíclica *Humani generis*, que o poligenismo não é para o cristão uma hipótese livre: não se vê de forma alguma como ele seria conciliável com o dogma do pecado original, tal como a Igreja o definiu.[39]

Labourdette assume claramente a herança dogmática sobre o pecado original: "É reconhecido pela fé que o primeiro casal humano foi posto, antes

---

37 Ibid., p.156.
38 Ibid., p.159.
39 Ibid., p.161-2.

da queda, em condições privilegiadas"; em particular, "um primeiro ponto explicitamente imposto é que o homem inocente havia recebido o privilégio da imortalidade".[40] As perfeições de Adão e Eva, no início da história humana, "não são uma invenção dos teólogos", mas fazem "parte do ensino revelado".[41] De imediato, Labourdette afirma, contra seus confrades que gostariam de fazer da narrativa bíblica da queda um mito: "O dogma do pecado original é terrivelmente mais preciso e não se adapta de nenhuma forma a essa interpretação simbólica".[42] Trata-se de uma "história verdadeira", que relata "fatos reais", que teve várias consequências sobre a natureza humana: o pecado original provocou uma "ferida de ignorância", isto é, nossa inteligência encontra múltiplos obstáculos que tornam difícil o acesso à verdade e, em particular, ao conhecimento de Deus; ele produziu uma "ferida de concupiscência", que dificulta bastante o domínio de nossos sentidos por nossa vontade. Desde o pecado original, somos então reduzidos ao estado de pura natureza, mas de fato somos mesmo portadores de deficiência em relação a essa situação de pura natureza:

> A grande diferença entre o homem decaído e um homem que teria sido criado apenas na natureza é que o primeiro, na medida em que guarda o pecado original, não é mais capaz dessa retificação fundiária da vontade em relação ao fim último, que é o princípio primordial da vida moral e virtuosa. A virtude não se tornou impossível [...], mas o homem é incapaz de um sucesso moral acabado, mesmo que puramente natural, porque no princípio de sua vida moral há não mais a reta ordenação ao fim último, mas, além do pecado original, um pecado mortal atual, a adesão positiva para um mau fim.[43]

Apesar da aceitação literal da existência histórica de um primeiro casal e do episódio de uma desobediência fundamental, responsável pela decadência de toda a humanidade por transmissão hereditária parecer incongruente no mundo moderno, a fé deve sair vitoriosa: "Não será escandaloso que, naquilo que diz respeito às nossas origens, a fé cristã nos faça defender verdades com

---

40 Ibid., p.171.
41 Ibid., p.173-4.
42 Ibid., p.1.
43 Ibid., p.94.

as quais nossa ciência não se junta". Toda teoria ou filosofia que declaram que a verdade científica é incompatível com "o fato de uma queda primitiva e a realidade de um pecado transmitido com a natureza, em dependência do primeiro pai, são excluídas pelo dogma".[44]

O padre Labourdette escrevia em 1953. Desde então, o batalhão dos oponentes do poligenismo por causa do pecado original se reduziu consideravelmente. Mas, em 1990, mesmo admitindo que "a catequese de João Paulo II aparece um pouco solitária", o padre Chapelle, jesuíta, escreve: "Esquecer a unicidade de Adão seria compatível com a fé no Deus único, pai de todos, dos vivos e dos mortos? Não pensamos assim".[45] Ele continua a considerar que o monogenismo é uma necessidade para o dogma da queda.

PAULO VI E JOÃO PAULO II: O PECADO ORIGINAL, "VERDADE ESSENCIAL DA FÉ"

É sob o pontificado de Paulo VI que se conclui o Vaticano II, que tinha permanecido silencioso sobre o pecado original. Em 1966, Paulo VI organiza um simpósio em Roma, inteiramente consagrado ao "pecado original diante da ciência e do pensamento contemporâneo". Ao longo do ano, ele multiplica as declarações[46]: numa homília de 20 de março, proclama a respeito das relações entre Deus e os homens: "A partir da falta de Adão, essa união foi rompida"; numa alocução de 30 de março, constatando as taras do mundo contemporâneo: "A Igreja desvela a causa fatal e radical: o pecado original"; numa alocução de 13 de julho, ele lembra que o homem é ferido pelo pecado original e que, em consequência, "a missão da Igreja é de educar o homem"; em 15 de agosto, numa homília: "Mais do que nunca, a humanidade se apresenta decaída pelo pecado original, que penetrou em todos os ramos e na árvore inteira de nossa existência terrestre"; em 8 de outubro, ele evoca as "misérias de nossa natureza, ferida pelo pecado original".

---

44 Ibid., p.135.
45 Chapelle, Méditations sur nos "premiers parents", *Nouvelle Revue Théologique*, t.112, n.5, p.715.
46 *Documents pontificaux de Paul VI*, Saint-Maurice, Saint-Augustin, Saint-Maurice, t.V.

Em sua alocução de 11 de julho, diante dos participantes do simpósio, Paulo VI lembra que o concílio havia preparado um esquema intitulado "Do pecado original aos filhos de Adão", que deveria ser incluído na constituição *De deposito fidei pure custodiendo*, mas que acabou descartado de última hora, "por razões que vocês conhecem bem" – isto é, por profundos desacordos entre os bispos. Sob a intervenção escrita do cardeal Micara, na época moribundo, que protestava contra o silêncio do concílio, uma breve menção havia sido introduzida na constituição *Gaudium et spes*, mas o texto se limitava a vagas generalidades, constatando que a vida de todo homem é marcada por uma luta entre o bem e o mal: "Estabelecido por Deus num estado de justiça, o homem, desde o início da história seduzido pelo Maligno, abusou de sua liberdade, erguendo-se contra Deus e querendo atingir seu fim fora de Deus [...]. O que a Revelação divina nos expõe assim, nossa própria experiência o confirma. Pois o homem se examina dentro de seu coração, se descobre igualmente inclinado ao mal, submerso por múltiplos males que não podem provir de seu Criador, que é bom".[47] De resto, o concílio se contentou com algumas raras alusões: "Atingidos pela falta original, os homens frequentemente caíram";[48] "O homem perfeito [Cristo] restaurou, na descendência de Adão, a semelhança divina, alterada pelo primeiro pecado";[49] "depois de sua queda em Adão".[50] Visivelmente, o Vaticano II não queria chamar a atenção sobre uma doutrina cada vez mais controvertida.

Na mesma alocução de 11 de julho, o papa demanda que os participantes se refiram "especialmente aos resultados das ciências naturais modernas, como a antropologia e a paleontologia. O fruto dessa pesquisa comparativa deveria ser uma definição e uma apresentação do pecado original que fossem mais modernas, isto é, que satisfizessem mais às exigências da fé e da razão, tal como são sentidas e expressas pelos homens de nosso tempo".[51] Não obstante, as esperanças se desvanecem logo em seguida: "No entanto, há limites que o exegeta, o teólogo, o erudito, se quiserem realmente salvaguardar e esclarecer sua própria fé e aquela dos outros católicos, não podem

---

47 *Gaudium et spes*, 13, 1.
48 *Apostolicam actuositatem*, 7.
49 *Gaudium et spes*, 22, 2.
50 *Lumen gentium*, 2.
51 *Documentation catholique*, t.63, n.1476, col.1348.

nem devem imprudentemente ultrapassar". Esses limites "são indicados pelo magistério vivo da Igreja, que é a norma próxima da verdade para todos os fiéis". É necessário, então, respeitar "as declarações e definições dos concílios", "os documentos emanados da Sé apostólica", "a tradição sagrada e o magistério da Igreja". Para ser mais preciso: é proibido se referir ao poligenismo, assim como a qualquer teoria que negue a transmissão do pecado original por propagação a partir de um primeiro homem, Adão:

> É então evidente que lhes parecerão inconciliáveis com a autêntica doutrina católica as explicações do pecado original que certos autores modernos dão, os quais, partindo do pressuposto do poligenismo – que não foi demonstrado –, negam mais ou menos claramente que o pecado, que foi uma fonte tão abundante de males para a humanidade, tenha sido, antes de tudo, a desobediência de Adão, "primeiro homem", imagem do futuro Adão, cometida no início da história. Por conseguinte, essas explicações também não se conciliam com o ensino da Escritura santa, da Tradição sagrada e do magistério da Igreja, segundo o qual o pecado do primeiro homem é transmitido a todos os seus descendentes por via não de imitação, mas de propagação [...]. Quanto à teoria do evolucionismo, ela não lhes parecerá mais aceitável quando não se concilia claramente com a criação imediata de todas e de cada uma das almas humanas por Deus, e que ela não considera como decisiva a importância que teve, para os destinos da humanidade, a desobediência de Adão, primeiro pai universal.[52]

Encarregado de uma missão impossível, o simpósio não desemboca em nada. Nele, Paulo VI se limita a reafirmar sua posição pessoal numa *Profissão de fé*, de 1968, que retoma a doutrina tradicional e se refere explicitamente ao Concílio de Trento:

> Acreditamos que, em Adão, todos pecaram, o que significa que a falta original por ele cometida fez a natureza humana, comum a todos os homens, cair num estado em que ela carrega as consequências dessa falta e que não é aquela em que ela se encontrava inicialmente em nossos primeiros pais, constituídos na santidade e na justiça, e na qual o homem não conhecia nem o mal, nem a

---

52 Ibid., col. 1350.

morte. [...] Nós mantemos, então, com o Concílio de Trento, que o pecado original é transmitido com a natureza humana, "não por imitação, mas por propagação", e que ele é, assim, "próprio a cada um".

Ainda aí, teólogos se encarregam de diluir, em seus comentários, as fórmulas que podem parecer chocantes para as mentalidades contemporâneas. Louis Panier insiste, por exemplo, no fato de Paulo VI "não retomar a narrativa do livro do Gênesis", que ele não "descreve" o acontecimento do pecado de Adão, mas o "qualifica", que Adão é o "agente" do pecado, e a natureza humana, "o que está em jogo".[53]

João Paulo II expressou sua posição da maneira mais oficial no *Catéchisme de l'Église catholique* de 1997. Se ela não evolui, pelo menos tem o mérito da clareza. O pecado original, que os teólogos se esforçam por relativizar, alegorizar, nuançar, nela é qualificado de "verdade essencial da fé": "A Igreja, que tem o sentido de Cristo, bem sabe que não se pode tocar na revelação do pecado original sem prejudicar o mistério de Cristo".[54] A queda é um fato histórico, ocorrido no início da humanidade: "A narrativa da queda utiliza uma linguagem figurada, mas afirma um acontecimento primordial, um fato que ocorreu no início da história do homem. A Revelação nos dá a certeza de fé que toda a história humana é marcada pela falta original, livremente cometida por nossos primeiros pais".[55] Quanto às interpretações modernas do mal como "defeito de crescimento", "fraqueza psicológica", "erro", "estrutura social inadequada", são insuficientes. Tudo começa com a revolução de Satã, que, desde então, age no mundo, causando tanto o mal moral quanto as catástrofes naturais: "Sua ação causa graves danos – de natureza espiritual e, indiretamente, até mesmo os de natureza física".[56] E por que Deus permite isso? "A permissão divina da atividade diabólica é um grande mistério." O primeiro pecado é uma desobediência, pela qual Adão e Eva preferiram a si mesmos em detrimento de Deus; "Adão e Eva perdem imediatamente a graça da santidade original", o que causa a morte e todas as consequências que sabemos. O pecado de Adão se transmite para todos

---

53 Panier, op. cit., p.19-21.
54 *Catéchisme de l'Église catholique*, 89.
55 Ibid., p.390.
56 Ibid., p.395.

os homens, mas é "um mistério que não podemos compreender plenamente".[57] Todos os pecados do mundo vêm dele, porque o homem privado da justiça original é incapaz de fazer o bem sem a ajuda da graça. Por que Deus não pôde impedir Adão de pecar? Talvez porque isso permita, pela Encarnação e pela Redenção, dar ao homem uma situação última superior à que ele teria sem o pecado.[58]

O ensinamento de João Paulo II repousa sobre essa concepção do pecado original, do qual tira consequências práticas concernentes, por exemplo, à moral. Deus havia proibido de tocar na árvore do conhecimento do bem e do mal: "Com essa imagem, a Revelação ensina que o poder de decidir sobre o bem e o mal não pertence ao homem, mas somente a Deus", escreve o papa para a encíclica *Esplendor da verdade* (1993). Cabe então à Igreja, intérprete oficial da Revelação, fixar os princípios da moral.

HESITAÇÃO DOS BISPOS

Excetuando-se um círculo estreito de cardeais e de bispos tradicionalistas, as posições de João Paulo II sobre o pecado original provocam certo mal-estar no próprio clero, que tem todo o trabalho do mundo para fazer passar essa mensagem junto aos fiéis. As reações dos bispos dão testemunho disso. Elas refletem as divergências entre as sensibilidades nacionais.

Os bispos holandeses são os mais reticentes e marcam sua diferença a partir de 1967-1968. O cardeal Ottaviani, prefeito da Congregação para a doutrina da fé, tinha enviado, em julho de 1966, uma carta para os presidentes das conferências episcopais do mundo, submetendo-lhes uma lista de dez erros ou perigos doutrinais espalhados aqui e ali, e encomendando-lhe um relatório sobre a situação em seus respectivos países. Um dos dez pontos concernia "à doutrina do Concílio de Trento sobre o pecado original". A esse respeito, o cardeal escrevia: "Não faltam aqueles que minimizam a doutrina do Concílio de Trento sobre o pecado original ou os que o comentam de tal forma que a falta original de Adão e a transmissão de seu pecado têm, no

---

57 Ibid., p.404.
58 Ibid., p.412.

mínimo, seus efeitos atenuados".[59] Os bispos holandeses respondem que, entre eles, a maior parte dos teólogos substitui o pecado de Adão pela noção de "pecado do mundo", designando "a disposição interior de cada homem que, desde sua origem, se encontra marcada pelo pecado dos outros". E prosseguem:

> Quanto à questão de saber se existiu um único Adão, é imperativo observar com o maior vigor que o magistério nunca declarou, de forma que engajasse sua mais alta autoridade, que todos os homens descendem de um único pai primitivo. O Concílio de Trento apenas expressou a opinião que tal origem era pressuposta; o Vaticano II não chegou a uma proposta nem a uma discussão sobre o problema; a encíclica *Humani generis* não pertence à categoria das declarações feitas na forma que engaja a mais alta autoridade e, além disso, ela não fecha a via para pesquisas ulteriores; o esquema que trata da salvaguarda da pureza do depósito da fé jamais foi submetido à discussão nas seções do Vaticano II. Assim como para a concepção virginal, o magistério ordinário dá qualquer resposta para esse assunto, mas jamais foi definido se ele deve ser compreendido, ou não, no sentido estrito e literal.[60]

Os bispos holandeses enfatizam então a ambiguidade da posição romana, que deixa voluntariamente planar a incerteza a respeito da interpretação da narrativa do Gênesis. No mesmo ano, o *Novo Catecismo* holandês volta a sugerir que o pecado original poderia simplesmente designar o fato de que cada homem está imerso num meio ambiente que o leva ao mal. O *Novo Catecismo* atrai imediatamente para si as reprimendas da comissão cardinalícia:

> As novas dificuldades que os estudos dos problemas a respeito da origem do gênero humano e de sua lenta evolução suscitam atualmente sobre a doutrina do pecado original não devem impedir o *Novo Catecismo* de propor fielmente a doutrina da Igreja, segundo a qual o homem, desde a origem de sua história, se revoltou contra Deus [...]. Certamente será preciso evitar as expressões

---

59 *Documentation catholique*, n.1519, col.1108.
60 Ibid., col.1109.

suscetíveis de significar que o pecado original é contraído pelos novos membros do gênero humano à medida que são ulteriormente submetidos, desde sua origem, à influência da comunidade humana, na qual o pecado reina, e se encontram assim, de uma maneira inicial, sobre a via do pecado.[61]

Os bispos franceses são menos audaciosos. Em sua resposta ao questionário de Ottaviani, eles se inquietam com o desmoronamento dos "valores fundamentais" da "ordem moral cristã" e deploram que "o sentido do pecado sofre um tipo de eclipse na consciência pessoal de grande número de pessoas". Constatando que a mensagem da Igreja sobre o pecado original é cada vez menos aceita, muitos padres preferem passá-lo em silêncio: "O pecado original, assim como os fins últimos e o julgamento, é ponto da fé católica diretamente ligado à salvação em Jesus Cristo, e cuja apresentação aos fiéis efetivamente causa dificuldades para muitos padres encarregados de ensiná-los. Nós nos calamos, por falta de saber como falar".[62]

Para se pronunciar sem chocar as consciências, é preciso utilizar uma língua consensual, isto é, fórmulas flutuando entre o respeito literal da narrativa bíblica e a alegoria pura e simples. Os bispos da França a manejam com destreza em seu *Catéchisme pour adultes*, de 1991: "Pelo pecado de origem, a natureza humana foi gravemente ferida; entretanto, ela não foi totalmente corrompida. A imagem de Deus foi esmaecida, como sempre o é, pelo pecado. Ela não foi, e nunca será, destruída".[63] Quanto à nossa liberdade, "se precisa ser regenerada, não precisa ser recriada". O pecado original causa em nós a concupiscência, isto é, "a tendência a buscar seus interesses ou sua satisfação em detrimento do justo ordenamento de sua vida em sua relação com Deus, o mundo e os outros".

Os bispos lembram a posição de Santo Agostinho, sublinhando – com razão – que ela foi elaborada em reação contra Pelágio e os gnósticos, o que explica seu caráter severo. Contudo, em vez de renegá-la, eles a neutralizam com este comentário: "O mal não é uma fatalidade inscrita na criação, como se a doutrina do pecado original estivesse aí para nos desculpar. Por outro

---

61 *Documentation catholique*, n.1530, col.2152.
62 *Documentation catholique*, n.1488, col.334.
63 Les Évêques de France, *Catéchisme pour adultes*, §118.

lado, essa mesma doutrina contribui para temperar o julgamento esmagador que poderíamos pôr sobre nossas faltas, ou aquelas de outros homens; ela nos impede de 'satanizar' a história, assim como de sacralizar aqueles que a fazem".[64] Abordando o ponto delicado do destino das crianças que morreram sem ser batizadas, eles explicam: "Todo homem que vem à existência recebe, desde então, uma humanidade ferida. A criancinha não é pessoalmente pecadora, mas, por pertencer ao gênero humano, é marcada por esse pecado de origem".[65] "Quanto às crianças que morreram sem batismo, a Igreja só pode confiá-las à misericórdia de Deus".[66]

Sobre a narrativa do Gênesis, o catecismo comenta: "O homem pecou, desviando-se de seu Criador, para tornar a si mesmo semelhante a ele. Essa falta se situa na história, nas origens da história humana. A consequência disso é que o homem foi ferido em sua amizade com Deus, em sua união com outros homens, na unidade consigo mesmo, e ele perdeu o dom da imortalidade".[67] Quanto à serpente, ela "encarna forças sedutoras e tentações do paganismo circundante", e a árvore do conhecimento do bem e do mal significa que somente Deus – isto é, doravante, a Igreja, em seu nome – decide sobre a moral. Dentre as consequências do pecado original, uma é parir na dor, que, aliás, provocou nos meios fundamentalistas uma oposição aos métodos de parto sem dor. Os bispos não se opõem a esses métodos, mas, para que as palavras bíblicas guardem um sentido, explicam que as "dores" do parto são doravante psicológicas e financeiras.

Falar do pecado original no final do século XX decididamente não é fácil, sobretudo se não se quer renegar nada da tradição católica, mas deixando entender que as fórmulas de antanho podem tomar um novo sentido hoje em dia. Um belo exemplo é fornecido pela resposta de Jean-Marie Lustiger, arcebispo de Paris, à questão do pecado original:

> A consciência do homem foi ensombrecida, e sua vontade, ferida. O homem se encontra em estado de ruptura com Deus e está ferido em suas próprias forças. Ele é capaz de desejar o bem, mas sua vontade falha. Ele é capaz de entrever

---

64 Ibid., §120.
65 Ibid., §122.
66 Ibid., §394.
67 Ibid., §122.

a luz e vai para as trevas. O homem é assim; todos os homens, desde sempre, desde a origem, são assim feridos em sua condição histórica. O homem criado por Deus se desviou de Deus, e sua condição histórica, marcada por uma decadência e pelo desamparo, não corresponde à sua vocação original. É o próprio Deus que tomará a iniciativa de tirar o homem dessa situação. É o oposto, digamos, de um rousseauísmo ingênuo.[68]

Dito de outra forma: nada sabemos sobre o pecado original, mas é preciso falar dele, pois toda a doutrina cristã nele repousa. É um pouco o que os bispos alemães expressam em seu catecismo de 1985, no qual insistem sobre a primazia de Cristo:

> A doutrina do pecado original não tem então nenhuma significação em si mesma. Ela ilustra a universalidade e a superabundância da salvação que Jesus Cristo trouxe. A situação desastrosa da humanidade é englobada pela esperança maior e pela certeza de que, em Jesus Cristo, nos é dada uma salvação superabundante. A salvação que nos é dada em Jesus Cristo ultrapassa mesmo a vocação e a graça originais. Por isso, a liturgia da noite pascal chega a falar do pecado original como de uma *felix culpa*, uma feliz falta.[69]

SERMÕES E CATECISMOS: NA DIREÇÃO DA MORTE DO PECADO ORIGINAL

Podemos imaginar a dificuldade dos padres, que devem ensinar aos fiéis um ponto tão contestado assim. Muito sabiamente, escolhem o silêncio. Para aqueles que se aventuram nesse campo escorregadio em sermões dominicais, a tarefa é árdua, pois, como lembra C. Dumont na *Nouvelle Revue Théologique*, de 1961, "os fiéis, em geral, têm uma concepção muito incompleta do pecado original; ousemos mesmo dizer que, sob certos aspectos, sua maneira de apreender esse dogma sofre de uma deformação que não deixa

---

68 Lustiger, *Le Choix de Dieu*, p.361.
69 Apud Neusch, op. cit., p.244.

de ter graves consequências".[70] Eles têm tendência, prossegue o autor, a ridicularizar esse dogma fundamental: "É difícil, em todo caso, constatar como um tema religioso essencialmente revelado é tantas vezes desviado, de forma irônica, nas conversas ou nas páginas humorísticas das revistas, sem que os cristãos fiquem ofuscados como por uma real blasfêmia". Eles se detêm sobre a morte, os sofrimentos, as desordens de todos os tipos, e passam ao lado do essencial. Instauram "questões periféricas", por exemplo: "Como o primeiro homem, tão dotado de poderes excepcionais, pôde pecar; ou, em sentido inverso, dá para acreditar que esse homem, que a ciência descobre tão desmunido de tudo, pôde dispor sobre a sorte da raça? Qual é exatamente a posição a ser mantida quanto à existência de um primeiro casal: se Adão não houvesse pecado, o Verbo teria se encarnado? Como, antes da queda, se exerciam os dons preternaturais?".[71]

A maioria dos padres, escreve C. Dumont, ensina a história da salvação na ordem cronológica: a criação, o homem em estado de integridade, o pecado original, o castigo, a transmissão, a redenção. Ora, é melhor começar pelo fim:

> Será melhor evitar dizer, portanto, como é feito habitualmente: todo homem vem ao mundo pecador, na sequência do pecado do primeiro homem (o que não deixa de ser verdade, mas está expresso numa braquilogia frequentemente mal compreendida pelos fiéis, como se o homem estivesse pura e simplesmente sendo "punido" pela falta cometida por um outro). Afirmar-se-á com mais pertinência: todo homem tem necessidade de renascer do espírito, porque ele é de raça pecadora, elo de uma história que se define, fora de sua retomada por Cristo, como um naufrágio no mal. Pecado de natureza que, por conseguinte, tem a explicação mais próxima não em Adão (causa distante), mas na corrupção da pessoa, por causa de uma natureza desviada, recebida por geração.[72]

Da mesma forma, quando os padres falam da concupiscência, devem cuidar para não desencorajar os fiéis:

---

70 Dumont, La Prédication du péché originel, *Nouvelle Revue Théologique*, t.83, p.123.
71 Ibid., p.116.
72 Ibid., p.116.

Sobretudo, nunca o faremos de modo puramente negativo, excluindo as más tendências de uma natureza individual fora dos eixos, nem discorrendo longamente sobre a duplicidade do homem, que queria o bem, mas faz o mal, nem profetizando o fracasso de todos os valores criados deste mundo: predicação desencorajante e de natureza a desculpar as decadências da liberdade, em vez de ajudá-la a vencê-las. Lembrar a realidade da concupiscência, segundo a intenção mesma da Igreja, será, antes, esboçar a perspectiva futura da ressurreição e mostrar, ao mesmo tempo, que essa vitória é um termo a advir. Enquanto se espera, há a etapa da ascese reparadora.[73]

As mesmas dificuldades ocorrem para o ensino do catecismo, cujo conteúdo a respeito do pecado original não evoluiu desde o século XIX. Publicado em 1947, o *Catéchisme à l'usage des diocèses de France* tem todo um capítulo sobre o tema, o oitavo, que "faria estremecer a maior parte dos exegetas atuais", escrevem em 1977 Pierre Bréchon e Louis Tronchon.[74] Esse capítulo retoma o mito do Gênesis, para concluir pela existência de um mal hereditário, que faz parte de nossa natureza e nos impede de fazer o bem. O batismo é indispensável para ser salvo, assim como a obediência estrita aos mandamentos de Deus e da Igreja. O pecado original serve de "caução ideológica de um empreendimento moralizador".[75]

Dezessete anos depois, o *Catéchisme pour les enfants de huit ans* (1964) denota uma evolução que, segundo os mesmos autores, é também "o indício de um mal-estar doutrinal". Não há mais capítulo sobre o pecado original, mas uma simples alusão na lição sobre o pecado: "Já o primeiro homem, Adão, e a primeira mulher, Eva, tinham desobedecido a Deus. Esse pecado original fez com que os homens perdessem a amizade com Deus. Também nós, às vezes, dizemos não. Somos então pecadores".[76] Não se faz mais a ligação com o sofrimento e a morte, e a resposta à questão "O que é o batismo?" não é mais a mesma. A edição de 1947 diz: "O batismo é um sacramento que apaga o pecado original, nos dá vida sobrenatural e nos faz cristãos, isto é,

---

73 Ibid., p.133.
74 Bréchon e Tronchon, Le Péché originel dans la catéchèse: évolution et orientations actuelles, *Lumière et Vie*, t.26, n.131, p.19.
75 Ibid., p.20.
76 Apud ibid.

discípulos de Jesus Cristo, crianças de Deus e da Igreja"; e a de 1964 propõe: "O batismo é o sacramento que nos faz cristãos, que nos dá a vida de Deus e que apaga o pecado original".

Em 1966, o catecismo para curso médio vai mais longe: Adão desaparece, assim como a queda original e a ideia de um estado de felicidade perfeita no início do mundo. O catecismo não se apoia mais no texto do Gênesis – "que, para esta idade, representa dificuldades insuperáveis", como escreve na apresentação o monsenhor Ferrand, arcebispo de Tours – mas, sim, na Epístola aos Romanos, capítulo 5. "Jesus sabe que todos os homens são pecadores, nós e todos os que viveram antes de nós, desde o início da história dos homens. Jesus se põe à frente de todos os homens. Ele conduz ao Pai os homens que Satã procura desviar de Deus. Com Jesus, todos os homens podem ir ao Pai."[77]

Amis de Dieu (1978), catecismo da região parisiense, demanda que os catequistas evitem o emprego da expressão "pecado original" por ser demasiadamente evocador do mito mal interpretado. A diocese de Lyon, ao contrário, em *Délivre-nous du mal*, catecismo para curso médio, estima "que essa história é popular demais, conhecida demais pelas crianças e que levanta excessivas dificuldades junto aos adultos para que se possa pura e simplesmente passá-la sob silêncio". O texto é introduzido por uma curta apresentação: "Ao escutar a história do primeiro homem e da primeira mulher, é nossa própria história, a história do pecado de todos nós que reconhecemos". Segue-se esta narrativa, muito enfeitada, na qual não há mais nem serpente, nem maçã:

> O primeiro homem e a primeira mulher são felizes. Eles vivem num belo jardim. Deus está com eles, com quem podem falar com familiaridade. Um dia, uma grande tentação lhes ocorre: "E se pudéssemos viver sem Deus? Se pudéssemos tocar nossa vida sem ele?". Decidem então abrir mão dele e levar a própria vida sem Deus. Mas rapidamente ficam infelizes; querem falar com Deus, mas não ousam. Ficam com medo e querem se esconder. Não podem mais viver com Deus no belo jardim e começam a se acusar mutuamente [...]. Mas Deus não os abandona e permanece presente para livrá-los do pecado.[78]

---

77 Ibid., p.23.
78 Ibid., p.26.

De modo geral, os catecismos para curso médio se contentam em reconhecer a existência do pecado e do mal, sem explicar sua origem, e afirmar que temos necessidade de um salvador. Para as classes de quinta e sexta séries, encontramos duas atitudes opostas. Em Lyon, retoma-se a narrativa do Gênesis, um tanto adaptada, advertindo a criança: "Essa história é uma maneira de falar, é uma imagem que esconde algo mais importante, uma verdade que Deus fez seu povo compreender".[79] Os conselhos que são dados ao monitor situam bem a dificuldade: essa história do fruto proibido se tornou um obstáculo maior para a compreensão das origens do mal. O mito, destinado a explicar, na realidade é uma tela, porque nos detemos no sentido primeiro, literal, que é apenas uma fábula irrisória.

> A maçã: a narrativa bíblica do pecado de origem certamente está entre as mais populares – e isso há muito tempo. Daí vêm as primeiras dificuldades. Vulgarizando-se, a narrativa se materializou e sua simbólica própria fracassou; ela resta como o fato bruto da desobediência frugífera, à qual se limita toda a crença do pecado das origens. A catequese mal consegue desmontar o peso dessa imagética popular, hoje em dia substituída pela canção e pelo desenho humorístico, o que leva progressivamente o dogma do pecado original ao descrédito e à recusa. Falar de pecado original é provocar o sorriso. Apesar dos esforços, a "maçã" renasce sempre de suas sementes, e a imagem domina a inteligência. É comum afirmar que o pecado original só se compreende em Jesus Cristo, como um outro lado da redenção, revelado pelo próprio Salvador. Isso tem pouca influência, e os textos paulinos continuam desconhecidos ou sem efeito sobre as concepções profundas. A catequese reparou parcialmente a situação no que diz respeito às narrativas da criação, mas não conseguiu fazer o mesmo para o pecado de origem, dado que a corrente popular [...] é mais forte e acaba sempre por vencer. Em defesa da catequese, é preciso adicionar que a simbólica do pecado original é extremamente complexa: a serpente, o casal, a árvore e o fruto, a nudez, o castigo, dificilmente se prestam a uma transcrição simples. O enfraquecimento do espírito simbólico e poético, deixando lugar a uma mentalidade de tipo racionalista, acentua ainda mais a má inteligência do texto do Gênesis.[80]

---

79   Ibid., p.30.
80   *Aujourd'hui 6e: orientations pour l'animateur*, p.104.

Compreende-se que, em muitas regiões, o catecismo se contente com vagas alusões à história da queda. A diferença cultural entre os textos fundadores da fé cristã e a cultura da juventude já torna os textos bíblicos herméticos. "Os jovens têm uma leitura unívoca das múltiplas mensagens que recebem e são impiedosamente realistas", notam Pierre Bréchon e Louis Tronchon.[81] Para eles, uma narrativa é verdadeira, ou é falsa – daí a dificuldade de passar uma explicação teológica tradicionalmente situada entre a interpretação literal e a simbólica. O desaparecimento do pecado original do ensino corre o risco de tornar o edifício doutrinal cristão bem precário.

O DEBATE ENTRE OS CATÓLICOS LAICOS

Se a maior parte dos intelectuais católicos laicos abandonou a leitura tradicional do pecado original, alguns ainda se apegam a ela, nos anos 1960, como a uma tábua de salvação. Em 1967, o paleontólogo René Lavocat chega mesmo a vir em socorro dos teólogos. Para ele, *Humani generis* representa uma abertura: até então, o monogenismo passava por uma verdade praticamente revelada; ora, se Pio XII emprega a fórmula: "não se vê como se poderia conciliar o poligenismo...", é que o papa considera que talvez um dia se veja como fazê-lo. O que aconteceria se o poligenismo fosse cientificamente provado? Pio XII teria respondido: "O problema seguramente encontraria uma solução teológica conveniente". Se não há transmissão física direta do pecado, estima René Lavocat, é certo que há um primeiro pecado, e isso "basta para que o plano divino tenha, desde a origem, levado em conta essa abertura".[82]

Em 1975, Maurice Clavel, em *Ce que je crois*, ataca os cristãos progressistas, que relativizam o dogma do pecado original: "Como não veem, para usar sua linguagem, que nada é mais libertador, isto é, desculpável, que nosso bom e velho Pecado, justamente porque ele é original [...]. Ah, se pensassem somente na falta de crer, compreenderiam que esse Pecado é ouro em barras!".[83] A história dos dois últimos séculos ilustra a verdade do pecado

---

81 Bréchon e Tronchon, op. cit., p.82.
82 Lavocat, *Réflexions d'un paléontologiste sur l'état originel de l'humanité et le péché originel*, Nouvelle Revue Théologique, p.600.
83 Clavel, *Ce que je crois*.

original, que se repetiu muitas vezes quando o homem quis se libertar por seus próprios meios, por uma ideologia sem Deus. A cada vez, afirma Maurice Clavel, isso provocou novas catástrofes: "Nossa sociedade global, nossa cultura, [...] parecem reproduzir, num banho cotidiano [...], todos os traços que Pascal atribui à infelicidade de nossa condição pecadora. Nossa cultura inteira teria reiterado o pecado original à segunda potência ao propô-lo como liberação comum?".[84] Com o capitalismo, o kantismo, o hegelianismo e, principalmente, o marxismo, o homem orgulhoso quis tomar o lugar de Deus. É a repetição do crime de Prometeu. Essas experiências catastróficas provam a realidade do pecado original.

O protestante Pierre Chaunu também reivindica a ideia de que o pecado original é inevitável: "O pecado original", ele escreve em 1987, "é o único que cometi, é o único de que me acuso, é o único que cometo em todos os instantes de minha vida. Eu me chamo Adão. É o pecado de meu pai, mas é o pecado e que ele pôs em meus cromossomos. Não posso, no limite, não cometer o pecado original. Não posso deixar de cometê-lo, eu o cometo constantemente! Constantemente abuso de minha liberdade, constantemente escolho me afirmar em detrimento dos outros, constantemente me comporto como um deus".[85] Para o historiador, em acordo quanto a isso com muitos teólogos, esse pecado está intimamente ligado à natureza humana; é graças a ele que sabemos que somos verdadeiramente livres. "Para mim, a criação é totalmente indissociável da queda, que autentica a liberdade, o poder criador delegado. Se não houvesse esse malogro, eu não poderia saber que a liberdade é verdadeira. Só sei que a liberdade é verdadeira porque houve a queda. Então, em certa medida, e nessa perspectiva, *felix culpa*! Não foi uma armadilha que Deus montou, mas tornou-se uma armadilha, que ele transformou em tábua de salvação."[86]

Os intelectuais cristãos que não compartilham as convicções de Maurice Clavel e de Pierre Chaunu devem encontrar uma interpretação aceitável do pecado original. Seu embaraço é grande, ainda mais porque as autoridades eclesiais envelhecem. Certamente não se excomunga mais, porém os audaciosos,

---

84 Ibid., p.192-3.
85 Chaunu, *Du Big Bang à l'enfant*, p.66.
86 Ibid., p.63.

que se permitem ter opiniões muito distantes das diretivas oficiais, são rapidamente postos para fora de jogo pelos guardiões do templo. Então, como observa Jean-Louis Schlegel em 2000, a respeito das tomadas de posição éticas, muitos intelectuais católicos se calam e se autocensuram, deixando que os defensores da ortodoxia ocupem o terreno e passem a impressão de uma bela unanimidade: "Temos o sentimento de que, com suas proibições, em qualquer caso seus *jamais* de hoje em dia, não importando qual seja a qualidade do discurso que os acompanha, a Igreja não saiu de um passado conflituoso com o corpo, ou ainda, de que a clareza categórica com a qual fala 'daquelas coisas' é apenas uma falsa clareza, muito afastada da realidade, aquela de nossa cultura e aquela de nossos conhecimentos, ou aquela do individualismo contemporâneo".[87]

A BIOÉTICA E A HERANÇA DE ADÃO

O debate sobre o pecado original poderia parecer um anacronismo um pouco ridículo neste início do século XXI, em que a moral da sociedade burguesa tradicional cede lugar à "ética indolor dos novos tempos democráticos".[88] No entanto, os males planetários redobram, enquanto que as manipulações genéticas abrem perspectivas de melhorias da espécie, despertando os sonhos mais loucos do homem-Deus e as angústias mais irracionais do aprendiz de feiticeiro. Os temas da queda e da natureza humana, corrompida ou não, voltam a produzir então um interesse fundamental. Se o debate não é mais exclusivamente religioso, a questão de fundo permanece a mesma: o homem deve se resignar aos seus limites e aos seus males, em virtude de uma espécie de maldição original, ou ele pode tomar nas mãos sua evolução para lhe imprimir a direção que deseja? Ele deve continuar a lutar contra sua "natureza", a reprimir seus sentidos, reputados inferiores e corrompidos, ou pode elaborar uma ética, mais livre e mais equilibrada, livre de interdições e de tabus nos quais ele acredita cada vez menos? Ele pode se desenrascar sozinho num universo indiferente, pode dar um sentido

---

[87] Schlegel, Intellectuels catholiques: silences contraints, silences voulus, *Esprit*, n.262, p.93.
[88] Subtítulo do livro de Lipovetsky, *Le Crépuscule du devoir*.

à sua própria existência? Ou seria essa tentativa prometeica a nova manifestação de uma maldição original e destinada ao fracasso? Enquanto o homem parece estar às vésperas de dominar, pela técnica e pela ciência, a evolução de sua própria natureza, ele tem medo, como se combatesse novamente um interdito fundamental, cuja violação o carregaria para um inferno cósmico. A sanção divina sobre Adão e Eva ainda pesaria em suas costas?

Todas as investigações o confirmam: os humanos do início do século XXI têm medo do poder tecnológico. Segundo a sondagem da *Time*/CNN publicada na revista *Time* de fevereiro de 2001, 90% dos americanos pensam que a clonagem humana é uma coisa ruim, e 34% dentre eles rejeitam essa prática porque ela transgride a vontade divina! Apesar disso, 68% acreditam que essa técnica será operacional e, portanto, utilizada em menos de vinte anos. O homem contemporâneo não tem confiança em si mesmo, mas sabe que tomará uma resolução, apesar de tudo: alguém já viu, na história, os homens renunciarem a fazer alguma coisa que eram capazes de fazer? Antes de cometer um novo pecado original, ele reflete sobre o velho mito, que é, de alguma forma, sua pedra filosofal. Herança pesada de vinte séculos de meditação sobre o pecado original: o homem duvida de si mesmo. Não é possível livrar-se facilmente de dois milênios de culpa. Uma corrente anti-humanista, profundamente pessimista, aparece. Ela se manifesta, por exemplo, na exaltação da natureza, erigida em nova divindade salvadora, diante dos empreendimentos destrutivos do homem. A natureza, sacralizada, se torna objeto de um respeito supersticioso, por oposição à humanidade de técnicas agressivas.

Aí está a origem de uma série de mal-entendidos e de ambiguidades que mantêm a desconfiança entre os homens, paralisam a ação e retardam a elaboração de uma nova ética. Em um artigo na *Esprit*, Dominique Bourg mostrou bem como a apresentação de trabalhos sobre a bioética contribuía para difundir, consciente ou inconscientemente, o medo.[89] A Igreja não é estrangeira a isso, dado que, ao sacralizar o processo "natural" da reprodução, interdita qualquer intervenção humana que vise interrompê-la ou modificá-la. Essa atitude, explica Dominique Bourg, "resulta de uma desconfiança radical em relação à capacidade moral dos homens, de sua aptidão de decidir

---

89 Bourg, Bioéthique: faut-il avoir peur?, *Esprit*, n.171.

por eles mesmos diante da complexidade de situações inéditas. Não haveria para eles, segundo a Igreja, salvação moral fora da aceitação de seus preceitos".[90] É "a perversão eventual das análises da Igreja que é sensível",[91] nota Jean-Paul Thomas em Misère de la bioéthique.

Como lembra Eberhard Schockenhoff na revista Concilium, a natureza foi, para o cristianismo, "deformada pelo pecado", e não está mais em conformidade com o plano do Criador: "As consequências do mal se materializam nas estruturas da criação decaída. Elas são percebidas nas forças e tendências destrutivas, que ameaçam a vida dos homens e dos animais, assim como a natureza inanimada, sob forma de doenças, acidentes e catástrofes".[92] O homem recebeu a missão de transformar a natureza e dominá-la, o que o faz participar da ação divina de criação.

Contudo, assim que a toca, grita-se "sacrilégio", sobretudo se ele se interessa pelos mecanismos de transmissão da vida. Os documentos pontificais, como Donum vitae (1987), insistem sobre a "dignidade, tanto da procriação humana quanto da união conjugal", e se põem à "obtenção de um ser humano sem nenhuma relação com a sexualidade, por meio da 'fissão gemelar', da clonagem, da partenogênese".[93] "O magistério eclesiástico exige, para o indivíduo, o direito à origem acidental de sua própria existência, segundo um procedimento natural de procriação, ao qual os dois pais biológicos estão associados."[94]

Notemos que a Igreja defende agora a dignidade do ato sexual depois de ter feito dele, por tanto tempo, a própria ilustração da concupiscência, uma degradante necessidade devida ao pecado original... No entanto, por trás da oposição a qualquer modo de fecundação "artificial", não haveria uma certa inquietude inconfessada em relação ao caráter hereditário da falta original? A Igreja sempre insistiu sobre o fato de que esse pecado se propaga a todos os homens por transmissão, em razão da concupiscência inerente ao ato sexual. Os escolásticos já se questionavam se um indivíduo, criado fora de qualquer

---

90 Ibid., p.27.
91 Thomas, Misère de la bioéthique: pour une morale contre les apprentis sorciers, p.103.
92 Schockenhoff, L'Homme comme la brebis? Réflexions éthiques et théologiques sur l'usage de la technologie génétique, Concilium, v.275, p.114.
93 Vidal, Le Clonage: réalité technique et valeur éthique, Concilium, v.275.
94 Schockenhoff, op. cit., p.120.

relação sexual a partir de um membro – digamos, uma célula – de outro indivíduo, seria contaminado pelo pecado original.

Para nossas mentalidades modernas, a questão está ligada ao conceito de "dignidade humana", que se oporia a qualquer intervenção exterior no processo de reprodução sexuada, quer se trate de intervenção no embrião, quer se trate de métodos artificiais de concepção. Isso equivale a estabelecer a dignidade humana no respeito integral da natureza e de seus acasos, natureza que, apesar disso, é corrompida pelo mal saído do pecado original. Reivindicar o "direito à origem acidental" de cada indivíduo não seria também afirmar que é preferível ver nascer pessoas deficientes a pessoas adaptadas ao ideal social do momento, já que as primeiras serão amadas por si mesmas, enquanto as segundas serão instrumentos a serviço da sociedade? Mas as primeiras não são, de certo modo, instrumentos a serviço do desejo de perfeição moral de alguns? De fato, estamos diante de uma escolha cultural. Devemos aceitar a perpetuação da miséria humana, que permite exercer o amor recíproco dos indivíduos e de merecer, assim, uma forma de salvação, ou procurar melhorar a espécie humana pela técnica com o objetivo de dominar a evolução e reduzir a parte do mal? As autoridades religiosas só podem escolher a primeira solução, pois elas se opõem a tudo o que poderia fazer do homem o senhor de seu destino, o que tornaria inútil a própria ideia de Deus. Outros consideram que a verdadeira dignidade humana consiste em recusar a fatalidade dos acasos genéticos naturais, a fim de reduzir os males que acabrunham a espécie:

> Todo ato que vise a construção de uma humanidade melhor é digno de elogios, escreve Marciano Vidal; não se pode condenar, em princípio, o desejo de ser bem-sucedido em melhorar a espécie humana, mesmo no campo tão importante da genética. [...] Seria um ponto importante da evolução humana o direito ao "acaso", à "diversidade" genética, à "diferença" pessoal? [...] Se, para a "decolagem" do homem do neolítico, era preciso fazer manipulações de espécies vegetais e animais, por que não aceitar outras manipulações para a decolagem da nova era, que alguns vislumbram e chamam de neogênica?[95]

---

95 Vidal, op. cit., p.140-1.

A questão é de extrema complexidade. Toda atitude humana é ambivalente, a começar pela sacralização da natureza e de seus mecanismos: procurar preservar todas as espécies animais e vegetais em nome da "natureza", enquanto que a evolução natural provocou o desaparecimento de milhões de espécies; opor-se à redução da natalidade para não contrariar o processo natural, enquanto que a proliferação dos homens é a primeira responsável pela destruição da natureza; abster-se de qualquer intervenção sobre o patrimônio genético "natural", enquanto que "as trocas de material genético existem ordinariamente na natureza", e assim por diante. A confusão entre o "natural" e o "artificial", a assimilação do "moral" ao "natural", são responsáveis por um sem-número de ambiguidades e preconceitos. Dizer que a transgressão de barreiras naturais é uma falta moral é pôr em causa toda a medicina; sacralizar o genoma é também reduzir a dignidade humana à identidade biológica, ou negligenciar os aspectos culturais e relacionais.[96] Em si, as manipulações genéticas não são boas nem más; tudo depende do que se quer fazer com elas.[97]

A casuística é então chamada para novos desenvolvimentos. A. R. Jonsen já se fazia de seu advogado em 1994, pregando "uma interpretação das máximas nos casos e na avaliação de sua importância num conjunto de circunstâncias precisas".[98] Paul Valadier retomou a ideia em 2000.[99] Para o jesuíta, essa velha disciplina moral, que conheceu bons tempos em sua Companhia no século XVII, foi muito criticada, por justificar soluções médias, moralmente discutíveis, e dar um poder exorbitante aos casuístas. Mas, hoje em dia, em razão da complexidade e da novidade dos problemas levantados pelas novas tecnologias, veem-se renascer verdadeiras comissões de casuístas. O embaraço de nossa cultura diante dos problemas morais não diz respeito somente à novidade das situações, mas também à incerteza que concerne aos valores e aos princípios de base. Quem deve fazer parte desses

---

96 Fagot-Largeault, Respect du patrimoine génétique et respect de la personne, *Esprit*, n.171, p.42-51.
97 Verspieren, Le Clonage humain et ses avatars, *Études*.
98 Jonsen, The Confessor as Experienced Physician: Casuistry and Clinical Ethics, in: Camenisch (Ed.), *Religious Methods and Resources in Bioethics*.
99 Valadier, La Casuistique, *Études*.

comitês? Em nome de quem e a respeito de que eles tomarão decisões? Qual será o valor prático dessas decisões? Estamos apenas nos primeiros passos.

Em 2000, a *Revue des Sciences Religieuses* dedicou um número inteiro ao papel que doravante os representantes do cristianismo podem desempenhar nos debates sobre a bioética.[100] As contribuições dos participantes ilustram as dificuldades que a teologia encontra, em razão de sua pesada herança, para se inserir no debate contemporâneo com parceiros advindos de diversos horizontes filosóficos, ateus ou agnósticos, referindo-se a valores estritamente humanos. Poderia a teologia, habituada a falar como dominadora, em nome de princípios revelados indiscutíveis, ainda fazer ouvir sua voz, ao lado de ateus que recusam esses princípios? Deveríamos, nas sociedades modernas secularizadas, ouvir os representantes das religiões que outrora impuseram tantas coisas que atualmente são inaceitáveis? Nos Estados Unidos, constata H. Doucet, os comitês de ética demandam aos teólogos não que tragam soluções, mas, sim, que façam parte de sua experiência da pessoa humana sobre os temas de vida, de morte, de sofrimento, que "nos remetem à questão do mal, questão que se encontra na própria origem da renovação da ética".[101] Sabendo que a ética não é neutra, dado que sempre depende das tradições culturais, os teólogos se esforçam para mostrar que não é possível defender "um tipo de discurso ético secular ou filosófico que seja mais razoável, neutro ou objetivo, e menos dependente de uma tradição que o discurso religioso".[102]

Na Europa, a Comissão dos Episcopados da Comunidade Europeia (Comece) criou um comitê de reflexão sobre a bioética. Contudo, pergunta-se Silvio Marcus-Helmons na *Revue des Sciences Religieuses*, poderia esse comitê tomar posições diferentes daquelas da hierarquia? Na teoria, sim, mas, na prática, constata-se que as atitudes são as mesmas, isto é, uma oposição a qualquer tipo de clonagem humana, porque isso alteraria a diversidade natural e porque "o reconhecimento incondicional da dignidade de toda

---

100 *Revue des Sciences Religieuses*, "Bioéthique et christianisme", t.74, n.1.
101 Doucet, La Théologie et le développement de la bioéthique américaine, *Revue Des Sciences Religieuses*, p.16.
102 Ibid. Ver também Cahill, Can Theology Have a Role in Public Bioethical Discourse?, *Hastings Center Discourse*, supl. esp.

pessoa é o próprio fundamento dos direitos do homem e de uma sociedade plenamente humana".[103]

Mas em que, exatamente, consiste essa dignidade? Qual comitê pode se apropriar da "dignidade da pessoa humana"? E se considerarmos certos episódios passados, estariam as religiões em melhor posição como defensoras da dignidade humana? É bem por isso que, na Bélgica, segundo Henri Wattiaux, "a comunidade laica desconfia de um comitê nacional de ética por temer que este se torne um instrumento a serviço dos crentes para impor suas concepções morais restritivas. [...] É preciso questionar se, em razão de sua natureza ética, um comitê nacional de ética não seria forçosamente mais conservador que progressista [...]. Esse tipo de inclinação espontânea do comitê nacional de ética para um conservadorismo (não estrangeiro a uma espécie de religiosidade vaga) é sensível, na opinião do comitê francês, que fala, a respeito do embrião, de 'pessoa potencial' (como a Igreja católica)".[104] O mesmo autor, evocando o comitê nacional de ética belga, constata: "A clivagem laicos-católicos aí se reflete de maneira evidente [...]. As posições expressas sobre questões essenciais – a eutanásia, a convenção sobre os direitos humanos e a biomedicina, o embrião humano *in vitro* – apresentam éticas concorrentes, atreladas às convicções de uns e de outros, apoios logísticos de práticas diversas, segundo as redes institucionais".[105]

Na França, segundo Olivier de Dinechin, as coisas parecem mais consensuais. Os representantes das famílias espirituais evitam as posições demasiado dogmáticas, porém se opõem, apesar de tudo, à "sutil ética de situação e de relativização suave dos princípios".[106] Denis Müller lembra que "o teólogo moralista ou a teóloga que faz bioética não são, em primeiro lugar, os cérebros cheios de injunções e de interdições mais ou menos telecomandados, mas pessoas à escuta delas mesmas, dos outros, da Igreja e do mundo".[107] E, para Marie-Jo Thiel, a tarefa da bioética não é a de apresen-

---

103 Apud Marcus-Helmons, La Réflexion bioéthique et la Commission des épiscopats de la communauté européenne, *Revue des Sciences Religieuses*, p.25.
104 Hottois, Demande et refus d'un contrôle éthique de la science: une analyse et une réflexion philosophique, in: Anônimo, *Comités d'éthique à travers le monde*, p.88-9.
105 Wattiaux, Belgique: la bioéthique en débats, *Revue des Sciences Religieuses*, p.53.
106 Dinechin, L'Église et la bioéthique en France, *Revue des Sciences Religieuses*.
107 Müller, Théologie et bioéthique: une perspective protestante, *Revue des Sciences Religieuses*, p.83.

tar soluções prontas, mas a de favorecer um trabalho de reflexão, no qual "a teologia pode representar uma instância de valorização e de relativização do trabalho bioético".[108] A autora assinala ainda o grave perigo que ameaça a elaboração de uma nova ética: aquele de ver os comitês de ética se tornarem autoridades morais que ditam códigos de conduta, cujos membros não têm nenhum mandato para tal: "Será que não corremos o risco de confiscar o debate nacional com o que isso implica de tempo e de informações contraditórias? Não erigimos o comitê nacional de ética em autoridade moral suscetível de se substituir ao poder regulamentar, ou até mesmo ao legislador?". A bioética já, "de certa forma, entrou num funcionamento idolátrico, negando o lugar da alteridade".[109]

Hans Jonas ilustrava essa deriva desde 1947, afirmando, em *O princípio responsabilidade*, que as democracias são regimes fracos demais para implementar políticas éticas.[110] O medo seria um meio salutar para que o povo reencontrasse o sentido das responsabilidades, estima Jonas, que sugere a instauração de uma "tirania benfazeja", conduzida por uma elite capaz de "assegurar, ética e intelectualmente, a responsabilidade sobre o futuro", uma "elite com lealdades secretas e finalidades secretas", utilizando "mentiras piedosas" se "a verdade for difícil de ser suportada". Isso não deixa de lembrar a "Casa de Salomão", à qual o chanceler Bacon, em sua utopia sobre a *Nova Atlântida*, confiava a direção da sociedade: um grupo de peritos decidindo só aquilo que é bom e aquilo que é ruim, e guardando secretas as invenções e descobertas nocivas.

A "ÉTICA INDOLOR" PÓS-ADÂMICA

A moral judaico-cristã, fundada na desconfiança em relação à natureza humana corrompida, na afirmação de uma queda que conduz à culpabilização, ao sentido do pecado e ao medo do castigo, está em frangalhos. A evolução da

---

108 Thiel, Le Défi d'une éthique systématique pour la théologie, *Revue des Sciences Religieuses*, p.96.
109 Ibid., p.99.
110 Jonas, De la Gnose au principe responsabilité: entretien avec Hans Jonas, *Esprit*, n.171, p.14.

antropologia e o desenvolvimento da democracia participativa acabaram por difundir a ideia da autonomia moral do homem, liberado da nódoa original e plenamente responsável por sua conduta. Os velhos códigos que se apoiavam nos mandamentos divinos parecem ter explodido e, com eles, as noções de dever, de obrigação e de virtude.

A situação moral da sociedade ocidental no início do século XXI é objeto de diagnósticos variados, mas que concordam num ponto: a confusão. Para Chantal Delsol, o homem contemporâneo está deixado a si mesmo; sem baliza moral, ele é "convocado a encontrar o norte sem bússola. Ou melhor, servir a si mesmo de bússola para descobrir seu próprio norte"; resultado: uma "ética da complacência" e da satisfação imediata.[111] Para Alain Ehrenberg, "cada um deve imperativamente encontrar um projeto [de vida] e agir por si mesmo, para não ser excluído do laço [social]".[112] Já para Pierre-Olivier Monteil, vivemos sob "uma quase obrigação de ser felizes", daí "um ativismo forçado" para chegar a isso.[113] Para Jean Baubérot, estamos numa sociedade em que se simula não haver mais moral, chegando mesmo a deplorá-la, mas na qual, ao mesmo tempo, se assiste a irrupções passageiras de moralismo: "moral anarcocentrista, simultaneamente laxista (na aparência) e cheia de estereótipos, pretendendo-se acolhedora para os desviantes (pelo menos a alguns deles, pois ela também tem os seus) e com o olhar fixo na evolução da audiência. Frequentemente, ela é contraditória: o acontecimento midiatizado pode fazê-la passar do indiferentismo à hipersensibilidade [...] que durará até que um novo acontecimento afaste o precedente. Tudo isso no modo de evidência compartilhada, que deve ser percebida simultaneamente pelo maior número de pessoas, legível no primeiro grau".[114] Ainda para Jean Baubérot, é uma "moral selvagem, de instinto e de emoção, mais que de razão. Ela se exime de argumentar, dado que não se confessa como tal. No máximo, ela se afirmará 'ética': esse sinônimo parece-lhe tão sofisticado que lhe agrada bastante".

Os estudos confirmam essas análises. Na aurora do terceiro milênio, os valores mais cobiçados na sociedade francesa são, na ordem, a honestidade,

---

111 Delsol, *Le Souci contemporain*.
112 Ehrenberg, *L'Individu incertain*.
113 Monteil, *Portrait du zappeur*.
114 Baubérot, op. cit., p.332.

a justiça, a amizade, a família, o respeito ao meio ambiente; o patriotismo chega no 22º lugar. Os valores "de proximidade" são privilegiados: os imperativos mais seguidos são não sofrer mais e não mais fazer sofrer, com uma clara vontade de reconciliar o prazer e o bem. Fazer o bem sem dor: essa atitude é reveladora do abandono da culpa e da ideia de pecado original. Daí os acessos de generosidade orquestrados pelas mídias, associando doações e divertimento, no estilo maratona televisiva para angariar fundos. As causas humanitárias, as catástrofes, suscitam a formação de comitês de apoio, que se avizinham na internet com os clubes de especulação na bolsa de valores e com a pornografia.[115]

Paradoxalmente, a vontade de ser feliz a qualquer preço age como uma nova angústia: "Sejam felizes" tornou-se o primeiro mandamento. Este encontra um tal consenso que se transforma em pressão culpabilizante para inúmeros indivíduos que não conseguem se conformar ao modelo de felicidade difundido pelas mídias. Estresse e depressão devastam com mais entusiasmo, como uma lembrança da expulsão do paraíso, do qual "a felicidade não é mais deste mundo". "Nada de mais angustiante do que querer ser feliz", escreve Pascal Bruckner,[116] para quem "nascemos, sobre esta terra, sem razão. Dizer que a felicidade é a finalidade da vida é uma invenção dos filósofos e dos religiosos para nos arruinar a existência [...]. O que é deprimente é se fixar uma finalidade e não conseguir atingi-la. Há pessoas que fazem de conta que são felizes, e há outras que conseguem sê-lo por alguns momentos."[117]

Uma das mais finas análises da situação paradoxal da moral atual é, sem dúvida, a de Gilles Lipovetsky, numa obra de título evocador: *O crepúsculo do dever: a ética indolor dos novos tempos democráticos*. Depois de ter mostrado como a secularização dos princípios morais nos séculos XIX e XX tinha dado origem a uma moral laica austera, baseada no sentido do dever, ele constata que passamos para um estágio em que coexistem laxismo e maniqueísmo. O sentido do dever continua a existir, mas explodido, sem princípio geral. "É preciso pensar a idade pós-moralista como um 'caos organizador' [...]; de

---

115 Enquete BVA para a revista *Psychologies*, maio 2000.
116 Bruckner, *L'Euphorie perpétuelle: essai sur le devoir de bonheur*.
117 Id., Entrevista, *Psychologies*, n.186, p.111.

um lado, o individualismo associado às regras morais, à equidade, ao futuro; e, de outro, o individualismo de cada um por si e do 'depois de mim, o dilúvio'. Ou seja, em termos éticos, individualismo responsável contra individualismo irresponsável."[118] A rejeição dos modelos morais nos faz entrar na fase do "eticismo", no qual tudo está por criar. Mas "como acreditar, por um só instante, que as proclamações ideais, os virtuosos protestos, os comitês de ética, possam estar à altura dos desafios do mundo moderno? Miséria de ética que, reduzida em si, se assemelha ainda mais a uma operação cosmética que a um instrumento capaz de corrigir os vícios ou os excessos de nosso universo individualista e tecnocientífico".[119]

Os protestos contra os flagelos sociais, droga, tabaco, álcool, contra os excessos da ciência médica ou da pornografia, não devem iludir: não se trata de um retorno ao sentido do dever, mas da busca de uma regulamentação consensual e indolor. A sociedade contemporânea é hedonista, isto é, cultiva a felicidade *light*, o prazer a "ser consumido com moderação", uma versão moderna do epicurismo, fazendo apelo ao princípio da responsabilidade individual. A hora não é mais de proibição, mas de legalização. Álcool, tabaco, drogas "suaves" e sexo são permitidos, mas os abusos podem ser perigosos. Estamos deslizando suavemente para este "último homem" e seus pequenos prazeres que Nietzsche anunciava? É preciso aproveitar a vida em pequena dose; cabe a cada um saber onde parar. Essa confiança depositada no indivíduo supõe a negação do pecado original. Desde 1968, "é proibido proibir", ninguém quer mais deveres e obrigações. Mesmo na Igreja, não se fala mais da "obrigação" da missa dominical ou da comunhão pascal.

O discurso ético é muito bem considerado; cada profissão tem sua ética, mas, frequentemente, ela se reduz ao interesse bem compreendido, até no campo econômico, em que ela faz parte dos argumentos de venda: "Ethics is good business". Assim como o tempo, a moral é ouro. Os seminários de ética para executivos proliferam. Os jesuítas chegaram a abrir, em Wall Street, um centro de reflexão moral para especuladores católicos. O ideal da *business ethics* é o justo meio entre os interesses dos acionários, dos assalariados e dos consumidores. Moral de compromisso, que vai contra a moral

---

118 Lipovetsky, op. cit., p.18.
119 Ibid., p.19.

dos princípios que caracterizam a sociedade dos deveres. A ética é um meio publicitário de escolha: mecenato, retirada de venda dos artigos que apresentam a possibilidade de um defeito, cuidado em proteger o consumidor, ou ainda campanha de uma sociedade de publicidade que difunde fotos de crianças desaparecidas.

O compromisso entre moral e negócios certamente não é recente: na Idade Média, as casas religiosas desdobravam-se com muita engenhosidade para encontrar meios de praticar o empréstimo com juros, e a casuística prestou grandes serviços nesse campo. Por isso, alguns pensam que é preciso desmistificar a moral. Em *La Morale, cette imposture*, um ensaio publicado em 1999, Marcel Boisot defende, assim, que a única finalidade dessa "impostura" é favorecer a vida do grupo. O código moral, diz ele, é o conjunto das regras ideais destinadas a formar a mentalidade coletiva, no sentido da subordinação do interesse individual ao interesse coletivo. O funcionamento do mundo repousa sobre um pecado original que, segundo Marcel Boisot, é o acesso do homem à razão e à inteligência:

> Mesmo que a explicação do interdito seja diabolicamente falsa, o mérito da serpente é o de fornecer uma, e o de Eva é a de escutá-la. Devido a isso, Eva, e não Adão, introduz no mundo a razão ponderativa pela qual a ação se reveste de sentido e que, mal levada mais longe, se tornará heurística sobre o mundo. A inteligência – da qual antigamente eles eram privados – aparece bem como o fruto (sem dúvida proibido) da razão. Por tê-la descoberto, Eva não deveria ser considerada como a mãe da filosofia e das ciências? Não é a ela que devemos por não morrermos sempre idiotas?[120]

A humanidade, que toma consciência de viver em um mundo absurdo, que não tem sentido nele mesmo, estaria suficientemente madura para passar do estágio da moral ao da sabedoria? Essa é, para Marcel Boisot, toda a questão.

O dilema é, de certo modo, ilustrado pela história da dama que, tendo ouvido falar sobre a teoria de Darwin, teria dito: "Então o homem descende do macaco? Contanto que não se saiba!". O que equivale a instaurar a

---

120 Boisot, *La Morale, cette imposture*, p.213.

questão de uma moral pós-darwiniana, uma moral que abandona os princípios absolutos de bem e de mal para se fundar sobre o evolutivo e o relativo. "Pode-se fabricar sem dificuldade uma ética sobre o que se quiser [...]. Entretanto, penso que é muito mais glorioso para o homem ter conquistado seu lugar na natureza do que ter sido instalado por Deus no meio da natureza. É uma questão de gosto."[121] Para muitos, o darwinismo pode até contribuir para explicar a moral clássica. "O sentido do dever (lamento ou remorso) é apenas a consciência de um instinto social inibido, que não funcionou numa situação em que um outro instinto o sobrepujou", escreve Yvon Quiniou. "A 'lei moral' nada mais é, então, que uma regra instintiva disfarçada, que continua a habitar a consciência, na ignorância de sua origem. [...] A seleção natural, aqui, seleciona a moral, que tem como propriedade se opor à seleção tal como ela acontece no animal, com a eliminação dos fracos pelos fortes, e é mesmo sob essa forma que, apoiada em outras faculdades, ela trouxe uma vantagem decisiva para a humanidade e assegurou seu triunfo."[122] Nessa perspectiva, a moral clássica seria uma espécie de contraevolução, lutando contra a eliminação dos fracos e dos desadaptados; ela seria, literalmente, contra natureza. A famosa "moral natural" deveria, antes, consistir em ir no sentido da evolução, isto é, participar da seleção dos mais fortes e dos mais bem adaptados. Yvon Quiniou estima que "Darwin atribui, assim, o erro àqueles que, como a Igreja bem recentemente, continuam a pensar que nenhum materialismo saberia fundar a dignidade da pessoa humana e veem na passagem do corpo para o espírito, especialmente sob seu aspecto moral, um 'salto ontológico' que nenhuma teoria evolucionista saberia preencher".

O NOVO MAGISTÉRIO MORAL: OS COMITÊS DE ÉTICA

A constatação de um laço cada vez mais evidente entre genética e moral leva ao questionamento do papel que o erudito deveria ou poderia desempenhar na determinação dos princípios éticos. Os cientistas devem suceder os teólogos e os moralistas laicos como mestres da moral? Jacques Monod

---

121 Jacob, Éloge du darwinisme, *Magazine Littéraire*, p.21.
122 Quiniou, Darwin et la morale, *Magazine Littéraire*, p.50.

considerava que sim: "Penso que os cientistas têm um papel determinante a ser desempenhado na revolução moral, intelectual e política, que deve necessariamente acontecer se a civilização subsistir".[123] Em 1970, o eminente especialista escrevia em *O acaso e a necessidade*: "Onde então encontrar a fonte de verdade e a inspiração moral de um humanismo socialista realmente científico senão nas fontes da própria ciência, na ética que funda o conhecimento, fazendo dela, por livre escolha, o valor supremo, medida e garantia de todos os outros valores?".[124]

Essa posição clara e nítida é atualmente compartilhada por um bom número de cientistas. Ainda havia pouco, ela suscitava a hostilidade de todos aqueles que situam o humanismo no "espírito" e na "cultura". Uma moral fundamentada na ciência e na tecnocracia anunciaria o fim do ideal de solidariedade e de fraternidade, estimava Claude Blanckaert em 1993. "Poder-se-ia até mesmo", escrevia ele, "estabelecer uma espécie de concordância histórica, o que não quer dizer uma causalidade entre a regressão dos ideais de transcendência e a sujeitabilidade tecnocrática do corpo do homem, assim como de seu espírito."[125] Para esses oponentes à moral biológica, o mito de Adão e Eva, e de seu pecado original, guardava um valor pelo menos simbólico:

> O governo dos peritos ainda promove violência às aspirações morais – arrisquemos a palavra – de todos aqueles que não rejeitaram a problemática religiosa tradicional. Segundo a narrativa bíblica, como indica o historiador John Greene, Adão e Eva perderam sua pretensão ao paraíso por ter comido os frutos da árvore do conhecimento do bem e do mal, "uma árvore desconhecida da ciência. É esse conhecimento que faz nossa transcendência, nosso perigo, nossa humanidade". Sem sacrificar esse esquema crítico, nem reabilitar não se sabe qual perspectiva, literalmente incompreensível, do homem "feito à imagem de Deus", o historiador constata que os "fatos" da ciência não são garantidos, como

---

123 Monod, De la Relation logique entre connaissance et valeurs, in: Fuller (Ed.), *Responsabilité biologique*, p.23.
124 Monod, *Le Hasard et la nécessité*, p.224. A mesma opinião é expressa por Wilson, *L'Humaine Nature: essai de sociobiologie*.
125 Blanckaert, La Science de l'homme entre humanité et inhumanité, in: *Des Sciences contre l'homme*, t.I, p.44.

se acredita comumente, por seu "postulado de objetividade". A maior parte dos teóricos do transformismo do século XIX não hesitava em confessar que havia feito a escolha da ideia evolucionista por razões metafísicas, antirreligiosas.[126]

A ética tem a maior dificuldade para cortar o cordão umbilical que a liga à sua mãe, a moral, ela mesma impregnada pelos valores religiosos. A bioética só será verdadeiramente um sucesso quando tiver rompido com a teologia, afirmava H. T. Engelhardt em 1991.[127] Mas, ainda hoje, aqueles que, como Marie-Jo Thiel, falam da necessidade de evitar "uma intemporal repetição de normas e de códigos" não podem deixar de se referir a citações bíblicas.[128] No campo moral, mais que em qualquer outro, a autonomia causa medo. Como os povos que saem da servidão, a cultura ocidental foi habituada a seguir o código moral judaico-cristão de tal forma que ela fica aterrorizada pela perspectiva de precisar tomar a si mesma nas mãos.

Já nos anos 1970, o polonês Stanislaw Lem pensava que o cristianismo deveria, cedo ou tarde, chegar à ideia de "criação intermediária", isto é, de uma humanidade feita à imagem de Deus, é claro, mas com a capacidade de se aprimorar graças à ciência. O homem está às vésperas de dominar essa capacidade, mas resiste em dar o passo. Primeiramente, mesmo deplorando que a moral corra o risco de se tornar um caso de profissionais, ele prefere se desencarregar da responsabilidade sobre os comitês de ética. Desde a declaração de Helsinki, que em 1964 recomendou a criação de "comitês independentes", estes proliferaram. Na França, foi em 1983 que se fundou o Comitê Nacional de Ética. O resultado, como constata Gilles Lipovetsky, é que "aquilo que antigamente era consciência moral comum, conhecimento universal do dever, se tornou cada vez mais um caso de peritos e de especialistas, médicos e sociólogos, filósofos e teólogos. [...] Mesmo a ética entrou na via da institucionalização, da burocratização e da especialização funcionais. [...] Com os novos 'sábios', vêm, com efeito, os consultores, os profissionais remunerados da ética".[129]

---
126 Ibid., p.45-6. A obra mencionada é Moore (Ed.), *History, Humanity and Evolution: Essays for John C. Greene*, p.37.
127 Engelhardt, *Bioethics and Secular Humanism: the Search for a Common Morality*.
128 Thiel, op. cit.
129 Lipovetsky, op. cit., p.235.

O homem acha cômodo recorrer aos "sábios" para determinar o bem e o mal teóricos, correndo o risco de dar prova de pragmatismo em sua conduta pessoal. Essa abdicação da vontade popular diante do novo "magistério ético" é ilustrada por uma sondagem feita em 1990, segundo a qual 35% dos franceses desejavam que a regulamentação das questões de procriação artificial fosse deixada ao Comitê Nacional de Ética; 22%, aos médicos; 15%, ao Parlamento; e somente 24%, que fosse submetida a um referendo. Segundo essa sondagem, três quartos da população não teriam, portanto, confiança em suas próprias capacidades para determinar o bem e o mal. O homem de hoje não deseja comer a maçã uma segunda vez. Ele não quer mais tocar na árvore do conhecimento do bem e do mal.

Assim, a porta está escancarada para todas as manobras dos diferentes *lobbies*, usando dos meios midiáticos e publicitários para fazer com que triunfem seus interesses e seus sentimentos. Uma das derivas mais espetaculares é a corrente ecologista, que sacraliza a natureza e se mostra pronta para sacrificar interesses humanos fundamentais a esse deus. Isso vai da zoolatria, que faz da proteção dos animais um imperativo categórico, que chega até a propor o estatuto e a dignidade de "pessoa" para os gorilas,[130] a reintrodução de predadores – lobos e ursos – ao preço de pesadas indenizações pagas pela coletividade aos criadores de animais que se constituírem vítimas. Marcel Gauchet, Luc Ferry, Gilles Lipovetsky, entre outros, denunciaram essas perversões "zoofílicas e ecofílicas", que fazem com que "os deveres de proteção da natureza se adiantem sobre os deveres para com os homens; eles estabelecem, por ordem de prioridade, a salvaguarda do meio ambiente diante das questões econômicas e sociais; a poluição ou a diminuição da camada de ozônio os preocupam mais que a grande pobreza, o subdesenvolvimento e o desemprego".[131]

A tendência a assimilar moral e legislação encontra, aliás, um obstáculo importante com a mundialização, que favorece a busca do interesse pessoal imediato pelo uso da internet, por exemplo, que permite tanto contornar as legislações nacionais quanto enriquecer em pouquíssimo tempo pela especulação *on-line* "Entra-se num mundo profundamente imoral, o mundo em que

---

130 Projeto Grand Singe, de David Pearson, *New Scientist*, 1998.
131 Lipovetsky, op. cit., p.223.

cada um só espera defender seu interesse em curto prazo",[132] escreve Michel Albert, que continua: "Com os fluxos de capitais passando muito mais facilmente que qualquer outro fluido, de uma ponta a outra do planeta, sem que ninguém possa conseguir se situar, pois a lei não se aplica mais. E os bandidos novamente prosperam. Eles são filhos da globalização financeira".

Em seguida, e eis a outra consequência da delegação do poder moral aos comitês, estes, conscientes de suas responsabilidades, são convocados a adotar uma atitude conservadora, naturalmente por sua composição, mas também por medo das consequências que um erro de julgamento poderia render. Quase todas as resoluções adotadas até aqui são restritivas: a oposição à clonagem humana pela OMS e pelo Parlamento europeu em março de 1997, a demanda de registro do genoma humano como patrimônio da humanidade pela Unesco, outra resolução contra a clonagem em 1998 pela Convenção Europeia para a Biomedicina. As aberturas são excessivamente tímidas, como a autorização de criação de embriões humanos para fins terapêuticos pelo governo francês, em dezembro de 2000. Essa decisão ainda suscitou a oposição de certos membros do Comitê Nacional de Ética, como Alex Kahn, que declara que "devemos discutir democraticamente sobre a legitimidade eventual da clonagem terapêutica. De um lado, há as objeções morais e, de outro, um meio terapêutico extraordinário. Isso me é antipático".[133]

Do lado dos oponentes a qualquer abertura para as manipulações genéticas, há muitos cristãos. Os mais determinados chegam a considerar que o código genético é sagrado: "O código genético é obra de Deus", afirmava recentemente o semanário católico britânico *The Tablet*. "Para os cristãos, a decodificação do genoma significa então a descoberta da linguagem usada por seu Criador."[134] Sem chegar até lá, D. Mieth, depois de ter lembrado que a teologia deve evitar fazer um "falso biblicismo", um "falso positivismo doutrinal ou tradicionalista", declara que "a Bíblia não responde às questões que ela não encontrou; mas pode contribuir com as controvérsias éticas por seu modo de discurso e sua atitude de disponibilidade". E, rapidamente, reaparecem as citações bíblicas, as lembranças de episódios e de mitos advindos

---

132 Albert, Un Monde écartelé, *Le Débat*, n.67.
133 Kahn, entrevista, *Ouest-France*.
134 Relatado em *Courrier International*, n.529-30, p.58. Esse número contém um dossiê dedicado ao "homem-deus".

do Gênesis. Assim, a torre de Babel serve para uma apologia da diversidade: "O que desagradava a Deus era a centralização urbana dos homens e sua tendência à uniformidade cultural. Por conseguinte, ele lhes lembra seu mandamento de ocupar a terra e os dispersa pela confusão das línguas". E D. Mieth conclui: "À questão de saber se um argumento teológico contra a clonagem humana existe, respondo sem hesitar [...] que a diversidade da humanidade é um mandamento da fé na criação".[135] Mas o argumento que nos interessa é este: a prática da clonagem e das manipulações genéticas em geral é uma negação do pecado original, pois o homem busca, assim, ultrapassar os limites fixados quando da expulsão do jardim e a se fazer Deus: "Podemos dizer que o homem faltaria ao sentido de sua humanidade se quisesse se desfazer de sua finitude. A teologia o expressa de maneira narrativa no relato da queda [...]. O conceito de finitude se mostra eticamente decisivo, na medida em que vem contradizer simultaneamente a possibilidade de uma planificação integral da perfeição humana e a crença de que todos os problemas podem ser resolvidos".[136]

A EUGENIA OU O NOVO ADÃO

Os debates em guerra aberta a respeito da eugenia concentram medos e fantasmas. É um aluno dos jesuítas, Alexis Carrel, Prêmio Nobel de Medicina em 1912, que publica em 1935 a obra pela qual o escândalo chega: *O homem, este desconhecido*. Ele escreve:

> A eugenia pode exercer uma grande influência sobre o destino das raças civilizadas. Na verdade, jamais se regrará a produção dos humanos como aquela dos animais. Não obstante, será possível impedir a propagação dos loucos e dos fracos de espírito. Talvez também fosse preciso impor aos candidatos ao casamento um exame médico, como o fazemos para os jovens soldados e os empregados dos hotéis, dos hospitais e das grandes lojas. [...] Assim, parece que a eugenia, para ser útil, deva ser voluntária. [...] Ele levaria não somente à produção de

---

135 Mieth, Bioéthique en Allemagne, *Revue des Sciences Religieuses*, t.74, n.1, p.65.
136 Ibid.

indivíduos mais fortes, mas também de famílias em que a resistência, a inteligência e a coragem seriam hereditárias. Essas famílias constituiriam uma aristocracia, de onde provavelmente sairiam os homens de elite. A sociedade moderna deve melhorar a raça humana por todos os meios possíveis.[137]

A ideia de impedir a reprodução de seres desadaptados ou com taras, cuja proliferação ameaça a saúde física e intelectual da espécie, está em pleno acordo com o processo de seleção natural. É, portanto, difícil se opor a ela em nome da natureza, que oferece o exemplo da eliminação impiedosa dos fracos. A moral cristã tradicional, que protege os fracos, é antinatural e leva ao declínio da espécie.[138] Ela também se opõe à ideia bíblica de sacrifício. Por que os cristãos, tão apaixonados pelas referências bíblicas, esqueceriam que Javé foi o primeiro a praticar os genocídios, pelo dilúvio, pelo fogo em Sodoma e Gomorra, pela prática do *herem* ou exterminação dos inimigos de Israel?

Alexis Carrel estima então que "é preciso abandonar a ideia perigosa de limitar os fortes, de criar os fracos, e de fazer, assim, proliferar os medíocres"; pois, "para crescer novamente, a humanidade é obrigada a se refazer. Ela não pode se refazer sem dor".[139] De 1941 a 1944, Carrel foi regente da Fundação Francesa para o Estudo dos Problemas Humanos.[140]

O trauma do nazismo e o espectro da eliminação dos desadaptados pesam muito no debate sobre a eugenia.[141] Daí uma atmosfera de suspeita mútua, pouco propícia a um debate sereno. Um dos adversários de qualquer medida eugênica, Jacques Testard, que, em 1986, abandona a seleção genética por razões de moral, chega a qualificar de "empresa policial" o

---

137 Carrel, *L'Homme, cet inconnu*, p.364.
138 É o que ainda em 1971 escreve Skinner, em *Beyond Freedom and Dignity*, p.180: "Se nossa cultura continuar a considerar que a liberdade e a dignidade são os valores principais, em vez da sobrevida, então é possível que uma outra cultura tome o lugar no futuro".
139 Carrel, op. cit., p.359 e 333.
140 Drouard, Alexis Carrel et l'eugénisme, in: Blanckael (Ed.), *Des Sciences contre l'homme*, t.II, p.43. De fato, admite Drouard, "as duas únicas medidas eugênicas efetivas a mencionar ao escopo da Fundação são o certificado pré-nupcial e a caderneta de saúde escolar. Ainda é preciso assinalar, a respeito do certificado pré-nupcial, que a Fundação apenas apoiou um projeto do qual ela não teve a iniciativa e que retomava uma antiga proposta datada do reino de Luís Filipe".
141 Badinter, Les Droits de l'homme face aux progrès de la médecine, de la biologie et de la biochimie, *Le Débat*, n.36, p.4-5.

sequenciamento do genoma humano. Sua posição é retomada, em seguida, pela Igreja católica. O que ele mesmo denuncia: "Do lado da Igreja, serviram-se um pouco de mim [...]. Creio que é urgente não abandonar o humanismo para as religiões. É preciso ressuscitar (ou inventar?) um humanismo laico, que não beba seus valores na fonte da ciência".[142] Aliás, Jacques Testard condena a oposição sistemática da Igreja a qualquer controle artificial da reprodução: "A Igreja católica pode morrer disso", ele afirma.

Por trás das tomadas de posição católicas, perfila-se sempre o espectro do controle, feito pelo homem, de seu próprio destino. Para a Congregação da doutrina da fé, as biotecnologias e os métodos de procriação assistida são contrários à "ação criadora" de Deus e preparam uma "eugenia radical, imoral, pelo orgulho desmedido que ela traduz". O arcebispo Jean-Marie Lustiger viu nessas tecnologias uma "tentação neopagã": "O homem está tentado a ser o criador dele mesmo. Os sonhos antigos, desde o Golem até o doutor Fausto, nos pareciam quimeras: a ciência parecia ter afastado as fantasmagorias do passado, que misturam alquimia e criação diabólica. Mas os mitos de sempre antecipavam as possibilidades da ciência moderna: hoje em dia, a tentação se torna concreta e prática, mais brutal ainda do que era denunciado pelos romances de ficção científica".[143] "Agindo assim, o pesquisador substitui Deus e se faz mestre do destino de outrem." É mesmo o retorno da dupla infernal Satã-Adão que é aqui denunciado pelos clérigos: mesma vontade, desta vez com meios técnicos, de se igualar a Deus, ou até mesmo de eclipsá-lo, melhorando a qualidade de uma criação que deixava muito a desejar; a eugenia poderia dar origem a um novo Adão, mais forte que o primeiro.

Os apelos à razão não faltam, apesar de tudo. Em um número da *Esprit*, publicado em 1985, Pierre Lévy lembra, por exemplo, a distinção fundamental que deveria ser feita entre eugenia totalitária, que visa purificar uma população inteira, e eugenia individual, que busca evitar a vinda ao mundo de seres sofrendo de uma pesada deficiência. Devemos proibir toda intervenção genética sobre o embrião, depois de séculos de progressos médicos, que sempre tiveram como finalidade melhorar a saúde e decretar que o progresso deve frear aí? "Pretenderíamos que a humanidade pare, fulminada

---

142 Testard, L'"Effet Testard" trois ans après: entretien avec Jacques Testard, *Esprit*, n.156, p.54.
143 Lustiger, La Tentation néo-païenne, *Le Monde*.

pelo interdito, diante de seus próprios cromossomos e diga: não, não irei adiante, se eu tocasse em meus genes, a natureza seria então violada."[144] "Afinal", pergunta-se Ronald Dworkin, "qual seria a diferença entre a invenção da penicilina e a utilização de genes manipulados e clonados para curar doenças ainda mais terríveis que aquelas que a penicilina cura?"[145] Seja como for, é tarde demais para recuar. "Brincar de Deus equivale a brincar com o fogo. Mas é o que nós, mortais, não deixamos de fazer desde Prometeu, o santo patrono das descobertas perigosas." E de que serve opor o "natural" ao "contra natureza" se, "sendo o homem um puro produto da natureza, a menor de suas manifestações o é igualmente"?

Pierre-André Taguieff, um dos defensores mais eloquentes de uma prática humanista da eugenia caso a caso, multiplicou obras e artigos denunciando "um paradoxo assim enunciável: enquanto um consenso de base parece adquirido, na opinião das sociedades democráticas pluralistas ocidentais, sobre o caráter benéfico dos métodos de rastreamento pré-natal de afecções ou de malformações hereditárias, e sobre as práticas de eugenia consistente em eliminar antes do nascimento os portadores de anomalias 'atualmente fora do alcance dos recursos terapêuticos', a eugenia em geral, por uma categorização globalizante, continua a ser objeto de uma fobia ideológica, marcada seja por um evitamento sistemático da palavra (agora mesmo, por exemplo, que descrevemos positivamente as práticas, ou que as avaliamos como 'progressos'), seja por uma denúncia criminalizante ou demonizante, sob uma forma ritualizada".[146]

O tema é inesgotável. Um dos grandes temores dos adversários de toda forma de eugenia é que os pais possam demandar uma interrupção de gestação pelos motivos mais fúteis, ou em função de uma norma que dependeria da evolução das modas. "Comecemos ao menos por defender o indivíduo contra os outros: a criança a nascer, contra os desejos ilimitados de domínio de seus genitores. O intervencionismo médico posto a serviço das demandas de pais, desejosos de todo o poder procriador, corre o risco de desembocar numa autogestão da problemática eugênica, enquanto que o debate, em seu campo,

---

144 Lévy, Contribution au débat sur éthique et biologie, *Esprit*, n.97, p.13.
145 Dworking, *Courrier International*, n.529-30, p.56.
146 Taguieff, L'Eugénisme, objet de phobie idéologique, *Esprit*, n.156, p.114.

não cessa de se ocultar, entre tabus e indignações virtuosas",[147] escreviam Éric Conan e Pierre Bouretz na *Esprit* em 1989. No entanto, não seria o maior abuso de "potência procriadora" o dos pais que tomam a responsabilidade de pôr deficientes no mundo, sob o pretexto de que serão capazes de lhes fornecer todo o amor de que precisarão? O aparecimento, em 2001, das primeiras ações judiciárias nos Estados Unidos, intentadas por pessoas com deficiência contra os pais, reprovando-os por tê-las posto no mundo, deveria estimular a reflexão nos genitores, seguros demais de suas capacidades para assegurar a felicidade das crianças, que, evidentemente, não foram consultadas antes de nascer. Outros se indignam, de forma justa, com a intolerância social em relação aos deficientes. Mas o respeito pelos deficientes vivos significaria ser desejável não fazer nada para que outros sejam postos no mundo?[148]

Definitivamente, a aspereza dos debates em torno das questões de bioética é reveladora da profunda crise de valores que a civilização ocidental experimenta, confrontada a uma situação sem precedentes: pela primeira vez, nenhum sistema moral pré-fabricado está à mão. Os avanços espetaculares da tecnologia não param de estabelecer novos problemas éticos, exigindo escolhas rápidas, de consequências extremamente pesadas. Essas escolhas são feitas na urgência, sob a pressão dos acontecimentos – e dos interesses econômicos –, tendo como únicos guias os fragmentos dos valores tradicionais em migalhas. Constrangidas a se pronunciarem caso a caso, na ausência de sistema moral global e coerente, no seio de uma sociedade que não compartilha mais os mesmos valores, as autoridades morais parecem espantadas, em particular pelas implicações econômicas que, no quadro da mundialização, tomaram o controle de toda a cultura, inclusive ética.

A noção de pecado original conserva toda sua importância: ela se encontra mesmo no centro do dilema. É claro que só um punhado de fundamentalistas ainda adere à interpretação literal do episódio bíblico do jardim do Éden, à ideia de queda primordial, isto é, de uma tara indelével que tornaria a existência do mal inelutável e condenaria *a priori* todos os esforços da humanidade para o domínio de seu destino.

---

147 Conan e Bouretz, La Bioéthique en panne?, *Esprit*, n.156, p.51.
148 Blac, Peut-on défendre l'eugénisme?, *Esprit*, n.192.

Uns negam a existência de tal maldição e acreditam que o homem é capaz, por uma judiciosa aliança da técnica, da razão organizadora e da ética, de melhorar fundamentalmente a espécie humana, passando por mutações genéticas controladas. Eles entreveem a emergência de um novo Adão, sem dúvida tão diferente do homem atual quanto este difere dos primatas dos quais adveio. Segundo eles, a humanidade não deve se resignar à existência permanente do mal, nem abdicar de sua longa marcha para ter sempre mais domínio dela mesma. Ela deve inventar, para esse novo homem, uma sociedade nova, *Um mundo sem deuses*, para retomar o título de uma obra recente de André Grjebine. Esse autor tem consciência do caráter pouco motivador de um projeto na escala da evolução humana, em um mundo no qual prima o interesse individual imediato: "Alguém dirá que, quando nossa individualidade e aquela de nossos próximos estão condenadas a curto prazo, é bem difícil se satisfazer com um objetivo tão vago quanto trazer uma contribuição que, com exceções, só pode ser ínfima, a uma entidade tão abstrata quanto a espécie humana".[149] Seria essa uma razão suficiente para se resignar à mediocridade? Não, responde André Grjebine, que defende uma "sociedade aberta", capaz de inventar permanentemente novos valores.

De outro lado, muitos veem a influência do orgulho diabólico por trás de toda tentativa humana para dominar a evolução. Segundo eles, a vontade de criar o homem-deus, escapando à tutela de seu criador, seria, de alguma forma, a renovação da falta ocorrida no jardim do Éden. O código genético é a nova árvore do conhecimento do bem e do mal, à qual não se deve tocar, porque é a linguagem divina da criação do vivente. O mal é inevitável e necessário; devemos combater suas manifestações pontuais, mas não buscar atacar sua raiz – eis aí o trabalho do novo Adão, isto é, Cristo. Prisioneiros de suas referências à Bíblia, mesmo que a interpretem de diferentes maneiras, os partidários de um *status quo* se apresentam como defensores exclusivos da "dignidade humana", que residiria num respeito absoluto do processo biológico da procriação, sem assistência e sem manipulações. A transmissão do pecado genético? A partir de Adão, o homem é inclinado ao mal e não pode ser feliz: trata-se, visivelmente, de uma lei de sua natureza ferida. Certamente essa atitude nem sempre é consciente ou tão caricata, mas a obra multissecular

---

149 Grjebine, *Un Monde sans dieux: plaidoyer pour une société ouverte*, p.251.

de culpabilização da consciência ocidental interiorizou amplamente a resignação ao mal e ao tabu dos estragos dos aspectos naturais da reprodução humana. O velho mito da queda tornou-se uma estrutura do espírito ocidental. No entanto, isso não impediu este último de realizar revoluções tecnológicas, graças a uma outra herança, aquela da filosofia pagã, para a qual "o homem é a medida de todas as coisas". Adão é astuto – foi isso que lhe permitiu sobreviver, desde sua expulsão do paraíso. Banido pela porta, ele procura regressar pela janela.

CONCLUSÃO

O grande empreendimento de desculpabilização levado a cabo pelas ciências humanas a partir do século XVIII parece estar bem apresentado para atingir sua finalidade. Depois da culpabilização do Ocidente pelo cristianismo, tão bem descrita por Jean Delumeau, a psicanálise, a sociologia, a psiquiatria, a genética e a antropologia relativizaram o bem e o mal, mostrando que éramos joguetes de forças cegas, biológicas e sociais, que explicam, em grande parte, nossa conduta. Apesar disso, o homem dificilmente se liberta do sentimento da falta. Ele continua a desconfiar de si mesmo e, se se culpabiliza menos por um passado do qual não se sente mais responsável, começa-se a sentir o peso da culpa numa perspectiva futura: que mundo vai transmitir aos seus descendentes? Um mundo poluído, devastado, um mundo sem fé nem lei? E, sobretudo, para quem ele vai transmiti-lo? Para um monstro geneticamente modificado, sobre o qual não terá sabido impedir a criação? Será a biogenética a nova árvore do conhecimento do bem e do mal? Comer seu fruto é se tornar algo como um deus, murmura o biólogo tentador. O homem se arrepende antecipadamente, pois sabe que ficará instigado a brincar de aprendiz de feiticeiro, dado que está em sua natureza ultrapassar todos os seus limites, todos os interditos, custe o que custar. O novo Adão é mesmo o filho de seu pai.

O homem tem limites e põe como ponto de honra tentar ultrapassá-los. Sem dúvida, aí está seu pecado original. Com frequência, ele se arrepende; por vezes, consegue superar o insuperável. É seu pecado e, ao mesmo tempo, sua dignidade. O que seria do homem se não tivesse comido a maçã?

A hipótese é incongruente. É comendo a maçã que Adão se afirma enquanto homem, ser independente e livre. Sua desobediência é a única prova de sua liberdade e de sua vontade própria. Que se acredite num Deus ou não, nada muda: todo ser humano passa sua vida se chocando com seus limites, tentando empurrá-los um pouco mais. Adão e Eva tinham um limite, um só, mas o ultrapassaram. Herdamos esse pecado original: como poderíamos evitar repetir o gesto de transgressão? O homem de amanhã, geneticamente modificado ou não, também terá seus limites e, portanto, uma forma de mal.

O mito de Adão provavelmente conservará seu valor por muito tempo. Ele não corresponde a nenhuma verdade de ordem histórica, mas reflete uma realidade eterna: a recusa do homem de aceitar sua situação e a consciência da inutilidade de seus esforços. Isso não o impedirá de recomeçar. O que ele chama de bem, de moral, são as regras do jogo, que variam com as épocas e as circunstâncias. A regra de base é respeitar o espaço vital dos vizinhos, os outros. Mas estes, por sua simples presença, constituem um limite e são cada vez mais numerosos. Mesmo em nossa sociedade permissiva, os constrangimentos subsistem, daí o desejo de aboli-los.

A história do pecado original é, de fato, a história da maneira pela qual a cultura ocidental tentou, interpretando e utilizando o mito de Adão e Eva, dar conta da imagem que ela tinha do homem. Seja essa interpretação literal, simbólica, alegórica, ela volta sempre a esta intuição de base: o homem é um ser que não suporta ser limitado. É essa sua verdadeira natureza, é esse o seu vício ontológico, seu pecado original. O erro não teria sido criá-lo?

REFERÊNCIAS BIBLIOGRÁFICAS

ALBERT, M. Un Monde écartelé. *Le Débat*, n.67, nov./dez. 1991.
ALSZEGHY, Z.; FLICK, M. Il peccato originale in prospettiva personalistica. *Gregoriana*, 46, 1965.
ANSELMO. La Conception virginale et le péché originel. In: *L'Œuvre de saint Anselme de Canterbury*. t.IV. Paris: Les Éditions du Cerf, 1990.
ANTIÓQUIA, T. de. *Trois livres à Autolycus*. Col. Sources chrétiennes. Paris: 1948. II, 25.
ANZ, W. *Zur Frage nach dem Ursprung des Gnostizismus*. Leipzig, 1897.
ARNOULD, J. Dire la Création après Darwin. *Revue des Sciences Philosophiques et Théologiques*, t.82, abr. 1998.
AUJOURD'HUI 6ᴱ: ORIENTATIONS POUR L'ANIMATEUR. Paris: Consortium des Éditeurs du Catéchisme National, 1971.
BADINTER, R. Les Droits de l'homme face aux progrès de la médecine, de la biologie et de la biochimie. *Le Débat*, n.36, set. 1985.
BAKUNIN, M. *Œuvres*. t.III. Paris: Stock, 1895-1913.
BALLANCHE, P. S. *La Ville des expiations et autres textes*. Lyon: Presses Universitaires de Lyon, 1981.
BALMARY, M. *La Divine Origine*. Paris: Grasset, 1993.
BARKER, A. *The African Link*: British Attitudes to the Negro in the Era of the Atlantic Slave Trade, 1550-1807. Londres: Frank Cass Publishers, 1978.
BASNAGE, J. *Histoire de l'Église*. t.I. Amsterdã: 1699.
BASSET, L. *Le Pardon originel*: De l'abîme du mal au pouvoir de pardonner. Paris: Labor et Fides, 1995.
BAUBÉROT, J. *La Morale laïque contre l'ordre moral*. Paris: Seuil, 1997.
BAUMGARTNER, C. *Le Péché originel*. Paris: Desclée, 1969.
BAYET, A. *La Morale de la science*. Paris: Paris Société des Éditions Rationalistes, 1947.
BAYLE, P. Manichéeen. In: *Dictionnaire historique et critique*. 1696-1697.
BAYLE, P. Réponses aux questions d'un provincial. In: *Œuvres diverses*. La Haye: 1737.
BELAVAL, Y.; BOUREL, D. (Orgs.). *Le Siècle des Lumières et la Bible*: Bible de tous les temps. Paris: Beuchesne, 1986.

BÉNICHOU, P. *Le Temps des prophètes*: Doctrines de l'âge romantique. Paris: 1977.
BERGSON, H. *Les Deux Sources de la morale et de la religion*. Paris: Librairie Félix Alcan, 1932. [Ed. bras.: *As duas fontes da moral e da religião*. Rio de Janeiro: Zahar, 1978.]
BÉRIOU, N. *L'Avènement des maîtres de la parole*: La prédication à Paris au XIIIe siècle. 2v. Paris: Institute d'Études Augustiniennes, 1998.
BERNARDO. De laudibus Virginis matris homeliae. In: *Sancti Bernardi Opera, Sermones, I*. v.IV. Roma: 1966.
BINGEN, H. de. *Causae et curae*. Leipzig: Kayser, 1903.
BLAC, M. Peut-on défendre l'eugénisme? *Esprit*, n.192, jun. 1993.
BLANCKAERT, C. La Science de l'homme entre humanité et inhumanité. In: *Des Sciences contre l'homme*. t.I. Paris: Autrement, 1993.
BLANDINO, G. *Peccato originale e poligenismo*. Forli: Ed. di Ethica, 1967.
BLISH, J. *Un Cas de conscience*. Paris: Denoël, 1959. [Ed. bras.: *Um caso de consciência*. São Paulo: GRD, 1962.]
BOISOT, M. *La Morale, cette impostur*. Paris: Le Pré Aux Clercs, 1999.
BOLINGBROKE, H. *Works*. Ed. H.G. Bohn. 4v. t.II. Londres: 1962.
BORNE, E. *Le Problème du mal*. Paris: PUF, 1960. [Ed. bras.: *O problema do mal*: mito, razão e fé, o itinerário de uma investigação. São Paulo: É Realizações, 2014.]
BOSSUET. Premier Sermon pour le jour de Pâques. In: *Œuvres complètes*. t.I. Besançon: Outhenin-Chalandre, 1836.
BOSSUET. Catéchisme de Meaux. In: *Œuvres complètes*. t.V. Besançon: Outhenin-Chalandre, 1836.
BOSWELL, J. *Christianity, Social Tolerance and Homosexuality*: Gay People in Western Europe from the Beginning of the Christian Era to the Fourteenth Century. Chicago: University of Chicago Press, 1980.
BOURG, D. Bioéthique: faut-il avoir peur? *Esprit*, n.171, maio 1991.
BRADSHAW, E. (Ed.). *The Hidden Huxley*: Contempt and Compassion for the Masses. Londres: Faber & Faber, 1994.
BRÉCHON, P.; TRONCHON, L. Le Péché originel dans la catéchèse: évolution et orientations actuelles. *Lumière et Vie*, t.26, n.131, p.19, jan./mar. 1977.
BREMOND, H. *Histoire littéraire du sentiment religieux en France*. t.II. Paris: 1920.
BROCA, P. *Bulletin de la Société d'anthropologie de Paris*. 1860.
BRUCKNER, P. *L'Euphorie perpétuelle*: Essai sur le devoir de bonheur. Paris: Grasset, 2000. [Ed. bras.: *A euforia perpétua*: ensaio sobre o dever de felicidade. Rio de Janeiro: Difel, 2002.]
BRUCKNER, P. Entrevista. *Psychologies*, n.186, maio 2000.
BRUMOY, P. *Les Passions*. Paris: 1741.
BRUNET, C. Le *Progrès de la médecine, contenant un recueil de tout ce qui s'observe de singulier par rapport à sa théorie et à sa pratique*. Paris: 1698.
BUR, J. *Le Péché originel*. Paris: Les Éditions du Cerf, 1988.
BURKE, P. Man without Christ: an Approach to Hereditary Sin. *Theological Studies*, v.29, 1968.
CAHILL, L. S. Can Theology Have a Role in Public Bioethical Discourse? *Hastings Center Discourse*, supl. esp., 20 jul./ago. 1990.
CALVINO, J. *Institution chrétienne*. 1541.

CALVINO, J. *Contre la secte phantastique et furieuse des libertins*. 1547.
CALVINO, J. *Institution chrétienne*. Livro II. 1560.
CARR, D. The Politics of Textual Subversion: a Diachronic Perspective on the Garden of Eden Story. *JBL*, v.112, n.4, p.577-595, 1993.
CARREL, A. *L'Homme, cet inconnu*. Paris: 1935. [Ed. bras.: *O homem, esse desconhecido*. Trad. Evelyn Tesche. São Paulo: Edipro, 2016.]
CASAGRANDE, C.; VECCHIO, S. *Les Péchés de la langue*: Discipline et éthique de la parole dans la culture médiévale. Paris: Les Éditions du Cerf, 1991.
CASSIRER, E. *La Philosophie des Lumieres*. Paris: Fayard, 1970. [Ed. bras.: *A filosofia do Iluminismo*. 3.ed. Campinas: Editora da Unicamp, 1997.]
CATECHISME DE L'E´GLISE CATHOLIQUE. Texto latino, Vaticano, 1997; trad. francesa: Paris: Mame, 1998. [Ed. bras.: *Catecismo da Igreja católica*: novíssima edição de acordo com o texto oficial em latim. 30.ed. São Paulo: Edições Loyola, 2002.]
CHAPELLE, A. Méditations sur nos "premiers parents". *Nouvelle Revue Théologique*, t.112, n.5, set. 1990.
CHASE, A. *The Legacy of Malthus*: the Social Costs of the New Scientific Racism. Champaign: University of Illinois Press, 1980.
CHAUNU, P. *Du Big Bang à l'enfant*. Paris: Desclée de Brouwer, 1987.
CHAZELLE, A. Mortalité ou immortalité corporelle du premier homme créé par Dieu? *Nouvelle Revue Théologique*, v.99, 1967.
CLAVEL, M. *Ce que je crois*. Paris: Grasset, 1975.
COGNET, L. *Le Jansénisme*. Paris: Presses Universitaires de France, 1961.
COHN, N. *The Pursuit of the Millenium*. Londres: Pimlico, 1957; ed. rev.: Cary: Oxford University Press, 1970.
CONAN, É.; BOURETZ, P. La Bioéthique en panne? *Esprit*, n.156, nov. 1989.
CONCILIUM TRIDENTINUM: diariorum, actorum, epistolarum, tractatuum nova collectio. Ed. Görres-Gesellschaft. t.X.
CONDON, K. The Biblical Doctrine of Original Sin. *Irish Theological Quarterly*, v.34, 1967.
CONDREN, C. de. *Discours et lettres*. 1648.
CORBEY, R. Freud et le sauvage. In: BLANCKAERT, C. (Ed.). *Des Sciences contre l'homme*. t.II. Paris: Autrement, 1993.
COURRIER INTERNATIONAL. n.529-530, 31 dez. 2000/3 jan. 2001.
DAGENS, J. *Bérulle et les origines de la restauration catholique (1575-1611)*. Paris: 1952.
DANIÉLOU, J. *Au commencement, Genèse I-IX*. Paris: Seuil, 1963.
DELSOL, M. Arguments chrétiens et d'origine chrétienne contre l'évolution biologique. In: ASSOCIATION FRANÇAISE D'HISTOIRE RELIGIEUSE CONTEMPORAINE (Org.). *Christianisme et science*. Paris: Vrin, 1989.
DELSOL, C. *Le Souci contemporain*. Bruxelas: Complexe, 1996.
DELUMEANU, J. *Christianisme va-t-il mourir?* Paris: Hachette, 1977.
DELUMEAU, J. *Le Péché et la peur*: la culpabilisation en Occident, XIIIe- XVIIIe siècle. Paris: Fayard, 1983.
DELUMEAU, J. *Ce que je crois*. Paris: Grasset, 1985.
DELUMEAU, J. *Une histoire du paradis*: Le Jardin des délices. t.I. Paris: Fayard, 1992.
D'EMILIANE, G. *Histoire des tromperies*. Roterdã: 1763.

DENIS, A.-M. *Introduction aux pseudépigraphes grecs*. E. J. Brill, 1970.
DENNETT, D. *Darwin's Dangerous Idea*: Evolution and the Meaning of Life. Penguin, 1996.
DESCHAMPS, D. *Le Vrai Système*. Paris: Droz, 1939.
DHORME, E. L'arbre de vérité et l'arbre de vie. *Revue Biblique*, v.4, n.2, p.271-274, 1907.
DICTIONNAIRE APOLOGÉTIQUE DE LA FOI CATHOLIQUE. t.IV, 1846.
DIDEROT. *Correspondance*. 6 nov. 1760.
DINECHIN, O. de. L'Église et la bioéthique en France. *Revue des Sciences Religieuses*, jun. 2000.
DOCUMENTATION CATHOLIQUE. t.63, n.1476, col. 1348, 7-21 ago. 1966.
DOCUMENTATION CATHOLIQUE. n.1488, col.334, fev. 1967.
DOCUMENTATION CATHOLIQUE. n.1519, col.1108, jun. 1968
DOCUMENTATION CATHOLIQUE. n.1530, col. 2152, dez. 1968.
DOUCET, H. La Théologie et le développement de la bioéthique américaine. *Revue des Sciences Religieuses*, jan. 2000.
DREWERMANN, E. *La Peur et la faute*: Psychanalyse et morale. t.I. Paris: Les Éditions du Cerf, 1992.
DREWERMANN, E. *L'Évangile de Marc*: images de la rédemption. Paris: Les Éditions du Cerf, 1993.
DREWERMANN, E. *Fonctionnaire de Dieu*. Paris: Albin Michel, 1993.
DROUARD, A. Alexis Carrel et l'eugénisme. In: BLANCKAERT, C. (Ed.). *Des Sciences contre l'homme*. t.II. Paris: Autrement, 1993.
DUBARLE, A.-M. *Le Péché originel dans l'Ecriture*. Paris: Les Éditions du Cerf, 1967.
DUBARLE, A.-M. Bulletin de théologie: le péché originel, recherches récentes et orientations nouvelles. *Revue des Sciences Philosophiques et Théologiques*, t.LIII, n.1, jan. 1969.
DUQUOC, C. Péché originel et transformations théologiques. *Lumière et Vie*, t.XXVI, n.131, jan./mar. 1977.
DUCHET, M. *Anthropologie et histoire au siècle des Lumières*. Paris: François Maspero, 1971.
DUMONT, C. La Prédication du péché originel. *Nouvelle Revue Théologique*, t.83, p.123, 1961.
DWORKING, R. *Courrier International*, n.529-530, 21 dez. 2000/3 jan. 2001.
ÉCRITS APOCRYPHES CHRETIENS. Org. P. Geoltrain e F. Bovon. t.I. Paris: Gallimard-Pléiade, 1997.
EHRARD, J. *L'Idée de nature en France dans la première moitié du XVIIIe siècle*. Paris: Albin Michel, 1994.
EHRENBERG, A. *L'Individu incertain*. Paris: Hachette, 1995.
ELIADE, M. *Traité d'histoire des religions*. Paris: Payothèque, 1975. [Ed. bras.: *Tratado de história das religiões*. 5.ed. São Paulo: WMF Martins Fontes, 2016.]
ENCYCLIQUE HUMANI GENERIS. Commentaire dans le Cahier de la *Nouvelle Revue Théologique*. Casterman, v.VIII, 1951.
ENGELHARDT, H. T. *Bioethics and Secular Humanism*: the Search for a Common Morality. Londres-Filadélfia: Trinity Pr Intl, 1991.

ERASMO. *Traité du libre arbitre*. Ed. Cit. [s.d.]. [Ed. bras.: *Livre-arbítrio e salvação*. Trad. Nelio Schnaider. São Paulo: Reflexão, 2014.]
ERASMO. *Annotations, dans Œuvres choisies*. Paris: Le Livre de Poche, 1991.
ERNST, P. *Approches pascaliennes*. Gembloux: J. Duculot, 1970.
FAIVRE, A. La Philosophie de la nature dans le romantisme allemand. In: BELAVAL, Y. (Org.). *Histoire de la philosophie*: du XIXe siècle à nos jours. Encyclopédie de la Pléiade. t.III. Paris: Gallimard, 1974.
FAGOT-LARGEAULT, A. Respect du patrimoine génétique et respect de la personne. *Esprit*, n.171, p.42-51, maio 1991.
FATIO, O. (Ed.). *Les Églises face aux sciences*: du Moyen Âge au XXe siècle. Paris: Droz, 1991.
FESSARD, G. *La Dialectique des Exercices spirituels de saint Ignace*. 2v. Paris: Aubier, 1956/1966.
FESTORAZZI, F. *La Biblia e il problema delle origini*. Brescia: Paideia, 1966.
FODOR, J. The Big Idea: Can There Be a Science of Mind? *Times Literary Supplement*, 3 jul. 1992.
FORSYTH, N. *The Old Enemy*: Satan and the Combat Myth. Princeton: Princeton University Press, 1987.
FOURIER, C. Théorie des quatre mouvements et des destinées générales. In: *Œuvres*. t.I. Paris: Anthropos, 1966.
FRAYSSINOUS, D. *Défense du christianisme ou Conférences sur la religion*. t.I. Lyon: 1882.
FREUD, S. *Totem et tabou*. Paris: Payot, 1965 [1913]. [Ed. bras.: *Totem e tabu*. Trad. Paulo César de Souza. São Paulo: Companhia das Letras, 2013.]
FREUD, S. Moïse et le monothéisme, in: *L'Homme Moïse et la religion monothéiste*: trois essais. Paris: Gallimard, 1986. p.117. [Ed.. bras.: Moisés e o monoteísmo, Compêndio de psicanálise e outros textos. In: *Obras completas*. v.19. Trad. Paulo César de Souza. São Paulo: Companhia das Letras, 2018.]
FREY, J.-B. L'état originel et la chute de l'homme d'après les conceptions juives au temps de Jésus. *Revue des Sciences Théologique et Philosophique*, 1911.
FRYER, P. *Staying Power*: the History of Black People in Britain. Londres: Pluto Press, 1984.
GALIEN, J. *Lettres théologiques touchant l'état de pure nature*. Avignon: 1745.
GARELLI, P.; LEBOVICI, M. La Naissance du monde selon Akkad. In: *La Naissance du monde*. Paris: Seuil, 1959.
GÉLIS, J. *L'Arbre et le fruit*: La Naissance dans l'Occident moderne, XVIe-XIXe siècle. Paris: Fayard, 1984.
GESCHÉ, A. *Le Mal*. Paris: Les Éditions du Cerf, 1993.
GILBERT, D. *Histoire de Calejava*. 1700.
GILSON, E. *Jean Duns Scot*: Introduction à ses positions fondamentales. Paris: Vrin, 1952.
GLOTZ, G. *La Solidarité de la famille dans le droit criminel en Grèce*. Livro II. Paris: 1904. cap.9.
GOLDBERG, D. T. *Racist Culture*: Philosophy and the Politics of Meaning. Oxford: Blackwell, 1993.
GOLDING, G. *Le Procès du singe*: la Bible contre Darwin. Bruxelas: Complexe, 1982.

GRATIOLET, L.-P. *Mémoire sur les plis cérébraux de l'homme et des primates*. Paris: 1854.
GRELOT, P. Réflexions sur le problème du péché originel. *Nouvelle Revue Théologique*, v.89, n.4, 1967.
GRELOT, P. *Péché originel et rédemption à partir de l'épître aux Romains*: Essai théologique. Paris: Desclée, 1973.
GRJEBINE, A. *Un Monde sans dieux*: plaidoyer pour une société ouverte. Paris: Plon, 1998.
GROUP DE RECHERCHES ISLAMO-CHRÉTIEN (GRIC). *Péché et responsabilité éthique dans le monde contemporain*. Paris: Bayard, 2000.
GUICHARD, J. Approche 'materialiste' du récit de la chute: genèse 3. *Lumière et Vie*, t.XXVI, n.131, jan./mar. 1977.
GUILLUY, P. (Org.). *La Culpabilité fondamentale*: Péché originel et anthropologie moderne. Lille: Duculot/Centre Interdisciplinaire de Lille, 1975.
GUILLUY, P. Sciences humaines et péché de l'humanité. In: *La Culpabilité fondamentale*: Péché originel et anthropologie moderne. Lille: Ducolot/Centre Interdisciplinaire de Lille, 1975.
GUNKEL, H. *Genesis übersetzt und erklärt*. Göttingen: 1901.
GUTWENGER, E. Die Erbsünde und das Konzil von Trient. *Zeitschrift fur Katholische Theologie*, v.89, 1967.
HAMPSON, N. *Le Siècle des Lumières*. Paris: Seuil, 1972.
HAMELIN, O. *Essai sur les éléments principaux de la représentation*. Paris: 1907.
HARRINGTON, W. *Nouvelle introduction à la Bible*. Trad. Jacques Winandy. Paris: Seuil, 1971.
HEDDEBAUT, C. Biologie et péché originel. In: GUILLYU, P. (Org.). *La Culpabilité fondamentale*: Péché originel et anthropologie moderne. Lille: Ducolot/Centre Interdisciplinaire de Lille, 1975.
HEGEL, G. W. F. *Leçons sur la philosophie de l'histoire*. Paris: Vrin, 1937. [Ed. bras.: *Filosofia da história*. 2.ed. Brasília: Editora UnB, 1999.]
HEGEL, G. W. F. *Leçons sur la philosophie de la religion*. Paris: Vrin, 1959.
HEIDEGGER, M. *Sein und Zeit*. Freiburg: Max Niemeyer, 1929. [Ed. bras.: *Ser e tempo*. 10.ed. Petrópolis: Vozes, 2015.]
HERDER. *Idées sur la philosophie de l'histoire*. Trad. Edgar Quinet. Paris: 1834.
HOROWITZ, J.; MENACHE, S. *L'Humour en chaire*: Le rire dans l'Eglise médiévale. Genebra: Labor et Fides, 1994.
HOTTOIS, G. Demande et refus d'un contrôle éthique de la science: une analyse et une réflexion philosophique. In: COMITÉS D'ÉTHIQUE A TRAVERS LE MONDE. Paris: Inserm, 1991.
HOUDRY, V. *Sermons sur tous les sujets de la morale chrétienne*. t.II. Paris: 1700.
HULSBOSCH, A. *De Schepping Gods*: Schepping, zonde en verlossing in het evolutionistische wereldbeeld. J. J. Romen & Zonen, 1963.
HUMBERT, P. *Étude sur le récit du paradis et de la chute dans la Genèse*. Neuchatel: 1940.
HUME, D. Of National Characters. In: *Selected Essays*. Oxford: Oxford University Press, 1993.
HUSSER, J.-M. Entre Mythe et philosophie: la relecture sapientielle de Genèse 2-3. *Revue Biblique*, ano 107, p.232-259, abr. 2000.

INVEGES, A. *Historia sacra paradisi terrestri*. 1649.
JACOB, F. Éloge du darwinisme. *Magazine Littéraire*, mar. 1999.
JANKÉLÉVITCH, V. *Le Pur et l'impur*. Paris: Flammarion, 1978.
JANVIER, É.-M. *Conférences de Notre-Dame de Paris*: Exposition de la morale catholique. t.V. Carême: 1907; Paris: 1910.
JONAS, H. De la Gnose au principe responsabilité: Entretien avec Hans Jonas. *Esprit*, n.171, maio 1991.
JONSEN, A. R. The Confessor as Experienced Physician: Casuistry and Clinical Ethics. In: CAMENISCH, P. F. (Ed.). *Religious Methods and Resources in Bioethics*. Dordrecht: Kluwer Academic Publishers, 1994.
JOSSUA, J.-P. *Lectures en écho, journal théologique*. Paris: Les Éditions du Cerf, 1976.
JOUVENCY, P. de. *Christianis litterarum magistris, de ratione discendi et docendi*. 1693.
JUNG, C. *Réponse à Job*. Paris: Buchet-Chastel, 1952. [Ed. bras.: *Resposta a Jó*. 11v. 10.ed. Petrópolis: Vozes, 2012.]
JUNG, C. *Ma Vie*. Paris: Gallimard, 1961.
JUNKER, H. *Die biblische Urgeschichte*. Bonn: Peter Hanstein Verlagsbuchhandlung, 1932.
KAHN, A. Entrevista. *Ouest-France*, 27 dez. 2000.
KANT, I. *La Religion dans les limites de la simple raison*. Trad. J. Gibelin. Paris: Vrin, 1965 [1793]. [Ed. bras.: *A religião nos limites da simples razão*. 2.ed. Escala: São Paulo, 2008.]
KANT, I. *Conjectures sur les débuts de l'histoire humaine*. Paris: Garnier/Flammarion, 1990 [1786]. [Ed. bras.: *Começo conjectural da história humana*. Trad. Edmilson Menezes. São Paulo: Editora Unesp, 2010.]
KASPER, W. *Jesus der Christus*. Mayence: Grünewald, 1975.
KEMPE, A. *Die schwedische Standarte erhöhet*. 1683.
KESSLER, K. *Gnosis und altbabylonische Religion*. Berlim: 1882.
KIRKCONNELL, K. *Celestial Cycle*. Nova York: Gordian Press, 1967.
KLOSSOWSKI, P. *Sade mon prochain*. Paris: Seuil, 1947.
KNOX, R. B. Bishops in the Pulpit in the XVIIth Century: Continuity and Change. In: *Reformation, Conformity and Dissent*. Londres: Epworth Press, 1977.
KORS, J.-B. *La Justice primitive et le péché originel*. Paris: Le Saulchoir, 1922.
KRUMENACKER, Y. *L'École française de spiritualité*: Des mystiques, des fondateurs, des courants et leurs interprètes. Paris: Les Éditions du Cerf, 1998.
KÜNG, H. *Christ sein*. Munique: R. Piper, 1974.
LABARRIÈRE, P.-J. *Dieu aujourd'hui, cheminement rationnel*: décision de liberté. Paris: Desclée, 1977.
LABOURDETTE, M.-M. *Le Péché originel et les origines de l'homme*. Paris: Alsatia, 1953.
LA BRIÈRE, Y. de. La guerre et la doctrine catholique. *Études*, out./nov. 1914.
LABROUSSE, E. *Pierre Bayle*. Paris: Albin Michel, 1996.
LA CHÉTARDIE. *Catéchisme ou abregez de la doctrine chrétienne cy-devant intitulez catéchisme de Bourges par Monsieur de la Chétardie, curé de Saint-Sulpice de Paris*. Lyon: 1736.
LADOUS, R. Adam, le singe et le prêtre. La question des origines et de l'évolution biologique de l'homme dans les catéchismes français (1850-1950). In: ASSOCIATION FRANÇAISE D'HISTOIRE RELIGIEUSE CONTEMPORAINE (Org.). *Christianisme et science*. Paris: Vrin, 1989.

LADRIÈRE, J. Le Rôle de la notion de finalité dans une cosmologie philosophique. *Revue Philosophique de Louvain*, v.67, 1969.
LAGRANGE, P. Hexameron. *Revue Biblique*, p.393, 1896.
LAGRANGE, P. L'Innocence et le péché. *Revue Biblique*, 1897.
LAMENNAIS, F. de. *Essai d'une philosophie*. t.II. Paris: 1840.
LA METTRIE, J. O. de. Anti-Sénèque. In: *Œuvres*. t.II. Berlim: 1796.
LA METTRIE, J. O. de. *L'Homme-machine*. Paris: Folio, 1999. [Ed. port.: *O homem-máquina*. Lisboa: Estampa, 1982.]
LAMY, F. *Traité de la connaissance de soi-même*. Paris: 1694-1698.
LAS CASAS, B. de. *Colección de tratados*. Buenos Aires, 1927.
LESÊTRE, M. *Revue Pratique d'Apologétique*. 1906.
LA TRIBUNE SACRÉE ÉCHO DU MONDE CATHOLIQUE. Paris: 1886.
LAURENT, G. Les Catholiques face à la géologie et à la paléontologie de 1800 à 1880. In: ASSOCIATION FRANÇAISE D'HISTOIRE RELIGIEUSE CONTEMPORAINE (Org.). *Christianisme et science*. Paris: Vrin, 1989.
LAVOCAT, R. Réflexions d'un paléontologiste sur l'état originel de l'humanité et le péché originel. *Nouvelle Revue Théologique*, jun. 1967.
LE BON, G. *The Psychology of Peoples*. Nova York: 1894.
LEBRETON, J. *Histoire du dogme de la Trinité*. t.II. Paris: Gabriel Beauchesne, 1928.
LE CLERC, D. *Historia naturalis et medica latorum lumbricorum*. Genebra: 1715.
LEDUC-FAYETTE, D. *Pascal et le mystère du mal*. Paris: Les Éditions du Cerf, 1996.
LEIBNIZ, G. W. *Remarques sur le livre de l'origine du mal, publié depuis peu en Angleterre*. Paris: Garnier-Flammarion, 1969.
LENOIR, F.; TARDAN-MASQUELIER, Y. (Orgs.). *Encyclopédie des religions*. t.II. Paris: Bayard, 1997.
LEONARD, J. *Les Médecins de l'Ouest au XIX siècle*. Paris, 1976. 3v. Tese – Universidade de Paris IV.
LEON PINELO, A. *El paraiso en el nuevo mundo*. t.II. 1943.
LEQUIER, J. *Œuvres complètes*. Chêne-Bourg: Baconnière, 1952.
LE ROY, E. *Dogme et critique*. Paris: Librairie Bloud, 1904.
LE SENNE, R. *Le Devoir*. Paris: Presses Universitaires de France, 1930.
LES ÉVÊQUES DE FRANCE. *Catéchisme pour adultes*. Paris: Association Épiscopale Catéchistique, 1991.
LES QUESTIONS CONTROVERSÉES DE L'HISTOIRE ET DE LA SCIENCE. Bruxelas/Paris: 1894.
LES RELIGIONS DU PROCHE-ORIENT ASIATIQUE. Trad. René Labat. Paris: Fayard, 1970.
LESSER. *Théologie des insectes*. 1740.
LÉVI-STRAUSS, C. *Les Structures élémentaires de la parenté*. Paris: Presses Universitaires de France, 1949. [Ed. bras.: *Estruturas elementares do parentesco*. 7.ed. Petrópolis: Vozes, 2012.]
LEVY, P. Contribution au débat sur éthique et biologie. *Esprit*, n.97, jan. 1985.
LIGIER, L. *Péché d'Adam et péché des hommes*. Paris: Desclée de Brouwer, 1960.
LIGIER, L. *Péché d'Adam et péché du monde*. t.II. Paris: Aubier, 1961.
LIGORI, A. de. *Œuvres complètes*. Paris: 1836.

LIPOVETSKY, G. *Le Crépuscule du devoir*: l'éthique indolore des nouveaux temps démocratiques. Paris: Gallimard, 1992. [Ed. bras.: *A sociedade pós-moralista*: o crepúsculo do dever e a ética indolor dos novos tempos democráticos. Trad. Armando Braio Ara. Barueri: Manole, 2005.]
LIVINGSTONE, D. N. *Darwin's Forgotten Defenders*. Edimburgo: Scottish Academic Press, 1987.
LOYOLA, Ignácio de. *Écrits*. Paris: Desclée de Brouwer, 1991.
LUBAC, H. de. Deux augustiniens fourvoyés: Baïus et Jansénius. *Recherches de Sciences Religieuses*, out. 1931.
LUSTIGER, J.-M. *Le Choix de Dieu*. Paris: Éditions de Fallois, 1987.
LUSTIGER, J.-M. La Tentation néo-païenne. *Le Monde*, 15 maio 1987.
LUTERO, M. *Commentaire de l'Épître aux Romains*. t.II. Éd. J. Ficker, Luthers Vorlesungen über den Römerbrief, 1930.
LUTERO, M. Du Serf arbitre. In: *Œuvres*. t.V. Genebra: 1958.
LYONNET, S. Le Péché originel et l'exégèse de Rom. 5, 12-14. *Revue des Sciences Religieuses*, XLIV, p.63-84, 1956.
LYONNET, S. *Etudes sur l'epître aux Romains*. Roma: Gregorian Biblical BookShop, 1989.
MACKEY, J. P. Original Sin and Polygenism: the State of the Question. *Irish Theological Quarterly*, v.34, 1967.
MAISTRE, J. de. *Les Soirées de Saint-Pétersbourg*. 5.ed. Lyon: 1845.
MALDAMÉ, J.-M. Que peut-on dire du péché originel à la lumière des connaissances sur l'origine de l'humanité? Péché originel, péché d'Adam et péché du monde. *Bulletin de Littérature Ecclésiastique*, v.97, 1995.
MALDAMÉ, J.-M. Mieux dire le péché originel grâce aux sciences de la nature. *Esprit et Vie*, 5-19 abr. 2000.
MALEBRANCHE, N. *De la Recherche de la vérité*. Paris: Vrin, 1962. [Ed. bras.: *A busca da verdade*: textos escolhidos. Trad., sel., intr. e notas Plínio Junqueira Smith. São Paulo: Paulus/Discurso Editorial, 2019.]
MALEBRANCHE, N. *Entretiens sur la métaphysique et la religion*. t.I. Paris: Vrin, 1965.
MALEBRANCHE, N. *Entretiens sur la mort*. t.I. Paris: Vrin, 1965.
MALEVEZ, R. La Pensée d'Emile Brunner sur l'homme et son péché, son conflit avec la pensée de Karl Barth. *Recherches de Science Religieuse*, p.407-453, 1947.
MALIK, K. *The Meaning of Race*: Race, History and Culture in Western Society. Nova York: New York University Press, 1996.
MARCHADOUR, A. *Genèse*: commentaire pastoral. Paris: Bayard E´ ditions-Centurion, 1999.
MARCUS-HELMONS, S. La Réflexion bioéthique et la Commission des épiscopats de la communauté européenne. *Revue des Sciences Religieuses*, jun. 2000.
MARSHALL, A. *The Economics of Industry*. Londres: 1881.
MARTIN, R.-M. *La Controverse sur le péché originel au début du XIVe siècle*. Louvain: Peeters, 1930.
MÉSENGUY. *Exposition de la doctrine chrétienne*. 6v. Utrecht: 1744.
MIETH, D. Bioéthique en Allemagne. *Revue des Sciences Religieuses*, t.74, n.1, jan. 2000.

MILL, J. S. Utilitarianism. In: *On Liberty and Other Essays*. Oxford: Oxford University Press, 1998. [Ed. bras.: *O utilitarismo*. Trad. e introd. Alexandre Braga Massella. 2.ed. São Paulo: Iluminuras, 2020.]
MINOIS, G. *L'Église et la science*: Histoire d'un malentendu. t.II. Paris: Fayard, 1991.
MINOIS, G. *L'Église et la guerre*. Paris: Fayard, 1994.
MINOIS, G. *Histoire du suicide*: La Société occidentale face à la mort volontaire. Paris: Fayard, 1995. [Ed. bras.: *História do suicídio*: a sociedade ocidental diante da morte voluntária. Trad. Fernando Santos. São Paulo: Editora Unesp, 2018.]
MINOIS, G. *Histoire du rire et de la dérision*. Paris: Fayard, 2000. [Ed. bras.: *História do riso e do escárnio*. Trad. Maria Elena Ortiz Assumpção. São Paulo: Editora Unesp, 2003.]
MONOD, J. *Le Hasard et la nécessité*. Paris: Seuil, 1970. [Ed. bras.: *O acaso e a necessidade*. Petrópolis: Vozes, 2006.]
MONOD, J. De la Relation logique entre connaissance et valeurs. In: FULLER, W. (Ed.). *Responsabilité biologique*. Paris: Hermann, 1974.
MONSABRÉ, J.-M.-L. *Conférences de Notre-Dame de Paris*: Exposition du dogme catholique, Carême 1877. Paris: 1889.
MONSABRÉ, J.-M.-L. *Exposition du dogme catholique*. Paris: 1889.
MONTEIL, P.-O. *Portrait du zappeur*. Genebra: Labor et Fides, 1994.
MOORE, J. R. (Ed.). *History, Humanity and Evolution*: Essays for John C. Greene. Cambridge: Cambridge University Press, 1989.
MOSSE, G. L. *Toward the Final Solution*: a History of European Racism. Londres: 1978.
MÜLLER, D. Théologie et bioéthique: une perspective protestante. *Revue des Sciences Religieuses*, jun. 2000.
NANJI, A. Islamic Ethics. In: SINGER, P. (Ed.). *A Companion to Ethics*. Cary: Oxford University Press, 1997.
NEUSCH, M. Le Péché originel: son irréductible vérité. *Nouvelle Revue Théologique*, t.118, n.2, mar. 1996.
NICOLESCU, B. *La Science, le sens et l'évolution*: Essai sur Jakob Boehme. Paris: Du Felin, 1988 (reed. 1995). [Ed. bras.: *Ciência, sentido e evolução*: seis pontos teosóficos de Jacob Boehme. São Paulo: Attar Editorial, 2015.]
NIETZSCHE, F. *Fragments posthumes*. Paris: Gallimard, 1976.
ORR, J. *God's Image in Man and its Defacement in the Light of Modern Denials*. Londres: 1905.
OTTO, E. Die Paradieserzählung Genesis 2-3. In: DIESEL, A. et al. (Orgs.). *Jedes Ding hat seine Zeit*: Studien zur israelitischen und altorientalischen Weisheit. Berlim/Nova York: Walter de Gruyter, 1996.
PADGEN, A. *The Fall of Natural Man*: the American Indian and the Origins of Ethnology, Cambridge: Cambridge University Press, 1986.
PANIER, L. *Le Péché originel, naissance de l'homme sauvé*. Paris: Les Éditions du Cerf, 1996.
PASCAL. *Pensées*. Paris: Gallimard/Pléiade, 1960.
PASCAL. Écrits sur la grâce. In: *Œuvres*. Paris: Gallimard/Pléiade, 1960.
PASCAL. *Œuvres*. Paris: Gallimard/Pléiade, 2000.
PICCOLOMINI, A. S. *Opera geographica et historica*. Helmstedt: 1699.

PICHOT, A. Hérédité et évolution: L'inné et l'acquis en biologie. *Esprit*, n.222, p.25, jun. 1996.
PIO (monsenhor). *Œuvres*. t.II. Homília de 8 dez. 1854.
PIO (monsenhor). *L'Ami du clergé*, n.48, 25 nov. 1880.
PLONGERON, B. *Théologie et politique au siècle des Lumières (1770-1820)*. Paris: Droz, 1973.
POIRET, P. Vie continuée de Mlle Bourignon. In: *Œuvres de Mlle Bourignon*. 19v. Amsterdã: 1679-1686.
POLIAKOV, L. *Le Mythe aryen*: Essai sur les sources du racisme et des nationalismes. Paris: Calmann-Levy, 1971. [Ed. bras.: *O mito ariano*. Trad. Luiz João Gaio. São Paulo: Perspectiva, 1974.]
POLIAKOV, L. *The Aryan Myth*: a History of Racist and Nationalist Ideas in Europe. Nova York: Basic Books, 1971. [Ed. bras.: *O mito ariano*. Trad. Luiz João Gaio. São Paulo: Perspectiva, 1974.]
PONTAS, M. *Abrégé du Dictionnaire des cas de conscience de M. Pontas*. Paris: 1771.
PORÉE, J. *Le Mal*: Homme coupable, homme soufrant. Paris: Nathan, 2000.
POTTIER, B. Interpréter le péché originel sur les traces de G. Fessard. *Nouvelle Revue Théologique*, t.111, n.6, nov./dez. 1989.
PRIESTLEY, J. *Lectures on History and General Policy*. Birmingham: 1788.
PUECH, M. *Le Manichéisme*. Paris: Civilisation du Sud, 1949.
PUECH, H.-C. *En quête de la gnose*. 2v. Paris: Gallimard, 1978.
QUINIOU, Y. Darwin et la morale. *Magazine Littéraire*, mar. 1999.
RAHNER, K. *Péché originel et évolution*. *Concilium*, v.26, 1966.
REINACH, S. Zagreus, le serpent cornu. *Revue Archéologique*, p.210-217, 1899.
REINACH, S. Quelques Observations sur le tabou. *L'Anthropologie*, p.401-407, 1900.
REINACH, S. Les Mythes babyloniens et les premiers chapitres de la Genèse. *L'Anthropologie*, p.683-688, 1901.
REINACH, S. La Mort d'Orphée. *Revue Archéologique*, p.242-279, 1902.
REINACH, S. Une Allusion à Zagreus dans un problème d'Aristote. *Revue Archéologique*, p.162-172, 1919.
RENAN, E. Feuilles détachées. In: *Œuvres complètes*. t.II. Paris: Calmann-Lévy, 1948.
RENOUVIER, C. *Le Personnalisme*. Paris: 1903.
RENWART, L. Péché d'Adam, péché du monde. *Nouvelle Revue Théologique*, t.113, n.4, jul. 1991.
REPONSE à la lettre de M. Guillaume de Houppeville... de la génération de l'homme par le moyen des œufs. Rouen: 1675.
REVUE DES SCIENCES RELIGIEUSES. "Bioéthique et christianisme", t.74, n.1, jun. 2000.
RICŒUR, P. *Finitude et culpabilité*: La symbolique du mal. v.II. Paris, Aubier, 1960.
RICŒUR, P. *Le Conflit des interprétations*: essais d'herméneutique. Paris: Seuil, 1969. [Ed. port.: *O conflito das interpretações*: ensaios de hermenêutica. Trad. M. F. Sá Correia. Porto: Rés, 1988.]
RICHARD, N. La Fabrique du précurseur. In: BLANCKAERT, C. (Ed.). *Des Sciences contre l'homme*. t.I. Paris: Autrement, 1993.
RIDEAU, É. *La Pensée du père Teilhard de Chardin*. Paris: Seuil, 1965.
RITUEL DE BLOIS. 1730.

RITUEL DE TOURS. 1760.
ROGER, J. *Les Sciences de la vie dans la pensée française au XVIIIe siècle*. Paris: Albin Michel, 1993.
ROMANS PICARESQUES ESPAGNOLS. Intr. M. Molho. Paris: Gallimard/Pléiade, 1968.
RONDET, H. *Le Péché originel dans la tradition patristique et théologique*. Paris: Fayard, 1967.
ROSTAND, J. Les grands problèmes de la biologie. In: *Histoire générale des sciences*. t.II. Paris: 1969.
ROUSSEAU, J.-J. Lettre à Christophe de Beaumont. In: *Œuvres complètes*. t.II. Paris: Hachette: 1864. [Ed. bras.: *Carta a Christophe de Beaumont e outros escritos sobre a religião e a moral*. Trad. Adalberto Luis Vicente, Ana Luíza Silva e José Oscar de Almeida Marques. São Paulo: Estação Liberdade, 2005.]
ROUSSEL, F. L'Eugénisme: analyse terminée, analyse inter-minable. *Esprit*, n.222, jun. 1996.
ROYER, C. *Journal des Économistes*. t.27, 1872.
RUBINSTEIN, R. *The Cunning of History*: the Holocaust and the American Future. Nova York: Harper & Row, 1978.
RUSSELL, B. *Science and Religion*. Paris: Gallimard, 1971. [Ed. bras.: *Religião e ciência*. Ribeirão Preto: Funpec-RP, 2009.]
SADE, Marquês de. *Œuvres complètes*. t.VII. Paris: Cercle du Livre Précieux, 1964.
SAINTE-MARTHE, C. de. *Lettres sur divers sujets de piété et de morale*. t.I. 1709.
SALES, F. de. *Œuvres complètes*. t.IV. Paris: 1833.
SALET, G.; LAFONT, L. *L'Évolution régressive*. Paris: Aux Éditions Franciscaines, 1943.
SALKED, J. *A Treatise of Paradise*. Londres: 1617.
SALLANTIN, X. *Le Monde n'est pas malade, il enfante*. Paris: O.E.I.L., 1989.
SALMONET, R. M. de. *Histoire des troubles en Grande-Bretagne*. Paris: 1661.
SARTRE, J.-P. *L'Être et le néant*. Paris: Gallimard, 1943. [Ed. bras.: *O ser e o nada*: ensaio de ontologia fenomenológica. 24.ed. Petrópolis: Vozes, 2015.]
SARTRE, J.-P. *Les Mouches*. Paris: Gallimard, 1943. [Ed. bras.: *As moscas*. Rio de Janeiro: Nova Fronteira, 2013.]
SARTRE, J.-P. *Kierkegaard vivant*. Paris: Idées, 1966.
SCHARBERT, J. *Prolegomena eines Alttestamentlers zur Erbsündenlehre*. Freiburg: Herder, 1968.
SCHLEGEL, J.-L. Intellectuels catholiques: silences contraints, silences voulus. *Esprit*, n.262, mar./abr. 2000.
SCHLEIERMACHER, F. *La Foi chrétienne*. t.I. Trad. D. Tissot. Paris: 1920.
SCHNEEWIND, J. B. *The Invention of Autonomy*: a History of Modern Moral Philosophy. Cambridge: Cambridge University Press 1998. [Ed. bras.: *A invenção da autonomia*. São Leopoldo: Editora Unisinos, 2001.]
SCHOCKENHOFF, E. L'Homme comme la brebis? Réflexions éthiques et théologiques sur l'usage de la technologie génétique. *Concilium*, v.275, 1998.
SCHOONENBERG, P. *L'Homme et le péché*. Tours: Mame, 1967.
SCHOONENBERG, P.; GUTWENGER, E. Die Erbsünde und das Konzil von Trient. *Zeitschrift fur Katholische Theologie*, v.89, 1967.

SCHOPENHAUER, A. *Le Monde comme volonté et comme représentation*. Livro IV. Trad. Auguste Burdeau. Paris: PUF, 1992. [Ed. bras.: *O mundo como vontade e representação*. Rio de Janeiro: Contraponto, 2007.]

SÉAILLES, G. *Les Affirmations de la conscience moderne*. Paris: Armand Colin, 1903.

SENNERT, D. *Hypomnemata physica*. Frankfurt: 1636.

SEUX, M.-J. La création du monde et de l'homme dans la littérature suméro-akkadienne. In: *La Création dans l'Orient ancien*: Actes du Congrès de l'Association catholique française pour l'étude de la Bible, Lille, 1985. Paris: Les Éditions du Cerf, 1987.

SIMPSON, G. G. *The Meaning of Evolution*. Londres: 1931. [Ed. bras.: *O significado da evolução*: estudo da história da vida e do seu sentido. Pioneira, 1962.]

SKINNER, B. F. *Beyond Freedom and Dignity*. Nova York: Knopf, 1971. [Ed. port.: *Para além da liberdade e da dignidade*. Lisboa: Edições 70, 2000.]

SMITH, R. *The Norton History of the Human Sciences*. Londres: WW Norton, 1997.

SMITH, R. Cognitive Psychology. In: *The Fontana History of Human Sciences*. Londres: Fontana Press, 1997. cap.20, §V, p.832-842.

SPELLMAN, W. M. *The Latitudinarians and the Church of England*: 1660-1700. Athens: University of Georgia Press, 1993.

SPERLINGEN, J. *Tractatus physicus de formatione hominis in utero*. Wittenberg: 1641.

SPINOZA, B. *Tractatus theologico-politicus*. Paris: Pléiade, 1954. [Ed. bras.: *Tratado teológico-político*: obra completa. v.3. Org. J. Guinsburg, Newton Cunha e Roberto Romano. São Paulo: Perspectiva, 2019.]

STEINER, G. *Le Transport de A. H.* Paris: L'Age d'Homme, 1981. [Ed. port.: *O transporte de Cristobal de A. H.* Lisboa: Gradiva, 2007.]

STEPAN, N. L. Race and Gender: the Role of Analogy in Science. *Isis*, n.77, p.269, 1986.

STICH, S. P. Consciousness Revived: John Searle and the Critic of Cognitive Science. *Times Literary Supplement*, 5 mar. 1993.

SWAMMERDAM, J. *Histoire générale des insectes*. Utrecht: 1669.

TACIANO. *Discours aux Grecs*. Paris: Puech, 1903.

TAGUIEFF, P.-A. L'Eugénisme, objet de phobie idéologique. *Esprit*, n.156, nov. 1989.

TAUXE, H.-C. *Freud et le besoin religieux*. Lausanne: Collection Sphinx, 1974.

TESTARD, J. L'"Effet Testard" trois ans après: entretien avec Jacques Testard. *Esprit*, n.156, nov. 1989.

THIEL, M.-J. Le Défi d'une éthique systématique pour la théologie. *Revue des Sciences Religieuses*, v.74, n.1, p.92-113, 2000.

THIERS, J.-B. Prefácio. In: *Traité des jeux et des divertissements*. Paris: 1686.

THOMAS, J.-P. *Misère de la bioéthique*: pour une morale contre les apprentis sorciers. Paris: Albin Michel, 1990.

THOMAS, J.-P. *Les Fondements de l'eugénisme*. Paris: Presses Universitaires de France, 1995.

TORREJONCILLO, F. de. *Sentinelle contre les Juifs*. Ed. de Pampelune, 1691.

TURMEL, J. *Histoire des dogmes*: Le Péché originel. La Rédemption. t.I. Paris: Rieder, 1931.

TUVESON, E. L. *Millenium and Utopia*: a Study in the Background of the Idea of Progress. Berkeley: University of California Press, 1949.

VALADIER, P. La Casuistique. *Études*, nov. 2000.
VALLISNERI, A. *Opere fisico-mediche*. t.I. Veneza:, 1733.
VANNESTE, A. La Préhistoire du décret du concile de Trente sur le péché originel. *Nouvelle Revue Théologique*, t.86, 1964.
VANNESTE, A. Le Décret du concile de Trente sur le péché originel. *Nouvelle Revue Théologique*, t.87, 1965.
VANNESTE, A. *Le Dogme du péché originel*. Louvain-Paris: Nauwlaerts, 1971.
VAN ONNA, B. Questions sur l'état originel à la lumière du problème de l'évolution. *Concilium*, v.26, 1966.
VAN ROO, W. A. *Grace and Original Justice According to Saint Thomas*. Roma: Analecta Gregoriana, 1955.
VERGEZ, A. *Faute et liberté*. Paris: Belles-Lettres, 1969.
VERSPIEREN, P. Le Clonage humain et ses avatars. *Études*, nov. 1998.
VIDAL, M. Le Clonage: réalité technique et valeur éthique. *Concilium*, v.275, 1998.
VIGOR, S. *Sermons catholiques sur les dimanches et fêtes*. 1597.
VOGT, K. *Leçons sur l'homme, sa place dans la création et dans l'histoire de la terre*. Paris: 1865.
VOLTAIRE. *Dictionnaire philosophique*. Paris: Garnier-Flammarion, 1964. [Ed. bras.: *Dicionário filosófico*. São Paulo: WMF Martins Fontes, 2020.]
VON BALTHASAR, H. U. *Présence et pensée*: Essai sur la philosophie reli- gieuse de Grégoire de Nysse. Paris: Beauchesne, 1942.
WATTIAUX, H. Belgique: la bioéthique en débats. *Revue des Sciences Religieuses*, jun. 2000.
WEBER, M. *L'Éthique protestante et l'esprit du capitalisme*. Paris: Plon, 1964.
WEIL, S. *La Pesanteur et la grâce*. Paris: Plon, 1948. [Ed. bras.: *O peso e a graça*. Trad. Leda Cartum. Belo Horizonte: Chão da Feira, 2020.]
WILLIAMS, N. P. *The Ideas of the Fall and of Original Sin*. Londres/Nova York/Toronto: Longmans, Green & Co., 1929.
WILSON, E. O. *On Human Nature*. Cambridge: Harvard University Press, 1978. [Ed. bras.: *O sentido da existência humana*. Trad. Érico Assis. São Paulo: Companhia das Letras, 2018.]
WILSON, E. O. *L'Humaine Nature*: Essai de sociobiologie. Paris: Stock, 1979.
WINSTANLEY, G. *The Works of Gerrard Winstanley*. Ed. G. H. Sabine. Nova York: 1965.
YERUSHALMI, Y. H. L'Antisémitisme social est-il apparu au XXe siècle? *Esprit*, n.190, mar./abr. 1993.

ÍNDICE ONOMÁSTICO

Abel 19, 25, 30, 34, 111, 113
Abelardo 84, 92-3, 106, 332-4
Abraão 11-2, 22, 29, 53-4
Acha Bar Chanina, rabino 32
Agassiz, Louis 295
Agostinho, Santo 1-2, 5-6, 19-20, 58-9, 61-78, 80-1, 83-5, 88, 91, 92-3, 106, 115, 120, 136, 138, 142, 148, 150, 150-1, 153, 156-7, 179, 231, 237-8, 244, 331, 333, 336, 352-4, 358-9n, 386-7
Akkad, dinastia 6-7
Albert, Michel 410-1
Alberto, o Grande 91-4, 95
Alcuíno 91-2
Alemán, Mateo 168
Alexandre de Hales 90, 91, 92-3, 95
Alexandre, o Grande 10-1
Alfaric, abade 330
Alszeghy, professor Z. 349
Ambrósio, Santo 60-1, 119-20, 352-3
Ammon, Otto 267
Amolo, bispo de Lyon 80
Anastácio Sinaíta 82
Anaximandro 8-9
Anselmo, arcebispo de Cantuária 84-9, 92, 102-3, 113, 300-1, 331
Afrodite 12-3
Aristóteles 47, 94, 205-6

Arnauld 193, 206-7
Arnobe 79-80
Arnould, Jacques 338, 340n, 360
Arthur 12-3
Aslop, George 197
Atanásio, São 58
Audi 49
Augusto 10-1

Baader, Franz von 230
Bacon, Francis 175
Baïus, dito (Michel de Bay) 142-3, 150-1
Bakunin, Mikhail 276
Ballanche, Pierre-Simon 271-3
Balmary, Marie 326
Balthasar, Hans Urs von 55
Barker, Anthony 266
Bar Konaï, Théodore 46-7, 49
Barrow, Isaac 178
Barth, Karl 341
Basílio de Cesareia 55
Basnage, Jacques 170
Basset, Lytta 51
Baubérot, Jean 281-2, 403
Bauduin, padre 297
Baumgartner, Charles 339
Bayet, Albert 317
Bayle, Pierre 194-5, 224-9
Beaumont, Christophe de 231

Beck, Matthias 212
Belarmino, cardeal Roberto 122, 148, 150, 152, 153, 333-4, 374n
Bemoi, príncipe 199
Benedikt, Ruth 313
Bénichou, Paul 272
Bentham, Jeremy 278
Bento XIV 156
Benz, Ernst 272-3
Bergier, Nicolas 218-9
Bergson, Henri 320
Bernardo, São 84, 87, 110, 112, 239
Bert, Paul 281
Bérulle, cardeal 138-41, 147, 168-9
Billiet, monsenhor 293
Billot, cardeal 331-4
Binet-Sanglé, C. 288-9
Blanckaert, Claude 408
Blandino, G. 351
Blish, James 311-2
Blondel, Maurice 346
Blount, Charles 246-7
Boas, Franz 314-5
Boaventura, São 90-3, 95
Böhme, Jakob 182-4, 272-3
Boerhaave 201
Boisot, Marcel 406
Bolingbroke 246-7
Bonald, Louis de 260-1, 286, 293
Bonald, Victor de 293
Bonifácio VIII 103
Bonnet, Charles 254
Bonuci, prior geral dos servitas 130
Borne, Étienne 14
Borromeo, padre 202-4
Bosch, Hieronymus 119, 181
Bossuet (Aigle de Meaux) 153, 156-61, 163-4, 168-9, 196, 249, 331, 333-4
Boswell, John 106-7
Bouretz, Pierre 415-6
Bourg, Dominique 396-7
Bourignon, Antoinette 215-6
Bouvier, bispo Jean-Baptiste 154
Bouyssonie, irmãos 368
Brant, Sébastien 119

Bréchon, Pierre 390, 393
Brémond, abade 118-9, 144n, 146-7n
Broca, Paul 269, 270, 284, 285, 293-4
Brücke 285
Bruckner, Pascal 404
Bruegel 140
Brulon, abade 295
Brumoy, padre 248-9
Brunet, Claude 205
Brunner, Emil 341
Buchez, Philippe 366-7
Buckle, sir Henry Thomas 278
Buffier, padre 248-9
Buffon 250-4
Bultmann 353-4
Bur, Jacques 355
Burke, P. 354
Burnet, Thomas 228
Burton, Robert 169

Cabanis, Georges 249
Cacheux, abade 263
Caim 19, 25, 29, 30, 32, 34-5, 111, 113, 199-200
Cajetan, dominicano 149-50, 152-3, 213-4
Calmet, dom 11-2, 293
Calvino, João 108, 109, 126-9, 179, 290-1
Cantù, Cesare 301
Carlos, o Calvo 81-2
Carrel, Alexis 412-3
Casari, Giuseppe 207-8
Cassien 79-80
Cassirer, Ernst 217-8, 230-1, 247-8
Catharin, Ambroise 150, 152, 153, 344n
Cauly, monsenhor 294-5, 295-6
Celeste 74-6
Celestino I, papa 79
Celso 24
Cesário de Arles, São 79-80
Chamberlain, Houston Stewart 285
Chapelle, padre A. 380
Chaunu, Pierre 394-5
Chavannes, Alexandre César 221-2
Chazelle, A. 351-2

ÍNDICE ONOMÁSTICO 437

Cherbury, Lorde Herbert de 177
Chrysostome, Jean (padre) 58, 112, 141, 215
Cipião 10-1
Cirilo de Jerusalém 58-9
Clarke, Samuel 246-7
Claude de Sainte-Marthe 168-9
Clavel, Maurice 392-5
Clemente de Alexandria 24, 44-5, 52-3, 111
Cognet, Louis 150-1
Cohn, Norman 108
Colombo, Cristóvão 199-200
Commerson, Philippe 251
Comte, Auguste 278
Conan, Éric 415-6
Condillac 222-3
Condon, K. 351-2
Condren, Charles de 141, 168-9
Copérnico, Nicolau 293
Corbey, Raymond 321
Cranach, Lucas 207-8
Cudworth, platônico 127
Cullen, William 249
Cumberland, Richard 176-7

Daniélou, cardeal 344
Darwin, Charles 2-3, 15, 253-4, 269, 278, 282-5, 287-8, 290-2, 293-4, 310, 321, 346, 376, 406-7
Delsol, Chantal 403
Delumeau, Jean 94, 117, 174, 336, 419
Denis, Jean-Baptiste 204-5
Descartes, René 180, 183-4
Deschamps, abade dom 229-32
Diderot, Denis 207-8, 237-41, 322-3
Dídimo, o Cego 58-9
Dinechin, Olivier de 401-2
Diodoro de Tarso 58-9
Dionísio 8-9, 46-7
Dostoievski, F. 322-3
Doucet, H. 400
Drewermann, Eugen 68, 328-36
Dubarle, André-Marie 15, 21, 39, 103, 136-7, 354

Duchet, Michèle 222
Dulard, poeta 223
Dumont, C. 388-9
Duquoc, Christian, dominicano 339-40
Durand de Saint-Pourçain 103-5
Durkheim, Émile 278, 282
Dutertre, padre 248-9
Dworkin, Ronald 414-5

Eccles, John 316
Edwards, pastor Jonathan 249-50
Efrém da Síria 59-60
Eliade, Mircea 10-1
Engelhardt, H. T. 409
Enkidu 7-8, 15-6
Epiteto 47, 143
Epifânio, São 24, 58-9
Epimeteu 9
Erasmo 119-22, 287-8
Estius 149-50, 331

Farges, abade Albert 290
Farnese, cardeal 131
Faucillon, padre 297
Fauste de Riez 79-80
Francisco de Torrejoncillo 111
Felipe II 110
Felipe, o Belo 102-3
Félix, padre 262-3
Fénelon 223
Ferguson, capelão 247
Fernel 205-6
Ferry, Jules 281, 282
Ferry, Luc 410
Feuerbach 326-7
Ferrand, monsenhor 391
Fessard, Gaston 350-1, 355
Festorazzi, Franco 350
Fichte 218, 230, 279
Fílon de Alexandria 45, 60, 373-4
Fleming, *sir* Ambrose 292
Flick, professor M. 349
Fludd, Robert 165
Fócio 82, 111
Fodor, Jerry 316

Formey, Samuel 248-9
Forsyth, Neil 29
Foucault, Michel 277
Fourier, Charles 275
François de Sales, Santo 148, 168-9
Frayssinous, monsenhor Denis 292-3
Frémin, A. R. 293
Freud, Sigmund 15, 42, 174, 240, 320-6
Freytag, Johann 201
Fricker, Johann Ludwig 272-3
Fulgêncio, São 79-80

Gabriel d'Émiliane 155-6
Gaia 12-3
Galileu 174-5, 199, 297, 333
Gall, Franz Josef 264, 268, 285
Galton, Francis 287-9
Garnier, padre 331
Gassendi, Pierre 179-80
Gastão de Orléans 141
Gaub, Jérôme 249
Gauchet, Marcel 410
Gaudel, monsenhor 368
Gaume, Jean-Joseph 293
Gay, John 249-50
Genieys, abade 294-5
Gennade de Marseille 79-80
Georges Scholarios 82
Gerson 108
Gesché, Adolphe 356
Gilbert, Daniel 221
Gilgamesh, rei de Uruk 6-9, 10, 15-6
Gillespie, William 291
Gobineau, Arthur de 266-7, 285
Godwin 247
Goldberg, David 265-6
Gordiano III 48
Goropius 183, 212, 214
Gottschalk, monge 80-2
Granvelle, cardeal 129-30
Gratiolet, Louis-Pierre 270-1
Green, John 269-70
Greene, John 408-9
Gregório XIII 143
Gregório XVI 298

Gregório de Nazianzo 57-8
Gregório de Nissa 55-6, 57
Gregório de Rimini 92-3
Gregório, o Grande, papa 80, 91-2
Gregório Palamas 82
Grelot, padre Pierre 14-5, 319-20, 350-1, 353-4
Grimal, L. 375
Grjebine, André 417
Grotius, Hugo 157, 174-5, 179, 207
Guibert, sulpiciano 290
Guichard, Jean 337-8
Guilherme de Auvergne 92-3
Guilherme de Auxerre 89, 91-2
Guilherme de Ockham 101-2, 103, 180
Guillaume de Bois-Landon 112
Guillaume du Vair 177
Guillemet, abade 290
Guilluy, Paul 41-2, 123, 131, 132-3, 314
Gunkel, Hermann 11-2, 340-1
Gunther 274
Gutwenger, E. 351-2

Haeckel, Ernst 269-70
Hall, bispo Joseph 214
Haller, Albrecht von 249
Hamelin, Octave 274
Hampson, Norman 260
Hans Böhm, pastor 109
Harrington, James 177
Harriot, Thomas 197
Hartley, David 249-50
Hartsoeker 205, 206
Haté, jesuíta 290
Hébert, abade 330
Heddebaut, Claude 315-6
Hegel, G. W. F. 182, 218, 302-6, 310
Heidegger, Martin 320, 353-4
Heinroth, Oscar 315
Helvétius 247, 251
Henrique IV 170
Hera 8-9, 12-3
Herbert, *sir* Thomas 198-9
Herder, Johann Gottfried 230, 286
Hermès 274, 298

ÍNDICE ONOMÁSTICO 439

Herschel 283
Hervé de Nédellec, mestre geral dos dominicanos 103-4
Hilário, São 79-80
Hildegarda de Bingen 105-6
Hobbes, Thomas 161, 179-80, 183-4, 223, 249
Home, Henry 247
Honório, imperador 75-6
Honório III 81-2
Honório de Autun 89
Hooker 283-4
Houbaut, monsenhor 295-6
Houdry, Vincent 166-7
Hovelacque, Abel 269
Hugues de Saint-Victor 88-9, 95
Humbert, P. 11-2, 340-1
Hume, David 217-8, 246-7, 265-6
Hummelauer, padre 297
Husser, Jean-Marie 16-7, 19-20
Husserl, Edmund 315
Hutcheson, Francis 249-50
Huxley, Aldous 267-8, 283
Huxley, Julian 315

Idunn, deusa 12-3
Ignácio de Loyola, Santo 138
Ildefonso 80
Inocêncio I, papa 75
Inocêncio II, antipapa 110
Inocêncio III, papa 92-3
Inocêncio XII, papa 153
Inveges, padre Agostino 213, 215
Ireneu, Santo 42-7, 51, 352-3
Isidoro de Sevilha 80, 91-2
Itard, Jean-Marc 222-3

Jacques de Lausanne 104
Jacques de Metz 104
Jacques de Vitry 112
Jamet, M. 279-80
Jankélévitch, Vladimir 49
Jansenius (Cornelius Jansen) 143-4
Janssens, Laurent 366
Janvier, padre Émile-Marie 363-4

Jean Scot Érigène 81-2
Jan Zizka 108-9
Jehuda, rabino 32
Jerônimo, São 58, 71, 119-20
Jó 16, 20-1, 124, 146-7
João XXII 103
João Batista 87
João Clímaco 82
João Damasceno 82
João de Nápoles 104-5
João Paulo II, papa 335, 380-4
John Ball 107-8
Jonas, Hans 336-7, 402
Jonsen, A. R. 399-400
José 29-30
Jouvency, jesuíta 169
Juan de la Cruz 168
Juan Escobar del Corro 110-1
Juan Martinez Siliceo 110
Juliano de Éclano 59, 73, 76-7
Juliano de Toledo 80
Jung, Carl G. 320-6
Junker, H. 340-1
Justin 153

Kahn, Alex 411
Kames, lorde 247
Kant, Immanuel 3, 218, 233-7, 281, 326-7
Kasper, Walter 355
Kempe, A. 183
Kerpénic, L. de 268
King, William, arcebispo de Dublin 194-5
Kingu, deus 6-7
Kierkegaard 306-10
Knox, Robert 178n, 268, 285
Kors, J.-B. 68
Krumenacker, Yves 141, 144-5, 167
Küng, Hans 355

Labourdette, dominicano M.-M. 132-3, 377-80
Labre, Benoît 202-3
La Bruyère 172-3
La Chétardie 164-5
Lacordaire, Henri 263-5, 268, 271

Ladous, Régis 293-4, 296, 367
Ladrière, Jean 339-40
Lagrange, padre 297-8, 366
Lamarck 253-4, 282-3
Lamennais, Félicité de 261-2, 271
La Mettrie, J. O. de 237-41
Lamy, François 219
Lamy, Guillaume 204-5
La Peyrère, Isaac de 111, 199, 301, 377
Lapparent, arcebispo Albert de 297
La Rochefoucauld 144-5, 172-3, 309
Las Casas, Bartolomeu de 198
Laski, Harold 288-9
Laurent de Brezova 108-9
Laurent, Goulven 293-4
Lavocat, René 393
Leão XIII 333-4, 366
Le Bon, Gustave 267-8
Le Clerc, Daniel 204
Leeuwenhoek 194, 205
Le Floch, padre 297
Leibniz, Gottfried Wilhelm 192-6, 218, 238, 318, 356
Lemoine, Paul 368
Lem, Stanislaw 409
Leon Pinelo, Antonio de 197-8
Leroy, padre dominicano 290, 297
Le Roy, Edouard 329
Léry, Jean de 197-8
Le Senne, René 320
Lesser, F. C. 223
Lessing 232
Lessius, jesuíta belga 150-2
Lévy, Pierre 414-5
Lévi-Strauss, Claude 313-4, 322-4
Ligier, Louis 11-2, 40, 347-8
Ligori, Alphonse de 218-9
Lineu 253, 269
Lipovetsky, Gilles 217-8, 404-5, 409-10
Lipsius, Justus 177
Locke, John 178, 228, 238-9
Loisy, abade Alfred 330
Lorenz, Konrad 315
Louis, cônego 294-5
Lubac, Henri de 142

Lugo 150
Luís XIII 170
Luís XIV 172-3
Luís da Baviera 103
Lupicínio, Santo 60
Lustiger, Jean-Marie 387-8, 414
Lutero, Martinho 121-8, 135-6, 142, 179, 214, 239
Lyonnet, Stanislas 40-1

Mackey, J. P. 351
Maillet, Benoît de 251-2
Maimônides 336
Mair, John 199
Maistre, Joseph de 3, 244n, 258-61, 266-7, 286
Maldamé, Jean-Michel, dominicano 360-1
Malebranche, N. 184-92, 202, 206
Malik, Kenan 266-7
Malthus 275-6
Mandeville, Bernard 218, 245-6
Mani (Manes ou Maniqueu) 42-7, 48
Maquiavel, Nicolau 119
Marcus-Helmons, S. 400-1
Maréchal, padre 344
Marillac, Louise de 141
Marshall, Alfred 289
Marsílio de Pádua 103
Marx, Karl 275-7, 326-7
Matteo d'Acquasparta, ministro geral dos irmãos menores 105
Maupertuis 240-1, 252-3
McDougall, William 315
Mead, G. H. 315
Mead, Margaret 313-5
Mede, Joseph 230
Melanchthon 125, 127-30
Mentet de Salmonet, Robert 170
Merlin 12-3
Merry Del Val, cardeal 365
Mersenne 183-4
Mésenguy, abade 219
Metódio de Olimpía 54, 58-9
Micara, cardeal 381

Middleton, Conyers 246-7
Mieth, Denis 411-2
Miguel, arcanjo 30-1, 32
Mill, John Stuart 278
Milton, John V, 207-12
Moisés 38, 39-40, 42, 108-9, 247, 293, 322-3, 364
Molho, Maurice 168
Molina, Luís de 150-1
Monsabré, padre J.-M.-L. 297, 299-302, 373-4
Montaigne, M. E. de 143, 174
Monte, cardeal 131
Monteil, P.-O. 403
Montesquieu 223, 267
More, Henry 177, 194, 230
Morel, Bénédicte-Auguste 287
Mortillet, Gabriel de 269
Müller, Denis 285, 401-2
Muncunill, J. 375

Nadaillac, marquês de 290
Needham, abade 254
Nêmesis 12-3
Neusch, padre jesuíta Marcel 137, 359-60, 361-2
Newton, I. 238-9
Nicolas de Gorran 112
Nicolas de Lyre 93-4
Nicole, Pierre 144-5, 245-6
Nietzsche, F. 269, 306-10, 326-7, 405
Nostradamus 119
Nott, Josiah 285
Numênio de Apameia 25

Olier, padre Jean-Jacques 141
Orígenes 8-9, 12-3, 24, 51, 53-4, 58-61, 106, 119-20
Ormazd 46
Orr, James 290-2
Ottaviani, cardeal 384-6
Oyend, Santo 60

Paley, William 287-8
Pandora 9, 301-2

Panier, Louis 19, 133, 356-8, 383
Paracelso 272-3
Pascal, Blaise 2, 145-8, 219, 230-1, 238, 259, 393-4
Paulo, São 1-2, 5-6, 34, 35, 37-43, 51, 73, 106, 119-20, 124, 126, 222, 280, 318, 352
Paulo IV 110
Paulo VI 380-4
Pearson, Karl 288
Péguy, Charles 307
Pelágio, monge 49-50, 59, 74-6, 102, 120-1, 153, 326-7, 386-7
Pereira 213-4
Perrault, Claude 206
Perriot 369
Perséfone 8-9
Petau, Denis 156-7, 331, 333-4
Piaget, Jean 316
Pico della Mirandola 119
Pierre Auriol 105
Pierre de La Palu 104
Pierre Lombard 88, 92-3, 95
Pigafetta 197-8
Pineau, abade 294-5
Pineda, Juan de 212
Pinel, Philippe 222-3
Pio, monsenhor 298
Pio II 108-9
Pio V 142
Pio VI 143-4
Pio IX 87, 154, 298, 333-4
Pio X 330
Pio XII 376, 393
Pirenne, abade 296
Platão 47, 254, 288-9
Plongeron, Bernard 222
Plotino 24, 48, 67
Pluche, abade 223, 248-9, 255
Pole, cardeal 130, 148
Poliakov, Léon 222
Pomponazzi 119
Pontas, M. J. 153-4, 173
Pope 223
Popper, Karl 316

Porfírio 24, 97-8
Pottier, Bernard 339-40, 355
Prévost, abade 248-9
Prevostin de Cremona 89
Price, Daniel 197
Priestley, Joseph 230, 247, 249-50
Prichard, James Cowles 284
Prometeu 9, 23, 254, 301-2, 393-4, 414-5
Próspero, São 79-80
Prudêncio, São 58
Prudentio de Sandoval 110-1
Puech, Henri-Charles 23-5, 47n, 48
Pufendorf, Samuel 180-1, 248-9

Quesnel 144-5
Quetelet, L.-A.-J. 277
Quevedo, F. de 168
Quinet, cônego 295-6, 367
Quiniou, Yvon 406-7

Raban Maur 80
Rahner, Karl 350
Raleigh, Walter 198-9
Raynal, abade 266
Régnaud, abade 293-5
Régnier de Graaf 204-5
Reimarius, H. S. 247
Reinach, Salomon 8n, 12
Renan, Ernest 280
Renouvier, Charles 274
Renwart, padre L. 41, 356
Richard, cardeal 330
Richard, Nathalie 269
Ricœur, Paul 27, 51, 61-2, 77-8, 326-8
Rideau, Émile 345-6
Ripley, William 267
Robert de Colletorto (de Hereford) 104
Robespierre, M. F. 244n
Robinet, Jean-Baptiste Charles 253
Rogers, Carl 316
Romano, São 60
Rondet, Henri 21, 39, 60, 64-5, 352-3, 376
Roosevelt, Theodore 288-9
Rostand, Jean 255

Rousseau, Jean-Jacques 171-2, 217-8, 223, 229-32, 244n, 249, 251, 258, 263, 276, 369-70
Royer, Clémence 270-1, 287
Rubinstein, Richard 313-4
Rudebeck 183

Sade, Marquês de 240, 242-5, 259-60
Sadolet 148
Saint-Fond, libertino 244
Saint-Pé, oratoriano 118-9
Salked, John 212-5
Sallantin, Xavier 346-7
Salmeron 148, 150
Sangnier, Marc 369
Sapor, rei 48
Sarpi 131
Sartre, Jean-Paul 3, 50, 318-20, 335
Savonarola 93-4
Scaliger, Joseph Justus 183
Scharbert, J. 354
Scheler, Max 315
Schelling 218, 230, 273
Schlegel, Jean-Louis 394-5
Schleiermacher, Friedrich 273, 373-4
Schneewind, J. B. 179, 180
Schockenhoff, Eberhard 397
Schoonenberg, padre 348-9
Schopenhauer, A. 23-4, 302-6, 307
Scopes, John 291-2
Scotus, Johannes Duns 100-3, 147
Séailles, G. 328-9
Searle, John 316
Sebastián de Covarrubias 110-1
Seeberg, Reinhold 330
Semler, J. S. 247
Senault, oratoriano 169
Sennert, Daniel 201
Seripando, prior geral dos agostinhos 130, 136
Sertillanges, padre 290, 295-6
Seth, filho de Adão e Eva 19, 25, 30-1, 33-5, 46
Severo, patriarca de Antióquia 82
Sfondrate, cardeal 152-3

ÍNDICE ONOMÁSTICO

Shakespeare, William 309-10
Shaftesbury 246-7, 250
Sifferlen, padre 294-5
Sifflet, abade 294-5
Simon, Richard 157, 247
Simpson, G. G. 315-6
Sinéty, padre 367
Sixto 76-7
Smith, Adam 245-7
Smith, John, platônico 197
Smith, Joseph 291-2
Smith, Roger 278, 284
Socin, Fausto 128
Sócrates 47
Soto, Dominique 150
Spearman, Charles 288
Spencer, Herbert 284
Sperlingen, Johann 200-1
Spinoza, B. 175-6, 247, 336
Spirago, François 297
Steiner, Georges 336
Strauss, David 279
Suárez, Francisco 148-9, 153, 176-7, 212-3, 214
Surin, jesuíta 141
Swammerdam, Jan 205-6
Swan, John 212-3
Sykes, Bryan 311

Taciano 43
Taguieff, Pierre-André 415
Taine, H. 365
Talleyrand 317
Tauxe, Henri-Charles 323-4
Taylor, John 246-7
Teilhard de Chardin, Pierre 340, 341-6, 349, 355, 356
Teodoro de Mopsuéstia (ou de Antióquia) 58-9
Teofilacto de Ocrida (ou da Bulgária) 82
Teófilo de Antióquia 43-4
Teresa de Ávila 168
Tertuliano 24, 52-3, 170
Testard, Jacques 413-4
Thiel, Marie-Jo 401-2, 409

Thierry, Augustin 267-8
Thiers, cura Jean-Baptiste 167
Thomas, Jean-Paul 286, 396-7
Thomasius 247-8
Tiedemann, Friedrich 270
Tillich, Paul 316
Tillotson, John, arcebispo de Cantuária 178
Tinbergen, Nicolas 315
Tindal, Mathew 246-7
Tolet 150
Tomás de Aquino, São 87, 94-100, 101-3, 300-1
Tracy, Destutt de 249
Tronchon, Louis 390, 393
Tronson, Louis 167
Turettin, A. 218
Turmel, abade Joseph 44-5, 60, 94, 328-36
Tyson, Edward 251

Valadier, Paul 399-400
Valensin, padre Auguste 342-3
Vallisneri, Antonio 201-4
Vandermonde, C.-A. 254
Van Neste, Alfred 130-3, 138
Van Onna, B. 350
Van Roo, W. A., jesuíta 98
Vaucanson, Jacques de 241
Vergez, André 47, 50n, 63n, 96, 101-2, 192, 236, 236-7n, 316-8
Vernès, pastor 218
Vespúcio, Américo 197-8
Vico, Giambattista 230
Vidal, Marciano 398
Vigor, Simon 170
Vigouroux, padre Fulcran 294-5, 366
Vincent de Lérins 79-80
Vicente de Paula 170-1
Virgem Maria 105, 135
Vogt, Karl 269, 270
Voltaire 217-8, 237-41, 244n, 254, 265-6

Waitz, Theodor 285
Warfield, Benjamin 290-1
Watson, John 314-5

Wattiaux, H. 401
Weber, Max 128, 278-9
Weismann 283
Whewell, William 283
Whichcote, Benjamin 177
White, Leslie 313-4
Whytt, Robert 249
Wilberforce, bispo 283
Wilde, Oscar 5
Wilkins, John 183-4
Williams, N. P. 39, 329-30
Wilson, E. O. 315, 408n
Winstanley, Gerald 171-2

Wither, George 169
Witt, irmãos 170
Wolff, Caspar Friedrich 255
Woodward, John 199-200, 216
Worthington, William 230
Wright, George Frederick 290, 291

Zagreus-Dionísio 8-9
Zenão, bispo de Verona 54
Zeus 8-9
Zola, Émile 289
Zózimo, papa 75, 76-7
Zuínglio, Ulrico 128

SOBRE O LIVRO

Formato: 16 x 23 cm
Mancha: 27,5 x 42 paicas
Tipologia: Iowan Old Style 10/14,6
Papel: Off-white 80 g/m² (miolo)
Cartão Supremo 250 g/m² (capa)

1ª edição Editora Unesp: 2021

EQUIPE DE REALIZAÇÃO

Capa
Marcelo Girard

Edição de texto
Fábio Fujita (Copidesque)
Marcelo Porto (Revisão)

Editoração eletrônica
Sergio Gzeschnik (Diagramação)

Assistência editorial
Alberto Bononi
Gabriel Joppert

Rua Xavier Curado, 388 • Ipiranga - SP • 04210 100
Tel.: (11) 2063 7000 • Fax: (11) 2061 8709
rettec@rettec.com.br • www.rettec.com.br